U0779624

世图心理

博客：http://blog.sina.com.cn/bnwpcpsy
微博：http://weibo.com/wpcpsy

童年与社会

[美]爱利克·埃里克森 著　高丹妮 李妮 译

世界图书出版公司
北京·广州·上海·西安

图书在版编目（CIP）数据

童年与社会 /（美）爱利克·埃里克森（Erik H. Erikson）著；高丹妮，李妮译 . —北京：世界图书出版有限公司北京分公司，2017.12（2024.3 重印）
书名原文：Childhood and Society
ISBN 978-7-5192-3992-3

Ⅰ . ①童… Ⅱ . ①爱… ②高… ③李… Ⅲ . ①儿童心理学—研究 Ⅳ . ① B844.1

中国版本图书馆 CIP 数据核字（2017）第 284392 号

Childhood and Society by Erik H. Erikson
Copyright © 1963 W. W. Norton & Company, Inc.
Simplified Chinese translation copyright © 2017 by Beijing World Publishing Corporation.
ALL RIGHTS RESERVED.

书　　名	童年与社会 TONGNIAN YU SHEHUI
著　　者	［美］爱利克·埃里克森（Erik H. Erikson）
译　　者	高丹妮　李　妮
策划编辑	于　彬
责任编辑	李晓庆
装帧设计	刘　岩
出版发行	世界图书出版有限公司北京分公司
地　　址	北京市东城区朝内大街 137 号
邮　　编	100010
电　　话	010-64038355（发行）　64037380（客服）　64033507（总编室）
网　　址	http://www.wpcbj.com.cn
邮　　箱	wpcbjst@vip.163.com
销　　售	新华书店
印　　刷	河北鑫彩博图印刷有限公司
开　　本	787mm×1092mm　1/16
印　　张	27.5
字　　数	387 千字
版　　次	2018 年 1 月第 1 版
印　　次	2024 年 3 月第 5 次印刷
版权登记	01-2013-7907
国际书号	ISBN 978-7-5192-3992-3
定　　价	88.00 元

版权所有　翻印必究
（如发现印装质量问题，请与本公司联系调换）

丛书序

自从1976年中国社会逐步回归到发展的轨道上以来,心理学或者说"心理学"这个三个字组成的字串,在我国得到越来越多的关注和重视。与过去将心理学贬为伪科学相比,当今社会几乎无人不说心理学重要:各个方面的研究人员都向心理学靠拢,从心理学中找科学问题,或者干脆宣称自己是心理学家;高校竞相创办心理学系,大举扩招硕士和博士研究生;中央和各级地方政府对心理学,或者说对心理方面的研究投入迅速增加;心理学研究论文在国内外的发表数量呈指数性上升。然而,所有人也都同时感觉,国人的心理状态越来越差,整个社会的心理状态越来越令人担忧,社会各界对心理学的需求却难以从浩如烟海的研究中得到哪怕万分之一满意的回答,因此中国心理学陷入了尴尬与困境。

实际上,在全球范围内,心理学的状态也是如此。这个状态与马斯洛在七十多年前说的非常相似:"心理学今天已经被扯得四分五裂,实际上可以说已经成为三个(或更多)分离的、互不交流的科学或科学家集团:一是行为主义的、实证的、客观主义的、机械论的集团,二是起源于弗洛伊德和精神分析的一整套心理学,三是人本主义的心理学……"如果说还有什么不同的话,就是除了马斯洛所描述的那些以外,这场混乱中又增加了如今占据主流地位的认知心理学及其假子认知神经科学,使得整个心理学世界更加支离破碎。有识之士不得不认为,当今心理学又一次处于徘徊的路口。

心理学必须研究人的行为,否则它就没有存在的必要。如果不研究人的行为、不研究社会性的人的行为,当今心理学领域的某些研究工作就完全可以归于其他学科。而当前心理学研究的一种倾向是,一味试图以微观世界的现象解释宏观的人的行为,以为越微观的知识越正确。一些研究就是看哪个脑区的活动、哪个核团的功能、哪个细胞内外离子的运动、哪个基因何时开放等,试图以机械的还原代替研究对象本身,这不仅在哲学层面难以立足,实际结果也必然走向无知论,进而变相忽略了对人的研究,继续下去势必造成心理学学科的消亡。

另一种倾向认为,只有实验室才是提供知识的唯一领地。目前这一观点在我国尤为突出。这种对人类自有文字记载以来主要的知识体系并非来自实验室的视而不见的倾向,也泛滥于心理学界,结果是除了实验室以外的心理学的思想精华都被排斥了,更无法让这些精华在回答人类社会所面临的与心理有关的重大问题方面发挥作用。

所有的人都认可,人的行为及其心理基础是人类自身所面临的极其复杂的问题,甚至有人质疑以大脑来理解大脑是不是陷入了某种悖论,更何况人的社会行为远远比单个大脑可能拥有的功能还要复杂。这些思考难免给心理学研究蒙上不可知论的阴影。在同意心理学要从细胞分子水平到社会水平进行多层次研究的同时,一些人仍然对于通过思辨、实践验证，再思辨、再验证，直到总结出普适理论的研究方法噤若寒蝉，这使得我们对高级心理过程的认识，特别是对人的社会性和本性的认识严重滞后。众多因为人的行为而导致的社会问题陷入无从回答的窘地。今天恰逢爱因斯坦诞辰135周年，他的相对论最初也是观察、分析、思辨、推论的结果，是不可能在任何实验室中得到验证的，但最后是在宇宙活动中得到证明的，这对于如何研究和认识人类高级心理过程和行为特点应该是一个很好的启示。

鉴于我国对高级心理过程和人的本性研究的专著稀少，而西方心理学在这方面名著颇丰，本着"他山之石，可以攻玉"的愿望，世界图书出版公司精心挑选、组织、出版了这套"心理学大师系列"丛书，虽然并不指望它对解决社会问题起到立竿见影之效，但至少可以给正处于进退维谷的心理人又一次冷静思考"心理学向何处去"和"心理学能干什么"的机会，同时也给社会各界又一次提供了了解心理学全貌的窗口，进而为看待和解决社会问题提供了新的视角。从这个意义看，本系列值得所有心理学人和愿意了解心理学、愿意重新理解社会甚至整个人类的读者参考。此刻，《人性能达到的境界》（马斯洛）、《人类的破坏性剖析》（弗洛姆）和《自我与自性》（荣格）三本书已经翻译和编排完毕，正在付梓，陆续还会有弗洛伊德、罗杰斯、埃里克森等人的一系列著作出版。这个系列的特点与其说关注的是人的心理，不如说偏重的是人本身及人性的本质。很多著作是充满人文关怀的，甚至上升到了哲学思辨的范畴。生而为人，从这个意义上讲，心理学就不仅仅是一门学科，而是关于全人类的哲学。我想，这也是这个系列对大众及社会最具意义的地方。

世界图书出版公司长期致力于服务心理学在我国的发展，是最早与中国心理学会合作并始终保持良好合作关系的出版机构。应世图的邀请，正好就此机会，我就心理学如何面对学科目标和社会现实做点思考。这些自然都是一孔之见，希望求教于各位方家和各界人士。

张侃

中国心理学会理事长（2001—2009）

国际心理科学联合会副主席（2008—2012）

2014年3月14日于时雨园

1985年的新思考

为庆祝本书持续销售35年，我被要求为本书写一篇前言。但随后我意识到本书已然有了两篇前言，一篇是写给1950年的第一版的，另一篇是写给1963年的第二版的。此外，本书每部分都有一篇正式的引言。这说明至少在35年前，我就习惯于向我的读者们预告他们即将阅读的内容。在活到如今的年纪，我通过总结已然发生的事情来庆祝过去。在《生命周期完成式》这本书中，我指出一个活到80岁的老人喜欢回顾过去以及漫长的中年生活如何破坏了他们的断言、希望、恐惧。在过去，个体会获得一个能够反映出与他人分享的具体时空的历史性身份，并发展出对围绕他的存在而产生的存在性身份的需求。

我把我在40岁的时候对不同社交形式中的儿童的临床和人类学观察称作一段"旅程"。根据《马奇词典》，这个词语指的是"对地点和距离的记录"。

我必须承认，这段旅程让我想起了我在年少时如何沉浸在德国文化特有的仪式化——漫游中。这是一种艺术性和反思性的漫游。在这段漫游中，个体试图找到可与欧洲南部的文化和伟大的德国作家相比的对应物。

多亏了我那些慷慨的朋友和老师们，这段关于临床和人类学观察的旅程首先从用弗洛伊德的伟大精神了解童年的普遍意义的伟大经历开始。我们从对特殊学校的儿童的观察中，从对精神分析对成人记忆和生活史的重构中，从儿童精神分析——被安娜·弗洛伊德所发展——的实践中获得了这种普遍意义。

在本书第一版的前言中，我描述了我在维也纳和美国是如何开始并继续研究童年的。这篇前言中有一句话自成一段："我的妻子琼·埃里克森对本书进行了编辑。"我必须要说的是，她还帮助我编辑了其他图书。琼和我一样都曾在维也纳教书，并且也曾接受过精神分析训练。当我们从希特勒的恐怖统治中逃离并来到美国时，我几乎不会说英语，是琼耐心地教我学会了英语。这让我能够在对儿童——处于不同文化背景之下的儿童，包括印第安儿童——的游戏的观察中，以一种重要的方式理解和表达某些感知和概念。这同样使得我和琼能够一起以《健康人格的发展和危机》为题描绘出人生的各个心理社会阶段，并于1950年提交给白宫会议。至于儿童游戏的意义，我已然用诗人布莱克的语句——儿童的游戏和老人的理智，是他们各自季节的果实——进行了总结。"游戏与理智"对我来说是一个十分有意义的标题。我不仅用它来命名本书的其中一章，还用它来命名我的另一本书。这本名叫《游戏与理智》的书收录了我在哈佛大学所做的戈德金演讲的演讲稿。

《童年与社会》从一开始就被翻译成多种语言发行，其中包括德语版和丹麦语版。德语是我上学时期所用的语言，丹麦语则是我的母语。事实上，我在写这篇文章时面前就放着一本《生命周期完成式》的丹麦语版本。

在本书1963年的版本中，我使用了"核心冲突"这一词语。我惊讶地发现,"基本信任对基本不信任"的主题构成了生活的核心问题。因此,请允许我在此讨论一个人类生活中的真正的核心冲突,即母亲和父亲角色之间的冲突,以及对我们来说什么变成了吞噬一切的危险。当然,自弗洛伊德发现了俄狄浦斯情结——以及其他核心冲突——以来,父母主题一直是精神分析式思考的中心。

我对两个主要的现代国家的父亲形象和母亲形象之间的冲突的精神分析,让我们不得不面对影响甚广的"美国妈咪"形象和具有毁灭性的"德国父亲"形象。母亲主义似乎代表了一种多种特质并存的复合形象,但没有一个女人可以同时展现这些特质。"只有当父亲在历史性的角色中断的影响下成为老爸的时候,母亲才会成为妈咪。"当你弯下腰来细细观察时,你会发现母亲主义不过是家长制的变形。由于美国父亲放弃了自己在家庭中、在教育中、在文化中的主导地位,美国母亲进入了她们自己父亲的角色。在此讨论特定的母亲类型或父亲类型之间的关系以及二者如何使彼此成为可能是很有启发意义的。我同时提到了在激进运动的发展中出现的残忍的父亲形象。我试图阐述父亲形象和母亲形象在这一特殊的历史时刻——当先进的技术成就把整个人类暴露在核危险之下——可能产生的影响。我认为,只有充满人性的母性和父性关怀达到平衡和"成熟",人类才能得救。

当然,母亲支配着儿童的早年时光,并且活跃在教育机构和仪式化机构——例如学校和家庭——中,但她们易于将战争精神的激进培养与经济和政治仪式化的任务留给自己的丈夫。不同文化背景的人的政治进化会滋生敌意,并让这些不同文化背景的人不仅把对方看作不同的人种,而且看作不同的物种(或者我所说的伪物种)。伪物种化在一个十分现代和开化的国家中的最坏例子便是纳粹主义。在讨论中，我会指出，从精神分析的视角来看，激进的意识形态的出现有赖于明显的父性超我。根据弗洛伊德的定义，父性超我是惩戒性的和激进的良知——最初被认为是必需的和具有潜在破坏性的。这种激进的良知定义了自由和自我容忍的边界。当总体良知不受关怀的生殖性意识（a generative conscience of care）所控时，它也可能变得无法容忍。

我们可以在每个人身上看到双面的父母形象。每个男人都有母亲，并且在早期发展完成前，仍是母亲的一部分。同样，每个男人都曾被母亲或其他女人照顾过。但是这也意味着每个男人都在某种程度上与母亲产生了认同。我们可以认为，每个男人之中都有一个母亲存在。与此类似，每个女人都曾在童年的某个时期"体验过"父亲形象，或者说一系列屈服于道德的男人形象。这意味着，男人和女人都曾体验过对母亲形象和父亲形象——愤怒，坚持自身的优越性，时刻准备好在特定的历史时刻使用道德力量——的感官反应。

对男孩和女孩在游戏中对内在和外在空间的不同利用的观察构成了我们的临床和人类学观察之旅的重要部分。我将会在我的其他作品——《青年路德》《甘地的真理》《加利利传说和自我感》——中阐述拯救观念在不同历史时期的表现。

为了强调我们的观察之旅指给我们的方向，我总结了一些结论。我提到了对一个历史和政治共同决定的充满人性的内在和外在空间的展望。未来的母亲形象和父亲形象有赖于一个充满母性的共享空间和父亲对这样的空间的保护。

爱利克·埃里克森

第二版前言

我再一次阅读第一版前言时,"概念化的旅程"吸引了我的注意——当时我用了斜体标注,因为我正在寻找一个能概括这本书的核心内容的公式。写作本书的原本目的是为美国的治疗师、心理学家和社会工作者提供精神病学教育的补充教材,后来意料之外的是,它还进入到不同学科领域,并且被传播到许多国家。鉴于此,对本书进行修订并出版第二版成为迫在眉睫的重要任务。

许多年轻人和老人也在阅读这本书,他们并没有实际的临床经验来帮助他们判断书中的内容,这点常常让我觉得有些尴尬。在做修订以前,我在哈佛大学的新生研讨班(1961—1962年)上提出了这个问题。我发现,无论如何,个性的整合总能给年轻学生一些指引,这种指引能帮助他们深入自我意识和理解从不同资源获得的词汇。我的学生们都不赞成我对书中内容做大幅修改,就好像老人没有权利去改写自己年轻时所书写的旅程那样。感谢他们的坚持和用心。

但是本书也被用于培养那些从事精神分析工作的专业人员。所以在这里我要说明的是,本书的缺点源于它的性质,它记录的是专业工作者在第一阶段的工作,就像许多其他事情那样,第一次做的时候觉得很了不起,可是如果再做一次,你就会希望当时不是那样做的,甚至想重来一次。所以我此次修订的目的只是想要澄清我的原始意图以及增加一些我同时期的工作成果作为补充。

在做修订的过程中，我首先修改了那些我自己重读的时候不太理解的段落。其次，我修正了那些常常会引起误会或是常常被学生问到的描述和解释。从第一部分末尾到第三部分，我增加了大量内容。最后，我增加了我十五年前写的脚注，我后来写的一些内容即是从这些脚注发展而来。

第一版前言中的致谢部分并没有提及已故的大卫·拉帕波尔。他阅读过我的手稿，但是直到本书出版前，我都未收到他的建议（具体细节在此不予赘述）。在后来的几年里，我们曾一起工作过，他比任何人（也包括我）都更能将我书中的理论含义描述清楚，并将那些理论同其他精神分析师和心理学家的观点联系起来。我只好满怀感激地引用他的著作，其中包括详细的参考书目。

第二版增加的内容源自论文《青春期前儿童的游戏建构中的性别差异》和《"健康人格"的成长与危机》一书。

行为科学进展研究中心
爱利克·埃里克森
1963年3月于加利福尼亚斯坦福

第一版前言

前言存在的一个重要意义在于让作者在写完书后表达自己的感受,告诉读者他写的东西到底是什么。

首先,这本书的内容全部来自精神分析的实践。其中一些主要章节都是基于一些特定的样本案例:年幼儿童的焦虑、美国印第安人的冷漠、退伍军人的困惑、年轻纳粹分子的傲慢。借助精神分析——最早被用来研究精神障碍——这一分析方法,我们能够探查这些案例中的冲突部分。在弗洛伊德的努力下,神经性冲突得到了最全面的研究。然后,这本书并不想简单地下结论说我们关于神经症的丰富知识足以让我们将所有群体现象——文化、宗教、进化——当作神经症的类比,以便使之符合我们的概念表述。我们将寻求另一条途径。

当前的精神分析主要指向关于自我的研究。自我这个概念指的是一个人用适应性的方式来整合自己的经验和行为的能力。它逐渐将研究重点从自我受创伤或被扭曲的条件转向自我在社会组织中的根源。我们研究并理解自我并不是想给社会一剂速效药,而是想完善我们的理论蓝图。鉴于此,本书可以说是一本精神分析视角的关于自我和社会之关系的图书。

这是一本论述童年的书。如果你去搜寻关于历史、社会和死亡的文献，可以肯定的是，你很难发现一篇主题是关于"所有人最初都是儿童，并且所有人都起步于摇篮"的文献。人类拥有漫长的童年期，文明社会的建立让我们拥有了更长的童年期。漫长的童年期让人类获得了生理能力和心理能力的提升，但同时也在人类身上留下了情绪稚性（emotional immaturity）的残渣。尽管许多部落和国家会通过各种方式训练儿童，直到他们达到人类应有的成熟和整合，但是长大成人的个体身上仍然会残留童年时期的非理性恐惧情绪。

临床医生会怎么看待此事？我认为精神分析在本质上是一种历史学方法。即便精神分析关注的是医学数据，但它却把这些数据看作过去经验的指标进行解读。精神分析研究的是心灵在成熟和幼稚方面之间的冲突、在现在和过去的冲突，也就是说，精神分析是通过分析个体来研究心理的进化的。此外，精神分析也阐明了人类的历史是放大版的个体生命周期。

我认为这本书阐述的是历史进程。在我看来，精神分析师是一位奇怪的或者说新型的历史学家。在对他所观察的对象产生影响的过程中，他也成了这一过程的一部分。作为一位治疗师，他必须认识到自己之于观察对象的反应。他作为观察者的"等式"成为他用来观察的工具。因此，无论是对于和其他客观科学术语的一致性的追求，还是孤傲地和当今时代割裂开来的态度，都不能、也不应使精神分析失去沙利文所说的"参与性"。

从这种意义上讲，本书是一本带有主观性的书，是一本*概念化的旅程*。我没想过本书要被谁引用或者成为一本参考书籍。总体来看，引用其他书上相似的模糊概念来解释现有的模糊概念，这似乎是徒劳的。

要理解我的这种个人研究方法需要先了解一下我的学习过程和我的整个知识体系。

我是从艺术领域进入心理学领域的,这在一定程度上可以解释为什么当你们在阅读某些内容时或许期望我指出具体的事实或概念,而我却"画"出了我想要说的内容以及背景。我必须借助具象性的描述而非论据指出事物的本质。

我第一次接触孩子是在维也纳的一所小型美式学校里,这所学校的创办人是多萝西·伯林厄姆和伊娃·罗森菲尔德,校长是彼得·布罗斯。我的临床生涯的开端是作为一名儿童分析师。在这个阶段,安娜·弗洛伊德和奥古斯特·艾奇洪给了我很多指导。我后来从维也纳精神分析研究所毕业。

亨利·默里和他在哈佛大学心理诊所的同事们让我在美国进入了知识分子的圈子。在许多年里,我有幸同许多人类学家进行了许多对话,其中主要有格雷戈里·贝特森、鲁思·本尼迪克特、马丁·洛布和玛格丽特·米德。斯库德·梅吉尔和阿尔弗雷德·克鲁勃介绍我进入了这个"领域"。他们对我的影响详见本书的第二部分。我欠玛格丽特·米德的情可是怎么也说不完的。

我在研究儿童方面取得的成果应归功于劳伦斯·弗兰克,因为是他最早鼓励我对儿童进行研究。小约西亚·梅西基金会提供的基金使我可以在耶鲁大学(医学院精神病学系和人类关系研究所)参与小儿神经症初期的研究,大众教育董事会提供的基金让我有幸参与了琼·沃克·麦克法兰针对加利福尼亚儿童的长时程研究(于加利福尼亚大学伯克利分校儿童福利研究所）。

我的妻子琼·埃里克森对本书进行了编辑。

在撰写手稿时，我曾咨询了海伦·梅克约翰，以及格雷戈里·贝特森、威尔玛·劳埃德、加德纳和路易斯·墨菲、劳伦斯·西尔斯和唐·麦克基农。我对他们表示感谢。

本书会出现许多虚构的人物：山姆、安和彼得、海军陆战队队员、苏族人吉姆和巫师范尼、简和她的母亲、玛丽等。他们都是我的病人和研究对象，他们在不知情的情况下给我提供了关于个体行为的清晰"样本"。这些年来我一直记着他们。我希望我的研究报告能传达我对他们的感激之情。

我还要感谢以下同事和朋友在提供相关数据方面对本书的支持：哈佛大学医学院神经精神病学系的弗兰克·弗雷蒙特-史密斯博士，耶鲁大学医学院精神病学系的弗雷策·贝格-艾美瑞博士、玛丽安·普南博士和鲁斯·沃什伯恩，门宁格基金会、索瑟德学院的玛丽·莱彻博士，东湾儿童医院、儿童发展中心的威尔玛·劳埃德，锡安山医院、退伍兵康复诊所的伊曼纽尔·文德霍茨博士，还有儿童指导诊所和旧金山公立学校的负责人。

本书的部分内容基于前人的一些研究成果，其中论文包括《游戏中的配置：临床观察》《婴儿期和幼儿早期的问题》《对苏族人教育的观察》《希特勒的幻想和德国的青少年》，专著包括《游戏的解读研究：对幼儿游戏打断的临床观察》《对尤洛克人的观察：童年期和世界的影像》以及《儿童的精神分析研究1》中的"两个美国印第安部落的童年和传统"一章和《儿童的精神分析研究2》中的"自我发展和历史变迁"一章。

爱利克·埃里克森

于加利福尼亚奥林达

目 录
CONTENTS

第一部分　童年和社会生活形态

第一章　病史的相关性和相对性 ……………………………… 002
　　一个小男孩山姆的神经系统危机 ……………………… 004
　　海军陆战队士兵的一次战斗危机 ……………………… 017
第二章　幼儿性欲理论 ………………………………………… 027
　　两个临床病例 …………………………………………… 027
　　力比多和攻击性 ………………………………………… 038
　　区域、模式和形式 ……………………………………… 051
　　生殖模式和空间形态 …………………………………… 076

第二部分　两个美国印第安部落的童年

引言 ……………………………………………………………… 090
第三章　大草原上的猎人 ……………………………………… 093
　　历史背景 ………………………………………………… 093
　　吉姆 ……………………………………………………… 100
　　一次跨种族研讨会 ……………………………………… 104

苏族印第安儿童的教育 …………………………………… 113
　　超自然 …………………………………………………… 127
　　总结 ……………………………………………………… 133
　　追踪研究 ………………………………………………… 137
第四章　鲑鱼河畔的渔民 …………………………………… 145
　　尤洛克人的世界 ………………………………………… 145
　　尤洛克儿童精神病学 …………………………………… 151
　　尤洛克儿童接受的训练 ………………………………… 155
　　归纳性比较 ……………………………………………… 160

第三部分　自我的发展

引　言 ………………………………………………………… 168
第五章　简：早期自我的失败 ……………………………… 174
第六章　游戏与理智 ………………………………………… 187
　　游戏、工作和成长 ……………………………………… 187
　　游戏与治疗 ……………………………………………… 202
　　同一性的出现 …………………………………………… 215
第七章　人类发展的八个阶段 ……………………………… 227
　　基本信任对基本不信任 ………………………………… 227
　　自主对羞愧、怀疑 ……………………………………… 231
　　主动对内疚 ……………………………………………… 234
　　勤奋对自卑 ……………………………………………… 238

自我同一性对角色混乱 240
　　亲密对孤独 243
　　繁衍对停滞 246
　　整合对绝望 247
　　一张渐进图表 249

第四部分　青年和个性的演变

引　言 256

第八章　对美国个性的反思 263
　　两极化 263
　　"妈咪" 265
　　约翰·亨利 276
　　青少年、老板和机器 286

第九章　希特勒童年的传奇 306
　　德　国 308
　　父　亲 311
　　母　亲 319
　　青少年 322
　　生存空间，士兵，犹太人 326
　　有关犹太人的评述 336

第十章　马克西姆·高尔基的青年传奇 341
　　土地与村社 343

母亲们……………………………………………………349
　　年老的君主与该遭天谴的子孙……………………353
　　被剥削者………………………………………………364
　　新教徒…………………………………………………379
第十一章　结论：摆脱焦虑……………………………388
参考文献……………………………………………………409
编后记………………………………………………………413

童年和社会生活形态

[第一部分]

第一章
病史的相关性和相对性

每个领域都会有一些非常简单却让人深陷困境的问题，因为这些问题总会引发无休无止的争论，并且似乎一直在愚弄专家们。在精神病理学中，神经症的原因就属于这类问题。这种神经症性紊乱的出现有明显的迹象吗？它是生理性的，还是心理性的？它是一种存在于个人身上，还是存在于个体所处的社会之中的现象？

几个世纪以来，这个问题集中在教会关于精神错乱起因的争论上：是因为魔鬼附身，还是因为急性的大脑炎症？现在看来，这种简单的归因已经过时了。最近几年，我们得出了一个结论：神经症既是一种生理现象，又是一种心理现象，既是一种个人现象，又是一种社会现象，此外还是一种人际现象。

但是，在很多情况下，通过讨论得出的新定义也只是把独立的概念——例如生理和心理、个人和群体——加以结合。我们现在更多地说"这个和那个"，而不是说"不是这个，就是那个"，但至少我们可以得出结论：精神和肉体是两种"存在"，社会是个人以外的另一种"存在"。

第一章 | 病史的相关性和相对性

精神病理学是医学的子学科，它在对疾病发生的场合及起因的探索方面有着辉煌的历史。我们的学术机构就在做这样的探索工作。这种探索工作使那些饱受病痛折磨的病人以及治疗这些病人的专家获得安心。神经症的确是一种疾病，因为它使人饱尝痛苦。事实上，它常常伴随着身体的局部痛苦。从病人的角度和流行病学的角度来说，我们已经拥有了治疗这种疾病的方法。采用这些治疗方法，医生已经治好了很多病人，使得这种疾病的死亡率大幅下降。

不过，奇怪的事情发生了。就在我们把神经症当做普通疾病来看时，我们也对普通疾病有了新的看法。尽管无法给神经症下一个比较清楚的定义，但是我们发现，如果从神经症的角度来看待这些普通疾病，例如心脏病和胃病，这些疾病便有了新的意义。

"临床"方法的定义突然变得非常接近它最古老的的定义。在以前，"临床"的意思是指个体即将从身体的痛楚中获得解脱，神父在他的病床前指引他的灵魂与造物主单独会面时所行使的仪式。事实上，在中世纪的某个时期，当医生在规定的时间内无法治愈病人时，他们就必须去找神父给病人做最后的祷告，以治疗他的灵魂，也就是我们今天所说的"心身"。"临床"二字一直被包裹在宗教的外衣之下，但是现在正在部分地恢复它最古老的含义，这是因为不管神经症病人的病因和病情如何，他们内心的痛苦是必然存在的。他们可能不会产生直面死亡时才会产生的孤寂感，但他们一定体验到令人绝望的孤独感和失序感，也就是我们俗称的神经症性焦虑。

但是很多从事神经症治疗的医生在治疗上述的神经症性焦虑时，急切地想要从生物学和医学中找到权威可靠并令人信服的治疗方案。

可是现在他们所能得到的信息少之又少。因此在广泛应用精神治疗法之前，我们应该明确阐述我们在临床教学中的立足点。

本书是从一个病例开始的，这个病例中的孩子患有突发性的身心失调。我并不想孤立地看待这个病例，以致忽略了病人内部机制的任何一个方面。相反，我将从与整个病例有关的许多因素展开讨论。

一个小男孩山姆的神经系统危机

一天清晨，在加利福尼亚北部的一个小镇上，一位母亲被她三岁的独生儿子山姆的房间里传出来的怪声吵醒。她马上跑去山姆的床边，看到山姆正在遭受某种疾病的折磨。在她看来，山姆的样子就和五天前死于心脏病突发的奶奶的样子一样。她马上请医生过来。医生的诊断是山姆得了癫痫症，并给他打了镇静剂，然后将他送到了附近大城市的医院里。送到医院后，由于山姆的年龄太小，而且当时处于镇静状态，所以医生都不愿给山姆确诊。山姆在几天后就出院了，他看上去完全康复了。

可就在一个月后，山姆在后院看到一只死掉的鼹鼠，他不停地颤抖，并且变得焦躁不安，还向母亲问了一些非常敏感的问题，例如死亡究竟是什么。他的母亲试图回答他这些问题，但是他却说母亲什么都不懂，然后就去睡觉了。到了晚上，他大喊大叫，不停地呕吐和抽搐。这次医生及时赶到他家，发现他的右半身都痉挛了。医生给山姆

第一章 | 病史的相关性和相对性

下的诊断是癫痫病发，认为可能是因为他的大脑左半部受到了损伤。

两个月后，山姆偶然拍死了一只蝴蝶，他第三次发病了。医生在他的诊断书上补充道："疾病的促发因素为精神刺激。"也就是说，由于大脑受损的经历，山姆抗癫痫的阈限非常低，而关于死亡的观念促使他越过了这个阈限，成为他发病的精神刺激。可是不管是他的出生记录还是他在婴幼儿时期的身体记录、未发病时的精神状态都没有任何异常。他的总体健康状况十分良好，营养也很充分，即便是在发病的时候，他的脑电波记录也只能说明"无法排除癫痫的可能"。

那么山姆的"精神刺激"是什么呢？显然，这与死亡有关，比如上文提到的死鼹鼠、死蝴蝶，同时如果你还记得的话，山姆的母亲曾经说过，山姆在第一次发病时的样子非常像他刚刚过世的奶奶。

下面我们来回顾一下山姆奶奶死亡前后的事情。

几个月前，山姆的奶奶第一次来山姆家位于X市的新住所做客。山姆的母亲感到有些担心。对山姆的母亲来说，奶奶的做客就像是一次考察，考察她对丈夫、对儿子如何，是否是一个称职的妻子和母亲。同时她也在担心奶奶的身体状况。因为山姆在那段时期很喜欢捉弄人，所以她事先就叮嘱山姆不要去捉弄奶奶，奶奶的心脏不是很好。山姆答应不去开奶奶玩笑。于是奶奶刚来的时候，一切都很正常。但是山姆的母亲仍旧不放心让山姆和奶奶单独在一起，因为她很清楚这种硬性的规定对于调皮的山姆来说是非常难受的，她看得出山姆一天比一天紧张。有一天，她出去了一小会儿，山姆暂时由奶奶照顾，但是等她回到家时，她发现奶奶因为心脏病发而晕倒在地。后来据奶奶所述，小山姆在爬椅子的时候摔了下来。据此她猜测，山姆捉弄了奶奶，做了自己曾警告他不要去做的事情。后来奶奶病了几个月，最终因为治疗无效，在山姆第一次发病的前几天去世了。

　　结论很明显：在这个病例里，医生所说的精神刺激与山姆奶奶的死亡有关。其实，山姆的母亲后来还想起了一件事情，虽然当时她并没有在意，那就是在山姆发病的前一晚，他睡觉前把枕头都叠了起来，就像奶奶为了避免自己脑溢血所做的事情一样，后来他还像奶奶一样，几乎是坐着睡着了。

　　奇怪的是，母亲十分肯定山姆当时并不知道奶奶已经死亡的事实。奶奶去世后的第二天早上，她告诉山姆说奶奶去西雅图北部进行长途旅行，山姆曾哭闹着问："奶奶为什么不跟我说再见？"她只好说奶奶走得很急，没有时间跟他告别。后来有一只神秘的大箱子被从屋里搬出来，她告诉山姆说那个箱子里是奶奶的书。不过山姆从来没有看见过奶奶带来或读过这么多书，他也不太明白为什么那些匆匆而来的亲戚们要对着这个"书箱"哭泣。据此，我怀疑山姆是不是真的相信他母亲所说的话。事实上，母亲常常被这个小淘气所说的许多话弄得哭笑不得。有一次，母亲要山姆去找一样他不想去找的东西，他开玩笑地说："它出发去西雅图进行长途旅行了。"后来作为我们治疗计划的一部分，山姆被编进了一个游戏小组。在游戏的过程中，这个一直很活跃的男孩常常会专注地制作很多大小不同的长方形箱子，并且把箱子的开口处仔仔细细地封住。从他当时提出的问题来看，他是在反复实验把自己锁在长方形的箱子里会是什么感觉。现在母亲只能告诉山姆，奶奶已经去世了，但是山姆不愿意听她这么说，而是质疑她："你在说谎，奶奶在西雅图，我要去找她。"

第一章 | 病史的相关性和相对性

从上述孩子的简单叙述中，我们可以很清楚地看出，一方面，山姆是一个任性、精力旺盛、智力发育超前而不易上当受骗的孩子。对他期望颇高的父母曾给他制定过许多伟大的计划。以山姆的智力来说，他绝对能够申请到东部的大学或者医学院，甚至是法学院。他们鼓励他充分展示自己超前发展的智力。另一方面，山姆又很任性，从小就无法接受"不"字，甚至都无法忍受"可能"之类的回答。他个子还很小的时候，就学会打人了，而打人的行为在他出生和成长的环境里并不被人当作一件坏事。山姆出生和成长的地方鱼龙混杂，山姆很小就明白了要先下手为强，以防万一。后来他们搬到一个繁荣的小镇，他们家是小镇上唯一的犹太家庭。大人们必须教导山姆，不能打其他小朋友，不要向女士们问太多问题，并且看在上帝和生意的份儿上，千万要对异教徒有礼貌一点。在山姆原来的生长环境中，小男孩憧憬的是在外面做个硬汉，在家中做个乖孩子。而后来搬家后，他却要学着如何尽快得到中层阶级异教徒们的认可："尽管他是个犹太人，却是个好孩子。"山姆很快学会了调整自己的抱负并且变成了一个狡猾精明的捣蛋鬼。

"精神刺激"在多方面得到了加强。首先，这个孩子一直都是一个急躁又好斗的人。一旦有人想管他，他就会生气。当他自己想要约束自己的时候，就会产生无法忍受的紧张感。我们可以将之称为"固有的偏执"，"固有"的意思是我们无法追溯前因，只能说他一直以来就是这个样子。但是，我必须补充一点，那就是他的怒火从来都不会持续很久，同时他还是一个感情充沛、富有表现力、精力旺盛的孩子，这样的特质让他成了一个讨人喜欢的"鬼灵精"。但是在他奶奶来访的那段时间里发生了一些事情，让他丧失了原有的可爱特质。他狠狠地揍了一个孩子，流了一点血，还受到了其他孩子的排挤。于是他这样一个精力旺盛且外向的孩子，被迫待在家里和奶奶一起相处，而奶奶又是个不可以随便去惹的人。

山姆这种好斗的特质真的是癫痫症患者性格中的一部分吗？我不知道。在他的活力中，没有一点狂热的成分。的确，他最初的三次大的病发都与死亡观念有关，而后两次病发又分别与他和第一位、第二位心理医生的分离有关。此外，他还出现了频繁的轻微发作，表现为瞪视、沉默不语和晕厥，经常发生在他突然的出言不逊和攻击性行为之后。当他从中恢复过来后，他会忧虑地问："刚才发生了什么？"他可能会向陌生人扔石头，或者说"上帝是个混蛋""整个世界都是混蛋"，再或者对他的母亲说"你不是我亲妈"。这些发作都具有原始的攻击性，以致他必须以承受病痛的折磨来作为补偿吗？还是说这些发作是他为了阻止暴力行为所采取的绝望尝试呢？

在山姆发病两年后，我从另一个医生手里转接了针对这个孩子的治疗工作。在此之间，我从病历和山姆母亲的叙述中知悉了山姆的病情。不久之后，我见证了他的一次轻微发作。当时，我们正在一起玩多米诺骨牌。为了测试他的阈限，我故意让他一直输，并且输得不容易。他的脸色逐渐变得苍白，眼睛也没了神采。突然，他站了起来，抓起一只橡胶娃娃，狠狠地击中了我的脸。接着他看向别处，做出作呕的样子，出现了轻微的晕厥。当他恢复过来之后，他用嘶哑而急切的声音说："我们继续玩吧。"接着他把弄乱的骨牌聚拢在一起。儿童习惯于通过立体结构来表达他们不能说或是不敢说的事情。山姆匆

第一章 | 病史的相关性和相对性

忙地摆好了一个长方形图案：这是一个大盒子的模型，就像他之前在托儿所里喜欢搭的大盒子一样。所有的骨牌面都朝内摆着。这时候，他完全清醒了，他意识到自己做了什么，露出淡淡的笑容。

我觉得他准备好接受我将要告诉他的、我所想到的和理解的事情。我说："如果你要看清骨牌上的圆点，那么你就得走到那只小盒子里面去，就像死人在棺材里那样。"

"是的。"他喃喃地说。

"这说明你害怕刚才因为打了我而不得不去死。"

"我一定要死吗？"山姆局促地问。

"当然不。但是当他们用棺材抬走你奶奶的时候，你大概以为是你让你奶奶死了，所以你自己也得去死。所以你在学校里搭了那些大盒子，就像你今天搭的这个一样。事实上，每次发病的时候你肯定都认为自己将要死了。"

"是的。"他羞怯地承认了，因为他从未向我承认过他看见过他奶奶的棺材，以及他已经知道他奶奶去世了。

在这里可能有人认为我本来就已经掌握了山姆的病史。事实上，在对山姆进行治疗的同时，我也对他母亲进行了治疗，从侧面了解到她在山姆初次病发的过程中所起的作用。我认为，无论山姆在生活中遇到的"精神刺激"有多强烈，它都与他母亲的神经症性冲突不无关系。确切地说，山姆的母亲克服了严重的情感阻抗，终于回想起了一件事情：那是在她忙着准备迎接奶奶到来的时候，山姆曾经把洋娃娃扔在她脸上，不管他这么做是否是"故意的"，但他扔得很准，把她的一颗门牙都撞得松动了。在很多方面，门牙都是非常重要的。她从没发过那么大的火,她将洋娃娃狠狠地扔了回去,打了山姆一巴掌。她并不是要"以牙还牙",但她所表现出来的怒火是山姆或者她自己都从未意料到的。

或者山姆事先就意料到了呢?这是关键的一点。我认为,这个男孩之所以没有耐心而如此有攻击性,正是因为在这个家庭中,暴力是一种合理的存在。撇开个体冲突来看,我们发现那些曾在犹太区受过集体迫害而逃亡在外的犹太人,他们由于命运使然不得不屈服于愤怒与暴力。这都始于全能而愤怒的上帝的惩罚,但他们也带着不安,将族人首领的位置一代代地传承下去,从摩西到山姆的奶奶。最终,被选中遭到驱逐的犹太人民,手无寸铁并且无助地对抗周遭暴力的异教徒们。山姆的家庭敢于面对犹太人的命运,敢于单独在一个异教徒的城镇生活。虽然异教徒们没有拒绝接纳他们,但是他们内心始终背负着犹太人的命运,这是他们的内在现实。

我在这里必须补充重要的一点,我们的患者恰好在最"动荡"的年龄被卷入他父母与祖先之间以及父母与邻里之间的冲突中。他当时正处在一个以抑制偏执的发展为特征的成长阶段。我指的是,一个孩子的运动能量、好奇心和幼稚的男性施虐欲——一般在三四岁时产生——在急剧增长。这种幼稚的男性施虐欲会根据不同的文化习俗和个人气质而以不同的形式表现出来。毫无疑问,山姆在这方面已经像他在其他方面一样过早地成熟了。在这个阶段,任何孩子都会因不被允许随心所欲地行动和刨根究底地追问而表现出不耐烦的品质。一个精力旺盛的男孩,当他实际和幻想的主动性都急剧增强时,就特别容易产生报复心理,他会令人不快地选择以牙还牙的报复手段。这个年

第一章 | 病史的相关性和相对性

纪的小男孩喜欢假装自己是巨人,因为他自己害怕巨人。他清楚地知道,对于他所穿的靴子来说,他的脚太小了。除此之外,早熟通常意味着个体必须面对一种相对孤立的处境和令人不安的失衡状态。奶奶的到来使得他们家与所有犹太家庭都有的潜在内心冲突与当时他们家面临的社会经济问题结合在一起,诱发了山姆父母的焦虑,而这是山姆无法承受的,表现为他对事物极低的容忍度。

这是我们给出的第一个关于人类危机的"样本"。但在进一步分析样本之前,请允许我说明一下关于治疗程序的问题。这是一次同时进行儿科治疗与精神分析工作的尝试。当我在精神分析观察中逐渐发现影响这个孩子的情感阈限的因素时,我决定减少开给他的镇静剂的剂量。与此同时,除了和山姆本人讨论外,我还与他的父母讨论了这些因素,以便他们可以回顾自己在山姆发病过程中所扮演的角色,并且对这个早熟的孩子在发病前的症状有所察觉。

就在山姆把橡胶娃娃扔在我脸上不久后的一个下午,他走到躺在睡椅上休息的母亲身旁。他把手放在母亲胸口上说:"只有非常坏的孩子才会咒骂他的妈妈。只有非常坏的孩子才会想这么做。是不是这样,妈妈?"他母亲笑着说:"我打赌你现在正想这么做。我认为一个乖孩子才有可能想做这样的事,但是他知道他不会真的这么做。"有些事情是很难表达的,因此如何说并不重要,重要的是这类事情的内涵和其所暗示的两种为达到目的可采用的方法——自我观察和与别人交流。"是的,"山姆回答道,"但我不会这么做的。"接着他补充道:"埃里克森先生总是问我,我为什么要扔东西。他说我把每一件事情都搞砸了。"紧接着他又补充说:"今晚我不会发脾气了,妈妈。"

从那以后，山姆学会了与母亲共同进行自我观察。尽管母亲仍然是他习惯发泄愤怒的对象，但他已经将她看作洞察他内心的盟友。建立这样的关系是至关重要的。因为只有这样做，山姆才有可能在感觉到自己的无名怒火时，或者在感觉到体内有轻微的发病征兆时，及时告知母亲。母亲便可以立即通知那位熟悉山姆病情并且配合默契的儿科医生，及时采取预防措施。这样一来，山姆的轻微发作逐渐减少，并且逐渐学会了在短暂的发作中控制自己的情绪波动，从而避免了病情的恶化。

在这一点上，可能有读者会反对说，在这样一个小孩身上，即便不用如此复杂的精神分析方法，使用其他方法也可以停止他的攻击性行为。这确实是可能的。我并不想声称精神分析方法是治疗癫痫症的先进疗法。从某种程度上来说，我不宣扬任何疗法的神奇疗效。

我们还考察了促使病人发病的"精神刺激"。这种"精神刺激"在病人生命周期的某个特殊时期会促使病人表现出癫痫症的发病迹象。通过我们的这种方法，我们了解了病人发病的内在原因，这能使他改变，并且成为病人生活的一部分。不管病人处在什么年纪，我们致力于探究病人反省、理解和计划的能力。这样做可以使治疗更快见效。仅仅从此类疾病的习惯性和反复性所造成的伤害来考虑的话，这种方法也是有其特殊贡献的。然而，即便不谈这种方法能够治愈癫痫症，它也让我们相信，对这个孩子的部分病史进行治疗性调查能帮助他的父母认识到，促使孩子发病的某种危机就在他们中间。病人对重要他人的这种潜在危机的反应会特别敏感。从某种程度上说，这种心身危机是一种情感危机。

当然，为这样的情绪紊乱而责备他人或者接受他人的责备都是没有意义的。事实上，山姆的母亲常常自责，认为她那次痛打山姆的一巴掌可能造成了他的大脑损伤。这就是我们所要寻找的"精神刺激"的主要成分：因为这样的"精神刺激"加强了犹太人家庭历史性的特定性格——普遍的恐惧暴力倾向。最重要的是，山姆的母亲对可能伤害山姆的恐惧心理是相应的。这种情感强化正是山姆的医生要求我们寻找的引发疾病的"精神刺激"，也就是说，山姆害怕他的母亲也会因为自己弄伤了她的门牙以及自己的施虐欲望而死去。

自责是没有帮助的。只要这种责备的意识存在，个体就会为了弥补自己造成的伤害而产生无理的行为，而这种因为负罪感而产生的补偿性行为通常会造成更多的伤害。我们希望病人和他的家人可以从我们对病史的研究中学会的是带着一份谦逊、豁达、真诚去面对、度过支配我们的生命过程。那么支配我们的生命过程是什么？

这个病例暗示我们在进行治疗时从机体本身固有的变化过程着手。我们在这里将机体作为一个变化过程来讨论，而不是一种实体，因为我们研究的是机体自身平衡的性质，而不是那些通过切片和解剖来证实的病理机制。我们的病人山姆患有一种体内失调症。就其剧烈程度而言，这可能是由于大脑曾受过某种损伤引起的。这种损伤一般不会显现出来，但我们必须思考的是，这种损伤会对这个孩子的生活产生什么样的潜在影响。即便这种损伤能够显现出来，它也仅仅是引发抽搐的一个潜在条件。它不是引发抽搐的原因，因为有很多大脑同样受损的个体并无抽搐症状。大脑损伤仅仅是促进了某种张力的释放，被以抽搐的形式表现出来。它同时是某种内在危险的提示器，能够指示个体对内在张力的低耐受性。这种内在危险降低了个体抵御外在危险的阈限，尤其是在个体感觉到父母的焦虑与烦躁的情况下。大脑损伤是否会使山姆更加缺乏耐性和更易怒呢？或者说和另一个生活在不同环境中的不同性格的男孩相比，山姆易怒的性格是否会使他的大脑损伤更加严重呢？这是我们还没有找到答案的众多问题中的一个。

我们只能说，在危机发生时，山姆的"体质"、性格和他所处的发展阶段具有一些共同的倾向。它们共同作用于山姆对行为受限和压抑攻击性的低容忍度。

但是山姆关于身体和心智活动的需要并不仅仅是生理性的。这种需要构成了他人格发展的一个重要部分，构成了他的防御机制。在感到危险的时候，山姆使用了我们所说的"反向恐惧"防御机制。当他受到惊吓时，他会攻击别人；当他遇到别人不愿回答的问题时，他会固执地发问。这些防御行为与他早年的环境是非常相称的。当时不论他做什么，别人总是认为他很可爱。随着焦点的转移，许多原先被认为属于他生理和心理的部分，现在被证明属于我们称为"个体自我中的经验组织"的次级组织过程。我们将在以后详细讨论这一点。这一过程通过调节个体因内在和外在环境变化而产生的情感波动，预测来自内部和外部的危险，整合个体的天赋与社会机会，保护了经验的一致性和个人化。它带给个体一种统合感和身份感，即成为自己，成为一个完好的人，成为一个被周围人所接纳的人。很清楚的是，山姆曾试图成为一个爱捉弄别人和爱提问题的人，这个身份是他在第一次面

第一章 | 病史的相关性和相对性

临危险情境时发现的,并且成功帮助他度过了危险情境,而现在这个身份却变得不合时宜。我曾说过,这个让他为成为聪明的犹太成年人做好充分准备的身份因为他的家庭和邻里环境的变化而暂时失去了价值。这样的变化使得山姆的防御机制失效了。当他惯常采用的"反向恐惧"防御机制不再起作用时,他变得毫无防范,甚至期望受到"攻击"。在山姆的病例中,这个"攻击"是来自躯体的。

然而,"身份"产生自组织的第三要素——社会。人从出生到死亡,都从属于与地理和历史相关的各种群体,比如家庭、阶级、社区和民族。因此,一个人在任何时候都是一个有机体、一个自我和某个社会中的一员,他与这三个组织过程密不可分。他的身体难免会感到紧张和痛苦,他的自我容易产生焦虑,而作为社会中的一员,他注定要"共享"自己所处的群体的恐慌。

现在我们又回到了最初的临床假设。我认为,所有的焦虑都伴随着躯体的紧张,这似乎是显而易见的。与此同时,任何个体的焦虑都或多或少地反映出他所处的群体的潜在顾虑。当一个人——即便是秘密地——扮演了一个被认为是特别恶劣的角色时,不管这个角色是醉鬼还是杀人犯,是娘娘腔还是傻瓜,他就会感到被群体排除在外。在山姆的案例中,奶奶的死亡已经足够让异教徒的孩子们(或者他们的父母)确信山姆是个百分百的坏孩子。在这些背后存在一个事实,那就是山姆是不同的,他是个犹太人。这一点已经不需要邻居们来提醒他了,因为父母一再向他指出,作为一个犹太人的孩子,他必须表现得特别善良。在这里,为了对所有相关事实做出公正的评价,我们的调查将不得不回到更深远的历史中去,不仅包括这个家庭搬到当前这个社区中的历史，还包括他们在俄罗斯某个犹太人社区中的历史以及大批离散在外的犹太人的悲惨历史。

我们讨论的是三个变化过程：躯体的变化过程、自我的变化过程和社会的变化过程。在科学史上，这三个过程分别从属于三门不同的学科——生物学、心理学和社会学，这三门学科分别研究的是有机体、个体心理和社会现象。研究者在研究中获得的是事实和数据、分布和因果关系。除此之外，他们还产生了关于某个现象应该划归到哪门学科中的争论。我们的思维受到以上这种三分法的支配。只有在这些学科通力合作的情况下，我们才能获得对事物的全面了解。不幸的是，目前来看，我们很难获得对事物的全面了解，因为三门学科是完全割裂的，我们只能从解剖和检查中获得对躯体的了解，从实验和访谈中获得对心理的了解，从抽样调查中获得对社会现象的了解。在所有这些情况下，一门学科偏颇地观察事物，通过主动分解完整的生活状态，为了能使测量工具和概念单独检验抽取的那一部分。

临床问题与我们的偏见不同。我们从治疗学的角度设身处地地研究个体的危机。在这种情况下，我们发现以上提到的三个变化过程从本质上来看是一个变化过程——人类生活的三个方面。每个方面都是同等重要的。躯体紧张、个体焦虑和群体恐慌仅仅是我们用不同方法探测到的人类焦虑的不同方面。临床训练应该包含所有三种方法，这正是本书中提到的研究所欲达到的目标。在回顾某一病例中的相关项目时，我们发现，这一项目在三个变化过程之一中的含义很难独立于它在其他两个变化过程中的含义。某个变化过程中的某个项目通过赋予其他变化过程中的其他项目意义而获得了意义。我希望我们能逐渐找到更恰当的阐述"人类存在的相对性"的词语。

在山姆的例子中，我们没能找到"病因"。相反，我们在三个变化过程中都找到了山姆缺乏耐性的迹象，这使得他的病情变得合情合理了。由此获得的并不能帮助我们消除病因。它只能帮助我们去理解引起病变的决定性事件，这个事件为之后发生的一连串病变染上了阴影。这个病变产生了，而我们的工作就是以治疗者的身份介入其中。在介入之前，我们永远不会知道山姆的生活是什么样的。这也是我们进行治疗性研究所需的条件。

为了证实我们的结论，我们现在将对另一个案例进行分析。这个案例中的病患是一个成年人，他出现的症状同样集中在躯体上，表现为严重的慢性头痛。在战争时期的某次战斗中，这个成年人的慢性头痛突然发作。

海军陆战队士兵的一次战斗危机

一位士兵在他三十出头的时候因"精神性神经损伤"而从武装部队退役。他的症状主要是头痛。即使退役后，他也时常会出现头痛。在一个针对退伍军人的诊所内，医生要求他说明这个病是怎么开始的，他作了如下叙述：

一队海军陆战队士兵刚刚登陆，他们隐藏在黑暗的太平洋滩头，十分靠近敌方火力。他们一直都表现得十分勇猛，并且确信能"打败任何敌人"。他们总以为在攻占阵地后就会被上级撤换下来，由步兵去镇守阵地。然而事实却总是背离他们的精神。他们不得不服从命令,"将对方置之死地"。当这一事实发生后,这些士兵不仅暴露在狙击手面前,而且不得不放任一种混合了憎恶、愤怒和恐惧的感觉在他们胃里翻滚。

现在他们又面临了这样的问题。海军所提供的"火力支援"并没有起到多少作用。好像有什么地方又出问题了。要是他们的上级真的将他们当炮灰使了呢?

我们的病人也匍匐在这群士兵中间。在那个时候,他是绝对不会想到自己会成为一个病人的。事实上,他是一个医护兵。根据规定,他是不需要带武器的。在这种情况下,与其他士兵不同,他似乎不易受到那逐渐蔓延的愤怒和恐惧情绪的影响,就好像他对这种情绪免疫一样。他像平常那样,表现出一名合格医护兵的从容不迫。这些惊慌失措的士兵只会让他感到他们像是一群孩子。他总是喜欢和孩子一起工作,尤其擅长和硬朗的孩子相处。但他自己不是一个硬朗的人。事实上,他一开始选择成为医护兵是因为他不敢带枪。他对任何人都恨不起来。(显然,作为一个海军陆战队队员,他太过善良了,他从不喝酒或抽烟,甚至从未咒骂过别人!)现在看来,他的善良能使他忍受一切,而且他也能帮助那些士兵忍受一切,并在他们的进攻任务结束后给他们提供帮助。他与一位和他很像的医务官保持着亲密的关系,并且十分尊敬和钦佩对方。

这位医护兵已经记不清后来发生了什么。他只有一些零星的回忆,感觉就好像做了一场梦。他说当时医护兵受命去拆弹药而不是建立战地医院。他尊敬的那位医务官勃然大怒,破口大骂。那天晚上

第一章 | 病史的相关性和相对性

不知道是谁将一把冲锋枪塞进了他手里。之后他的记忆便成了一片空白。

进攻后的第二天早晨，这位病人（因为他现在是一名病人了）发现自己在一间临时医院里。又过了一夜，他的病情已经发展成严重的肠道炎。他整天都因为打了镇静剂而处于麻醉状态。那天夜里，敌人发动空袭。其他可以行动的病人都转移到了掩蔽所，或是帮助其他病人转移。他的身体被固定住了，不能移动。更糟糕的是，没有人来帮助他。有生以来，他第一次感到了害怕，就像所有勇敢之人发现自己在遭遇敌人空袭时只能无助地躺着时都会感到的那样。

到了第二天，他被转移了。直到他在船上吃第一顿饭的时候，他都表现得十分镇静。当时，食堂里的金属餐具碰撞声在他脑海里成了炮弹齐射的声音。他无法忍受这种声音，以致他在别人仍在吃饭的时候，爬到了一个隐蔽物下面。

从那以后，他的生活就因为剧烈的头痛而变得痛苦不堪。当他的头痛暂时消失时，他表现出神经过敏的症状，害怕再听到金属的声音。当这种声音出现时，他就会怒不可遏。他的伤寒（或者不管是什么原因引起的头痛）已经被治愈了，但他的头痛和他的神经过敏症让他不得不退役，回到美国。

他的神经过敏症源自哪里呢？如果我们接受医生的诊断，那么病因就是"战争神经症"。从病理学的观点来看，他的发烧和炎症是他第一次头痛的病因，但也只是第一次的原因。

在这里，我们还需要提出一些看起来和头痛毫无关系的问题：为什么这个人如此善良？即使现在他被令人讨厌的战后环境所困扰，

| 童年与社会 |

他也从不用言语来发泄他的怒气。事实上,医务官在那天晚上的咒骂和发怒已经使他的幻想破灭,并使他产生了疑虑。为什么他会这么善良,并对愤怒感到如此震惊呢?

我要求他尝试克服对愤怒的反感,并在与我会面之前的几天内,将那些触怒他的事情或回忆列举出来,不管有多么细小。在他的清单里,这些事情或回忆包括:公共汽车发出的声音;孩子玩游戏时发出的叫声;轮胎摩擦地面发出的声音;关于布满蚂蚁和蜥蜴的散兵坑的回忆;难吃的军粮;在离自己很近的地方爆炸的炸弹;不信任的人;偷窃的人;"不管是什么种族、肤色或信仰什么宗教"的自命不凡的人;关于母亲的回忆。在这张清单里,病人从金属噪音和战争回忆联想到了偷窃和不信任,最后想到了他母亲。

似乎从他十四岁那年起,他就再也没有见过他的母亲。那个时候他的家庭已经在经济和道德上开始衰败。有一次他母亲因为发酒疯而举起枪对着他,他把枪夺了过来,砸坏后扔出窗外,然后离家出走了。之后他就再也没有回去。在那之后,他得到了一个如父亲般的良善之人的帮助。事实上,那个人就是他的医疗队长官。作为对对方的保护和引导的回报,他保证绝不喝酒、绝不诅咒、绝不放纵自己,并且永远不碰武器。他成了一名好学生、好老师和一个脾气特别温和的人(至少表面上是这样)。后来发生了在太平洋滩涂地的那次进攻事件。当周围人都被愤怒和恐惧所笼罩,当如父亲般的长官突然爆了粗口,当有人将一把冲锋枪塞进了他手里时,他一手编织起来的美好幻象被终结了。

有许多类似的战争神经症的病例存在。这种疾病的患者一直处

第一章 | 病史的相关性和相对性

于潜在惊恐状态。无论是突然的噪音还是突发的心悸、高烧或头痛，都会让他们感觉受到攻击或处于危险之中。他们常常对自己的情绪束手无策。任何过于突然或强烈的知觉、感受、想法、回忆，都会引发他们孩子般的愤怒和焦虑。这些人的注意系统出现了问题。一般情况下，我们能够无视在同一时间呈现在我们面前的各种刺激，把注意集中在某个特定的刺激上，而注意系统受损的人却无法做到这一点。更糟糕的是，这些人无法熟睡，还经常做噩梦。在漫长的黑夜里，他们会梦到斯库拉（希腊神话中吞吃水手的女海妖。——编者注）和卡律布狄斯（希腊神话中比邻斯库拉的漩涡怪。——编者注）的烦人噪音，令他们从好不容易获得的片刻安睡中惊醒。在白天，他们常常发现自己记不住某些事情。他们会在自己所住的社区迷路，或者在对话中突然发现自己无意间误解了某些事情。他们不能依靠自我的特定过程来规划时空和验证事实。

这些症状的出现是由于身体受到了损伤，体内神经受到了损害吗？毫无疑问，在某些情况下，病症的确与此不无关系。但是更多的情况是，几个致病因素需要结合在一起才能造成真正的、持续性的危机。在上述病例中，以下这些因素的结合击垮了我们的病人：因对上级的怀疑而造成的队伍士气低落和逐渐增加的群体恐慌感；在未知的敌人火力下无法行动；在医院病床上产生的"放弃"的想法；关于立即撤退还是继续作战的内心冲突（一个声音对他说"让他们送你回家，不要做傻瓜"，而另一个声音则对他说"不要让别人失望，如果别人可以忍受，那你也可以忍受"）。

让我印象最深的是这类病人丧失了身份感。他们知道自己是谁，但他们的生活仿佛在主观上变得支离破碎了,而且永远不会再复原。他们在被我称为身份感的部分出现了主要的紊乱。身份感让个体体验到一个连贯的和一致的自我。在许多病例中,一种表面上并不相关的因素往往成为病症的触发因素,比如这个医护兵被迫接过枪这件事(枪是一种罪恶的象征,它危及了这个医护兵用以维护个人声誉和社会地位的原则)。这会使人萌生一些突然的想法,比如我现在应该在家里粉刷着屋顶、正在付账单、去见某个老板或是某个女孩等等。转念之间,他绝望地意识到,这些他本来应该享有的生活,可能永远不会有了。另一方面,这种想法似乎与美国生活的某些方面是交织在一起的。很多年轻人将他们的人生计划和身份建立在早期美国历史所隐含的准则之上,即一个人必须保护和捍卫自由的脚步、选择的权力以及抓住机遇。当然,美国人安居乐业太久了,已经不习惯复仇。但是他们心怀信念,所以我们可以假设如果他们选择动起来,也肯定是可以的。重要的是自由选择权以及相信没人可以"逼迫你"或"控制你"。因此这些鲜明对比的符号象征变得非常重要,占有的象征,地位的象征,一致性的象征和选择、变化以及挑战的象征。依当下的情境不同,这些象征可以是好的也可以是坏的。对于这位医务兵来说,枪成为他家庭没落的象征,代表了愤怒与丑陋,而这正是他选择回避的。

此外,我们发现在这个案例中,之前我们提到的三个变化过程不是在相互支持,而是在相互对抗。(1)病人所属的群体。海军陆战队士兵这个群体希望能够很好地掌控局面,在整个国家的武装力量中拥有一个特定的身份。而对上级指挥者的猜疑却引发了他们的恐慌。

第一章 | 病史的相关性和相对性

我们的病人用自己在日常生活中惯用的防御机制来应对这种恐慌，就好像他是这些孩子气的士兵中一位镇定自若的领袖。（2）病人的机体。在惊恐和急性感染的影响下，他的机体努力维持着平衡，但这种平衡被严重的高烧打破了。病人不得不与这种状况抗争，因为他"相信"自己可以"承受一切"。（3）病人的自我。在因为群体恐慌和严重的高烧而负荷过重的情况下，他的内在因为失去了外在支持而愈发失衡。一个他一直以来信任的上级命令他打破他一直以来遵守的誓言，而这个誓言恰恰是他那不稳固的自尊心的基础。毫无疑问，这件事情的发生，打开了他一直以来紧闭的幼稚冲动之门。在他的全部性格中，只有一部分是真正成熟的，另一部分则有赖于外在的支撑。当外在的支撑不复存在，另一部分性格面临瓦解，他便无法容忍在空袭中无法动弹的处境，并且很容易就接受了撤离的引诱。现在这种情况发生了变化，引发了新的症状。因故撤离后，许多人在无意识中会觉得自己有义务继续遭受痛苦，以便使他们的撤离变得名正言顺。就退役这种情况而言，许多人永远无法原谅自己只是因为罹患"神经症"而退役。第一次世界大战后，这类补偿性神经症——病人会无意识地放任自己的神经症蚕食自己，以便获得政府的经济支持——受到了特别关注。第二次世界大战后，对过度补偿性神经症的研究又成为一大热点。这类病人会无意识地希望继续受苦，以便从心理上补偿那些使别人失望的行为。这类通过心理补偿来逃避现实的人，其实比他们自己知道的自己更加忠诚。对于我们那位认真善良的医护兵来说也是这样。当意识到自己开始好转时，他总是再次让"子弹穿过大脑"的痛苦来折磨自己。

我们可以肯定地说，如果不是因为经历了战争，这位病人不会以这种特定的方式崩溃。正如大多数医生明确指出的那样，如果不是因为"精神刺激"，小山姆也不会出现那么严重的抽搐。在这两个病例中，心理学和治疗学的任务是去弄清楚多重不利情况加在一起如何削弱了中枢防御系统，并且弄清楚最终的崩溃代表了什么。

我们可以发现，躯体（疲惫和发烧）、自我（由于自我同一性的崩溃）和环境（群体恐慌）三个方面的变化共同诱发了上述两位病人的病症。如果一个方面的意外损伤超过了其他两个方面的平衡能力，或者外界的各种情况加在一起给三个方面的变化提供了相互影响的特殊条件，那么这三个方面就会相互恶化。在山姆的病例中，我们可以看到这种情况发生了。敌视犹太人的问题在他的躯体变化过程、自我变化过程、社会变化过程中突然间成了一个关键点。山姆和那位海军陆战队队员的病例都表明了另一种危险的倾向，也就是说，变化无处不在，当外界支撑上述三个变化过程的力量被削弱时，发病的条件也就成熟了。

我已经讨论了两个病人出现的危机，以便全面地说明我的临床观点。本书将会讨论一些相关的定律和理论。在这里介绍的病例不是典型的。在日常的临床工作中很少有病例会有如此清晰的"病因"。发现这些病因并不代表就能治愈病人的情绪紊乱。它仅仅说明了某一代表性事件发生时的情况。需要指出的是，当我们为了说明之便而选择一些非典型病例时，我们也并没有偏离临床这条主轴。

这些原理可以用公式来表达。某一特定方面在某一病史中的意义有赖于其他方面的意义。为了理解某一特定的精神病理学病例，我

第一章 | 病史的相关性和相对性

们会去研究病例中可以观察到的变化趋势,这可能是因为它们支配着症状的出现,也可能是因为你掌握了观察变化的方法而容易掌握这种变化,无论这种变化是躯体的变化、个性的转变,还是社会的变革。无论你从哪个方面开始着手研究,你必须回到开始从头再做一次。如果你是从病人的机体着手研究,你就必须检查机体的变化对于其他变化过程有什么意义,这对机体的复原又有什么样的影响。为了弄清楚这个过程,你不能惧怕反复观察和分析不同的自我变化过程。你需要将每一方面与机体的发展阶段及状态联系起来,并将其与病人的社会关系联系起来进行观察。你还必须了解第三个重建形式,也就是说要了解病人的家庭历史以及他在社会生活中的变化。这些变化与他身体上的变化都有密切的联系,并且会影响他的自我发展。换句话说,你不能依靠任何简单的病史发展过程推导出其中的因果关系。只有反复分析病人的资料,才能逐渐搞清已知资料的相关性和相对性。这种分析不会引出一个明确的病症现象,其结果既不能清晰地重现病因,也不能有依据地列出病情发展的公式。这对我们的病史档案而言是不幸的,但也许对我们的治疗努力是有帮助的。因为我们必须做好准备,不仅要同时考虑,还要同时影响这三个变化过程。这就意味着在我们的临床工作的最好时刻,我们没有同时考虑所有相关因素的相对性,我们应该将它们明确地写在工作总结中。我们必须全面考虑病史资料的关联性和相对性。

用实验证明我们的研究在治疗方面的价值并不是本书的目的。在结论部分,我将就心理疗法作为一种特定的关系所存在的问题进行讨论。我提出某些临床见解主要是为本书的撰写提供理论基础。

在第一部分的剩余部分，我将讨论精神分析理论的生物学基础。弗洛伊德的性欲发展时间表已经把这种生物学基础同我们现在知道的自我和我们现在开始了解的社会生活形态联系起来了。

第二部分讲述的是社会困境，也就是现在和从前美国印第安儿童的教育及其与文化适应的意义。

第三部分探讨的是自我病理学和正常童年游戏所揭示的自我之原则。我将呈现一张心理社会发展收益表，这是自我成功调节生命各个阶段的需要和社会规则的结果。

在第四部分，我将讨论美国、德国和俄罗斯在工业化条件下结束童年、步入成年的几个方面的问题。这将为我们的研究提供一个历史性的理论基础。因为在我们这个时代，个体必须决定是继续将童年作为一个制造非理性恐惧的兵工厂，还是将成年和童年的关系以一种更加合理的方式发展为一种伙伴关系。

第二章
幼儿性欲理论

两个临床病例

在评论弗洛伊德关于幼儿性欲的理论之前，请允许我提供对两个孩子的观察结果。这两个孩子在与自己肠道的"斗争"中陷入了奇怪的困境。当我们试图了解这些器官的社会意义时，我们有必要保留对这两个孩子以及相关症状表现所做出的判断。这些孩子的症状看起来很古怪，他们本身并不古怪。肠道与我们的主要人际交往媒介——面部之间的距离是很远的。受过良好训练的成年人，当他们的肠道功能正常时，通常把肠道看作事情的非社交面。因此肠道紊乱常常与混乱的想法和不能公之于众的反应相关。在成年人身上，肠道紊乱通过躯体疾病表现出来。而在孩子身上，这种失调看起来似乎仅仅表现为他们任性的习惯。

安妮是一个四岁的女孩。在母亲的逼迫下，她走进了治疗室。她看起来脸色苍白，闷闷不乐，一片茫然，正在用力吮吸着她的大拇指。

我已经事先了解了安妮的情况。她似乎正在失去正常的控制力。有时候她会表现得太过孩子气，有时候她又显得过分严肃。当她看起来热情洋溢时，从事后来看，那其实是一种感情的爆发，很快她便做出了愚蠢之事。但是她最令人讨厌的习惯是在需要排便的时候拒绝排便，然后在夜间或清晨将粪便拉在床上。面对责骂，她也只是默默忍受，并且在这种态度之后潜伏着一种明显的失望情绪。这种失望情绪似乎在最近她被汽车撞到的事故之后变得更加严重了。她受到的身体伤害并不严重，但自那以后，她越来越抗拒和父母交流，并想要摆脱父母的控制。

走进治疗室后，安妮放开了母亲的手，像囚犯那样表现出一副被动服从的姿态。她站在游戏室里的一角，紧张地吮吸着拇指，漠然地注视着我。

在第六章里，我将从精神动力学的角度说明安妮和我见面时的情形，以及两人在第一次见面时是如何互相猜测对方的想法的。我还会进一步讨论游戏观察在心理治疗中的作用。在这里我只是想记录一个临床"样本"，作为理论讨论的出发点。

那个孩子散发出的气质让我感到我是无法从她身上得到任何信息的。然而，使她逐渐感到惊讶和安慰的是，我并没有向她提出任何问题。我甚至没有和她说"我是你的朋友，你应该信任我"之类的话。相反，我开始在地上搭一座简单的木头房子，房子里有一间客厅、一间厨房、一间卧室，卧室里有一个小女孩躺在床上，在她旁边站着一个女人，卧室旁边厕所的门开着。房子还带有一个车库，车库里有个

第二章 | 幼儿性欲理论

男人正站在汽车旁边。这是对日常生活的一个模拟，模拟的是某个平凡的早晨，母亲试图"按时"叫小女孩起床，而父亲正准备离开家去工作。

我们的病人渐渐着迷于这种"无声提出问题"的方法。她突然行动了起来。她放下了吮吸的拇指，咧嘴露出一个微笑。她脸色通红地跑到玩具摆设旁边，用力把房子中的女人踢开，嘭地一声关上了厕所的门，然后匆忙地从玩具架上取来三辆闪亮的玩具汽车，把它们放在车库里的男人旁边。她已经回答了我的"问题"。显然，她不愿意把房子中的小女孩交给那个像她母亲一样的女人，她想要给她父亲的东西比她父亲想要的更多。

当我在思考安妮的这种侵犯性行为时，安妮似乎突然受到了一种截然不同的情感的驱使。她大哭起来，并呜咽地问："我妈妈在哪儿？"她惊慌失措地从我书桌上抓了一把铅笔，接着跑进了候诊室。把铅笔塞进她母亲手里，并紧挨着她母亲坐下来。这时候她又把拇指放回嘴里。从她脸上的神情可以看出，她不愿再进行过多交流。我知道，她的游戏结束了。她母亲想要把铅笔还给我，但我表示今天我不需要这些铅笔。母亲带着孩子离开了。

半个小时后，电话铃响了。安妮的母亲告诉我，她们刚刚到家，安妮问她当天能否再和我见面。她不想等到明天。她坚持要母亲打电话给我，约定和我今天再次见面，这样她就可以把铅笔还给我。我在电话里告诉安妮我很感谢她的好意，她可以留着那些铅笔，明天再还给我。

第二天到了约定的时间，安妮和她的母亲已经坐在了候诊室里了。安妮一手抓着铅笔,但并没有要把铅笔还给我的意思。另一只手中握着一样小东西。她看起来并不想和我一起进去。我忽然注意到她把粪便拉在自己身上了。当她被抱起来带进洗手间的时候,她手中的铅笔掉落在地,另一只手里的东西也一起掉了下来,那是一只玩具狗,其中一条腿断了。

在这里我必须补充一点,当时邻居家的一只小狗在安妮的生活中扮演了重要的角色。这只小狗也随便拉屎,但它为此挨打了,而安妮却没有挨打。这只小狗最近也被一辆汽车撞伤了,但是它失去了一条腿。她的动物朋友的遭遇比她要惨得多。她是不是也期望受到同样的惩罚呢?

我已经描述了我与安妮在游戏室里的情况以及安妮的病症。在这里,我不准备继续深入研究这个病例的相关性和相对性,也不准备讨论安妮的困境是如何在我与安妮及其父母的工作中得到解决的。我不准备在这里阐述治疗过程以及这个幼儿的危机是如何得到解决的,希望你们谅解。这里我希望你们把这个故事当作一个研究样本,和我一起进行分析。

那个小女孩不是自愿前来的,是被她母亲带来的。正如一切事实所表明的那样,她对自己的母亲感到不满。在游戏室里的时候,我的游戏治疗显然让她暂时忘记了她母亲正在房间外。她通过几分钟的无声游戏表达了她在几个小时里无法用语言表达的情绪:她"讨厌"母亲,而"喜欢"父亲。然而在她做出这样的表示之后,她一定体会到了亚当在听到上帝的声音——"亚当,你在哪里?"——时产生的感觉。她不得不为她的行为赎罪,因为她也爱她的母亲,并且需要她。

第二章 | 幼儿性欲理论

可是在惊慌失措中，她做出的强迫性举动往往和处在矛盾心理中的人一样：为了去补偿某个人，却在"无意中"伤害了另一个人。她拿了我的铅笔去取悦母亲，然后在回到家后又想强迫母亲帮助她来补偿我的损失。

到了第二天，她想要赢得我的好感的热情已经消失了。我觉得自己变成了一个魔鬼，迫使这孩子在毫无戒备的状态下承认别人不该知道的事情。孩子在最初承认了自己内心的秘密想法时，通常都会产生这样的担心：要是我把这些告诉她母亲该怎么办呢？要是她母亲为了调整她毫无戒备的行为，而拒绝把她再带到我的诊所该怎么办？安妮因此拒绝继续和我合作。让安妮的症状来说明这一点。

大小便失禁说明括约肌出了问题，这是肛门和泌尿系统的问题。问题的这一方面我们称之为问题的区域性方面，因为它涉及躯体的某个区域。然而，进一步的研究表明，安妮的行为，即便不与肛门有关，也和括约肌有关。我们可以这么说，这个小女孩的所有行为，就如同变化多样的括约肌。大多数时候她都面无表情，很少表露自己的情感。当我们给她提供了一个玩具场景时，她才在自己的"幻想"中暴露了自己。她做了两件事情：她愤怒地关上了玩具房子里厕所的门，并兴奋地把三辆闪亮的玩具汽车送给了那只扮演父亲的娃娃。她越来越陷入"拿"和"给"这个简单的模式之中，她拿了我的东西给她的母亲，接着又拼命想要将已经给母亲的东西再还给我。当她再回来的时候，她的小手紧紧抓着铅笔和玩具，却又突然扔掉它们，就像是括约肌突然失去了控制排出了粪便一样。

显然，这个小女孩没能理解这样一个问题：如何在给予的同时却不索取（或者说怎样在爱父亲的同时又不憎恨母亲）。她因此陷入一种"保留"和"排出"自动交替的模式中。这种抓住和放开、保留和排出、打开和封闭的交替模式，我们称为问题的模式性方面。这种肛门—尿道括约肌是保留和排出模式的解剖学模型，这个模型可以解释很多行为。这些行为，按照现在的临床惯例（我认为是不好的惯例），被称为"肛门行为"。

区域和模式之间的关系可以从这个孩子最孩子气的行为中看出来。吮吸手指让她感到通过和自己的身体部分"建立联系"，就能够获得带给自己慰藉的乳汁。她现在正处于"口欲期"。但是当她从这个状态中走出来后，她似乎充满了活力，又是踢玩具娃娃，又是抓着玩具汽车，还发出沙哑的笑声。在这一保留—排出的状态下，退缩是向内和向后的，而进取是向外和向前的，促使安妮做出了主动的表现，却很快引发了她的内疚。这种趋于恶化的危机现象表明，这个孩子和家庭可能需要帮助。

这种退缩和进取的趋向正是本章的主题。为了进一步说明区域和模式之间的系统性关系，我将叙述第二个病例。这是一个四岁小男孩的故事。

我从别人那里得知，彼得经常将大便留在自己的肠道里，开始是几天才排泄一次，但是最近他排泄的周期延长到了一周。我急忙赶去看望彼得的时候，他那小小的身体内不仅保留着一周的粪便，还有一个大灌肠器。他看上去非常痛苦。当他认为周围没人注意他的时候，他会将肿胀的腹部靠在墙壁上，以此来寻找支撑。

他的儿科医生已经做出了诊断：尽管X光检查显示，彼得确实患有扩大性结肠炎，但如果没有强烈的情感因素，他是无法这样保留粪便的。尽管最早结肠炎的确引发了彼得当前的症状，但是毫无疑问，促使彼得病情恶化的是一种无法通过语言表达的内心冲突。局部的生理失调状态可以在之后通过饮食和运动来治疗。我们首先似乎需要弄清楚症状的起因，以便尽快与男孩建立交流，从而得到他的合作。

一直以来我都有一个习惯，在决定为某个家庭治疗之前，我会先到他们家里与他们一起吃一顿饭。我以父母熟人的身份被介绍给我未来的小病人。这个小男孩是那种会让我质疑任何试图伪装的伎俩的那类孩子。"梦境很神奇吧？"当我们一起吃午饭的时候，他用一种虚假的语气对我说。他的几位哥哥很快就吃完了饭，然后跑进了屋子后面的树林里。彼得兴奋地说了一连串好笑的话，这些话很明显暴露了他那令人不安的幻想。这是括约肌出现问题的迹象，病人近乎着迷地屈服于深藏在他肠道中的秘密。在这里我将列出彼得的一些胡言乱语和我对此做出的无声反应。

当他正在吃饭的时候，他说道："我希望我家里能有一只小象。之后它会越长越大，大到最后撑破了房子。"那时他的肠道容量已经濒临极限。

"看那只蜜蜂！它想要吃我肚子里的糖。"他说"糖"这个词显得很委婉，但也正是这个词透露出他觉得自己肚子里有什么宝贵的东西，而别人想要拿走它。

"我做了一个噩梦。几只猴子爬进房子里想要抓我。"先是蜜蜂想要他肚子里的糖，现在又是猴子想到房子里来抓他。食物在他肚子里增加了，于是小象在他房子里长大了，蜜蜂想要他肚子里的糖，猴子想到房子里抓他。

吃完午饭后，我们在花园里喝咖啡。彼得坐在花园里一张桌子的底下，还拉过几张椅子放在自己身前，就好像他在自己周围设了一道防御工事一样。接着他说："现在我在我的帐篷里，蜜蜂找不到我了。"他躲在里面，害怕受到攻击性动物的袭击。

之后彼得从桌子底下爬了出来，并带我来到他的房间。我带着一种欣赏的眼光看向他满满的藏书，并对他说："从你最喜欢的那本书里挑一张你最喜欢的图片给我看。"他毫不犹豫地选出一张图，上面是一个浮在水面上的姜饼人，而一只狼正张着血盆大口朝他游过去。他兴奋地说："这只狼要吃那个姜饼人，但是它无法伤害姜饼人，因为它不是真的，吃起来不像是食物！"我完全同意他的话，并回想起他之前的胡言乱语，发现他集中在一个想法上，那就是他存在自己肚子里的东西是活的，这些东西如果"冲破"他的肚子，便会受到伤害。我又问他第二喜欢的图片是哪一幅。他马上找来一本名叫《小火车头》的书，翻到其中画着一列冒烟的火车正在开进隧道的一页，而在下一页，火车开进了隧道，但是它的烟囱不再冒烟了。"你看，"他对我说，"火车开进了隧道，而在黑暗的隧道里它死了！"一些有生命的东西进入了一条黑暗的通道，而出来之后就会死。我不再怀疑了，这个小男孩有一种幻想：他的肚子里装着一些宝贵而有生命的东西。如果他一直保留着它们，他自己会被胀死，但如果他把这些东西排放出来，它们会受到伤害或是死掉。也就是说，他觉得自己怀孕了。

第二章 | 幼儿性欲理论

如果这么解释的话，那么这位病人就需要立即获得帮助。我想要先澄清，我并不赞同在建立可靠关系之前将性欲的启蒙知识灌输给天真无知的小孩子。但是在这个病例中，我认为需要使用"外科手术"。我想起他喜欢小象，于是就向他建议我们来画象。在我们熟练地画完一只母象和一对小象的所有外部线条和肢体部分后，我问他知不知道小象是从哪里来的。他紧张地回答我说不知道。但是他却让我产生了这样的印象：他仅仅是想让我继续讲下去。所以我尽我所能地画了一只母象的横切面和它各个部分的内脏，并且画了两个出口，一个是用来排便的，一个是用来生孩子的。"这个，"我对他说，"有些孩子并不知道。他们以为在动物和女人身上，大便和婴儿是从同一个出口出来的。"我正准备继续往下详细说，因为如果有人误解了这种情况，就会产生危险。彼得抢在我前面激动地告诉我，当母亲怀着他的时候，她上厕所的时候不得不系根腰带，为了防止他从她身体里掉出来。后来在出生时，因为他太大了，没法通过她的出口出来，所以医生必须切开她的肚子让他出来。我不知道彼得是不是通过剖腹产出生的，但我给他画了一张女人的示意图，将他之前所说的关于他母亲的解释指给他看。现在看来，似乎他以为自己也要生孩子了，而事实上这是不可能的，而理解他产生这样的幻想的原因是很重要的。因此，就如同他之前可能听说过的那样，我告诉他我的工作是去理解孩子们的想法，而如果他愿意的话，我第二天会回来继续我们今天的对话。事实上，他确实愿意。在我走后，彼得排出了大量的粪便。

现在可以确信，彼得因为腹部装满了粪便而以为自己可能怀孕了，他害怕如果自己排出粪便会伤害自己或"婴儿"。但最初是什么原因促使他把粪便保留在自己体内的呢？是什么原因导致了他的情感冲突，以致他拒绝排出粪便并产生了怀孕的幻想呢？

彼得的父亲对我的疑问提供了直接的答案。"你知道吗，"他对我说，"那个孩子看起来就像是茉特尔。""茉特尔是谁？""她做彼得的保姆有两年了，三个月前离开了。""就在他的病症开始恶化之前吗？""是的。"

彼得在他生命中失去了一位重要的人——他的保姆。她是一位说话温柔的东方姑娘。这几年来她一直是彼得生活中的主要慰藉，因为他的父母经常因事业奔波而不在家。就在最近的几个月，彼得曾暴力地对待他的保姆，而那个女孩似乎接受了，并且还说他表现得像个"男子汉"。在那个保姆的国家里，暴力行为是很常见的。彼得的母亲之后承认，在彼得突然变得十分男子气并被允许通过一定方式表露出来时，她已经察觉到这个男孩身上肯定出了某些问题。彼得的这种行为并不完全符合他的文化背景。她开始对彼得由外国保姆抚养这件事感到警惕，最后她决定由自己来接手彼得的抚养工作。

所以就在他的男子气萌发、被激化和被否定的这段时间里，他的保姆离开了。她是自己离开的还是被辞退的，对这个孩子来说几乎是不重要的。重要的是，他所在的社会阶层允许他拥有一个受雇的母亲替代品。而从孩子的角度来看，这会产生很多问题。如果你喜欢你的替代母亲，那么你的亲生母亲便会更加频繁地离开你，并且感到更加心安理得。如果你稍微有点不喜欢她，那么你的母亲会心怀一点愧疚地离开你。如果你非常不喜欢她，那么你的母亲会让她走人，之后再找一个和她差不多的或是比她更糟糕的人。如果你非常喜欢她的话，

第二章 | 幼儿性欲理论

你母亲当然也会让她走人,这是迟早的事。

彼得的病情因为之后保姆寄来的一封信而加重了。这位保姆听说了他的情况,于是写信向他解释她离开的原因。她原来告诉彼得说她辞职是为了去结婚,并且准备生一个自己的孩子。鉴于这个男孩对她的感情,这对他来说会是很不好受的。现在她告诉他自己找了份新的工作。"要知道,"她对彼得解释道,"当某家的孩子在我的照料下长大后,我总是会去新的人家。我最喜欢照料婴儿。"这对这个男孩产生了影响。他曾试图做一个大男孩。父亲几乎没有给他任何帮助,因为他专注于自己的事业,很少在家,并且他觉得这种事情太复杂,无法解释给彼得听。而他的母亲又表明了她的态度,她不能接受他被保姆纵容和惯坏的男子气行为。至于保姆,她说她更喜欢婴儿。

所以他"退缩"了。他开始变得孩子气并且十分依赖人。因为害怕失去更多,他选择"坚持不动"。在很久以前,当他还是个婴儿的时候,他就通过将食物含在嘴里不咽下去来表现他的固执。之后,当他被放在马桶上,并且被告知不排泄完粪便就不能起来时,他既没有大便,也没有起来,后来他母亲不得不放弃了。从那之后,他每次上厕所都这样,甚至不再说话,只是面无表情地待着。当然这种表现隐含着多种含义,而最简单的含义是:我坚持保持现在的状态,并且绝不移动,不管是向前还是向后。但正如我们在他的游戏中看到的那样,我们可以从多方面来解释他坚持不动的原因。显然,一开始,彼得相信这位保姆要怀孕了,他试图通过成为保姆的样子,通过假装自己也怀孕了,来留住那位保姆。他的退缩行为是为了证明他也是一个婴儿,就像保姆将要去照料的婴儿一样小。弗洛伊德将这种症状的含义称为多重决定因素（overdetermination）。然而这种多重决定因素通常是系统地联系在一起的。这个男孩与一段已经失去的关系中的两个角色同时产生了认同。他既是怀孕的保姆，又是保姆喜欢照顾的婴儿。这样的角色认同是由丧失所导致的。在哀悼中，他变成了他失去的那个人，并且也再次变成了在那段关系建立初期时的自己。这也因此产生了看起来自相矛盾的症状。

我们可以看到保留是一种模式，通过后退、坚持和抑制这种行为和排出途径来表现的。当彼得看起来并且感到他体内真的有了孩子一般的东西时，他就会想起母亲曾经告诉他的事情，那就是分娩对母亲和孩子都很危险。于是他便不敢将体内的东西排泄出来了。

当彼得接受了这种解释后，他很快便有了好转，能够把体内的东西排泄出来，并且重新获得了被压抑的自主性和主动性。但只有将饮食、运动、谈话结合在一起的治疗才能最终根治孩子的疾病。

力比多和攻击性

我们已经分析了两个临床案例。我之所以选择这两个案例，是因为它们具有清晰、可观察的结构。但是用什么定律可以解释这些案例的发生呢？

弗洛伊德和早期的精神分析学家首先指出，在心理学图表上未标明的各个人体孔口，对情绪的健康与否而言，是极端重要的区域。当然，他们的理论是基于对成年病人的观察结果的。我认为，在这里值

第二章 | 幼儿性欲理论

得花一点时间简单介绍一下精神分析学家是如何观察成年病人的,也许可以让我们类比推论到儿童病人身上。

比如,一个患有神经症肛门性欲的成年人也许会通过过度讲究卫生、保持整齐和干净以及严格守时,来表达自己对肠部功能的过分关心。也就是说,他看起来会回避肛门问题。他会对延长排便时间或是随心所欲地排泄感到厌烦。但他对肛门问题的回避最终会导致他在肛门问题上花费更多精力。相比之下,一个普通人并不会过多在意其肠部舒适与否。这种病人在保留和排出问题上的矛盾心理可能表明了他性格中的一种过分抑制倾向。他无法缓解这种矛盾心理。他只有在精心布置的仪式化环境和指定的时间里才能分配他的时间、他的金钱和他的情感。然而,精神分析学家发现,成年神经症患者或多或少地会带有一种特殊而紊乱的幻想,并且会对特定的对象——尤其是那些与他亲近的人——产生敌意和尽情发泄的欲望。换句话说,在他对别人的爱中,他常常会表现出矛盾的一面,并且他通常并不知道他的许多任性的行为是一种自我保护的手段,也是一种试图控制他人的专制。尽管他和他的发泄对象意识不到这种敌对心理,但是他却不得不对他在实际中或是幻想中的所作所为采取一些修补或赎罪行为。在我们先前提到的案例中,小女孩安妮试图平衡她拥有和给予的东西,但这只会加深她的内心矛盾。和安妮一样,这个成年的强迫性神经症患者会在内心深处产生一种受到惩罚的执念,因为对他来说,与隐藏秘密的仇恨相比,被惩罚更容易。之所以接受惩罚更容易,是因为他自我中心的仇恨已经令他不相信相互关系的补偿作用。这种不信任在孩子身上表现出来仍然是多样性的,而在成年人身上就已经发展为固定的性格了。

在重建这类成年病例的早期历史时,弗洛伊德多次发现那种经常可以在儿童病人身上暴露出来的危机。他最早对围绕躯体各孔洞的悲剧和喜剧进行了系统的论述。他通过破除了他那个时代——当时的人们将所有的"下身"功能都归为羞耻、可疑的思想和病态的想象——的伪善和刻意的忽略,提出了相关理论。他迫使自己做出这样的结论,即围绕躯体各孔洞的悲剧和喜剧的本质就是性欲。这是因为他发现成年的神经症患者和性反常患者不仅对待伴侣的态度十分幼稚,而且在性生活方面通常存在困扰,只能从除了性器官以外的地方获得满足和安慰。他们的性缺陷和他们在社交上表现出的幼稚性通常与他们的早期童年经历——特别是在童年时期他们身体内的冲动与父母对他们的严厉管教之间产生的冲突——有关。他还指出,所有能给儿童带来满足感的童年阶段都被赋予了力比多。力比多是一种寻求快乐的能量。在弗洛伊德之前,这种能量只有在童年结束,生殖器成熟之后,才作为性欲正式得到认可。弗洛伊德得出结论:成熟的生殖性欲是儿童性欲——他称之为前生殖器性欲——发展的最终产物。因此,根据弗洛伊德的观点,我们刚才所描述的那类强迫性神经症患者是一种特殊的个体,他们虽然表面上反对肛门,却在无意识中固着或是部分倒退到某个儿童性欲阶段——我们称之为肛门施虐阶段。[①]

同样,其他情感困扰的产生也被证明是因为个体固着或是退行到

[①] Freud, S. "Three Contributions to the Theory of Sex," in *The Basic Writings of Sigmund Freud*, The Modern Library, New York, 1938.

第二章 | 幼儿性欲理论

某个儿童性欲阶段。

以成瘾症患者为例：就像是婴儿一样，他们依靠口部与物体的表面接触，获得生理和心理的双重满足。但他们自己不会意识到他们渴望再次成为婴儿。只有当他们抱怨、自夸和做出挑衅性行为时，他们的幼稚心灵才得以暴露。

躁郁症患者会感到绝望和空虚。有时候他们会觉得到处都是敌对的势力和需要毁灭的东西，有时候他们又突然对所有事物充满好感。然而，他们并不知道所有这些内心的善良和邪恶从何而来，它们的本质又是什么。

当一个女人的歇斯底里症发作时，她们表现得就好像是受到了欺骗、攻击和刺激那样。尽管她们表现为性冷淡，但她们却会产生很多性幻想。她们无意识地为自己的性角色而着迷，虽然这种角色在她们遥远的童年时期是不被接受的。

所有这些饱受折磨的人，无论表现为上瘾、抑郁，还是压抑，都无法将某个儿童性欲阶段整合起来，并且固执而徒劳地反抗着这些阶段。

从某种意义上讲，只要有性压抑行为就会有对应的性反常行为。有一些成年人，他们不但不对这种原始的性欲模式加以伪装，反而尽可能地强化他们的性反常行为。有些人通过口交来获得最大的性满足。有些人喜欢用肛门而不是其他器官来进行性交。此外，还有一些人特别喜欢注视别人的生殖器或是暴露自己的生殖器。更有甚者，不加节制地使用自己的生殖器，而他们这么做仅仅是为了虐待他人而已。

在理解了神经症患者无意识中渴望的性行为和性变态者所实施的性行为之间的关系后，弗洛伊德着手建立他的力比多理论。力比多，即性欲，是指每个人身上除了生殖器之外，各个躯体区域在童年时期所具有的性能量。这种能量能通过特殊的快感加强生命机能，比如进食、有规律地排便和四肢协调地活动。只有在成功经历了这样的前生殖器力比多过程，孩子的性欲才能逐渐变为短期的、"潜在"的儿童性欲，因为儿童的生殖器还未成熟，并且这种最初的、不成熟的性欲渴望被认为是一种乱伦禁忌。

所有的文化都在一定程度上允许某些不涉及生殖器的"性行为"。只有在这种行为试图取代和排斥真正的生殖器性欲时，才会被视为性反常行为。然而，有大量前生殖器阶段的力比多被升华了，不再与性相关。也就是说，婴儿对母亲身体里是如何运作的好奇心也许会转化为个体理解机器原理和化学实验的渴望，从母亲身体中汲取更多乳汁的渴望也许会转化为对知识的饥渴，把食物囤积在肠道中的渴望也许会转化为将各种各样的东西放进各种各样的盒子里的癖好。神经症患者的力比多并没有被升华或被运用在性交上，而是被压抑了。正是在这种情况下，弗洛伊德发现了神经症的重要起因。

当然，大多数力比多的升华形式已经隐去了作为性的派生物的一面，而成为社会文化的一部分。只有当一个人全神贯注的状态显得过于异常时，我们才能发现它的"性欲"根源。这时，升华已经处在了崩溃边缘，或许其实从一开始它就是有缺陷的。弗洛伊德本是一名医生。他所处的时代——维多利亚时代——让他成为一名批评家。在他看来，社会太过专制了，它要求个体去完成对他们来说不可能做到的升华。当然，某些性欲能够得到升华并且必须得到升华，社会需要这种升华。因此，在为社会奉献之前，我们首先必须给予孩子力比多活力，这样才能使他们完成社会所需的升华。

只有那些专攻精神失调和疑难杂症的人才能深刻体会力比多理论，清晰而一致地理解它的晦涩和深奥。这种易变的性欲能量通常是人类活动的最高与最低形态。

然而，还有深刻的理论和学术问题有待解决。在比较了各类问题后，弗洛伊德认为性行为是心理学中最值得研究的问题。在这里，我们来比较一下专业术语在古代和现代的含义。以"歇斯底里"这个词为例，希腊人认为女性的歇斯底里是由于子宫脱落造成的，它在人体内"游走"，制造痛苦。而弗洛伊德认为，这是一种脱离其目标的生殖想法，会导致力比多的供应受阻（性冷淡）。这种力比多供应可以沿着某种与幼稚的区域和模式有象征性关系的途径转变。个体也许会通过干呕将被压抑的生殖性欲从上方"喷出"。为了说明被压抑的生殖性欲还会在其他地方表现出来，弗洛伊德借用了那个时代的热力学关于能量保存和转换的专业术语。他这样做原本是为了便于研究，但那些术语——既无法在观察中，也无法在实验中得到验证——却逐渐被人当成与他的理论不可分割的一部分。

了不起的创新者总是使用他们那个时代的比喻。弗洛伊德也一样，他必须敢于接受被他称为"虚妄"的东西并与之共事。真正的洞察力在其最初的构想中就已经表现出来。

在我看来，弗洛伊德在描述力比多上所做的工作类似于乔治·斯图尔特②在描述风暴上所做的工作。在《风暴》一书里，斯图尔特将

---

② Stewart, G. R. *Storm*, New York: Random House, 1941.

风暴这种主要的自然灾害作为故事的主角。他描绘了这种自然现象的"生命周期"和"个性特点"。在他的笔下,世界和人的存在似乎只是为了赞颂那场风暴。早期的精神分析学在描述人类动机时,将力比多比作主要的物质,个体的自我则被看作位于力比多和社会习俗之间的缓冲层。

但是医生超越作家的地方在于,医生必须学会调查和用临床方法控制那些他们先前已经验明和界定的"风暴"。弗洛伊德通过对力比多的描述,扩充了我们的理论,提高了治愈因对性欲的处理不当而造成的个人和群体性精神损伤的疗效。这一点对他来说是很清楚的,而对我们来说更加清楚,因为我们要探索新的思想领域(自我),要应对各种不同的病人(孩子和精神病患者),要寻找精神分析的新应用(社会)。我们必须为力比多在整个人类生活中找到一个适合的位置。我们必须通过描述力比多的各种可能变化来研究个体的生命周期,同时必须警惕不能将活人当成厄洛斯——希腊神话中的爱神——的提线木偶(这对治疗和理论研究都是没有益处的)。

弗洛伊德作为研究者的成就超过了作为医生的成就。他所做的不仅仅是解释和治疗疾病。弗洛伊德指出性欲的发展是阶段性的,并且与人体的发展密切相关。

当弗洛伊德刚开始研究性的问题时,他发现性学——科学且受人欢迎——假设性是一种新的实体,在青春期由于心理发生了变化而产生。性学的地位就好像胚胎学在中世纪的地位一样。当时的人们普遍认为,胚胎是存在于男性精液中的一个微小但完整的人,在被输入到女性的子宫后,就在那里面发育成形,最后变成了生命。现在胚胎学已经解释了胚胎逐步发育为胎儿的过程。我认为，援引胚胎学的概念，将能够帮助大家更好地理解弗洛伊德的心理性欲理论。

在胚胎的发育过程中，每个器官都有自己的成熟期。器官成熟的时间就和它的位置一样重要。比如，如果眼睛没有在指定的时间里出现，那么它可能再也不会出现，因为其他器官的迅速生长时期随即到来，抑制了眼睛的生长。③

当器官在正确的时间出现后，仍然存在另一个时间因素决定着它发育的最关键时期。只有在一个器官发育的最开始才能完全阻止这个器官的生长。一旦一个器官从"原基"状态"破土而出"，即使它在后期发展的过程中受到了损害，但是它已然成了一个实体，无法被摧毁。④

一个错过自己最佳发育时间的器官，不仅注定不能健康发育，而且将危害整个器官系统。对迅速发育部分的抑制，不仅会暂时压抑它的发展，而且会过早使其丧失对其他器官的控制。被抑制的部分不能再起支配作用，它的能力会被永久地削弱。⑤正常发育的结果是器官之间在大小和机能方面都"成比例"：肝脏据肠胃而发育成适当的大小，心和肺在胸腔内的比例协调，血管系统和整个躯体成精确的比例。如果发育受阻，一个器官或几个器官可能变得不相称，机能出现失调，从而让个体表现为一个有缺陷的人。

---

③ Stockard, C. H. *The Physical Basis of Personality*, New York: W. W. Norton & Co., Inc., 1931.

④ 同本章注释③。

⑤ 同本章注释③。

| 童年与社会 |

如果"恰当的比例"和"正常的发育过程"不能实现,人体发展的结果可能是"过量的畸形"或"不足的畸形"。在某些关键阶段,个体发育速度减慢,致使这样的畸形偏差出现。⑥

可能出现器官畸变的最危险时期,是产前的几个月。一旦出生后,个体就成功脱离了"原基"状态,可以被立即诊断出是否存在一些缺陷。虽然只是一个没有思想、仅对几种刺激有反应的小生命,但是婴儿已经脱离了哺育他的子宫,转而由他的母亲来照料他和训练他的社会功能。他未成熟的机体还会继续在动作、感觉和社会能力方面获得发展。精神分析学在这里补充对特质经历和冲突的理解。正是这些特质经历和冲突,才使个体变得与众不同。无论这些特质是孩子的习惯,还是他们的随意行为。最重要的是,我们必须意识到,在这一系列有意义的经历中,一个健康的孩子,如果得到适当的引导,是可以遵守内在的发展规律的。这种内在的发展规律是指在胎儿期支配他体内器官发育的规律,也是现在为他创造了和周围的实体进行有意义的互动的潜能的规律。尽管这种互动根据文化的不同而表现各异,但恰当的发展速度和顺序仍然是指导和约束所有变异性的关键因素。

在我们那两个小病人身上,心理冲动的发展速度和顺序已经受到了干扰。他们就像是一张有凹槽的唱片,被困在以保留和排出为特征的肛欲阶段。他们反复倒退到孩子气的阶段,并且总是无法走向下一个阶段,正确地表达和控制他们对异性父母(或替代父母)的爱。

---

⑥ 同本章注释③。

第二章 | 幼儿性欲理论

安妮在给她父亲三辆闪亮的小汽车时放声大笑,这表现了她对父亲不正常的爱。而在彼得的案例中,他对保姆表现出男性行为后不久,他便病发了。根据力比多理论,前一个病例中的"排出"和后一个病例中的"积滞",都给了这些孩子性欲上的快感。但是,他们已经无法像那些天真的婴儿那样继续享受无拘无束的排便自由。这些孩子沉浸在排斥憎恨的人(可以回忆一下安妮是怎么踢掉那个代表母亲的玩具的)和保留喜欢的人的幻想中。他们的所作所为及其产生的可怕后果让他们赢得了之于企图约束他们的父母的胜利。毫无疑问,当安妮在早晨坐在被她弄脏了的床上,看着母亲进来的时候,她的眼神里一定带有一种胜利感,也带有一点恐惧感。而在那个男孩冷漠的脸上则是一种满足感,即便是当他的身体因为"负荷过重"而看起来十分不舒服的时候。他们各自的母亲已经从短暂而痛苦的"实验"中知道,用怒斥的方法来对付这些孩子的暴虐只会让事情变得更糟。无论如何,这些孩子是爱着别人的,也渴望被爱。相比令人不悦的失败,他们宁可获得令人喜悦的成功。总之,不要因为孩子的某一症状而误解他们。

有些人会提出,当孩子处于这种经历中时,完全是受到第二种原始动力——死本能的支配。我不会在这里讨论这个问题,因为这个问题是一个基本的哲学问题,建立在弗洛伊德最初信奉的原始本能神话的基础上。他的专业术语和讨论已经将临床研究搞得模糊不清。而即使不弄清楚这种原始动力,它也已经遍及了我们的内容。在这里,我要说的是一种狂怒。只要对个人控制来说至关重要的行动受到阻碍或抑制的时候,这种狂怒就会被激发。反过来说,当这种狂怒不得不被压制下去的时候会发生什么呢?这种狂怒对人们的非理性仇恨心理和毁灭欲望会起到什么作用呢？这显然是心理学面临的重要问题之一。

　　为了确定有哪几种力量在临床情境下起作用，先弄清楚我们的任务是什么会是比较有益的。也许通过搞清楚我们在临床情境下的作用，我们可以找出我们试图去理解的那几种力量。我认为，我们的任务是在病人和他的父母之间重建一种相互作用的关系，这样才能避免那种为了相互控制而做出的无效的、痛苦的和毁灭性的尝试，并建立一种相互调节的关系，从而使孩子和父母都能恢复自控力。

　　这个任务也揭露了临床治疗的真正意图。在共同成长的过程中，某些家庭容易忘记作为一个群体该有的协调关系。因此，这些家庭的成员似乎丧失了与他们的年龄和家庭地位相称的自控力。他们不去控制自己，不参与这个家庭的互动，而是去寻找排斥他人的自主领域。对于父母来说，这一自主领域指的是忙碌的工作和社交生活；对于孩子来说，这一自主领域则是他们自己的身体。自体性欲在这场游击战里是一项重要的武器，因为它能够让孩子从相互协调关系的失败中获得独立性。但是这种自私的自主权掩盖了真实的状况。他们看起来是在享受自己身体各部分带给他们的愉悦，实际上却幻想利用身体器官来获得对他人的控制权。这种对自己和他人都有害的扭曲现象，会导致身体器官变为攻击性的媒介。在这种情况发生之前，他们的器官模式都是"天真的"，比如对待事物的模式、接近的模式、寻求关系的模式。这种在攻击性产生之前的行动模式，我们称为预攻击模式。

　　那些有一群孩子的父母一定经常面临挑战。他们必须跟着孩子一起成长。我们常常会曲解父母，认为当一个孩子出生时，他们已经

第二章 | 幼儿性欲理论

"具备"了促使他们对可怜的孩子施压的性格。事实上，婴儿控制和影响着他的家庭，正如他的家庭控制着他一样。事实上，我们可以说，家庭在养育孩子的同时，也被孩子所"养育"。无论进化给个体配备了怎样的反应模式和发展顺序，这一切必须适应不断变化的相互调节模式。

我将回顾弗洛伊德所说的前生殖器阶段和儿童性欲区，并试图在临床经验和社会观察之间架起一座桥梁。我还将从生物学的角度谈到随儿童机体发展的潜能。我认为精神分析法如果不以生物学内容为基础，就无法成为可行的研究体系。

因为语义和概念的问题，对你们和我自己来说，下一部分都将是最困难的一部分。我已经指出，我们现在站在岸的这一边，即临床这一边。在架好一座桥梁之前，你们还看不见对岸的风景。

为了让我的工作进行得更容易些，在我论述时，我将给出我在十多年前第一次提出的前生殖器图表的最新修订版本。这将对你们理解相关内容有所帮助。用林肯的话来说，图表是用来帮助那一类人理解那一类东西的那一类工具。虽说如此，我将努力把这一章写得无论有没有图表，只要是可以理解的内容，你们就都能看懂。这里的"看懂"，我是指你们将有机会根据我叙述相关问题的方式来检查一下你们的知识和词汇量。前生殖器问题的性质决定了不同观察者对它的描述和评价各不相同，甚至在不同时期也不同。根据我们自己的观察，我将试图通过图表的方式来"画出"相关事件的秩序和顺序。

我们要在图表上"画出"什么样的事件呢？这些事件遵循什么样的标准？我们的图表又能预测和说明什么？

让我们来看一下一个小男孩在镜子前的行为。这是格塞尔的研究内容⑦。为了研究这个男孩在出生后第56个星期时的"感知力、抓握力和适应行为",格塞尔(果断地)在这个男孩面前掀开了全身镜上的布帘。根据相关描述,这个赤裸着身体的男孩交替看着自己和格塞尔在镜子里的映像,做出了一系列行为,比如朝前探着身子、拍拍镜子、跪坐在地上、移向镜子又后退、"用嘴亲吻镜子"。格塞尔给我看过一系列原版照片。我从照片中发现那个小男孩的阴茎是勃起的,而这一点格塞尔没有在文章中指出,因为这种并不反常的性行为和研究目的毫无关系。这种性行为在实验中是不受欢迎的,可以说它破坏了一个纯洁和善良的整体形象。从文化规范的角度来看,这种性行为是不恰当的,因为直到动物学家开始研究人类性欲前,我们还没有做过与性相关的实验。从系统化研究的角度来看,这似乎是不恰当的,因为这种性行为是意料之外的。在某种特定的情况下,这种行为可能发生,也可能不发生,因此不是标准化的行为。但是,如果这种行为发生得不合时宜,那么儿童可能会出现一种激烈的反应,并用一种少见而迷惑的声音或是一种混乱的姿态进行掩饰。这种行为可能发生在某一生命周期的关键时刻,会影响儿童对自我、性和社会的看法。如果这样的事情确实发生了,那么精神分析学家可能需要花费很长时间来重建这个事件在儿童头脑中的映像,因为这种行为涉及有着丰富神经末梢的身体部分,同时深受周围人的反应的影响。

---

⑦ Gesell, A. *An Atlas of Infant Behavior*, Vol. 1, New Haven: Yale University Press, 1934.

第二章 | 幼儿性欲理论

我们必须试图描绘一个大概的发展阶段图表。根据临床知识和常识，我们认为，神经、性器官、重要他人的反应结合在一起制造了影响个体心理发展的决定性事件。

区域、模式和形式

口唇和感觉

第一件具有决定意义的事件发生在新生儿——结束了与母亲的共生关系——被放到母亲胸膛上的时候。他与生俱来的用口摄入的能力与乳房、母亲和社会哺育他的意图和能力相匹配。从这一点来看，口唇是他赖以生存的工具，他爱这个身体部位。母亲则用乳房哺育他并且借此表达了她的爱。对母亲来说，她的哺育行为完全取决于她从别人身上得到的爱和伴随哺育行为的自尊，以及新生儿的反应。但是对孩子来说，口唇区只是接近的最初和一般模式——合作模式1——的中心。现在他依赖于各种各样被直接送到他嘴边的"物质"。至少在几个星期的时间里，只有东西被送到他的嘴边时，他才会有所反应。他愿意、能够吮吸和吞咽合适的东西，也愿意和能够用他的双眼来"观察"进入他视野范围的任何东西。（他好像也准备好了去抓取东西。当要适当的刺激出现时，他的拳头便会张开和收拢。）他好像也愿意接触任何他觉得好的东西。但是，他的这种合作性是很微弱的。

为了确保他最初的体验不仅能帮助他活下去，而且能够协调他微弱的呼吸、新陈代谢和血液循环，感官信息必须在恰当的时间以恰当的强度输送给他，否则他那种合作性的态度就会突然变成一种不加区别地拒绝的态度。很清楚的是，为了确保婴儿能够活下去，一些事情是必须要做的（为婴儿提供最低的营养供给），另一些事情是必须避免的（以免他死亡或是受到严重挫折）。不同的文化对什么事情是必须要做的有不同的界定。一种文化背景中的人认为，为了防止婴儿抓伤自己的眼睛，在婴儿出生的第一年里，必须用襁褓将婴儿包起来；只要他一哭，就应该摇晃他或是喂他喝奶。另一种文化背景中的人认为，应该尽早让婴儿自由地活动四肢；要等到他真的哭得面红耳赤的时候再给他喂奶。所有这些都取决于文化中的一般目标和系统。我将在下一章指出，各种各样的文化制约好像有一种固有的智慧，或者至少说是无意识的计划。事实上，同质的文化为个体在童年时期表现出来的各种欲望、恐惧和愤怒提供了某种平衡。也就是说，什么"对孩子是有好处的"，他身上可能发生什么，取决于他应该成为什么样的人，和他在哪里成长。

但是当合作模式主导了这个阶段，我们必须了解任何身体部分的运作都需要所有的模式作为辅助形式参与进来。因此，在最初的合作阶段，我们可以看到婴儿会咬紧牙床和颌骨（合作模式2），吐唾沫（排出模式），紧闭嘴唇（保留模式）。在精力旺盛的婴儿身上，我们甚至可以看到他利用整个头部和脖子做出了一个前倾姿势，以便紧贴乳头，并把头埋在胸脯上（口唇入侵模式）。任何一种辅助模式，都可能在某些孩子身上特别明显，而在其他孩子身上又几乎看不到。

当丧失了内部控制和对食物供应和口唇快感的调节能力时，辅助模式就可能占据主导地位。

图1的第一行表示的是某个身体部位与全部模式的相互作用。最大的圆圈代表完整的身体。[8]在圆圈内我们可以看到三个区域：（a）"口唇"，包括脸部的孔洞和吸收营养的器官；（b）"肛门"，即排泄器官；（c）"生殖器"，这里指的是神经学而非解剖学的概念。

每个小圆圈代表了一个器官模式：

1 合作模式1

2 合作模式2

3 保留模式

4 排出模式

5 入侵模式

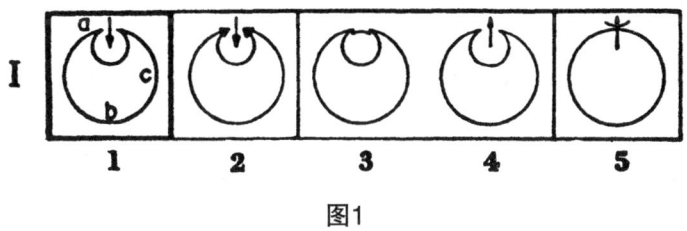

图1

在最初的口唇阶段（Ⅰ），合作模式1支配着口唇区。但是，我还是更倾向于将这个阶段称为口唇—感官期，因为这种最初的合作模式在那时支配着其他所有区域的行为，包括整个皮肤表面。感觉器官和

---

⑧ 所有引用的图表都缩小了尺寸，这样便于读者先阅读文字，再研究图表。

皮肤一样，善于接受和渴望合适的刺激。这种从口唇区泛化到身体表面其他敏感区域的合作模式，我们在图1中用最左侧的示意图来表示。

示意图2、3、4、5表示的是辅助模式，分别是合作模式2、保留模式、排出模式和入侵模式。这些模式因人而异。除非由于婴儿丧失了内部控制或是由于母亲方面的无能行为造成孩子和母亲在这个区域的相互协调被扰乱，这些辅助模式一般都应从属于合作模式1。

在这里有一个缺乏内部控制而出现幽门痉挛的例子，也就是吃进去的食物立刻就被吐出来。在这种情况下，排出模式和本应占据主导地位的合作模式1同时出现了。它们总是有规律地同时出现。事实上，在某些严重的病例里，对病症不恰当的对待会决定个体终身的发展方向。结果可能引起保留模式的过早、过度发展，即口部紧闭，不"信任"吃进去的任何东西，什么东西都留不住。

一个母亲因为乳头曾被咬过或是害怕被咬，而在喂奶时习惯性地突然抽回乳头，这导致她和孩子丧失了在喂奶和吃奶方面的相互协调能力。在这种情况下，婴儿的口部可能会由于不能自然地沉醉于吮吸而过早地养成啃咬的习惯。临床资料表明，这种情况是人与人的关系出现失调的最基本起因之一。婴儿希望得到母乳，但母乳却被收回去了，于是他更想得到母乳，但是他越想得到，母乳就离他越远。现在让我们从临床实例转到对标准概念的讨论上。

随着婴儿的自主意识、协调能力和反应能力的增强，他会遭遇他所处的文化中的教育模式，学会人类生存的基本形式。好在英语中存在关于这种基本形式的表达，因此当提到人际模式的定义时，它是很

第二章 | 幼儿性欲理论

精确的。我们能感到欣慰的是，在讨论这些问题时，我们可以使用最简单的英语，而不是发明新的拉丁语词组。

得到（在这里不是"去拿来"的意思）意味着收到和接受送来的东西。它是我们学会的第一种社交形式。它听起来比较简单。对于处在摸索和不稳定阶段的新生儿来说，学会了这种社交形式也就学会了如何调节他的器官去适应特定的哺乳环境。

很清楚的是，在这种最佳的整体环境中，婴儿能够取得他想得到的东西，这是他和母亲相互协调的结果。当母亲发展和协调了她给予孩子的方法时，她的孩子也发展和协调了取得他自己所需要的东西的方法。在这种相互协调中，母亲和孩子获得了力比多乐趣。口唇和乳头似乎仅仅是温暖和相互依存关系的中心，给双方以快感，而享受和回应这些快感和轻松的不仅仅是口唇和乳头，而是双方的整个机体。这种快感的相互性在婴儿最初的亲密性经历中具有十分重要的意义。我们可以认为，在得到别人给予的东西，并且学会让别人做自己所希望的事的同时，婴儿也发展了必要的自我基础，学会了给予他人。如果这个过程失败了，那么婴儿就会试图通过强迫或幻想，而不是互惠的方式来控制他人。婴儿会进行随机的活动，来取得他们通过吮吸得不到的东西。他们会把自己搞得筋疲力尽，或是吮吸自己的拇指、乱发脾气。与此同时，母亲也可能做出强迫的行为，比如将乳头强塞进婴儿嘴里、改变哺乳的时间或方式，并且在哺乳的过程中无法放松。

当然，也有一些方法可以减轻这种情况带来的痛苦，维持互惠的关系，即通过使用高质量的人造乳头来给婴儿喂奶，并且通过满足婴儿在其他方面的需求来补偿婴儿的口欲损失，比如抱他、给他温暖、对他微笑、说话和摇晃他，等等。我们在补救措施上花费了太多精力。然而，如果我们能将一部分精力花费在考虑周密的预防措施上，治疗工作就会变得更容易。

在第二阶段，使用更活跃和直接的方式获得乐趣的能力得到发展和成熟。在这个阶段，婴儿长出了牙齿，可以用牙齿享受啃、咬穿和咬破东西的愉悦感。通过一些外部观察，我们可以看到，啃咬模式还可以支配其他活动模式（如同合作模式1那样）。婴儿的视觉器官这时候已经从相对被动地捕捉迎面出现的物体，发展到能够从较模糊的背景中，对目标物体进行聚焦、选择、"抓住"和追踪。听觉器官也发展到能够辨别和定位有意义的声音。婴儿还可以随着声音适当地改变姿势（比如抬起头，转动头部或上半身）。他们的手臂能够伸展，双手能够更有目的地抓取东西。

这个阶段出现了许多社交形式，以取得和抓住某些东西为特征。在这个阶段中取得和抓住的东西，大多是别人慷慨给予和提供的，因此或多或少带有轻易失去的倾向。在婴儿学会了变换位置、翻身和坐立后，他们必须在双手可及的范围内锻炼抓取、探索和挪动的机能。

我们现在将第二阶段补充到图表中去。[9]

---

[9] 在本书的第一版里，图表是向下排列的。之后我接受了别人提出的建议，将图表改为向上排列，就像家族树或进化图解一样。

第二章 | 幼儿性欲理论

在第二阶段，合作模式2（啮咬合作模式）支配了口唇区。第一阶段向第二阶段和其他阶段的发展可以用向上向右的对角线来表示。这种发展意味着孩子的力比多增加，赋予合作模式2以力量，导致一种新的社交形式——抓取出现。一个新阶段的出现并不一定伴随着一种新区域或模式的开启，它更多的是意味着要准备好更专注地去体验以及更协调地去掌握新区域或模式，并且最终学会它们的社会含义。

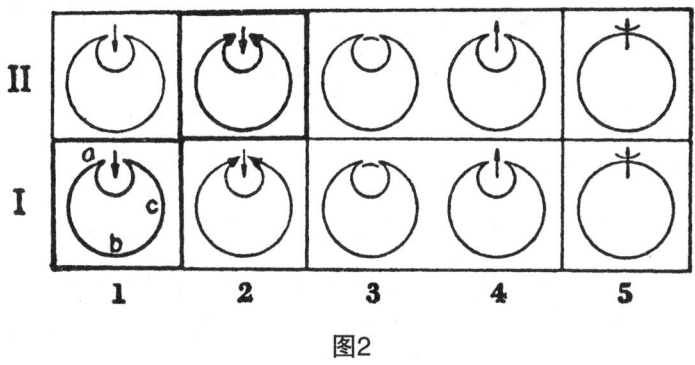

图2

但是阻碍、加速或停止这种发展，又会发生什么呢？图表上一定会出现横向或纵向的偏差。横向的偏差（Ⅰ1向Ⅰ2）就是过早地发育到了下一个阶段的模式，也就是说，在第一阶段，婴儿口唇的习惯性动作不是舒适地吮吸，而是咬下。纵向的偏差（Ⅰ1向Ⅱ1），代表了停留在感到满足的一种模式之中。横向偏差导致了区域固着，比如个体不能获得自合作模式1中产生的口唇快感。纵向偏差是一种模式固着。个体会在不同区域，过分地发展第一阶段的模式。他总是想通过口唇，或其他孔洞、感受器、行为来获得合作模式1的快感。

在这个阶段,即使是最融洽的环境,也无法将婴儿从损伤性的偏差中拯救出来。这个阶段出现的偏差是最严重的偏差之一,因为这个婴儿太小了,而遭受的困难却是多种多样的。我所说的困难可归结为性冲动的总体发展、积极抓住和滑脱的机制、长牙和断奶的矛盾以及不断增多的与母亲的分离(她可能回到公司上班,再次怀孕,或者两种情况都出现了)。

除非婴儿对自己和他人的基本信任感在第一阶段因被不当刺激过度激发的愤怒和疲乏感而受到了动摇,在第二阶段,婴儿便有了"善良"和"邪恶"之分。当然,我们不可能知道牙齿在口腔里长出来时婴儿是什么感觉,但我们知道口腔一直是他快感的主要部分。我们也不知道当婴儿试图通过紧紧咬住牙齿来缓解紧张和痛苦时,他们陷入了怎样的施虐困境当中。这种困境后又增加了社会因素。因为当婴儿从哺乳阶段进入啮咬阶段(总而言之,这是地球上的规则),他们必须学会怎样继续吮吸而不咬到乳头,以至于他母亲不会因感到痛苦或生气而抽回乳头。我们的临床研究表明,个人早期的这一经历可能是产生善恶之分的根源。在这一经历中,母亲因乳头被咬而产生愤怒,婴儿因母亲抽回乳头而产生愤怒,婴儿因自己的愤怒毫无意义而产生更大的愤怒。这导致婴儿被迫体验了虐待性和受虐性的严重混乱状态,并产生了这样的总体印象:很久以前,有人破坏了他与母亲之间的合作。这是个体在与自己和世界的关系中最早出现的灾难。这一灾难可能为《圣经》里关于天堂的故事做出了种系发生学的贡献。在《圣经》中,亚当因为偷吃禁果而惹怒了上帝,永远丧失了可以毫不费力地随意取用属于他们自己的东西的权利。我们必须明白这种经历的深远性和普遍性。婴儿与母亲的早期合作应该是深刻而令人满意的。婴儿应该被温柔地暴露在人性中不可避免的"邪恶"之下。

在讨论合作模式1时,我们曾谈到孩子和母亲之间的相互调节,也就是孩子接受事物和母亲给予事物的方式。然而,到了以不可避免的愤怒为特征的第二阶段(合作模式2),这种互补行为已经不能作为满足他们的相互调节方式。在这个阶段,婴儿因长牙带来的紧张而愤怒,因肌肉和肛门的不受控制而发脾气,因跌倒而感到挫败。父母和社会文化通过加强对婴儿外部需求的满足,来探索儿童这些行为之下内心的变化。然而父母和社会必须做到,在孩子从一个阶段向另一个阶段过渡时,尽可能不削弱原来的相互调节关系。也就是说,在断奶后,母亲不应该突然疏远孩子,除非替孩子创造了相似的环境,并找到了其他可靠的女性来充当母亲的角色。在某些极端情况下,如果突然失去了母爱而没有找到合适的替代对象,那么婴儿便会出现急性抑郁症或是进入一种轻微却长久的悲伤状态,并给之后的人生奠定一种压抑的基调。[⑩]但是即便是母亲和孩子之间的相互调节处于最佳状态,这个阶段仍会给婴儿留下一些"初期邪恶的残留",以及对"失去的天堂"的思念。

这个口唇阶段成了婴儿产生基本信任和基本不信任感的根源,而这种感觉又将成为个体产生希望和绝望的来源。关于这个问题,我将在之后谈到人类个性发展的最初核心冲突时再做讨论。

---

⑩ 斯皮茨将其称为"依恋性抑郁症",详见《对儿童的精神分析研究》。

排泄器官和肌肉系统

在讨论到自我保留的时候，弗洛伊德提出，在生命的最初阶段，力比多主要表现为通过吮吸可吮吸物质和咬食可咬食物质来与自己产生联系。单纯摄取饮食还不能满足力比多的需要。利维的实验中已经显示，小鸡、小狗除进食需要之外，还有一个吮吸和啄食的独立需要。人类更多是遵循经验而不是本能。我怀疑在天生被激发的需求中有着更多的文化变异因素。我们在这里讨论的是一种潜在模式，它不能被忽视或是减少到最低限度，否则就会有不被满足的危险。从另一个方面来说，我们必须在某些环境中用特殊的方法激发这种需求，使它得到充分发展。但是有一点是明确的，那就是口欲和那种"取得"及"抓住"的社交形式的发展是以呼吸、喝、吃以及吸取的本能需求为基础的。

肛门性欲的自我保留功能是什么呢？首先，彻底排空肠道和膀胱的过程往往给人一种愉快和"干得好"的感觉。在人生的开始阶段，这个感觉必须能够抵消肠道产生的不舒适和紧张的感觉。以下两种能力的发展逐渐赋予了肛门必要的容量：结成较好形状的粪便和肛门肌肉能力的增强，肛门肌肉系统的增强增加了自动排出的粪便量。这两者的发展表现为一种较强的控制保留和排出的能力。在有些社会环境中（我们将在后面谈到），父母会忽视孩子的排便行为，而让年龄较大的孩子领着蹒跚的婴儿到矮树丛里随便大小便。如此一来，这个婴儿对排便的要求会逐渐地和他要模仿的大孩子的要求保持一致。但是，我们所处的西方文明社会对待这种事情更加严肃，其给个体带来的压力程度取决于中产阶级道德以及机械化身体的理想形象的流行程度。中产阶级认为，对婴儿的严格训练不但能使家庭气氛更加和睦，而且能让其养成清洁和准时的习惯。是否真的如此，我们将在之后再做讨论。但毫无疑问的是，在现代社会，即便是神经症患者，也都有良好的清洁、准时和节俭的习惯。另一方面，就减少靠粪便传染的疾病来说，养成良好的排便习惯，不但有益于自己，长远地看，也有益于社会。对肠道和膀胱的训练，显然已经成为社会各阶层在训练自己孩子时最令人烦恼的项目。

那么是什么让潜在的肛门问题变得如此难以解决？

相比其他区域，个体更容易在肛门区域陷入固执当中。这是因为在这个区域内有两种矛盾模式——保留和排出模式在交替运作。此外，括约肌又是肌肉系统的一部分，具有绷紧和放松、弯曲和伸直的两重性。肌肉系统的发展给予孩子更强的力量，让他们能在环境中做出伸手、抓住、扔掉和推开的动作，挪动东西，让东西与自己保持一段距离。德国人将这个阶段称为固执阶段。一场争取自主权的战斗在这一阶段上演。当孩子能站得更稳的时候，他们大约也能够用"我"和"你"以及"我的"和"你的"这样的语言来描绘自己的世界。每个母亲都知道，在这个阶段，当孩子决心去做一件他认为应该做的事情时，他们会表现出惊人的顺从。但是，如果他们不认可某件事，他人便很难强迫他们去做那件事。这个阶段的孩子经常会依偎着母亲，但也会突然无情地将母亲推开。有时候，孩子会把东西藏起来，但一会儿又把它们扔掉。有时候他们会对自己所有的东西恋恋不舍，而有时又会把它们都扔出窗外。所有这些矛盾的倾向，我们都可以用保留—排出模式来解释。

在这个阶段,新出现的社交形式是放开和抓住。二者对人的个性发展具有决定性的重要意义。

在这个阶段,父母和孩子之间的相互调节关系又面临着严峻的考验。如果对孩子的训练过早或过于严格,以致剥夺了孩子按照自己的意志来逐渐控制肠道和其他器官的话,那么他会再一次面临挫败感。他会失去对自己身体的控制(害怕体内的粪便,就好像它们是身上的恶魔那样),感到十分无力。在这种情况下,他们不得不通过退缩或者跃进,来寻求满足感和控制感。也就是说,他们可能会回到早期的口唇阶段,吸吮拇指、嘀嘀咕咕以及变得很难伺候;他们也可能会变得富有攻击性,将自己的粪便作为弹药,假装具备了自主性,不需要任何人的帮助(在前面两个病例中,我们已经看到了这种退缩的情况)。

我们在图3中加入了肛门—尿道—肌肉阶段。

在第三阶段出现了肛门—尿道区域(向下的小圆圈)及保留(3)和排出(4)模式。圆圈本身表示的是整个肌肉系统发展的几个模式。在变得更复杂和多样化之前,这个阶段的肌肉系统在双重表达方面,比如放开和抓住,已经获得了某种形式的自控能力。当这种自控能力由于肛门—尿道区域发育不良而受到干扰时,个体在保留—排出方面会出现永久性的偏差,以致出现一系列的异常反应。这种异常反应在身体方面表现为直肠痉挛或结肠炎,在肌肉系统方面表现为肌肉松弛或僵硬,在强迫性幻想方面表现为妄想恐惧体内会出现有害物质,在社会领域方面表现为试图用强迫性的习惯来控制环境。

至此,这张尚未完成的图表已经有可能用于解释临床病例。我

第二章 幼儿性欲理论

曾经指出,那位保留模式占主导的小男孩,在童年早期曾经有一段时间常常将食物含在口中,并且紧闭嘴巴,沉默不语。我们可以把这种"异常"经历的发展归入这张图表的Ⅱ3一栏。当男孩无可奈何地放弃"抓住"母亲的努力时(Ⅱ2),他转而采用保留模式来控制局面,使得这个保留模式过度发展,以致他在第三阶段注定要经历一段困难期。在这个阶段,他应该学会"放开"。但是他无法做到,所以当他准备离开这个阶段时,真正的危机出现了:他拼命地退缩了。

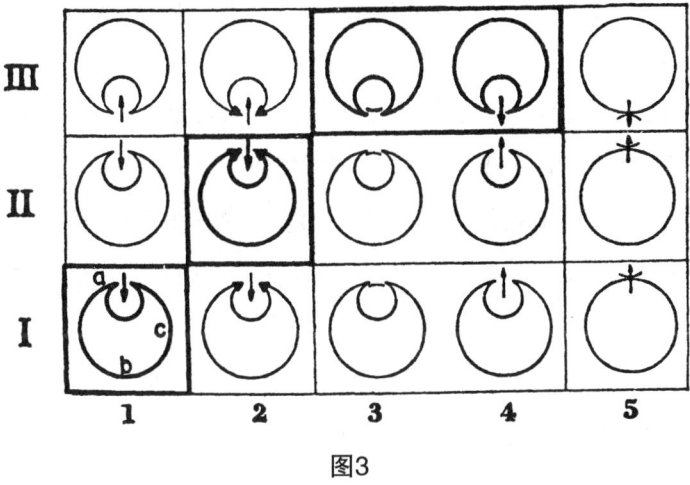

图3

图表中还显示了孩子们会使用的逃避方法。模式Ⅲ2和Ⅲ1(肛门—尿道模式)为儿科专家们所熟知。他们经常要处理儿童把东西困在肛门里的问题。这些儿童习惯于将稻草和细梗塞进他们的肛门。这种模式的具体病例是存在的,但很罕见。相比之下,更常见的是一种幻想。这一阶段(肛欲阶段)对任何一种模式的固着,都很容易演变成一种同性恋倾向(隐含有通过肛门来控制和获得爱的含义)。这种情况在女孩身上则完全不同，因为女孩想要"抓住"的欲望不需要通过固着在口唇或肛门部位来得到满足。女孩的这种欲望能正常"移动"到阴部，并支配她的生殖器行为。在讨论生殖器状态时，我们再来谈论这个问题。

在这一阶段，其他可能出现的"横向偏差"是Ⅲ5模式的过度发展，也就是利用粪便作为攻击人们的炮弹，可能表现为过度地排出或积聚粪便。这种尝试在成年人当中也是存在的，他们有用粪便来亵渎神灵的倾向——这是攻击敌人的一种神奇方法，而且很简单。

在这一阶段人类产生了什么样的持久品质呢？孩子从"好"中产生了自主性和自豪感，从"坏"中产生了羞愧、怀疑。为了促进自主性的发展，孩子就必须建立稳固、成熟、连续的早期信任感。父母必须让孩子感受到世界对他们的基本信任——这是从口唇阶段的矛盾中"拯救"出来的永久财富，不会因为某种突然出现的强烈需求，也不会因为他们固执的排泄愿望而面临危险。他所在的环境必须支持他"自己站起来"的愿望，以免他可能被过早地暴露，被愚蠢而不成熟的感觉所征服，这种感觉我们称之为羞耻感和怀疑感。

自主性与羞愧、怀疑之间的冲突成为人类发展的第二次核心冲突。解决这个冲突也是自我的基本任务之一。

运动和生殖器

目前为止，我还没有提到年龄问题。我们现在讨论的是发生在三岁左右的孩子身上的事情。这个年龄的孩子，已经能轻松而有活力

第二章 | 幼儿性欲理论

地走路了。我们从书里得到的知识是,在这以前,孩子已经"可以走了"。但我认为,如果他们仍需要借助支撑物才能站立很短一段时间的话,那么就不能说他们"可以走了"。只有当孩子感觉到重力时,当孩子可以忘记自己正在走路时,我们才能说他们获得了对步行和奔跑的掌控。只有在这个时候,他们的双腿才成了他们的组成部分而不是一个"附肢"。

让我们回顾一下孩子的成长过程。第一阶段是仰卧放松。这时候的信任建立在呼吸、消化和睡眠等基础机制上,这些机制已经同食物和舒适状态建立了一种协调而熟悉的关系,为个体提供了坐起来和站起来的能力。第二阶段(只有到了婴儿快两周岁的时候才会出现),婴儿不仅能坐稳,而且能不知疲倦地坐着,这时候孩子的肌肉已经逐渐地习惯于进行分辨选择和更自主地进行取舍,是将它们堆起来,还是"嘭"地一声将它们扔远。

到了第三阶段,孩子已经能够独立自主且精力旺盛地移动。他们不仅准备好显示自己的性别角色,而且开始理解自己在经济活动中的角色,或至少开始理解哪种角色值得模仿,他们能够更直接地和同龄的伙伴交往,并在大孩子或专业女性监护人的指导下,逐渐参与幼稚的交往活动。他们表现得十分热爱学习,也因此接触到全新的事实和活动。他们变得更加敏锐,察觉到两性之间的差异。这为儿童性欲、侵入和包容模式的发展提供了舞台。

当然,儿童性欲是注定不成熟的。如果没有因受到特殊的挫折或风俗(比如群体性行为)激发而出现早熟,这种性欲通常只表现为一系列幻想。这些幻想令人恐惧而毫无意义,以至于在弗洛伊德所说的"潜伏期",也就是在身体性成熟的长时延迟时期,注定会受到压抑。

男孩在这个阶段的性欲特征是男性生殖器崇拜。毫无疑问,男孩的生殖器很早就出现了勃起(无论是出于条件反射,还是出于对事物和令其感到紧张的人产生的性欲)。在这个阶段,除了勃起之外,男孩还表现出对两性生殖器的自发兴趣以及对性交行为的模糊欲望。相关研究表明,在原始社会,三四岁的孩子之间就已经出现了性交行为。从他们随之发出的笑声来判断,这种行为主要是对成人的模仿行为。这种公开的、游戏性的性行为,可能有助于阻止孩子将早年的性冲动指向父母,尤其在某些严格禁止孩子交流这种欲望的社会更是如此。自主性的增强和对自己"长大了""和父母一样好"的骄傲在一个明显的事实面前大受挫折,这个事实是:在生殖活动范围内,个体和他们的父母相比是有巨大差距的,并且即使在以后很长一段时间内,他们也永远不可能像父亲那样和母亲建立性关系,或者像母亲那样和父亲建立性关系。这种挫折的后果就是弗洛伊德所说的恋母情结。

恋母情结当然是非常复杂的。我们将其在童年期的含义与俄狄浦斯王的故事的含义进行比较。在这个故事中,俄狄浦斯意外地杀死了自己的父亲,娶了自己的母亲。他得到了人们的同情,同时也给了人们惊吓,因为代替父亲占有母亲是一种普遍的禁忌。

精神分析通过日常研究得出一个简单的结论:男孩通常将他们最初的生殖情感寄托在像母亲那样的成年人身上,因为她们在很多方面使他们在身体上得到了安慰,而同时这些男孩对那些占有母亲的男人产生了性欲上的敌视感。我们的结论与狄德罗一样,那就是如果男孩有成年人那样的力量,那么他们一定会强奸自己的母亲并杀害自己

第二章 | 幼儿性欲理论

的父亲。这种结论是直观的，却毫无意义，因为如果男孩有这样的力量，那他们就不是孩子了，也不需要和父母待在一起了，他们可能会简单地选择其他热恋对象。事实上，儿童性欲将自身寄托在保护者和童年的理想化形象身上，并且受到由此产生的紧张感所带来的痛苦。

侵入模式主导了孩子在这个阶段的行为，以各种相似行为和幻想为特征。这些相似行为和幻想包括：用身体攻击来"侵入"他人的身体；用放肆的喧闹声来"侵入"他人；用充满精力的活动来"侵入"空间；用过分的好奇心来"侵入"未知世界。似乎很清楚的是，对于这个阶段的儿童来说，成年人的性行为似乎也是一种相互侵犯的危险行为。即便是群体性行为，孩子似乎也会将男性一方的行为看作具有侵犯性的行为，而将女性一方的行为看作不合作的行为。特别是，他们会把成年人在黑暗中进行性行为时发出的声音看作痛苦的表现。如果他们曾偷偷地看到母亲的经血，那么他们会在父母十分不满的神态中看到充满敌意的后果。

在这个阶段，女孩必须理解一个事实，否则她们将会在心理上遭遇挫折。这个事实就是：尽管她们的运动器官、心理和侵入倾向在同样地增长，并相当于男孩们那样增长，但是她们缺少一样东西——阴茎。男孩有这个看得见、可以勃起和可以理解的器官来寄托他们成年的梦，而女孩的阴蒂却不能寄托那种与男性相同的梦，并且她们的乳房还没有长成能象征她们未来形象的样子，她们的母性本能只能化为游戏的幻想或是照料娃娃的活动。因此，只有当女性的角色及其力量在经济活动和社会计划中变得可以理解的时候，女性才可能获得一种"有根"的感觉，否则女孩只能随着其生殖器的发育，产生一种轻佻、渴望和"抓住"的态度，或者产生一种以过度依赖为特征的孩子气。

| 童年与社会 |

现在这个图表已经差不多完成了（图4和图5）。

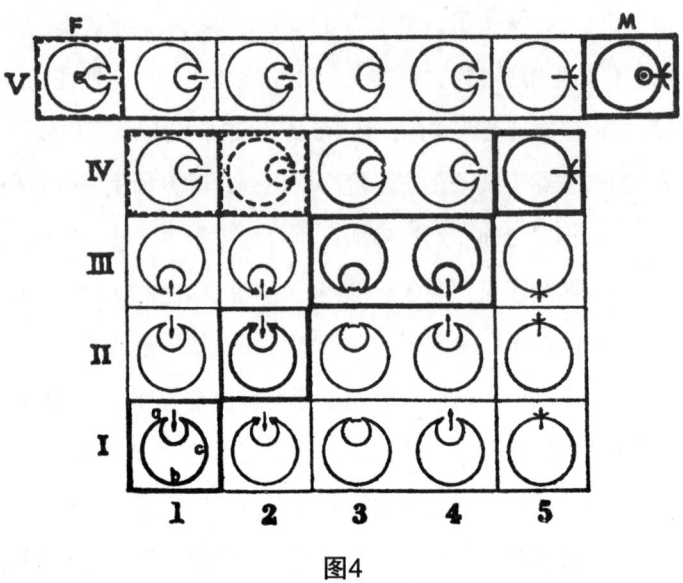

图4

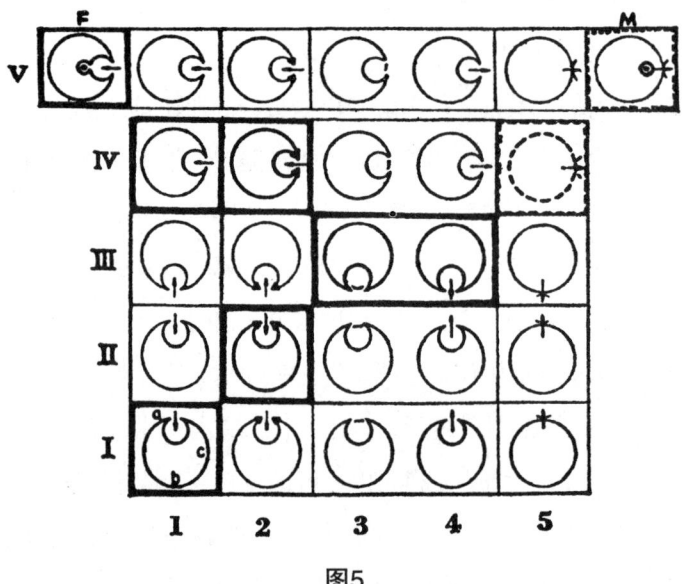

图5

第二章 | 幼儿性欲理论

在图4（男性）和图5（女性）中，我们增加了Ⅳ栏，以代表运动器官和生殖器官的发育阶段。在这个阶段，侵入模式（5）表现在情感丰富的行动中、侵犯性的心理状态中和性幻想活动中。两种性别都参与了这种不稳定的侵入模式的一般发展。但是在女孩身上，摄取和包容模式类似于合作模式1和合作模式2的发展趋势，这是由以往的经历、性格和社会文化等因素共同决定的。

在图5中，我们看到女孩在第四阶段的性欲心理发展部分倒退到了合作模式。在这个阶段，女孩是以丰富的感觉能力、觉察能力和接受能力来应对男孩更加健壮的潜在肌肉活力的。她同样变得更具依赖性，渴求更多。事实上，她是被允许这么做的，除非社会文明也为她规定了像男孩一样的侵入模式，并培养了她强有力的运动器官（Ⅳ5）。让我们回到一般的女性性欲形式（摄取和包容）上来。这注定了她们成为女性的命运，因为这种模式太接近口部合作模式了。

在这个不稳定的儿童生殖器阶段，侵入模式为两性之间的基本社交形式增加了"性交前奏"意义上的"性交"含义。没有比这个更简单、更强烈的词语能够形容之前列举过的社交形式。这个词语显示了主动进攻、竞争带来的愉悦，对目标的坚持和征服的快感。对于男孩来说，重点仍然是阴茎侵入模式的"性交"。而对女孩来说，迟早会变成采用取笑、挑逗或是其他较温和的"诱惑"形式，让自己变得具有吸引力和讨人喜欢。孩子因此有了主动的先决条件，有了选择的目标和接近这些目标的毅力。

但是，这种主动性在必须延迟和取代自身性欲的核心时，遭遇了它的主要敌人，因为这种性欲在生物学上还没有被完善，在文化上又受到乱伦禁忌的束缚。这种"恋母情结"——男孩会简单和充满信心地表露出他们要娶他母亲的愿望，并要让母亲以他们为荣，而女孩的心愿则是嫁给父亲并照顾父亲——导致了处于谋杀和强奸边缘的模糊幻想，其结果是一种深深的犯罪感。这是一种奇怪的感觉，似乎暗示个体已经犯下了罪孽。事实上，他们不仅没有而且在生物学上也完全不可能犯这样的罪。然而这种秘密的罪恶感也可能会让个体将主动和好奇投注到令人渴望的理想、伸手可及的目标，或采取与物体性交而不是与人"性交"的奇怪方式。

针对人类第三次核心冲突——主动和内疚的冲突——的持久解决方法，我们将在下一章讨论自我的作用时进行讨论。

在这里我们将结束对儿童性欲理论的阐述。它实质上是一个生殖器发育前状态的理论。但是，在文字和图表中，我们必须再补充一个初期生殖模式，它暗示了一种模糊的猜想，即生殖器有生育功能。在本章的最后一节，我将给出某些证据，来说明男孩和女孩不仅在生殖器官、能力和作用方面有差别，而且在反映男女性别的独特品质方面也有差别。临床医生虽然认识到了这一点，并以此指导自己的工作，但他们不知道怎样使其概念化。这是自我组织个体的所有、所感和所思的结果。用男女之间互不相同这一点作为性别特征是远远不够的，尽管这种不同是由双方的不同社会角色所造成的。更确切地说，各种性别特征具有其独创性，这包括（并不限于）与另一性别的不同之处和它本身的独特性。这种独特性将存在于今后的授精和孕育职能中，并且在任何社会，侵入和包容模式都是生育中的两种最高模式。

图4和图5的V栏表示的是初步的"生殖阶段"。内部的小圆圈代表了两个新的模式：女性生殖力（VF）和男性生殖力（VM），它表示女性的包容模式和男性的侵入模式都逐渐指向一个有些神秘的内在可能性，也就是在授精行为中卵子和精子的合体。

我们发现，某些模式自始至终都存在于一个成熟的机体之中。在这个意义上，我们最后补充的模式（男性和女性的生殖力）可以被假定为整个早期发展过程中的一个核心因素。⑪

前生殖器阶段和生殖器阶段

每个体系都有它的乌托邦。精神分析的乌托邦是"生殖器阶段"。生殖器阶段被认为是前生殖器阶段第一次实现整合后的阶段，个体在这个阶段达成了三方面的和解：（1）生殖器的高潮和生殖器以外的性需要之间的和解；（2）爱情与性欲之间的和解；（3）性欲、

---

⑪ 现在这个图表终于完成了。对很多人来说（包括我自己），在解释成长现象的过程中，这个图表有时候显得过于刻板。这种刻板模式在某种程度上是因为临床观察的模式来源，但这也正是本书的来源，并且我们不应该轻易抛弃在数据观察中被证明有用的东西。也就是说，如果图表描述了接受和包容模式，作为一种新的合作模式，可能有必要思考它的社会和临床意义。因为它可能显示了幼儿依赖性的相关倾向，在对依赖性的（退缩性）需求和对依赖者的生殖力的（前进性）考虑的意义上。在某些文化模式下，这种倾向可能会形成一种特定的探索能力，女性作为预期中的依赖者，将首先与依赖者联系在一起；而男性作为相对立的一面，他对退缩依赖性的恐惧，可能会导致他产生追逐侵入性的过度补偿。在可利用性和利用的需要真的可能共同得到解放之前，必须理解这种无意识的分化和相互认同。因此，这种模式概念的强调，对非临床的数据而言是否适用，在本章的结论中将可以看到，而其对文化现象的适用性，将在本书第二部分加以讨论。

授精和生育行为模式之间的和解。

关于亲密感的研究表明,神经症患者的性发展过程都或多或少受到了干扰。当他们接近潜在的异性伙伴、与异性伙伴性交或是性交后与异性伙伴分开时,他们的亲密感都没能得到正确的表达。这种现象在前生殖器状态中虽然很难被察觉,却是肯定存在的。神经症患者在内心深处宁可使用合作、保留、排出或侵入模式来发泄感情,也不愿享受亲密的性行为。许多人宁愿对他们的异性伙伴采取依赖或迫使对方依赖、虐待或被虐待的态度,也不愿以成熟的方式相爱。尽管从诊断和治疗的意义上来说,他们还不能算是明显的神经症患者。毫无疑问,只有强烈的性爱能医治前生殖器阶段遗留下来的问题。关于性与性爱的关系,性爱与生育的关系,生育与性的关系,我们在之后再做更全面的讨论。

我们可以用上述图表对前生殖器阶段的偏差扰乱生殖器阶段的方式进行归类。在图4中,女性生殖模式(VF和V1、V2)不能仅从字面意义上来理解。生育的希望一直被认为是女性特有的。她们会沉浸在创造所带来的喜悦中。至于接受倾向,男性的生殖器官形状与口唇完全不同,尽管他的阴茎周围和底部有着女性器官的雏形。另外,口唇和肛门区域必须接管男性合作意愿的性欲残留。在图4中,如果模式V1占优势,或者V1和V5同时占优势,那么性欲的侧重点将变为接受外来的生殖器,也就是愿意得到而不是给予。当V2占优势时,男性便会变得"淫荡",例如男同性恋者寻求与其他男性进行性交,以便摄取他们的精力。在男性生殖行为中,V3模式暗含一种保留态度,V4模式暗含一种排斥态度,以及一种抑制的感觉、不完善的射精感觉和遗精的感觉。V5模式则暗含男性生殖器的过分进攻态度。关于这些生殖器偏差，我们都可以沿着它们垂直的路线追溯到它们起源的区域，也有可能退化到这些区域的状态。当然，在成熟的男性性欲状态中，所有这些模式必须是完整的，这样才能体现男性生殖模式的优势（VM）。

图5中的最后一行适用于两方面：性生活和生育孩子。VF模式是最后的优势状态。V1和V2被认为是女性身上会出现的最普遍的偏差：伴随性欲被动或性欲贪婪的性冷淡——在最坏的情况下，女性甚至不能容忍男性的性行为。V3是无法放松，以使男性生殖器进入，并使男性感到舒适自如，或者让他能够射出精液来。V4是排斥的生殖器状态，表现为频繁的性高潮痉挛，但这种痉挛不会发生在适当的性交过程中。V5是男性生殖器持久而专一地对阴蒂的性行为，以及女性被迫接受侵入的形式，VM是能够参与和认可男性的生殖角色。此外，对于两性来说，性行为既需要VM又需要VF。

图4和图5所示的偏差是很常见的。当偏差取代了正常优势模式，整个力比多系统就会失衡，这种失衡状态的持续会导致社交形式的扭曲。这种偏差频繁发生肯定会扭曲某个群体的社会生活，除非这个群体建立一个由有偏差模式的个人组成的从属群体。

但是前生殖器阶段的存在仅仅是出于生殖的需要吗？似乎不是。事实上，前生殖器阶段的实质似乎是把个体对逐渐成熟的身体和内在状态的变化的力比多兴趣投注到社会文明形态上。

当我们谈到动物具有的"本能"时，我们的意思是即便是最低级的动物也具有天生的和随时可用的本能,以适应他们所在的生存环境。动物的本能因动物的种类不同而异,但是在同类动物中,这些本能是固定的,很难改变。这让我们想到了那些思乡的英国人把英格兰的燕子带到新西兰的故事。当冬天来临的时候,那些燕子出于本能,仍然朝南飞,然后就再也没有回来(新西兰位于南半球。和北半球相反,南半球的冬天越往南天气越寒冷。——编者注)。就拿我们饲养的宠物来说,我们通过它们来认识动物世界,但是它们是经过仔细挑选和精心饲养的。在我们的照料下,它们学会了怎样来迎合我们的情感需要。然而,它们从我们身上所学会的东西并不能提高它们在自然界的生存本能,也无助于它们和同类交往。在这一章里,我不会讨论个别动物能够学会什么,而要讨论动物是如何一代代地教导它们的后代的。

在高级动物身上,我们观察到一种本能分工:幼畜寻求与母畜接触,母畜给予幼畜接触,这两种本能相互调节。例如,有人观察到,某些哺乳动物的幼崽只有在母畜舔过它们的直肠后才能学会排便。

我们可以假设,人类儿童在童年期的训练,也只不过是这种本能之间相互调节的最高形式罢了。但是,我们与生俱来的驱力不是一种本能,我们的母亲的驱力也不是一种本能。自我实现、自我保护、与自然互动,这些是传统和道德教给我们的。

人类不是动物。我们不能把动物的驯化过程套到养育人类儿童的问题上,或者将人类儿童的本能看作专制的环境造就的模式。人类"与生俱来的本能"是在漫长的儿童期中,通过训练和教育得到整合、被赋予意义和组织的,而这种训练和教育又根据不同的文化和传统而各有不同。个体在这个过程中成了一个有机体、一个社会成员、

第二章 | 幼儿性欲理论

一个独立的个体。动物之所以能在自然中生存，是因为它具有足够的预测性，能适应它与生俱来的本能反应模式。人类儿童要在社会中生存，必须在传统训练中获得道德感，并让这种道德感来引导自己，保证自己不会崩溃，稳固而灵活地适应他所处时代的历史变迁。为了实现这一点，成人在儿童训练中常常利用人类残存的生物本能（性欲和攻击性），来激活高度灵活和格外可塑的本能模式。⑫

在这里，我们仅仅希望搞清楚前生殖器阶段的器官模式与另一个机体和世界的关系。一个机体的器官可以占有另一个机体或让另一个机体进入自身，可以保留它们或排出它们。一个机体的器官也可以同另一个机体的器官一起执行上述各种方式的行为。儿童在他们漫长的童年里，已经学会了上述行为在身体上的实现方式，以及在社会生活中的表现形式。他学习怎样成为文明社会中的一个机体，也学会了如何在环境中生存。他们的每一个器官功能，既建立在所有完善的器官模式之上，也建立在人类文化的整体形象之上。

如果我们将理智活动也看作器官功能的一部分，我们发现，它不是和器官模式结合成一个整体，就是被器官模式扭曲了。我们观察一份资料，对那些看上去值得探讨的部分作进一步研究。通过消化这份资料，我们将设法按照我们自己的方式来理解它，并把它与其他资料进行同化。我们保留了资料的一部分，并删除了其他部分。我们将结果传递给另一些人，而在经过适当的消化后，在他们身上重复了上述结果。因为成年人的生殖状态模式或多或少地带有早年器官模式经历

---

⑫ 对精神分析的本能理论之修正与解释，见《对儿童的精神分析研究》。

被歪曲的痕迹,所以一个人的理智活动也许会发展不足或过度发展。对于求知这件事,一些人就像是漫画家笔下的山羊那样,在"啃食"一本书时贪婪地想着另一本书。一些人把他们得到的知识带到一个角落里细细地咀嚼,好像在啃一块骨头。一些人则把他们自己变成知识的仓库,丝毫不愿消化。有些人喜欢扩散和传播不易消化的信息。还有一些人就像是强奸犯,用知识来"强奸"大众。

人类的生殖行为以及所有带有繁衍性的活动,都是基于前生殖器阶段的器官模式发展出来的。个体的社会化需要早期接近模式和早期性能量。儿童在接受成人的训练中完善了残留的本能碎片。换句话说,非人类的哺乳动物幼畜的本能碎片因为母畜出于本能的照料在短时间里变得更加完善了,而人类幼儿的本能碎片是否能得以完善则取决于指导他们的父母和社会习俗。借助社会传统完善婴儿本能的形式具有较大的可变性,其结果是:尽管社会传统在人类交往、发明创造和社会改进方面起过重要作用,但是每个人将永远摆脱不了社会传统和童年环境的影响,并且表现为不是始终理智和公正,而是受到内部调节和自身道德感的约束。

生殖模式和空间形态

这一章是从两个临床病例开始的。在这两个病例中,模式和区域支配了病人的游戏、症状和举止。我将通过给出对一些孩子的观察结

第二章 | 幼儿性欲理论

果来说明。这些孩子不是病人,而是加利福尼亚大学组织的一项关于儿童发展的研究的研究对象。[13]他们都早就过了玩耍的年龄。这些孩子中有十岁、十一岁和十二岁的,研究者已经对他们进行了十年定期的访问和观察,并仔细记录了他们在身体、智力和个性方面的成长和发育数据。当时我也参加了这项研究,记录相关观察结果。我们认为,在这些研究对象身上检验指导安妮和彼得的案例的临床假设会是一件很有意思的事情。一个合适的程序能为我提供游戏样本,作为我们理解从案例研究中获得的数据的线索吗?在这里或许可以。我从以往的病例中所学到的东西,可以应用在正在进行的案例中。

我搭了一张游戏桌,随机选择了一些玩具,然后每次请研究对象到房间里来。我告诉他们将桌子想象成摄影棚,将玩具想象成演员和布景。然后我让他们"在桌子上搭建一个想象中的场景"。这么说是为了避免那些十一岁的孩子觉得自己被当作小孩子看待。同时,这也是一种有效的客观刺激,以激发孩子的自然想象。首先让我们感到意外的是:经过一年半的时间,大约有150名孩子建造了大约450个场景,但只有6个场景和电影场景相关,只有几个玩具娃娃是用某个演员的名字来命名的。经过一些思考后我发现,这些孩子各自安排的场景似乎受到一个内部结构的指导,试图告诉我一个多少有些令人激动的故事内容,而至于场景的意义(如果有的话),只能留给我自己去思考。我记得几年前,我曾要求一些哈佛大学和拉德克利夫大学英语

---

[13] Macfarlane, J.W. Studies in Child Guidance. I. Methodology of Data Collection and Organization. Society for Research in Child Department *Monographs*, Vol. III, No. 6, 1938.

专业的学生建造一个"戏剧"场景，却没有一个场景让人想起莎士比亚戏剧或是其他戏剧。似乎这种模糊的指导达到了鼓励精神分析中的"自由联想"的目的，而和孩子边交谈边游戏确实实现了这种效果。看似随意的交谈，通常与个人生活史密切相关。在研究中，我提出的"独特要素"通常是这种重要问题的关键。比如，在仅有的几个有色人种男孩子中，一个年龄最小的男孩在桌子底下建造了他的场景。他微笑着顺从的态度说明了一个明显而冷酷的事实：他"知道自己的地位"。在另一个场景中，我们看到钢琴前的椅子被推到钢琴下面。这显然表示没有人在弹琴。因为只有建造这个场景的女孩的母亲是一位音乐家，所以，值得我们注意的是，在她的童年里，音乐噪声可能对她的机体产生了一定影响（其他资料也说明了这一点）。最后，我要提到一个重要的例子。在这个例子中，一个女孩搭建的场景显示出她察觉到了某些她不应该知道的事情：她之所以还能活着仅仅是因为服用了一种当时还处在实验阶段的新药。她建造了一座废墟，中间放着一个女孩，意思是"一个女孩被献祭给众神后又奇迹般地复活了"。这些例子并不涉及解释孩子在无意识情况下的行动这个问题，但它们表明了游戏中的场景往往是足够接近孩子生活的。然而，这并不是我要在这里讨论的问题。在这里，我仅仅想要考虑空间形态中器官模式的能力。

在那些孩子建造的场景中有某种被我称为共同要素（相对于独特要素而言）的东西。为了表达我在这些共同要素中寻找某一器官模式时所产生的惊喜，我认为有必要说明一个令人难以相信的事实，那就是我并不期望获得特别的发现。事实上，我决定享受一下和这么多健康的儿童在一起工作的新奇体验。在思想上随时有所准备，这是训练有素的临床医生所必须具备的心理素质。因为如果没有这一点，具有启发意义的"临床发现"就会被忽视。

每个孩子在建造场景时都像是工匠一样专注，像是必须要将它们搭得"恰到好处"。在他们表示自己的场景搭完了之前，我逐渐意识到，我期待的是从男孩和女孩身上看到不一样的构造。我在这里介绍一个带有女性包容模式（Ⅳ2）的构造。和男孩相比，女孩通常会把家具围成一个圆圈，并且不设围墙。有时候家具的圆形构造表示的是遭到某些具有威胁性的人事物的入侵，比如一头猪（图6），或是"骑着狮子回家的父亲"。一天，一个男孩建造了一个"女性化的"场景，他将野生动物当作入侵者。我觉得他有些不安，这种不安通常暴露了他内心的期望。事实上，在他离开他建造的场景走到游戏室门口的时候，他大叫一声："这里有些不对劲！"接着他返回游戏室，带着一种如释重负的神色，将那些动物沿着家具围成的圆的切线排成一排。在我们收集的所有实例中，只有这个男孩建造和留下了这样的场景，并且做了两次。这个男孩过度肥胖，并且有着女性化的体形。当他的甲状腺治疗开始见效时，在他的第三次建造中（距第一次建造一年半后），他搭建了一个又高又窄的塔，就像我们期望一个男孩应该搭建的那样。

由于他已经变成了一个身材修长的人，所以他造的塔也非常高。这是他搭建的场景中的"独特"要素之一，说明了躯体的改变会影响建造物的空间形态。这样我们几乎可以假定，男性或女性在构建场景中表现出的共同点能够说明他们作为男性或女性的不同感觉。我十分庆幸我们进行了这种调查。因为积木搭建为计算、测量和对比空间排列提供了一种无声媒介。同时，积木似乎是一种与个人无关的客观几何体，几乎不会受到文明形态和个人经历的影响。积木仅仅是一块积木而已。令人惊奇的是，这些男孩和女孩在使用积木的数量以及建造的结构上出现了性别差异。⑭

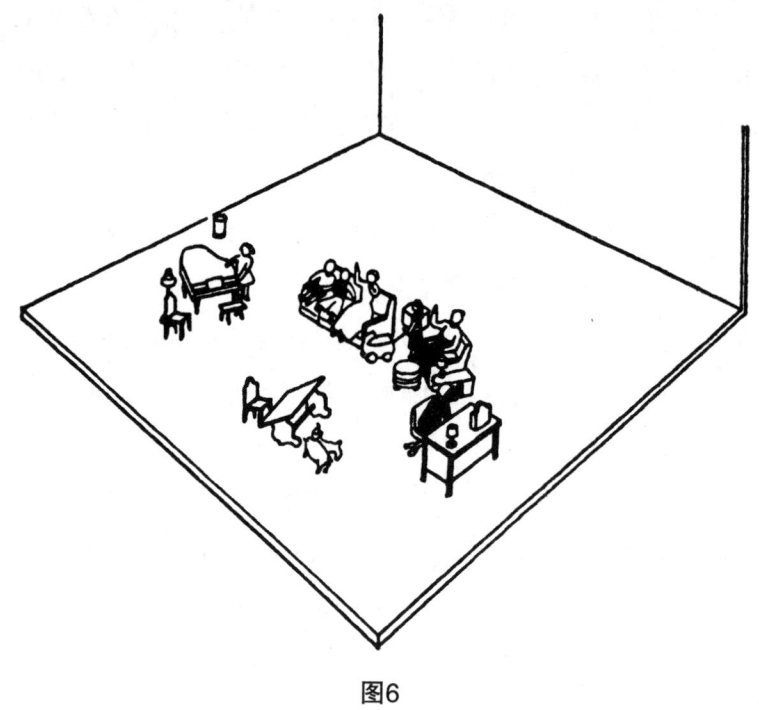

图6

我使用最简单的术语（例如高塔、大楼、街道、小巷、精致的院子、简易的栅栏、内部有墙或内部没有墙的房间等）来命名这些结

---

⑭ Honzik, M. P. "Sex Differences in the Occurrence of Materials in the Play Constructions of Preadolescents," *Child Development*, XXII, 15-35.

构。接着，我把这些结构拍成照片给两位来观察实验的专家看[15]，询问他们是否同意这些结构在构造（和组合）上存在差异。他们也认为这些差异是"显著"的，并且能够在照片上指出，哪些结构是男孩建造的，哪些结构是女孩建造的。我将用通用的术语来概括他们的结论。上述提到的每一个结构，都在超过三分之二的男孩或女孩的场景搭建中出现了。剩下不足三分之一的男孩或女孩的场景搭建中则出现了一些特殊情况，而这种特殊情况往往也能够"证明这个规律"。

最显著的性别差异是，男孩倾向于建造直立的结构，比如大楼、高塔或街道（图7），而女孩则倾向于把游戏桌当作一间屋子的内部来布置，使用一些简单的、小的积木，或根本不使用积木（图6）。

高的建筑物在男孩的建造中很常见。但是从另一方面来说，高建筑容易倒塌，所以废墟和倒塌的建筑也只出现在男孩的场景搭建中。一般情况下，伴随高建筑出现的是一种以不同形式表现出来的下降的倾向。我们将其看作"独特要素"。男孩A在犹豫了好一会后，拆除了他造得非常好的特别高的塔楼，然后造了一座没有任何惊人之处的低矮建筑物。男孩B在搭建好了一座危楼后指出，在他搭建的这个场景中最精彩的部分便是这个建筑物马上就要倒塌了。实际上，这是正在他身上上演的故事。男孩C造了一座特别高的塔，在塔楼脚下放了一只男玩具娃娃，并且解释说这个男娃娃刚刚从塔顶上摔了下来。男孩D把一只男娃娃放在一座精心搭好的塔楼顶上，他说这个男娃娃已经精神崩溃了（图7）。在图7中，那幢最高的塔楼是他们当中年龄最小

---

[15] 弗朗西斯·奥尔和亚历克斯·谢里夫。

的男孩造的。正如我们之前指出的那样，一个有色人种的男孩还把他的建筑物造在了桌子底下。这些不同事例说明建筑物的高低反应了这些男孩在男性气质方面的差异。在对这些孩子的过去进行研究后，我要补充一个临床意见：某种极端高度的建筑物（带有倒塌和摔落的危险）反映了男孩因为怀疑或害怕自己的男性气质不足而产生了过度补偿的需要。

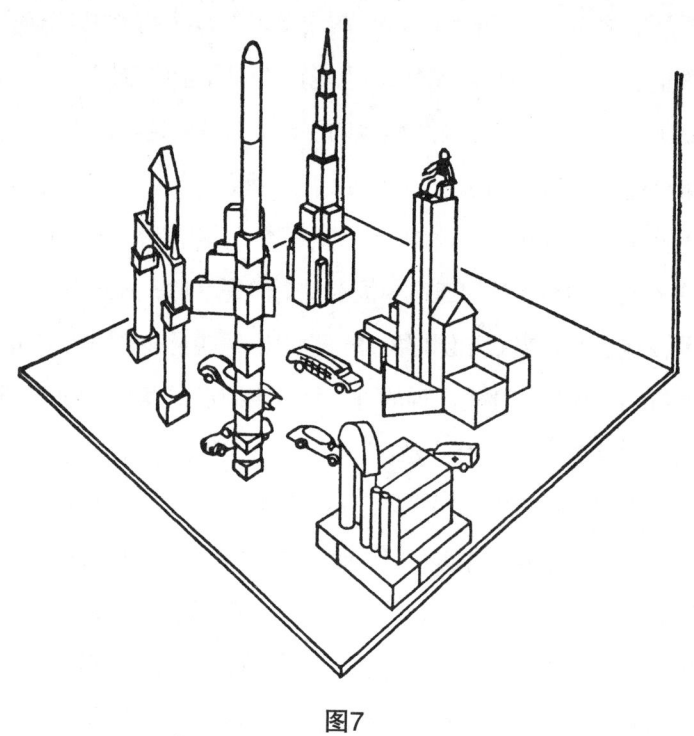

图7

在男孩建造的场景中，房子里的人和动物都比较少。相反，男孩会把汽车、动物和印第安人排成一行。单独的警察是这些男孩经常使用的玩具（图8）。

第二章 | 幼儿性欲理论

　　女孩很少建造塔楼。如果要造的话，她们会把高塔靠在或紧贴在背景墙上。女孩建造的最高的塔楼完全不在桌子上，而是在桌子后面壁龛的架子上。

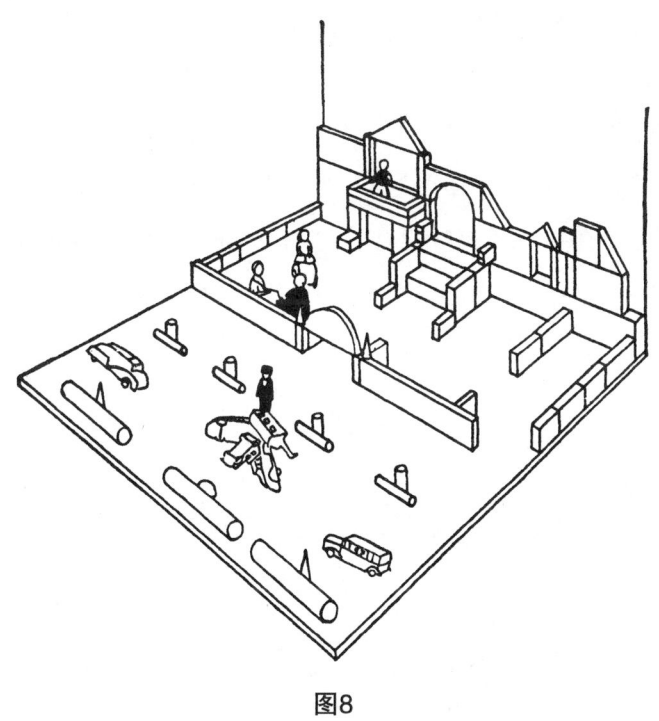

图8

　　如果"高"和"低"是男性的差异，那么"开"和"关"就是女性的差异。大多数女孩造的建筑都是没有围墙的房子。在许多情况下，女孩造的场景内部都特别平静。她们更愿意建造一个女孩在家里而不是学校里弹钢琴的场景。对这个年龄的女孩来说，这是一个非常"激动人心的电影场景"。但是，一些特殊情况也会出现。一头闯入的猪使这个家庭发生一阵骚动，迫使女孩藏在钢琴后面；教师跳上了书桌,因为一只老虎闯入了房间。我们发现,那些受到惊吓的大多是女人,而闯入者总是男人、男孩或一只动物。即便是一条狗,那显然也是某个男孩的狗。然而奇怪的是,她们没有因此而搭起防御的围墙,或是关闭大门。在她们搭建的场景中,大多数入侵还带有一种诙谐和令人愉快的刺激成分。

用低围墙简单围成一个圈,是那些女孩在构建场景时最普遍的共性。但是,这些场景中通常会有一扇精致的门(图9)。只有这个门是女孩精心搭建并华丽修饰的结构。进一步的研究发现,堵塞的入口或一堵加厚的围墙反映的是女孩对于自己的女性角色的焦虑。

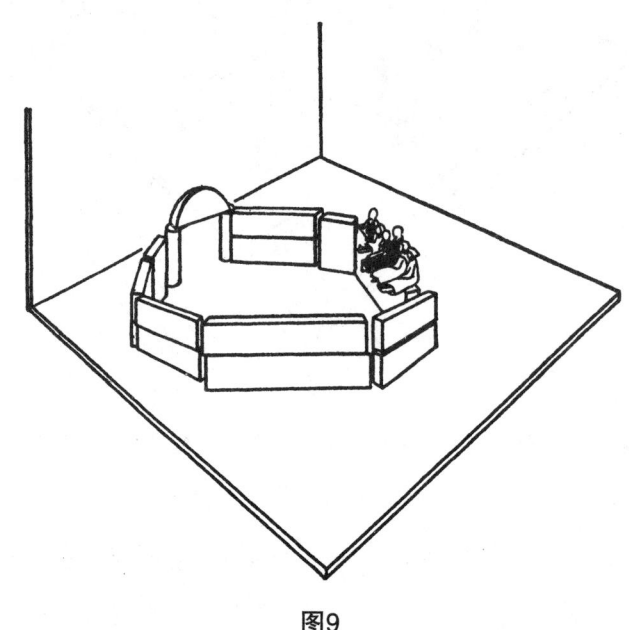

图9

男孩和女孩最显著的性别差异表现在他们对游戏场地的使用上。男孩的场景搭建展现的是高度、倒塌的倾向、力量(印第安人、动物、汽车)、管制(警察);女孩的场景搭建展现的是平和或是被侵入的内部。男孩喜欢装饰高的建筑,而女孩喜欢装饰大门。

这些建筑物的空间倾向不禁让我们回想起本章中讨论过的生殖模式。事实上,这种倾向与性器官的形态类同。男性的外部生殖器有勃起和入侵的特征,"指挥"着他们非常有活力的精子。女性的内部生殖器上有一个前庭通路,通向"平静等待"着的卵细胞。这是否反映了在尚未性成熟的孩子身上已经出现了敏锐而暂时的性器官形态呢?我的临床判断使我认为,性别差异是人类在身体形态——反过来决定了生理经验和社会角色——上最具决定性的差异,支配空间组织形态的生殖模式反映了空间意义上的性别差异。

我们从场景搭建中还可以看出不同社会含义的空间表达方式。男孩倾向于表达向外和向上的运动,这可能是责任感的另一种表达方式。他们借此想表达自己在这个世界上是强壮的、有进取心的、灵活的、独立的,并且希望达到"高的地位"。女孩对房子内部结构的重视(她们小时候玩洋娃娃是清晰的例证)反映出她们对照料家庭和抚养孩子的预期。

但是这些常识性的解释,呈现了更多的问题而不是答案。如果这些男孩在构建这些场景的时候,首先想到的是他们现在或预期的角色,那为什么他们用得最多的人物形象却不是代表自己的男孩呢?男孩最喜欢用警察。但可以肯定的是,很少有孩子希望成为警察,或者认为我们希望他们成为警察。为什么这些男孩在他们建造的场景中不安排运动场呢?男孩具有很强的动机和创造力。建造一个带有看台和其他设施的足球场对他们来说并不是什么难事。曾有一个女孩建造了这样的足球场,当时她过度肥胖,像男孩一样顽皮,留着修剪得过短的头发。

正如我之前所提到的,在我开始进行这项研究后不久,第二次世界大战已经迫在眉睫。后来大战爆发了。当时许多男孩最强烈的愿望之一就是成为一名飞行员。但是,他们在场景搭建中使用飞行员的频率仅仅高于僧侣和婴儿。另外,美国西部牛仔肯定也是很多西方男孩的理想角色。这些西方男孩常常穿着牛仔服,并学着西部牛仔的神态。但是,在构建的场景中出现的警察比牛仔多一倍。

热爱现在的家庭、期待建立将来的家庭被认为是女孩天生的愿望。但这仍不能解释为什么这些女孩在她们的屋子周围只是造了较少和较低的围墙。热爱家庭生活这一点应该使女孩子增加围墙高度和关闭房门,以保证家人的亲密和安全。在我们的研究中,大多数女孩都搭建了一个女娃娃弹钢琴或和家人一起坐在客厅里的场景。这种情况表明了女孩的真实意图,还是她们在被要求构造一个激动人心的电影场景时假装出来的意图呢?

如果弹钢琴的小女孩在女孩构建的场景中是平静的内部环境的象征,而管制交通的警察在男孩构建的场景中是外部环境的象征,那么我们可以把前者理解为内部的和善,把后者理解为外部的警告。这种对和善和警告的强调,呼应了明确建造一个"激动人心的电影场景"的指令。动态的维度和激烈的冲突在这种呼应中得到表达,而这两者不能简单地被解释为对文化规范的顺从。

器官模式在这些场景中的普遍存在提醒我们这样的事实:我们的身体能够反映出我们的人生经历。在器官模式之外,我们可以看到男性和女性的空间规律。如果我们注意他们使用（或不使用）积木的方式所揭示的某种特定功能，这种规律会变得更清晰。一些建造物（巷子、隧道、十字路口）的功能是通道功能。其他建造物则表达了一种直立、建构和细化的倾向。简单的墙代表了包容和接纳。开放的房间内部，在不需要拒斥外界的情况下，也能够保证安全。

对空间构造和相关主题的讨论表明生理、文化和心理是相互影响的。精神分析至今仍把人的心理性欲面与心理社会面加以区别，而我则试图通过本章的论述在两者之间架起一座桥梁。

我们现在试图说明的是，文化促成了两性在生理上和功能上的差异，这对身体组织来说是可行的，对特定的社会来说是有意义的，并且对个体的自我来说是可掌控的。⑯

---

⑯　其他相关研究可见《美国行为精神病学》杂志第22期"青少年前期的结构游戏中的性别差异"一文；玛格丽特·米德和玛莎·沃尔夫斯坦所编的《当代文化下的童年期》修订版；《儿童发展之讨论》第三卷；1958年塔维斯托克中心发表的论文。最近我在印度观察了青少年的建造游戏。我发现这类游戏的整体特征在不同社会环境中差异巨大。本章主要说明的是这类游戏在性别方面的差异。然而，必须等到卡玛里尼·沙罗白和她的同事在艾哈迈达巴德的B.M.研究所的进一步调查，我才能得出最终结论。

两个美国印第安部落的童年

[第二部分]

引 言

　　现在我们将从研究孩子和病人转向研究印第安人。我们将运用现代调查方法，在复杂成人世界的边缘领域中寻找某种简化迹象，这种迹象能说明人类生存的规律。对心理失调的研究便属于这样一个边缘领域。弗洛伊德说，水晶，只有在破碎的时候和破碎的地方才能显示出它原来不被察觉的结构。在对童年的研究中，我们希望从某些自无到有逐步发展的现象，或者至少从某些自简单发展到复杂的独特现象中找到某些规律。最后我们将探讨处于人性初期的原始文化。在我们看来，处于那种文化下的人，有时像是天真的孩子，有时又像是着了魔的疯子。对这三个领域的对比研究显示了许多引人注目的相似性。但试图在原始人、儿童和成年病人的生活状态之间找到某种共同规律已经被证明具有误导性。现在我们知道，原始人有他们自己独特的成年状态、神经症和精神病标准。尤其重要的是，他们也有自己独特的童年。

　　直到最近十年，儿童训练仍然是人类学研究中的真空地带。人类学家即便在原始部落中生活了好多年，也没能注意到原始部落的人训练他们孩子所采用的系统方法。更确切地说,这些专家和许多人一样,心照不宣地认定那些野蛮人根本没有儿童训练的方法,而他们的孩子"像小动物"一样长大——这个想法在我们文化里那些过度注重文化培养的人当中,唤起了愤怒的藐视或自命不凡的得意。

关于原始社会也有自己的儿童训练系统的发现澄清了一个观点:原始社会既不是人类发展的初级阶段,也没有明显偏离我们引以为傲的进步标准。原始社会是成熟人类生活的一种完整形式,它往往和谐而单纯,有时让我们深感羡慕。通过对美国印第安人的研究,我们来揭示这些生活形式的某些特征。

今天,被我们通称为美国印第安人的民族构成了一个风格迥异的少数民族。他们已不再作为稳定的社会存在。然而,我们仍然可以找到他们永恒的文化遗迹。这些古老的文化遗迹或是存在于距离我们繁忙的公路几英里的高山上,或是存在于地位显赫的长老身上。然而在一些当地政府允许原住民按古老的印第安习俗生活和被商人开发为旅游场所的印第安保留区,原住民的社交形式并不像我们认为的那样独立而完好,而是变得支离破碎了。

可能有人要问,为什么我选择用美国印第安人部落的例子来说明我要阐述的问题,为什么不用其他工作者在原始部落中所收集的资料呢?对此我的回答是:因为这本书不但要反映事实,而且要反映发现这些事实的临床过程。我能获得这些有益的经历,要归功于两位人类学家,是他们建议我和他们一起去考察他们最感兴趣的美国印第安人部落。一位是斯卡德·麦吉尔,他介绍我去南达科他州苏族人的保留地;另一位是阿尔弗雷德·克劳伯,他让我了解了苏族人(我们一般

| 童年与社会 |

将其通称为印第安人),带我去了一个在太平洋海岸以捕鱼和采集橡子为生的部落——尤洛克部落。

使得这项人类学的探究能有所获的原因有很多。我的向导在我踏上旅途之前,已经将他们的笔记和其他材料交给了我。我所研究的部落,是他们最早也是永远热爱的研究对象。这两位人类学家会情不自禁地同部落成员进行对话,这样做并不是为了对他们的研究有所帮助。[1]他们得到了部落最年长的成员的信任,而只有这些人才记得训练儿童的古老习俗。最重要的是,这两位人类学家都受过一些精神分析训练,他们渴望将精神分析和他们的人类学工作结合起来。如果说,我能在某种程度上起到综合作用的话,那是因为我作为一名儿童精神分析学家,容易理解前面一章所阐述的观点。我们常常感到,如果我们在一起工作,我们或许能够拯救一些美国土著居民历史上被人忽视的资料。这两位人类学家带我去见了一些他们"训练有素"的信息传递人。他们敦促这些信息传递人同我交谈,告诉我一些与童年和社会有密切关系的信息。

---

[1] Kroeber, A. L. "The Yurok," in *Handbook of the Indians of California*, Bureau of American Ethnology, Bulletin 78, 1925. Mekeel, H. S. *A Modern American Community in the Light of Its Past*. Dissertation for the degree of Doctor of Philosophy, Yale University, 1932.

第三章
大草原上的猎人

历史背景

当我们去南达科他州旅行时，斯卡德·麦吉尔是这个地区印第安事务委员会的代表。我们进行调查的最迫切和最重要的目的，是找出苏族印第安儿童令人不解的冷漠情感从何而来，他们为何能平静地接受，然后又平静地丢弃他们在极其精细且代价高昂的联邦印第安教育实验中获得的许多价值观。这些孩子的问题所在已经很明显了：他们有两种权利，白种人的权利和印第安人的权利。但只有通过调查这两种权利之间的差异，我们才能发现对这些大草原上的孩子来说曾经是正确的东西的痕迹。

为了忠于调查的真实性，在这里，我必须进行大量而详尽的描述，以给出古代儿童训练的资料。为了更清楚地了解社会和婴儿的关系，我必须带着读者穿过现代种族关系的荆棘丛。

松岭镇，印第安保留地，位于南达科他州的西南角，毗邻内布拉斯加州州界，带有连绵起伏的高原地形：

夏日的热风拂过即消散，
冬日的寒风又席卷而来，
它们永远不会停止，
也不会诉说其他，
除了"我不和你争辩，我只是在告诉你"。①

苏族（或达科他族）的奥格拉拉小部落的八千名成员生活在这块由政府分配给他们的土地上。当苏族人定居在这块保留地上时，他们已经把自己的政治和经济自主权都交给了美国政府，条件是政府要禁止任何白种人在他们的领土上狩猎和定居。

只有最顽固的浪漫主义作家，才会期望今天在这块保留地上还能看到任何老苏族人的形象。老苏族人曾经是"真正的印第安人"，他们好战且擅长狩猎，有坚毅、狡猾和残忍的性格。直到不久之前，美国镍币上还会出现老苏族人的形象，作为对这个奇特部落的奇特致敬，因为曾经被打败的部落首领毕竟占据了一块君主和总统的领地。但是苏族人的历史现实却要从很久以前说起。

在白种人到来之前，苏族人在高原的生活是很美好的……野牛黑压压的一片穿过草原；鹿、海狸、熊以及其他猎物遍布黑山和落基山

---

① Sandburg, C. *The People, Yes*, New York: Harcourt, Brace, 1936.

脉……他们几乎从未感受过饥饿。②

苏族人曾经组成灵活的队伍，骑着马，带着雪橇，排成长队跟着野牛穿过广阔的草原。他们会定期聚集在排列整齐而灯火明亮的圆锥形帐篷里。任何他们一起进行的活动——宿营、猎野牛和跳舞，都有严格的规定。但是常常有一些惹是生非的小团体，因为一时冲动离开大队伍，去追捕小猎物、偷马和偷袭敌人。苏族人的残酷行为，为美国早期的移民所熟知。他们对自己人也不手软，他们通过苦行来追寻伟大神灵——印第安部落崇拜的神灵——的精神引导。

但是这个曾经骄傲自大的民族，被一连串毁灭性的大灾难所困扰，就好像自然和历史联合起来，向这个男子气甚的民族的子孙后代发起全面进攻一样。必须要记住的是，在白人移民到来之前的几个世纪，苏族人从密苏里州和密西西比上游来到这个高原，并围绕狩猎野牛组织他们的生活。这个相对年轻的印第安民族却消亡了，其解释可能正如威斯勒所说的那样：

当野牛死后，苏族人在种族和精神意义上也死了。野牛的躯体不仅提供了食物、衣服和各种遮盖、掩蔽的材料，还提供了一些实用的东西，诸如口袋、小船、弓上的弦、缝纫用品、杯子和勺子。野牛躯体的各部分还可以制成药和装饰品，它的粪便晒干后可在冬天作为燃料使用。在印第安人的社交和时令活动、典礼和舞蹈、神话和传说，

---

② Wellman, P. I. *Death on the Prairie*, New York: Macmillan, 1934.

| 童年与社会 |

> 甚至孩子们的游戏中,野牛都是神圣的象征,被奉为偶像。③

在苏族人的历史中,野牛第一次消失了。为了打通西部牧场的贸易路线,白种人好事而愚蠢地屠杀了成千上万的野牛。为了寻找黄金,白种人闯进了黑山,也就是苏族人的圣山、狩猎场、水库和冬天的庇护所。苏族人试图和美国将军就"白人违反了早期订下的合约"进行理论,进行正面的抗议,但他们发现边界上的白人士兵,既不了解美国联邦法律,也不知道印第安人的习俗。

随后发生的疯狂战争,直到1890年才完全结束。那时候,联邦第七骑兵队为他们死于好几年前的好出风头的战友——卡斯特将军报了仇。在"伤膝河大屠杀"中,几百名苏族人,虽然大多数人已经投降,但他们还是被武器精良、人数占绝对优势(4比1)的敌人杀害了。"女人和小孩的尸体在距离他们被害之地两三英里远的地方被找到。"④1937年,这些尸体的照片只有在松岭镇的药店和小卖部的墙上才能看到。

在寻求新经济来源的历史过程中,苏族人不断遇到各种各样的新美国人。这些新美国人暴露出白种人无休止地抢夺地盘、权力和欺凌弱小民族的本性。苏族人能够接受四处游猎、设置陷阱的捕猎者和毛皮商人,因为他们能遵守苏族人的传统。他们带着刀、枪、念珠和水壶,与苏族女人结婚并且忠于她们。一些美国将军也完全可以被苏

---

③ Wissler, C. "Depression and Revolt," *Natural History*, 1938, Vol. 41, No.2.
④ Wellman, P. I. *Death on the Prairie*, New York: Macmillan, 1934.

第三章 | 大草原上的猎人

族人所接受，因为他们英勇善战。甚至黑人骑兵队也受到苏族人的称赞。他们令人惊叹的马上冲锋战术在苏族人中间获得了"黑野牛"的美称。贵格派教徒和早期传教士的神圣信仰，也对尊贵和虔诚的苏族领袖产生了影响。苏族人在重新寻找能连接过去和将来的合适形象时，却无论如何也无法接受试图"开化"他们的白人政府雇员。

根系尚未扎稳的美国民主制度与印第安人的传统之间失去了平衡，因为它未能在征服或殖民化之间、在同化或解放印第安人之间做出选择。相反，它将创造历史的工作交给一些专制并且各有打算的代表人物。这种情况创造了一种被印第安人理解为不安全和不道德的不一致性。官僚主义绝不应替代政策。民主意识形态和现实之间的矛盾在集权官僚制度下表现得再明显不过了。对此，具有狩猎"民主精神"的印第安部落长老，在衡量每一个潜在的独裁者和资本家的时候，是有很好的眼力。很难想象，早期政府是如何看待自己的角色的。

但是随后政府要求印第安儿童接受联邦教育。在印第安长者的记忆中，这种教育制度并不吸引人。在一些地方："……印第安儿童实质上是被劫持进政府开办的学校的。他们的头发被剪短了，他们的印第安服装被丢弃了。他们被禁止说印第安语。在学校里，他们过着军事化的生活，学校的规则是通过体罚来贯彻的。一些固执地坚持旧有的生活方式的儿童和一些逃跑后又被重新抓住的儿童被送进了监狱。他们的父母如果抗议也会被送进监狱。只要可能，孩子们就会被留在学校里，以免他们受到自己家庭的影响。"⑤这种教育制度直到1920年才被完全废除。

在这整个时期，只有一类白人——骑马的牛仔——激起了印第安人的想象，这影响了他们的服装、举止、风俗和他们童年时代的游戏。从1900年到1917年，苏族人决心发展和实行牧牛经济。但是政府意识到养牛和土地侵蚀这两者之间的利害关系，他们不得不颁布政令，禁止苏族人在这块分给他们的土地上成为牛仔。苏族人的牛越来越少，且之后土地买卖市场繁荣起来，这使得没有准备的苏族人成了挥霍无度的资本主义者。这两者成了当时社会的大灾难，在心理上产生的影响等同于当年野牛消失对他们的打击。难怪一些传教士能使鹰钩鼻的苏族人相信，他们就是被上帝永远诅咒的失落的以色列部落。

就在苏族人准备在他们分得的土地上成为农民时，他们的土地已经受到侵蚀，并且后来旱灾降临。直到今天，这些土地中仅有很小一部分适宜播种小麦、谷类和粮食作物。

所以苏族人自始至终都在指责美国政府违背诺言，管理不当。至于白人，他们从不否认那些错误和违反诺言的事实。在给政府和国会的汇报中，美国将军和印第安事务专员都谈到了他们在听了印第安长老的严厉指责后感到深深的羞愧。事实上，美国人的良心是很容易被唤醒的，而感伤主义者和政客们就是利用这一点来推行完全不利于解决实际问题的政策。

---

⑤ MacGregor, G. *Warriors without Weapons*, Chicago: University of Chicago Press, 1946.

第三章 | 大草原上的猎人

政府撤回了军队,并为美国印第安人创立了一个庄严的人道主义组织。管理人员也由教师、医生和社会人类学家取代。但多年来的失望心理和所处的从属地位已经使大草原上的印第安人无法信任政府。因为苏族人曾经吃过一次亏,他们现在就像是罹患"补偿性神经症"的患者,只有拥有某些东西才会有安全感。然而,即使是成千上万的野牛和黑山中埋藏的黄金能被归还,苏族人也无法摆脱依附的习惯,也无法创造一个适合当今潮流——既适合征服者,也适合被征服者——的社会。

所以难怪,保留地上的来访者在过了一段时间后会觉得自己好像进入了一部慢动作电影。在这部电影中,过于沉重的历史令他周围的景象停止了。确实,松岭镇看上去非常像中西部贫穷地区的一个农村。只有政府大楼和学校是干净宽敞和设备齐全的。教师和政府雇员,无论是印第安人还是白人都剃光了胡子,并且十分友好。但是一个人在保留地待得时间越长,漫步得越远,观察得越细致,情况就越明显:印第安人只拥有很少的土地,并且管理欠佳。他们看起来似乎平静而友好,但又显得迟钝而冷漠,并且营养不良和疾病缠身。只有在偶尔的宗教典礼舞会上和在保留地外非法卖酒的小餐馆里,我们才能看到印第安人在懒散的外表下郁积的巨大活力。当我们走访松岭镇的时候,苏族人正处在禁酒和不禁酒、神圣而挥霍无度的民主进程和热情而冷酷的自由经营的矛盾中。我们之所以会知道这些,是因为在无产阶级磨坊里,无意中看到的那些又快又好的磨轮。印第安问题在这里失去了它古老的含义,而与城市和农村少数有色人种的难题混杂在一起,这些难题期待着忙碌的民主主义者能有时间来讨论它们。

| 童年与社会 |

吉 姆

　　一天在某个商人那里，麦吉尔和我遇到了一个清瘦、直率的年轻苏族人——吉姆。显然，他是被同化较深的一位高中毕业生，因此正如我们预料的那样，他的心中似乎有所顾虑。吉姆在几年前离开了印第安保留地，与附近平原上的一位印第安姑娘结了婚，并住在她那里。在交流中，他对我们说他对自己孩子现在所受的教育感到并不满意。他希望我们能去他所在的保留地，而不是松岭镇，那样他和妻子就能与我们继续谈谈。我们答应不久就去他的保留地做一次短途旅行。

　　当我们走近他们简朴、干净的家园时，吉姆的几个儿子正在做印第安男孩喜欢的游戏，即用绳子绕住一根树桩。别家的一个女孩正懒洋洋地坐在她父亲的膝盖上，玩弄着他的手。吉姆的妻子正在屋子里干活。我们带来了一些日常用品，因为我们知道印第安人在几个小时内什么也做不出来。我们的谈话不得不在拘谨的气氛下缓慢进行。吉姆的妻子邀请了她的女性亲属加入我们的谈话。她时不时地走到门边，看着绵延的大草原和远处移动的白云。在交谈中，我思考着吉姆在他这一代人中的地位。

　　在保留地现存的居民中，少数留着长发的老人记得，在他们还是大草原的主人的时候，父辈们是以平等的姿态去会见美国政府的代表的。后来，战争停止了。这些老印第安人开始明白，老一代美国人的上帝和印第安人的神灵是近亲，他们那种具有侵略性却重视尊严的生

第三章 大草原上的猎人

活观念与印第安"好人"的勇敢而慷慨的性格可以兼容。

第二代印第安人是从传言中知道狩猎和皮草买卖的。他们已经开始考虑把依赖政府配给的寄生生活作为条约规定的不可剥夺的权利，并把这种生活当作一种"自然"的生活方式。

吉姆显然属于第三代，他们完全受益于政府寄宿学校的教育，并且相信这种教育能使他们更易于和白人交往。可是，他们除了表面上的适应以外无所适从。他们中的大多数人对他们的祖先了解不多，也对未来没有明确的目标。这最年轻的一代发现自己处在印第安先辈和白种人之间。他们骄傲的祖先曾确信白种人不会留在这里，而白种人则认为他们只是一群不切实际、顽固的活化石罢了。

经过一段时间沉闷的等待后，吉姆的妻子宣布她的女性亲戚来了。几分钟后，远处的两个身影走近了我们身边。

她们终于到了。在经过一番羞涩而愉快的问候之后，我们在松树的树荫底下围坐成一个圆圈。我刚好坐在装水果的柳条箱最高的一面上（在大草原上，椅子是很稀有的）。我开玩笑地说我像一个传教士一样高高在上让人感到不舒服，并顺手将箱子转到较低的一面。但是箱子的这一面不太牢固，我不得不再把它转回来。接着吉姆默默地把他坐的柳条箱也转到高的一面，和我坐得一样高。我一直记得这件显示印第安人镇静而机智性格的典型事件。

吉姆明显看起来有些忧虑，而他妻子的表情则像是早就准备好要进行一段严肃的交谈一样。

麦吉尔和我已经决定在谈话中无论怎样都不会直接谈及吉姆家庭的难处，但我们会让大家对我们在松岭镇听说的孩子们的不同生活状况发表意见。所以我们谈到了分娩和抚养孩子的习俗,从中获得了一些印第安人以前生活和目前生活的零星情况。在整个谈话过程中,女性们显得幽默而坦率,但是她们羞怯的微笑说明,如果不是麦吉尔谈到的一些琐事使她们感到惊奇,唤起了她们的回忆,使她们思想活跃的话,她们是不敢在男人面前提起某些话题的。显然,她们从没想到这些琐事能引起白人任何兴趣,并且在英语中也有相应的表述方式。

这场谈话进行了几个小时,在此期间吉姆没有多说什么。在谈到十岁儿童的生活时,他沉默了,而女性们却愉快地接受了儿童提前开始成年活动的各种方式。这两种态度的对比显得十分鲜明。

终于到了吃午饭的时间,妇女们走进屋子准备午饭。这时候轮到吉姆说话了,他直截了当地说出了他的忧虑。他的孩子在游戏中使用了下流的语言,他无法容忍,他妻子却觉得好笑,并且告诉他几乎所有孩子都使用这些字眼,这没什么大不了的。他对白人含沙射影地指责印第安人淫秽下流并且有不良的性习惯十分敏感。我们同意白人确实暗地里指责印第安人性欲上的放纵,但是所有人都会将令自己感到羞耻的坏习惯投射到自己的邻居身上。事实上,他们喜欢给自己的坏习惯起外国名字。但是吉姆不同意这个观点。他认为,苏族人是"坚强的人",他们能够控制他们强烈的性欲,并且不允许他们的孩子使用淫秽的语言。他认为他的孩子没有理由做苏族孩子不被允许做的事情。这说明他始终坚持相信,苏族人在本质上比他妻子所处的部落"更坚强"。事实上,他对他妻子的部落抱着白人对苏族人同样的偏见。这种优势部落对劣势部落的歧视确实是相当普遍的。因此,后来有大量的混血苏族人蔑称他们的纯血同胞为"黑鬼",而后者也回敬前者为"白人杂种"。

正如治疗性访谈中的病人一样,吉姆逐渐敞开了心扉。他说到在自己上一次访问他的故乡松岭镇的时候,他亲戚们的孩子使用的语言令他感到不安。他说这种情况在他小时候是不可能存在的。我们问他,小的时候是谁教育他不说粗话的。他回答说:"是我的父亲。"

随着谈话的继续,我们发现,吉姆的父亲的大部分童年时光都是在国外度过的。当吉姆详细叙述这段经历的时候,问题就越来越清楚了。显然,国外的习俗让吉姆的父亲在重返故乡后给他自己的孩子制定了与其他苏族孩子不同的标准。这种做法让吉姆在自己和同族孩子之间竖起了一道墙,而这道墙现在也使吉姆和自己的孩子产生隔阂,甚至在他内心产生了障碍。这种内心的障碍令吉姆感到不快。他总是不由自主地在他的家庭中惹出许多矛盾,因为他总是坚持要他热心的妻子用他父亲的禁令和习惯去教育他的孩子们。这种习惯正是苏族人所坚持,而妻子的族人所忽略的,因为同样的问题最终会因为孩子感到羞愧而结束,或者有必要的话,由祖辈平静的训诫来解决。

我们试图向吉姆解释他的这种心理冲突。我们认为,他一定在暗地里违反过他父亲要他疏远伙伴的要求。他抑制了公开的反抗,而代价是用他父亲对他的方法来对待自己的孩子。但是,他从未像他父亲那样在国外待过。因此,他的行为只会让他的妻子感到愤怒,让孩子感到烦恼,也使他自己感到不知所措。

吉姆对我们所做的解释考虑了几分钟,然后说:"我觉得你们说得有道理。"(这是印第安人的高度赞扬。)午饭已经准备好了。吉姆那位桀骜不驯的妻子和她的女伴等在门外,直到这家的主人和他的客人们吃完饭。

就这样，在大草原的印第安人家里，我们与忧虑的印第安人进行了亲密的交谈。这些交谈是我们关于苏族人童年生活资料的主要来源之一。显然，在这个领域，每一份资料都具有深远的意义。吉姆通过伤害自己和自己身边亲近的人，来重新获得正直感。他的这种行为也许能让我们对这种奇怪机制有一个初步印象。他因为失去了部落的完整感而失去了自我，从而导致了强迫性自我认同。儿童训练上的细微差异，对个体的世界观、正直感和自我认同感有着持久而重大的影响。人们隐隐认识到了这一点，但直到最近我们才将这一点概念化。

一次跨种族研讨会

我们的第二个资料来源是一次小型研讨会。除了麦吉尔和我之外，还有白人和印第安人的教育工作者与社会工作者参加了这次讨论会。会上，我们讨论了在印第安学校工作的教师们提出的各种意见。在这里我们必须先了解这样一个事实：相同的资料，在神经症性冲突中，特别容易被压缩和曲解；在涉及两个不同种族的辩论中，会产生令人费解的保护自己种族的倾向。无论哪一个群体，似乎都需要他们的儿童做出牺牲。对这种牺牲，儿童们最终只能在坚定的信念和掩饰中忍受。这种牺牲建立在不可置疑的绝对行为准则之上。如果怀疑这种默认的准则，全体就会被波及。因此，和睦的邻居会为了保护儿童训练的一些小项目而暴跳如雷，就像愤怒的狗熊发现它们的幼崽正面临生命危险一样。

　　表面上看，在我们研讨会上的"控诉"都是专业且合理的。我们控诉当印第安孩子受到怀疑时，他们会直接跑回家。其次，我们控诉他们偷窃，无视财产所有权。然后是冷漠：印第安孩子缺乏进取心和兴趣，对每一个疑问或请求都采取冷漠的消极反对态度。最后是过多的性活动，这里是指各种带有暗示性的场合，包括舞会后在黑暗里游荡，还有和思乡的女孩子在寄宿学校挤在一张床上。

　　我们很少控诉他们粗鲁无礼。我们觉得老师们最害怕印第安孩子不表示公开反抗，这就好像秘密武器一样被他们用来用去。不管你对这些孩子采取什么措施，他们就是不回应你。他们坚韧，不表态。他们会让你以为他们已经懂了该如何行动，但随后他们做出的相反行动表明他们根本就没懂你的意思。我们"不可能了解他们"。

　　这些情况使抱有美好愿望并遵守良好纪律的教育工作者心中产生了无意识的愤怒。这种愤怒通过"个人"意见表达出来，并被他们补充在官方意见中。有一次，当某些印第安教师平静地提到印第安人爱孩子的时候，一位老教育家突然难遏愤怒，声称印第安人不知道怎样去爱一个孩子。当别人质疑他的说法时，他提到了一件小事，作为自己的论据：有一对印第安父母连续三年没见过自己的孩子，当他们再次见到孩子的时候，他们既没有亲吻他们也没有哭泣。他无法接受以前那些观察者的观点，即最早时期的印第安人在和亲人见面时，受到一种自我克制态度的控制，尤其是有外人在场的时候。对他来说，这种书本知识在他二十多年的个人观察面前毫无可信之处。他坚持认为，印第安父母对他们孩子的爱还不及动物对幼崽的爱。

文化崩溃和父母无力在经济上或精神上照料孩子，也许导致了印第安孩子在人际关系上的冷漠，当然这令人惊愕而如此激进的误解不可能被看作在那个无法互相理解的时期的遗留产物。威勒将军，对苏族人来说是征服者，不是教育工作者。他认为"没有任何其他民族的人会比美国印第安人更爱他们的家人"。谁的观点才是对的呢？是作为征服者的将军太过感情用事，还是年迈的教育家太过愤世嫉俗呢？

一些尖锐的看法只在私下才被提了出来。一个有部分印第安血统的男教师说："遗尿是印第安人最难解决的问题，但印第安人不会在有女性的场合讨论遗尿。"他认为这是由于在印第安儿童的教育中缺乏适当的如厕训练导致的。一个白人雇员提出了另一个"真正的难题"。他引用了在印第安服务机工作的医学专家的秘密评论，说道："印第安父母不仅让他们的孩子手淫，还教他们手淫。"他认为这是导致所有问题的原因，但是他不愿意当着印第安人的面讨论这一点。就能够确定的事实来说，印第安人学校并不比其他地方的寄宿学校或孤儿院中的遗尿和手淫现象更多。事实上，手淫只不过是一种假想，并没有人看见过什么，最多只看到孩子们摸摸自己的身体而已。有趣的是，所有这些"真正的"、愤慨的和非官方的控诉，都涉及早期适应的主题，而这一点已经引起了西方精神分析学家的注意。

在印第安儿童的教育问题上，积极的白人教育者仔细考虑了儿童训练中每一个遗漏之处，比如印第安父母对年幼孩子的肛门、尿道和生殖器问题感到完全不在意，公然无视这个问题。另一方面，印第安人对待年幼孩子很宽容。即便对于较大的孩子，也仅仅是口头上稍微严厉些。在印第安人看来，白人的教育方法是一种危险且易于使孩子丧失信心的方式。他们认为白人要求他们的孩子同这个世界疏远，以使他们的孩子能用最快的速度进入成人世界。在一家政府医院里，当看到母亲和孩子分离的时候，尤其是听到医生和护士声称让孩子哭得脸色变紫也没有坏处时，一位印第安女性愤愤不平地说："他们只教孩子哭！"那些印第安老妇人希望她们刚出生的孙辈能无声地哭泣，就像犹太人在他们的圣墙前，为他们民族的毁灭而无声地呜咽那样。但是，即使是那些颇有教养的印第安人也认为，白人对印第安孩子所进行的昂贵教育，实质上是对印第安民族的一种残忍阉割。除了这些看法以外，印第安人还有一个奇怪的念头，即白人想要毁灭他们的孩子。当这两个民族很早以前开始接触的时候，印第安人就十分厌恶白人通过耳光或殴打来使孩子顺从的教养方式。印第安人只会用猫头鹰或白人要来抓他们的话来吓唬自己的孩子。当然，他们这种做法会让孩子产生怎样的抵触情绪，他们是想象不到的。

所以这些非官方的控诉（同我们最新的理论假设结合在一起）假定即便是看起来专制的儿童训练项目也会起到一定的作用，尽管在私下场合，这多半会被看作白人和印第安人互怀偏见的一种方式，以及对个人动机和无意识愿望的一种掩饰。这就好比是"团体治疗"的一个活动场所，它的目的不是治疗参与者的精神病，而是改善那些参与者所代表的文明之间的相互关系。

在所有重要的文化偏见中，我将简单说明其中的三个方面，即印第安人对财产、清洁和效率的尊重。

一天，一位学校教师带来了一张他的学生名单。名单上的孩子没什么值得特别关注的，除了他们的名字——比如星星出来了、清晨的狩猎、可怕的马——可能有些诗意之外。这些孩子都表现良好，能听从白人教师的教导，也能服从印第安家庭的习俗。"他们有着两套真理。"这位教师这么解释，说得比他的某些同事——深信印第安人是"天生的说谎者"——更为礼貌些。总的来说，他对他学生的学业成绩是满意的。他希望讨论的唯一主题和一个小男孩有关。这个小男孩在其他儿童中相对孤立，就好像他是一个被遗弃者。

我们在印第安人和白人中间调查了这个男孩的家庭情况。被调查的人都用三个决定性的字眼来形容这个男孩的父亲："他有钱。"这个男孩的父亲会定期去离镇上最近的一家银行，这似乎令他沾上了"外国气味"。就像一只蚂蚁，当它穿过另一个"蚂蚁部落"的领地时沾上了那个"部落"的气味，那么这只蚂蚁回来时就要被杀死。在这里，这个"背叛者"就被社会判了死刑，之后他们一家永远戴上了"守财奴"的恶名。这违背了苏族人最古老的原则——慷慨大方。

长期储存在那个时期是外国人的观念。如果一个人拥有足够的储备可以防止自己挨饿，还能时不时地分给别人的话，那他就相对满足了……如果一个人的食物不够了，或者耗尽了，他也许会找他的族人和家人要。食物是被平均分配的，直到全部耗尽。最受人轻视的人是那种自己很富裕却不肯与他人分享财物的人。他才是真正的"穷人"。[6]

在苏族人的系统中，衡量财富的最高标准是赠送。真正富有的人

---

[6] Mekeel, H.S. *The Economy of a Modern Teton-Dakota Commmunity*, Yale Publications in Anthropology, Nos. 1-7. New Haven: Yale University Press, 1936.

会将他的所有财产拿出来款待亲朋好友。即使是今天，我们也必须看到，一个印第安孩子在某些庆祝场合中，会把父母所给的、他们辛苦积攒的那点可怜的财产或铜子儿捐送掉。他所传达的是我们在之后会提到的理想的自我认同感："你现在所看到的我就是真实的我，也是我的祖先。"

这种赠送的经济原则和崇尚慷慨的表现，当然曾经是有其必然性的。游牧民族只需要他们能随身携带的少量财产即可。而以狩猎为生的民族需要这些最幸运和最能干的猎人的慷慨。但是人们对必需品的追求通常比美德增长得更快，而这是人类进化历史上最大的矛盾之一。原本为了保护人们的生存而产生的美德，由于害怕被时代抛弃而变得僵硬，也因此不再适应人们的需要。事实上，这种古老道德的残留已经变得顽固起来，并成了再教育的巨大障碍。任何古老道德一旦丧失了普遍的经济基础，就会因为不能被普遍遵守而崩溃。这些道德与个性特征结合在一起，并和其他群体特点——比如贫穷白人的慷慨和粗心——产生融合。最终，政府人员和教师根本无法知道他们是在同某种旧道德打交道，还是在同新的恶习打交道。基于古老的条约和官方的分配，每个印第安家庭仍按照需要和应得的份额接受政府的救济金、食物和机械供应。我们能够知道一个人是否收到了这样的"赠品"，因为在整个大草原，人们会用小推车带着很多暂时不幸的亲戚正当地分享一顿原始共产主义的美餐。所以，虽然我们为了传授我们的货币文明而对印第安人进行了数十年的教育，但赠送这个古老的传统仍在盛行。

我们从对这些问题的讨论中得出的初步结论是：对个体或群体之

间的关系最无益的做法就是试图去质疑对方的理念,并进行前后矛盾的说教。这是因为,不论是个人还是群体,每个人的道德观中不仅有着特定的内容,还有特定的逻辑来保证它的连贯性。

"他们没有主动性。"那些愤怒的白人教师通常会这么形容印第安孩子。其实,印第安孩子也有竞争好胜的意愿。在某种情况下,这种意愿可能得到充分发展,但在另一种情况下则可能会完全消失。比如,长跑队的印第安队员可能在比赛开始时就不情不愿,他们会说:"为什么还要跑呢?已经可以肯定谁是获胜者了。"在这种想法的背后,他们考虑的是获胜者之后的日子可能不太好过。实际上,前面提到的那个"家里有钱"的孩子和其他印第安孩子完全达到了学校教师的要求,他们也对自己在学校活动中取得的好成绩感到愉快和满足。但在其他孩子不可理喻的嘲笑下,他们又被迫退回到一般水平。

麦吉尔用一个特别不幸的事实来说明印第安女孩的特殊问题。当印第安女孩进入一所白人学校时,她们给人的第一印象是"肮脏的"。一些教师承认,他们无法掩饰他们对印第安孩子的家庭中散发的气味的厌恶。那种可迁移的圆锥形帐篷确实比现代化结构的房子更容易积存气味。在学校的时候,学校教育孩子注重清洁和个人卫生,并要求他们使用标准的化妆品。尽管这些处在青春期的女孩不可能被突然出现在她面前的白人女孩的活力和雄心壮志完全同化,但她们回家的时候变得注重穿着和打扮了。但不久后,她们又被母亲和祖母们称为"脏孩子"。因为在印第安人看来,一个干净的女孩在月经期间可能会违反某种禁忌,比如触碰某些食物。在印第安人的传统中,这样做会使东西腐烂。大多数印第安女孩在月经来潮时无法接受自己被当作麻风病人一样看待，但她们从没有得到解放，过上舒服而自由的生活。她们几乎从来没有机会，也没有准备或意愿去过美国女性的生活，但她们也几乎无法在这样的限制中，在不卫生的性行为和她们所处的贫穷中得到快乐。

美国移民对印第安人的刻板印象不可能被一些例外动摇，也不可能在争论中消散。尽管美国移民和印第安人之间存在着意识形态上的鸿沟，印第安人却会教导他们的孩子服从白人教师。然而，这些孩子似乎仅仅是以一种顺从的方式接受各种压力，而不是内心深处感到应该这样做。他们经常用难以置信的忍耐和克己态度来回应白人教师。这对我们来说似乎是所有需要调查的事实中最令人惊讶的事实：印第安儿童能多年生活在寄宿学校而不进行公开反抗，在白人标准和印第安人标准——这两种标准是大相径庭的，比我们的文化中任何两代人或任何两个阶层之间的差异都大——之间也不暴露任何内心冲突的迹象。我们几乎没有在苏族人身上发现个人冲突、内在紧张或是我们称之为神经症的症状。我们看到的是印第安文化的病态性，这种病态性有时候表现为酗酒后行为不良或小偷小窃，绝大多数情况下表现为普遍的冷淡和不可捉摸的消极抵抗。我们只在少数"白人中的印第安人"——通常是那些成功被政府雇用的人——身上发现了神经症性紧张，具体表现为强迫、过分尽责和普遍的僵硬。在普通的印第安儿童身上，我们似乎并没有发现我们称之为"不良道德"的东西。在对白人教师的消极反抗中，他们向自己"回撤"。总的来说，白人和印第安人两个世界的矛盾并没有在那些生活在两个世界中的儿童的内心真正引起什么冲突。

| 童年与社会 |

只有在一些罕见却生动的情境中,印第安人紧张的生活似乎才能恢复一点过去的生命力。这些情境包括:当长者歌颂过去的生活的时候;当印第安的大家族或古老乐队收拾起他们的行装,挤上他们的马车,集中在大草原某处,为某一庆典或节日交换礼物的时候;当他们在一起闲谈、开玩笑,或者跳起古老的舞蹈的时候。只有在这些时候,印第安孩子的父母,尤其是他们的祖父母才会找回久违的身份感。这种感觉会让他们重新回忆起遥远的往事:在那个什么都没有,只有印第安人、猎物和敌人的时候。让印第安人感到自由自在的场合仍然是广阔的,人们可以随意聚会,之后再突然离开。印第安人已经高兴地接受了白人文化中的某些方面,比如白人的马和枪,还有后来的小汽车和拖车。但在其他方面,他们仍然消极地抵抗着毫无意义的现在,幻想着能复辟过去。他们梦想着时间能回到过去,空间仍然无边无界,行动来去自由,不受约束,野牛取之不尽,用之不竭。总的来说,印第安人仍然幻想着联邦最高法院会把黑山以及丢失的野牛还给他们。

负责印第安人工作的联邦教育人员持续地宣扬着一种生活计划,即有自耕农场、壁炉和银行存款的生活。这种生活的象征意义在于:过去这个民族被征服了,现在实施这个规划是为了让这个民族未来的生活更加美好。这条通向未来的道路,不是表面的改变,而是内部的改造和经济上的"改善"。

在这里我们了解了印第安人从自己的历史中习得的时空观点、经济目标和手段,据此我们总结出现实和理想的教育方法,这种方法不能被质疑或是被替换,不然会有毁灭的危险。我们认为,儿童训练的任务是当前教育的重要部分。在可能的情况下，印第安儿童仍会坚持他们原来的生活方式，但是如果必要的话，他们也会笨拙地模仿白人的生活方式。之所以他们如此固守原来的生活方式，是因为征服者强加给他们的新生活方式还没有唤醒他们对新文明的认识。

苏族印第安儿童的教育

分娩

　　苏族女性在告诉我们有关教育孩子的原始方法时，一开始是有所顾虑的。首先，因为她们是印第安人。其次，麦吉尔曾经是他们认识的人类学家和朋友，现在他是一位政府官员了。最后，在她们看来，对男人谈论关于人体的话题是不太得体的，特别是这个话题还不可避免地要谈到分娩。据说印第安女性很少出现孕吐和其他生理失调，但是她们似乎完全能意识到当时身体所发生的巨大变化，这令她们感到十分尴尬。据说印第安女性只有在怀孕期间才会辱骂她们的丈夫，甚至必要时会打她们已出生的孩子。在怀孕期间，女性一方面十分期待一个完整婴儿的降临，另一方面，她们也会因为自己在未来的九个月中要被肚子里的小小婴儿限制自由而深感不安。在不同的文化体系中，这种内心深处的矛盾有着不同的发泄方式。

　　当然，分娩习惯现在完全改变了。白人女性经常轻蔑地说起印第安女性"不讲卫生"的习惯：她们在家里或在家附近自制沙床，双脚踩着两根钉在地上的桩子，双手抓着另外两根，躺在或跪在沙床上生孩子。这种被白人称为"污物堆积处"的沙床，似乎是平原卫生系统的一个重要特色，因为身体的排泄物都贡献给了沙子、风和太阳。白人一定对印第安人的卫生方法感到无法理解：卫生带甚至胎盘都被挂在树上；死人的尸体被悬挂在高高的绞架上；大便则被集中在一个指定的干燥地方。另一方面，印第安人也很难理解厕所在保持卫生方面的优越性，虽然不可否认的是这种方法适当地阻止了排泄物的晒干和风化。

白人和印第安女性从老一辈印第安女性那里听说了"不要悲叹或呻吟"的教诲。据说，印第安女性在产下婴儿几小时后就要和其他人一起行动。这似乎是由于古老的游牧生活方式需要适应季节的变化，适应野牛和敌人行动的突然变化，因此分娩的女性很少有时间去调养和恢复身体。在年老的印第安女性看来，现代卫生学导致了年轻一代的女性改变了分娩习惯，这种改变不仅危及传统的顽强精神，而且对婴儿不利（他们会"像白人婴儿那样"啼哭）。

哺育

现在，我将给出一些对印第安儿童教育非常重要的资料。这些资料之所以重要，是因为印第安女性认为它们能够说明传统民族精神的特征，而我们也认为它们能够验证我们的论点。这些资料既不全面，也不具有总结性。但我们认为我们已经在印第安人那种古老的儿童训练原理与精神分析理论的推论之间发现了一个令人惊奇的趋同现象。

初乳（即乳腺初次分泌的乳汁）通常被认为是有毒的，不能直接喂给婴儿的。直到乳房能流出好的乳汁时,才能以母乳喂养婴儿。印第安女性坚持认为,婴儿刚出生时,不应该让婴儿吃母乳。那么他要怎样去信任一个这么对待他的世界呢?他的第一顿食物是由父母的亲属和朋友为他准备的,而非母亲的乳汁。他们采集大草原上最好的浆果和草药,把浆果、草药捣成汁,和牛奶调在一起,放进用水牛膀胱做成的乳房一样的奶瓶里。一个大家公认的"好女人"会先用手指刺激婴儿的嘴,然后再用这种汁水来喂他。同时,母亲乳房中的乳汁被吸出后,一些老年妇女还会去刺激她们的乳房,以促进乳汁分泌。这些老年妇女是受到梦的指引来履行这项工作的。

一旦印第安女性开始用自己的乳汁喂养婴儿,不管是白天还是夜晚,只要孩子哭了,她们就会喂孩子吃奶,并且允许孩子尽情地玩耍她们的乳房。婴儿不应该无助而挫败地哭泣,尽管这种愤怒的哭泣之后能"让孩子强壮"。普遍的假设是,只要她们不被卫生部门干涉,印第安母亲就会立刻回归她们"溺爱孩子"的古老习俗。

在印第安人的传统中,孩子的喂养是非常重要的。父亲不被允许和母亲性交,因为这样会妨碍母亲喂奶。婴儿的腹泻被认为是吃了稀薄的母乳——父母性交的后果——所导致的。在女性喂养孩子期间,丈夫被要求离开她们。据说离开的时间可长达三到五年。

据说,在过去,印第安人用母乳喂养长子的时间最长,平均为三年,而现在时间要短得多,尽管依然存在延长母乳喂养时间——这使那些从事儿童健康工作的白人感到沮丧——的例子。一名教师告诉我们,有一位八岁的儿童得了重感冒,他的印第安母亲经常在休息时间来学校给他喂奶。她带着母爱来喂她的孩子,就和我们给鼻塞的儿童吃维生素一样。

在老苏族人中不存在系统的断奶时间这么一说。除非出于不可控的原因,否则她们就一直到孩子逐渐爱吃其他食物时才给孩子断奶。在最终断奶之前,婴儿大都已经开始吃其他食物。这给了母亲时间来准备怀下一胎,并恢复她的乳汁供应。

说到这一点,我想到了一件有趣的事。一个三岁的印第安男孩正坐在他母亲的膝盖上吃饼干。他一会儿就感到口渴了。他用专横的姿势熟练地把手伸进母亲的衬衣——一种从腋下两边开口的老式衣服——想要吃奶。因为我们在场,母亲羞怯地拒绝了他的要求,但毫无愤怒,她的动作就像大动物很小心地推开小动物一样。但是这个行为已经清楚地表明,这个男孩在吃东西的时候经常有喝一口奶的习惯。这对母子的例子比一般统计资料更能说明:印第安人的孩子一旦学会了探索其他东西,便不再追求母亲的乳房,或者其他任何可以提供乳汁的女性的乳房。在苏族人看来,母乳是公共财产——如果提供者自己尚未断奶的孩子不是立即需要的话。

在这个母乳供应不受限制的特权天堂里也有一种禁忌。为了能吃到母乳,婴儿必须学会不咬乳头。老年的苏族女性曾经详细描述过她们宠爱的婴儿第一次咬乳头的情况。她们饶有趣味地告诉我们,她们当时是怎样"狠打"孩子的头部,而孩子又是怎样大发脾气的。在谈到这一点时,苏族女性常常会习惯性地用她们在孩提时代已经听过的话来解释:让他哭去吧,这会使他的身体强壮。特别是她们认为,某个孩子将来能否能为出色的猎人,可以从他们幼年时发怒的强度看出来。

苏族婴儿大发脾气，是因为他在摇篮里被包裹到脖子处。他不能用四肢的强烈活动来发泄愤怒。我并不是在试图说明摇篮或那种包裹是一种残忍的限制。相反，从一开始，婴儿被舒适而稳固地裹住和摇晃着，这点是毫无疑问的。被包裹的孩子成为母亲在工作时可以方便携带的"蜡烛包"。但我必须指出，摇篮的特定构造、它在家中的摆放位置及其使用时间，在不同的文化中是不同的，并且影响着婴儿早年的基本经历和主要特征。

我们在苏族孩子的口欲期和部落的道德观念之间看到了什么联系呢？我们曾经提到，慷慨是苏族人生活中突出的美德。初步看来，印第安文化中的慷慨，是建立在早期享受营养的特权和取之不尽的乳汁供应的基础上的。伴随慷慨而来的是坚毅。在印第安人中，慷慨比勇敢更为"凶猛"和"坚韧"。它包含着一种随时准备狩猎和战斗的精神，对敌人能给予致命打击，并能忍受极端困难的处境、折磨以及自残的痛苦。早年必须对咬乳头欲望的压抑，是否有助于形成猎人随时准备战斗的凶猛性格呢？如果是这样，我们不得不认为，慷慨的母亲们将"猎人的愤怒"发泄在出牙期间的婴儿身上，引起了他们的狂怒，使婴儿们长大后将凶猛的品质投到打猎、围猎、抓捕、杀戮和偷窃中去。

我们并不是说孩子在幼年时期受到的待遇塑造了他们成年后的某些性格。毕竟只是拧开儿童训练方法中的几个旋钮，还不足以创造出这种或那种部落或民族的性格。事实上，我们并不是在说性格特质是不可逆的。我们是在讨论儿童训练的目标和作用以及它所塑造的性格。这种性格是永存的。民族精神将其视作"天生的"，并且没有给

| 童年与社会 |

替代品留出余地。由于它们已经成为构成个体身份感的基本部分，因此个体必须把这种性格特征看作理智和能力的核心来加以维护。但是性格特征必须在经济上、心理上和精神上都能起作用，否则就不会持久。我还要指出，为了达到这个目标，某些性格特征必须在早年的儿童训练中牢牢扎根，代代相传。为了保证这种性格特征在儿童训练中保持不变，我们必须嵌入持续的经济和文化综合体系。因为正是这种在文化中运作的综合体系，逐渐带来了与主旋律紧密结合的关系和互相影响的问题，诸如气候和医学、经济和心理学以及社会和儿童训练。

我们要怎么来表现这一点呢？我们必须从相关的事实中找到证据，将一种文化中看起来非理性的问题与另一种相似文化中的相似问题进行对比。据此，我们也许能够找出我们在对苏族文化的研究中掌握的各种资料的意义，之后再将这个狩猎部落与渔民部落来做比较。

当我们看到苏族孩子坐在黑暗的帐篷角落里、走在小路上或聚集在七月四日的国庆舞会上时，我们注意到他们经常把手指放在嘴里。他们——也有成年人，通常是成年女性——不是在吮吸手指，而是在玩弄牙齿、磕牙或是用什么东西剔牙齿，他们咬着口香糖或者陶醉地用一只或两只手玩弄牙齿和指甲。即便把手伸到嘴的最里面，他们也不会碰到嘴唇。当你问他们为什么这么做时，你会得到一个令人惊奇的回答："是的，当然了，苏族人都是这样的，别人不也是这么做的吗？"作为医务工作者，我们不得不做出如下推论：这是一种在幼儿时期沿袭下来的啮咬习惯，而这种习惯曾被无情地阻止了。我们的文化认为，小孩（和成人）吮吸拇指或其他吮吸习惯都是为了满足吮吸的快感。个体会因为这种快感经常遭到压抑而变得不知所措。

这就引出了另一个令人感兴趣的问题：为什么女性比同样受到抑制的男性更容易表现出这种啮咬习惯呢？我们也找到了这个问题的答案：在过去，苏族印第安妇女用她们的牙齿来咀嚼皮革并把豪猪的刚毛咬平，然后用来刺绣。她们可能在通过牙齿活动来运用和保护牙齿的功能。确实，我曾经见过一个年纪很大的印第安女性坐在她的帐篷里，梦游似的用她所剩无几的牙齿咬着一卷电影胶卷，就像很早以前她用牙咬平豪猪的刚毛一样。如此看来，用牙咬的习惯仍被印第安女性保留着，尽管已经没有什么特殊用途，但她们认为这样的习惯是"正常的"。

苏族儿童在之后的生活中保持着慷慨的生活习惯，这不是依靠禁令，而是依靠他们的长辈对待一般财产的态度，尤其是对待个人财产的态度。如果一位客人很喜欢某个宝物或器具，苏族人会毫不犹豫地将其送给客人，当然也有不准客人对某样东西表达喜爱的习俗。公然地将别人起码的必需品要走是很不礼貌的行为。然而，早年印第安人处理自己的剩余物品的方式十分令人惊讶。印第安人送给白人朋友的东西，不是对方需要的，而是自己不需要的，他们认为白人朋友可能需要。良好而正直的父母不会自行处置孩子的东西，因为印第安人认为，只有所有物的主人——孩子才有权处理他们的东西。父母只有在孩子的恳求下才可以将孩子的东西送人，这种做法有助于提高父母自己和物主的威望。因此在儿童还不能表达自己行使处置权的意愿时，儿童的财产是神圣而不可侵犯的。

保留和排出

我们注意到,印第安人的慷慨不是他们鄙视吝啬和蔑视"金钱"的结果,而是他们长期称赞给予的结果。印第安人认为,除了为了满足生活最低限度所需的打猎、缝纫和厨房用具之外,财产没有什么意义。商人总是不知疲倦地重复讲述印第安父母的故事:他们来到集市,本想用积蓄购买他们早就需要的必需品,但他们会笑着满足孩子们心血来潮的要求,比如想要拆开买到的新玩具的愿望,然后空着手回家。

在前生殖阶段这一节里,我们曾经分析说:保留和赠送财产与婴儿将粪便作为身体的财产来处理之间有着本质上的关系。

苏族人似乎允许儿童自己逐渐养成控制和排泄的习惯。但是商人会抱怨说,即便是五岁的孩子,当他们和父母在商店里购物时,也完全控制不了排泄的需要。教师们说,一旦印第安儿童知道了应该怎么做,最重要的是看到了大孩子怎么做,他们就会照着做。他们在全日制学校里,几乎不会发生随地大小便的情况。至于抱怨他们像其他民族的孩子一样,在寄宿学校里尿床,则是另外一回事了。由于某些原因,遗尿好像成了想家的寄宿儿童的"正常"症状。因此可能有人会说,这些儿童根本没有学会怎么控制自己,如果不通过强迫手段,这些孩子是无法学会控制和排泄这两种标准规范的。对肠部功能的调节是从其他儿童那里学来的,而不是从家长那里。所以印第安小孩一旦学会走路,年纪大一点的儿童就会拉着他们的手到规定的地方去排便。开始的时候,这些孩子可能会因为害怕"丢脸"而被迫模仿,这也可以说是原始道德的特征。事实证明,这些"没有道德的野蛮人"总会羞怯地担心别人指责他们某件事情没有做好的流言。毫无疑问,印第安孩子在还不理解这些流言的具体内容时,就能感觉到这些流言的动态。逐渐地,这些流言不可避免地影响到了他,令他产生了自尊感,寻求与他人的认同,使他非常害怕暴露在外或受到孤立。通过加入针对他人的流言的传播当中,他们转移了内心涌起的叛逆感。

可以说,印第安人对儿童肛门训练的态度和对财产的态度之间是没有矛盾的。两者的重点都是自由地排出而不是严厉地控制,并且对这两者的最终调节要等到孩子们能够自己做出决定,能够在他们的身份得到部落同辈的确认的时候才能完成。

"做"与做

苏族人在童年时期遭遇的最早的禁忌不涉及人体器官及其模式,而与社会亲密关系有关。这种禁忌通过流言蜚语这张紧密的网来表现,令人无法逃脱。到了一定年龄,大约五岁以后,兄弟姐妹们就必须学会避免相互对视或相互交谈。女孩被要求只能玩女孩的游戏,或者待在母亲的帐篷附近,而男孩则被鼓励加入比他们年龄大些的男孩当中,先是一起玩游戏,然后是练习打猎。

我曾经非常好奇地观察过印第安儿童的玩具和他们的游戏。我第一次走近印第安事务处附近的印第安人帐篷时,我非常小心地、假装毫无兴趣地走了过去,以免打扰到少数正在游戏的儿童。女孩们见了我立刻跑进了帐篷,坐在母亲身旁,双手放在膝盖上,看着地面。之后我才知道她们不是因为害怕,而是为了表现"妥当"。(事实证明，女孩们很快就开始在母亲背后玩起"躲猫猫"了。）但是有个大约六岁的女孩坐在一棵大树后面，显然她玩得太投入了，以致没有发现我，也没有在意那些针对女性的规矩。我悄悄地走近草原女孩的身旁，发现她正俯身把玩着一台玩具打字机。她的嘴唇和指甲都涂成了红色。

我们从年幼的女孩的游戏中看出，她们受到了在寄宿学校上学的姐姐们身上的剧烈变化的影响。当我进入一个帐篷后，印第安女性开始做她们小时候玩的玩具，比如小帐篷、马车和娃娃等。做这些玩具的意图非常清楚：引导女孩子沿着妈妈和姐姐的道路走下去。我曾见过一个小女孩玩着老式的玩具马车，但是她毫不犹豫地把两只妇女模样的玩具娃娃放在前排座位上，把婴儿模样的玩具丢在后座上，让妇女"驾着马车赶到沙德龙电影院"。当然，这些仍然属于女性游戏：如果一个女孩沉溺于"男孩子气"的游戏，或是胆敢表现得像一个顽皮的女孩，那么她将遭到无情的嘲笑。

虽然牛仔游戏已经在很大程度上替代了猎捕野牛的游戏，但男孩要比女孩在玩耍和游戏中的变化更小。当我看女孩拿几个娃娃玩"出发到镇上去"的游戏时，那女孩的弟弟正兴奋地把我附近的一个树桩当成野牛，用绳子在上面绕来绕去。这种游戏在实际生活中已经"没有意义"了，但从心理学的角度来看，大一点的印第安孩子和成年人仍然认为这是一项严肃的训练。有一次当我回想起一个印第安小男孩对他母亲和我说，他可以追上和抓住一只野兔子的时候，我笑了。这让我感到自己犯了一个社会性的错误。这种白日梦不是"游戏"。他们是在为将来的技能做准备，而这种技能会让他们发展成为猎人或牛仔。

第三章 | 大草原上的猎人

在这方面还有一个古老的习俗特别有趣,那就是玩"骨马"。"骨马"是指一些七到十厘米长的小骨头,是男孩们从杀牛的地方收集来的。根据骨头的形状,它们分别被称作马、奶牛或公牛,它们被男孩们放在口袋里玩,或是拿出来和其他孩子一起玩赛马和猎野牛的游戏。这些骨头是苏族儿童的玩具,就像我们的孩子的汽车模型一样。这些形状近似男性生殖器的骨头,也许能够帮助小男孩到达阳刚而精力充沛的阶段。用手指抚摸"马""野牛""奶牛"和"公牛"可以培养部落男人勇猛顽强的性格。在这个阶段,兄长们的职责是把弟弟们引向猎人社会,并发展作为苏族社会基础的兄弟之间的忠诚。因为那些小男孩经常和那些炫耀自己已经成为大人的兄长们朝夕相处,他们或许能较早地在男性的生殖侵犯性和猎人的凶猛之间划上等号。男性如果在被认为是正派姑娘的活动场所以外抓住并强奸了一个女孩,他们不会有任何责任。一个不知道"自己位置"的女孩被认为是男性的合法猎物。男性还会夸耀自己的行为。

印第安人的每一种教育措施都是被用来发展男孩的自信心的,先是接受母亲的慷慨和保证,然后是接受兄长的训练。他们将成为追逐猎物、女性和某种精神的猎人。在男孩摆脱了对母亲的强烈依恋后,他们产生了强烈的自主性。他们得到了无限信任,也逐渐学会了以沉默和尊敬的态度来对待母亲。他们显然把所有的挫折感和愤怒都发泄在猎物、敌人和轻浮的女人身上,并在追求精神力量中磨练自己。他们可以在公开场合夸耀自己的所作所为,以使自己的父亲为有自己这样优秀的儿子而感到自豪。显然,这种崇尚男性主宰一切的风气使得女孩也有必要建立起一种相应的防御措施。虽然这种防御措施是巧妙的,但人们总能感到女性被猎人的"精神"所征服。据说在苏族女性中,自杀很常见。

苏族女孩受到的教育是成为猎人的帮手,并在以后成为猎人的母亲。她们要学会针线、烹饪、保存食物和搭帐篷。此外,她们必须接受严格的训练,养成害羞和害怕男人的性格。她们还得练习按规定的步伐走路,绝对不能穿越寨子四周的边界,并且——当她们快发育成熟时——晚上睡觉时要把大腿绑起来,以防被强奸。

苏族女孩知道,如果一个男人声称自己已经摸了一个女人的外阴部,那么在外人看来,他已经得到了她的童贞。这种仅仅是触摸一下就获得的胜利类似于印第安人"记功"的习俗,比如当一名男性在战斗中碰过一个危险的敌人,就能要求在自己的帽子上加一根新羽毛。我们可以在印第安学校的板报的茶话栏——上面记载了某个男孩给某个女孩多少次"致命一击",即与这个女孩接了多少次吻——里看出两者有多么相似。然而在旧时代,男孩在公开场合对这种事情的自夸对于女孩来说是一种侮辱。女孩知道,为此她可能被要求参加女贞节集会,为自己的童贞进行辩解。这种集会很明显带有强迫承认事实的象征性意义。任何男孩在这种场合都会尽可能地宣称自己摸了女孩的外阴部,而这个女孩会因此被逐出这个高贵的团体。

但是,如果认为这种宗教仪式影响了异性之间的恋爱的话,那我们就错了。事实上,这种看起来似是而非的教育结果,对那些准备为了爱情而牺牲名誉的人来说,具有双重影响。对于男孩来说,爱意制服了骄傲,他会为她吹起爱的长笛,再用求爱毯将她和自己裹在一起,并向她求婚。而对于女孩来说,她不会怀疑他的诚意,也不会用

第三章 | 大草原上的猎人

她一直藏在身边、以防万一的猎刀来对付他。

之后，这个女孩要接受为猎人丈夫服务的教育，还要防备着他。她还要成为一位不会有损孩子必须具备的猎人品质的母亲。她会通过一些荒谬的闲谈——"有人做了那种前所未闻的事"，模仿她母亲的做法，逐渐教给她的孩子关于男人之间、女人之间，特别是男女之间的等级观念以及各种忌讳和职责。她会告诉孩子，异性同胞或异性的亲家是不可以坐在一起或面对面交谈的。丈夫的同胞和妻子的同胞，女孩和自己的舅舅仅被允许开玩笑式地交谈。

然而这些禁令和规则，已经成为印第安男女关系中极其重要的一部分。当一个女孩到了要回避兄弟的年纪，她便会使用她的缝纫和刺绣技能，为兄长或弟弟未来的妻子制作精美的装饰品，还有给他们未来的孩子制作摇篮和婴儿用品。"他有个好姐妹"，这是对勇士和猎人的高度称赞。男性也会把他们打猎和偷窃所得的最佳战利品留给他们的姐妹，把最肥美的猎物送给姐妹来宰杀，把最凶恶的敌人尸体交给姐妹去销毁。如果兄弟足够慷慨和宽容，女性也能有机会积极参加在某些方面极为紧张的打猎和战争。在太阳舞会中，如果她们被证明是贞洁的，她们便可以帮助清洗兄弟自己造成的伤口，分享兄弟自我折磨的精神胜利。异性同胞之间最初和最基本的忌讳关系已经成了远方兄弟姐妹相互尊重、慷慨帮助的模范，忠诚的兄弟关系也成了友谊的楷模。

我认为我们不能简单地认为这样的忌讳关系阻止了"天生"的乱伦冲动。有些忌讳的极端程度以及对于姐夫和姑嫂之间应该是性关系的直接暗示，更多地是巧妙地煽动并转移了潜在的乱伦紧张情绪。这

| 童年与社会 |

种紧张感普遍被用来在群体内——按个人的家庭地位——创造一种互敬的社会气氛,并把啮咬阶段产生的侵犯性和控制欲安全地转移到猎物、敌人和被遗弃者身上,以便在不断繁衍的家族中确保亲切、友好和体贴的"适当"关系。印第安人的归属感有赖于他们因为表现得体而获得的声誉。在逐渐增加的忌讳压力之下,如果有人仍然坚持不适当的行为,那么他就会变成众人无情唾弃和严厉诽谤的对象。如果有人拒绝转移自己的攻击性,那么他就成了众人的敌人。

如今,苏族男孩只有通过旁观或加入长者们的舞蹈才能窥见游戏中隐含的印第安生活的影子。这种舞蹈在白人看来是"野蛮的",他们认为舞蹈中的集体主义精神和"野兽般"的节奏会带来双重危险。但是当我们在一个偏僻的地方看苏族老人跳舞的时候,我们发现,随着夜晚的消逝,他们略显激动的脸上会出现一种随着节奏逐渐加深的全神贯注的神态,他们的舞步也更加合拍。他们身上有着一种合理的野性。后来当我们看到一群年轻的印第安人跳舞时,我们感到哭笑不得。显然,他们已经学过了爵士舞。他们的舞蹈完全与音乐"脱节"。相对而言,老印第安人全神贯注的神态给我们留下了深刻的印象。在观看年轻人的舞蹈时,老印第安人试图用手来掩饰他们带有同情意味的笑容。

这种舞蹈和仪式的意义在于不时宣告具有"雄心"、能够利用物质文明工具来发展超过体能限制的狩猎能力的男子汉依旧存在。通过驯服马匹,他获得了他的腿力不能及的惊人速度,能突然地接近动物或敌人。借助弓箭和战斧,他拓展了手臂的技能,增强了手臂的力量。神烟袋使他获得了同伴们的良好祝愿。求爱的笛声帮助他赢得了女人的欢心。巫术为他带来了各种各样的好运。他们相信，只有那些极度虔诚的原始人，他们赤身裸体、孤身一人、手无寸铁，到荒野中去斋戒和祈祷，才能接近伟大的神灵。

超自然

太阳舞会

正如我们在前面章节中所说的那样，婴儿因为咬了母亲的乳头而失去了享乐天堂，可能是个人产生罪恶感的根源。在宗教中，这种罪恶被称作原罪。人们必须用祈祷和赎罪来摒弃所有"世俗"的欲望，并且用下跪的姿势和虔诚的请求来承认人类的渺小、无助，表明甘受折磨的态度。

在苏族人的生活中，最崇高的宗教仪式是太阳舞会。太阳舞会每年夏季举行两期，一期四天。那时"正是野牛肥壮、野果成熟、牧草茂盛的时节"。仪式以一场盛宴开始，以表达对野牛神的敬意，显示族人之间融洽的关系。接着是丰收的仪式和类似世界其他地区的结婚仪式。然后是作战和狩猎游戏，以颂扬人与人之间的相互竞争。男人们会再次炫耀他们的战绩。妇女和少女走上前去，展示她们的贞洁。最后，人们会以分赠礼物和有爱的行动来颂扬所有人与人之间的相互依靠关系。

节日在自残仪式的时候达到高潮。自残是人们在一年中的关键时刻许下誓言的行为。在节日的最后一天,"参加者们"进行了最高形式的自我折磨。他们用针穿过自己胸部和背部的肌肉,针的一端用长皮带绑在太阳柱上。他们注视着太阳,缓缓地向后跳跃,直到肌肉被撕裂,胸口被撕开为止。他们在这种仪式中成了最优秀的人。他们通过忍受痛苦来祈求继续获得太阳和野牛神的赐福,保障他们民族的繁衍和兴旺。这种为了彰显神的荣光,把自己胸部肌肉撕裂的特别行为,只是世界上无数种赎罪和奉献的形式之一。这种慷慨的自残仪式通常在狂欢的告别会之后进行。

我们必须从两个方面来理解这种赎罪形式的意义,一是儿童发育过程中的典型经历,二是宗教形式的系统发展。在对这个部落的讨论中我发现,婴儿早期遭遇的创伤——这种创伤源自他们失去了享用乳汁的特权——和这种宗教赎罪的最高形式之间存在某种关系。这种自残仪式成了某种有意培养的愤怒——这种愤怒在啃咬阶段到来,产生于吃奶受到干扰时——的发泄渠道。印第安男性将这种由母亲赋予未来猎人的凶猛的虐待欲望唤醒,并转化为以他们自己的胸脯为发泄对象的自残行为。如此一来,这种仪式兑现了"以眼还眼"的古老原则。当然,婴儿是无法做出这种自愿赎罪的自残行为的。我们这种理性头脑很难理解这种被压抑的欲望——特别是在会说话前被压抑的欲望——留下一些罪恶的残余,并在个体身上引发的深刻的罪恶感。在这个世界上,只有耶稣神圣的言辞才能判定这些阴暗事物。耶稣说,一种隐秘的欲望,无论好坏,都与付诸行动别无两样;无论欲望产生自身体的哪个部分,只要它伤害了我们,我们就应该从根本上将它灭绝。当然,并不是整个部落或集体都必须一丝不苟地遵守这种训诫。

确切地说，每一种文明都必须具备一种神秘信仰的习俗和一种持续的仪式系统，这样才能让少部分人深深感受到在他们文化中存在的内在诅咒，并且相信灵魂是可以被拯救的。（在我们所处的时代，理性的怀疑者和无神论者常常用疾病、意外伤害或不可避免的灾难来掩饰他们"想要获得更多"的无意识想法。）

追逐幻觉

我们开始慢慢理解，印第安文化中存在一种系统的补偿方式。印第安孩子在成为传统意义上的优秀而强壮的人的过程中所付出的牺牲和遇到的挫折，会让他们获得高尚的品质和崇高的威望。但是对于那些觉得自己是"与众不同"的孩子来说又将怎样呢？如果声誉并不是他们所需要的呢？如果那些男孩不在乎能否成为英雄，那些女孩也不想成为英雄的伴侣或帮手呢？

弗洛伊德曾教导我们去研究神经症患者的梦境，其目的是为了确定在他们僵化的适应过程中，哪些未完成的事情使他们耿耿于怀，哪些想法是他们应该想到却没有想到的，哪些是他们应该记住而没有记住的。我们利用这些知识来指导患者在他的文化环境中找到自己的位置，或是用来批评那种由于过分要求顺从而危害了许多人以及它本身的教育制度。

苏族人和其他原始人一样，利用梦来指导成年人。但是，他们并不指望用梦来纠正错误。苏族人在决定人生计划之前，会外出寻梦，或者确切地说是寻找幻觉。他们缠着腰带，穿着鹿皮鞋，不带武器，光着身子，走到大草原的深处，将身体暴露在阳光下，忍受饥饿，直面危险，向神灵展现他们的诚意和谦卑，祈求神灵的指引。到了第四天，他们会出现一种幻觉。之后专门负责解梦的人会向他们解释这种幻觉。这种幻觉或是暗示他们积极参与日常事务，比如狩猎、作战或盗马活动，或是暗示他们为部落带来少许创新，比如编一首歌、一支舞或是写一篇祈祷文，或是暗示他们成为一个具有某种专长的人，比如医生或牧师，或是暗示他们成为只有少数人才能扮演的某种角色。

举个例子来说：有个部落成员对他的顾问说，他相信自己看到了雷神鸟，从那以后，在所有的公开场合，他便成了一个"表演者"。他必须尽可能表现得荒诞滑稽，直到他的顾问认为他已经除掉了身上的诅咒。威斯勒如此描述了一个颇具启发意义的青少年"表演者"的经历：

在我快十三岁的那年春天，某个傍晚，太阳即将下山，雷雨就要来临。当时，我的全家和族人都在营地的四个帐篷里。我做了一个梦，梦见我父亲和家人一起坐在一个帐篷里，突然一个闪电打了进来。所有的人都愣住了。我第一个反应过来。一个邻居在帐篷外面大声呼叫。我反应过来后马上跑出帐篷。我觉得这时候应该把马牵出来，所以我就去牵马了。

在我完全恢复知觉后，我开始意识到发生了什么。我应该在完全恢复后参加"表演者"仪式。我听到有位长者在大声宣布这件事情，但我还不确定是不是真的。当我知道我必须要去参加"表演者"仪式时，我哭了一会儿。我告诉父亲我看到了雷神鸟，他说："好吧，儿子，你必须带着你的梦去参加'表演者'仪式。"我被告知说我必须成为一名"表演者"。如果我不参加这个仪式，我就会被一道闪电电死。在这之后我意识到，我必须在仪式中郑重地叙述我的经历。⑦

我们可以从这一段叙述中看出，做梦的人应该把他在经历中产生的感受在之后表达给听众，这是非常重要的。这种经历需要完全符合梦境的内容，因为在这个梦境中他是那个不知所措的接收者。在这种情形下，我们可以假定神灵给了他一个不容置疑的信号，即希望他能在某方面改变自己的生活道路。

赎罪行为持续一段时间还是一生，取决于顾问对于幻觉的解释。那些不幸的做梦者被神灵要求去做的反常活动，不是愚蠢、荒谬的，就是可怕的。有时他们会被要求去杀掉某些人。他们的朋友也会竭力劝他们服从，因为抵抗恶魔比保护个人的生命更重要。

一个精通用巧妙的方法战胜焦虑和负罪感的人肯定能够看出，在这个"表演者"仪式中，当儿童因"坏的良知"而受到惊吓或感到内疚时，他们会故意装扮成小丑，贬低和伤害自己。他们避免冒犯神灵的其中一个方法就是羞辱自己，或是在公众面前使自己处于不正常的地位。当每个人都认为他是傻瓜并取笑他时，神灵也就忘了他或是宽恕了他，甚至还有可能赞美他。在我们的文化中，小丑和喜剧演员一样，都用他们内心广为人知的忧伤和故意贬低自己来博取观众的笑声。苏族人也是如此。如果深受歧视的"表演者"十分巧妙地做出了

---

⑦ Wissler, C. *Societies and Ceremonial Associations in the Oglala Division of the Teton-Dakota*, Anthropological Papers of the American Museum of Natural History, Vol. XI, Part I, New York, 1912.

某些滑稽行为，那么他也可能最终成为领袖。

  有的苏族人可能会梦见月亮、雌雄同体的野牛或是双性女人。这暗示他们并不一定要遵循符合自身性别的生活计划。一个女孩可能会遇到一个双性女人，带她走进一个单独的帐篷。

  当这个女孩走到帐篷附近时，她可以看到有两个鹿女坐在后面。她们会引导她从哪一边进去。在墙的一边是一排皮肤绘画工具，另一边是一排水牛皮头巾袋子。如果她选择了前者，她们会说："你选错了，但你会变得很富有。"如果她选了另一边，她们会说："你选对了，你所拥有的东西就是一个空袋子。"⑧

  这样的女孩必须抛弃苏族印第安女性的传统，去主动追求男人。她会被看作疯狂的，并且会被认为是一个荡妇。但是同样地，如果通过巧妙的方式，她也可以得到声誉，获得交际花一样的地位。

  一个男孩可能梦到：

  月亮有两只手，一只手握着弓箭，另一只手握着一个女人的背带。月亮让做梦者做出选择。当男孩选择弓箭时，月亮的手会突然交叉，试图迫使他选择背带。他可能在选择背带前挣扎着醒来，也可能会尽力去抓弓箭。无论哪种情况发生，他都可以逃脱这个梦境的惩罚。但如果

---

  ⑧ Wissler, C. *Societies and Ceremonial Associations in the Oglala Division of the Teton-Dakota*, Anthropological Papers of the American Museum of Natural History, Vol. xi, Part i, New York, 1912.

他最终选择了背带，那么他注定要成为一个像女人的男人。⑨

如果这个男孩不愿意自杀，那么他必须放弃成为战士和猎人，他只能成为一名第三性者，一个像女人一样穿戴并且做着女人的工作的男人。第三性者不一定是同性恋，尽管其中一些人"嫁"给了其他男人，另一些人在战争派对前被战士们临幸。但是大多数第三性者被认为像太监一样对女性没有威胁，因此他们是女性的好伙伴或老师，因为他们通常在烹饪和刺绣方面表现出色。

在类似苏族人这样的文化中，异常者会被给予一些二流角色，比如小丑、娼妓或者艺人，从而让他们摆脱被嘲笑和感到恐惧——这也是大多数人必须压抑的部分——的处境。但是，苏族人的恐惧不是针对异常者本身，而是针对闯入了他们梦境的神灵的力量。通过这种方式，原始文化获取了无意识的力量。如果异常者声称自己做了一个令人信服的梦，他的梦就会被认为是源自超自然的神灵，而不是出于他个人的意识。作为精神病理学家，我们不得不叹服于这些"原始"体系处理问题——那些先进体系通常未能解决的问题——的方式。

总　结

经过白人的洗劫，苏族人已经失去了他们所能适应的最后的集体

---

⑨　Lincoln, T. S. *The Dream in Primitive Cultures*, London: Cresset Press, 1935.

生存形式。在白人到来之前,他们是勇猛凶狠的游牧人和围捕野牛的狩猎者。野牛被入侵者屠杀,然后消失了。苏族人变成了抵抗入侵者的战士,然后又被击败了。他们几乎是愉快地学会了用圈养家畜来代替过去的围捕野牛,而他们的家畜后来也被夺走了。之后他们成了定居的农夫,其代价是只能在贫瘠的土地上成为一个病夫。

所以,苏族人集体同一性形成的基础被一步步地否定了,随之瓦解的是他们共同争取社会地位的顽强信念。

对饥荒的恐惧导致苏族人向给他们提供食物的征服者投降。除了履行传统条约规定的义务之外,联邦政府还继续向苏族人提供他们所需的各种帮助,这种帮助的形式逐渐演变成救济。与此同时,政府却既没能调和新老两代印第安人的形象,也没能在形式和内容上播下新的道德观念的种子。所以我们可以说,直到有说服力的新措施出现之前,儿童训练依然是文化整合中最敏感的问题。

印第安儿童的教育问题,实质上是两种文明的接触问题。造成这个问题的一方是代表了中产阶级价值观的政府雇员,另一方是残存的苏族人(一旦他们摆脱了需要政府救济的地位,他们便会知道自己在这样的制度中处于最底层)。

事实上,印第安儿童训练的古老原则仍在残余的部落中起着作用,这破坏了白人道德观念的建立。印第安儿童训练所遵循的原则是:孩子在幼年时可以成为一个利己主义者。父母对孩子(尤其是男孩)的任性不应该表示责备。当孩子开始发展自我与躯体之间、自我与亲族之间的交流时,他们也不会因为残留的婴儿习惯而受到责难。只有当他们已经变得身强力壮并且建立了自信时,他们才需要服从传统的习俗，否则便会遭到公众的嘲笑。公众关注的是他们的社会表现——而不是他们的身体机能或幻想——是否符合传统习惯。他们被纳入了一种灵活的传统之中。这种传统能够满足他们的社会需要，将危险的冲动投射到敌人身上，并将罪恶感归于超自然的影响。我们已经看到了这种传统的生命力是多么"顽强"，甚至面对光辉灿烂的历史变化也无动于衷。

相比之下，在西方文化中，奉行官僚主义的统治阶级却本着这样一种信念：童年时期对人体的功能和冲动的调节，是个体今后表现正常的可靠保证。为了调节婴儿关于自身及周围环境的经验，人们给易受影响的婴儿和儿童灌输了各种机械呆板的教育。人们认为，只有经过这种呆板的社会化教育，儿童才能成为一个坚定的利己主义者。一方面，他们有追求个人成功的雄心，另一方面，他们又不得不受限于某一标准化的工作。这样成长起来的利己主义者共筑起西方文明在机械化方面的优势，却导致了许多潜在的不满，并使人迷失方向。

通常，一种教育制度对于另一种制度下的成员影响甚微。安定的苏族人不明白除了复辟之外还有什么事情是值得去争取的，因为他们的氏族以及个人经历给予他们的回忆是丰衣足食。白人的道德观念要求人们不断改造自己，以争取更高的生活水平。这种改造不断地被内化成道德感，使人在没有监督的情况下，也能自觉地抵御诱惑。印第安人的道德观强调，在一个荣誉和羞耻界限分明的社会中，个体应避免尴尬的情境。在冲突性的情境下，个体没有办法听从"内心的声音"来寻求帮助。

苏族教育儿童的基本系统是一种原始系统，以具有高度民族优越感的小群体——他们认为只有自己才是人类，才是自然的一部分——的适应性为基础。这种原始的教育系统在以下这些方面限制了个体：

（1）培养儿童专门从事某一项工作，比如成为野牛猎人；

（2）在很小的范围内改进帮助人们打猎的工具；

（3）使用巫术作为支配自然的手段。

这种自我约束保证了部落成员之间的均等性。苏族人在地理、经济和解剖模式之间找到了自己与他人的共性。我曾在其他地方讨论过：

（1）小团体形式的社会组织有利于分散和迁移；

（2）分散的群体转变成了家庭系统；

（3）游牧技术，对马匹和枪支的使用；

（4）通过赠送的方法分配财产；

（5）将侵犯欲转向猎物和外界。

通过一种持久的信任源——母亲，苏族的儿童训练为这种原始文明提供了一种坚实的基础。之后，在婴儿的啃咬期，母亲通过处理婴儿啃咬乳头时的愤怒在最大程度上激发孩子的凶猛性格，并引导他们最终将这种凶猛发泄到敌人和猎物身上去。我们认为我们在这里谈论的不是儿童训练中简单的因果关系，而是儿童的身体、智力与社会生活方式间的相互影响，这构成了完整的、有生命力的文化蓝图。只有这种整合的结果才能让个体在这个世界上产生存在感。但是如果将这种模式并入我们的系统中，那些被认为是有效而高尚的行为表现，比如对财产的忽视和拒绝竞争，将在我们的社会中受到蔑视，被贴上"低等"的标签。

第三章 | 大草原上的猎人

追踪研究

1942年，在我结束印第安之旅五年后，当年的伙伴戈登·麦格雷戈主持了一项针对松岭镇200名儿童的研究。这是一项规模较大的印第安教育研究项目的一部分。麦格雷戈收集了五个印第安儿童的详细资料。这项研究是由芝加哥大学和印第安服务机构联合发起的。麦格雷戈和他的小组得到了我们没有的机会，能在学校和家庭中观察印第安儿童。观察组由一群研究印第安儿童和白人儿童的研究者组成，他们掌握了各种专门的测试方法。他们的研究可以验证我们的某些临床观点。

在这里，我先阐述几种儿童训练方法。根据麦格雷戈的说法[10]，这几种方法似乎以某种形式顽强地发挥作用，尤其是在保留地的纯血或接近纯血的印第安儿童身上。

根据麦格雷戈的叙述，印第安人的婴儿被紧紧地裹在襁褓中，并受到轻轻晃动。有些婴儿在9个月时就断奶了，有些则推迟到36个月；多数介于11到18个月之间。小部分婴儿有吮吸手指的习惯。哄小孩的东西有三种：橡胶、猪肉、熏香肠。"用门牙咬指甲"的习惯在苏族人中是很常见的。磨牙的习惯主要见于妇女和少女。

儿童的早期成长是在成年人愉快和耐心的观察下进行的。父母不急于让小孩学走路或讲话。另一方面，印第安部落没有针对儿童的语言。通常他们首先学的语言就是古老的印第安语。对许多刚入学的儿

---

[10] MacGregor, *Warriors without Weapons*, Chicago: University of Chicago Press, 1946.

童来说，学英语仍是一个困难问题。

如厕训练主要靠模仿。在周围没有白人的时候，不垫尿布或不穿裤子的婴儿四处寻找排泄场所。然而，现在父母已经开始加强对孩子大小便控制能力的培养，并规定他们要到指定的地方大小便。

现在的苏族儿童仍被教育要慷慨。父母仍然会送给他们很贵重的礼物，比如马。六岁左右的孩子会愉快地将东西送给别人。"有一次在葬礼上，一个失去了双亲的小男孩用他仅有的一角硬币买了一些橘子粉，冲了一桶橘子汁，在追悼会上分给前来悼念的小朋友。"而在白人看来，失去财产这种事情"令人困惑且极度沮丧"。

教育的主要手段是警告和羞辱。印第安人允许孩子大哭大闹。他们认为这样"能使他们变得强壮"。打屁股的行为是常有的，但现在比较少了。当孩子行为不端并且屡教不改的时候，大人往往会加大惩罚的力度，尤其是当他们做出争抢这种损人利己的不端行为时。家庭的紧张气氛会因邻居的到访而得到缓和。

男孩的玩具（除了弓箭和牛蹄骨）是绳子和弹弓。为了弘扬猎人精神，他们被鼓励去追逐公鸡和小动物。女孩则玩洋娃娃和各种"过家家"性质的游戏。

苏族儿童在长到五六岁时，已经在家庭内获得了一种安全感。尽管还存在一些性别之分，但一些忌讳的习俗已经被废除了。事实上，所有观察者都认为这是最突出的变化。现在只有在跳双人舞时，男女才相互回避。

在混血儿较多的学校里，苏族孩子已经学会了享受竞赛。总的来说，学校是一个欢乐的地方。但是也有不少人不参加竞赛活动。"当要参加班级竞赛活动时,苏族孩子总是表现得格格不入,他们还指责其他参加活动的同伴。"他们的这种表现,加上不会说英语和害怕白人教师,使得他们频频因为窘迫而退怯或逃避。逃学回家的孩子是不会受到惩罚的,因为他们的父母在感到尴尬或生气时也会放弃工作,离开群体。

在印第安学校里,男孩殴打女孩的现象要比在白人学校里更多。年纪大的男孩在竞技比赛——比如棒球比赛——中会因为要表现自己的竞争性而感到尴尬。然而,不论在家里还是在学校,男孩因为愤怒而打架的现象有逐渐增多的趋势。

年纪大一些的女孩仍然害怕男孩和男人。女孩子们总是一起行动,拒绝骑马,完全和男孩分开。

与家庭相比,寄宿学校是一个提供物质享受和培养各种兴趣的地方,也是他们童年时代最令人愉快的地方。然而,大多数进入高中的学生都等不到毕业。他们会逃学,然后永远离开学校。原因不外乎对竞争感到不安,或是纯血印第安人和混血印第安人之间、男同学和女同学之间因风俗变化而出现了难以调和的矛盾。除此之外,长期接受教育似乎并不能保证他们会获得一个较好的身份,或是一份收入稳定的工作。

除了兴旺之年,成年的男孩和女孩倾向于回到印第安人保留地。他们早年接受的教育使他们觉得家庭似乎是最安全的场所,尽管在学校的那些年已经使他们和家庭有了隔阂。由于他们懂得了贫穷是可以被改变的,因此他们会因为看到父辈懒散无能而耿耿于怀。他们现在变得更有雄心,为要依靠政府生存而感到羞耻。现在他们更习惯于白

| 童年与社会 |

人的生活方式,他们感到苛刻的流言蜚语仍在继续伤害他们。当他们稍稍按照白人的方式生活时,就会受到诋毁和指责。他们到学校里学习本是为了复兴部落,但这种复兴因为服兵役、迁移和参加工厂工作被推迟了。这使他们无异于乡下那些最贫穷的白人农民和城市里的有色人口。在战争爆发的时候,他们只有参军才能为古老的印第安民族抹上新的光彩。

那些以他们的老师为榜样去上大学,然后准备从事社会服务工作的人,通常会到别的保留地去找工作,以避免双重的社会标准——在这个标准之下,他们是受过良好教育的人,也是在聆听经验较丰富的长者讲话时要保持肃静的人——造成的窘困。这些潜在的领袖人物会就此被埋没在社会中。正直而精力充沛的年轻男女还是有的,但数量不多。苏族儿童可靠的新模范人物尚未出现。

我们已经按照麦格雷戈的研究概述了印第安部落在养育儿童方面至今仍保留着的古老习俗。现在我们来看看这种习俗发生了什么变化。

苏族人最大的改变也许是整个家庭地位的改变:家庭不再是一个自给自足的稳定单位,而成了那些孤独与无能者的庇护所。最牢固的关系似乎存在于兄弟之间。这是一种健康的关系,有利于转移和追求共同目标。然而最脆弱的关系似乎存在于父亲与子女之间。父亲对子女已经起不了什么指导作用。事实上,父亲已经成了令人回避的人物。男孩会寻求他们同龄伙伴的赞扬。几乎所有的忌讳习俗已经在女孩中被废除或削弱到仅仅是一种表面形式而已。一种奇怪的混杂着悲哀、怨恨、羞愧和尴尬的复杂心情,似乎在潜移默化中打破了这些古老的尊敬关系。要求得到教育和工作是一种新的强烈愿望,但是很显然，这种愿望不久就消失了，因为印第安人无法持久地担任任何职务。儿童会觉得，他们的长辈所了解的"华盛顿"、形势以及市场等使得一切预测都失去了可能。

麦格雷戈的研究使用了访谈法和测试法，目的是为了对"苏族人的个性"做出综合的说明。但他认为，这张经过综合的图像"既不能说明个别儿童的个性，也不能说明大多数儿童的个性"。我不想谈论他在研究中所采用的方法，我仅仅是想选取一些资料来说明这些孩子内心的想法。

我在这里要解答这样一个问题。我相信很多读者都想知道：为什么苏族儿童的智力稍高于白人儿童的智力？苏族儿童的健康状况仅仅相当于生活在社会底层的乡村白人儿童的健康状况。长期的饥饿无疑导致了他们冷漠无情、反应迟钝和缺乏进取心的性格。保留地充满磨难的生活主要也是由于饥饿造成的。然而，麦格雷戈的小组经过深入的调查研究发现，普遍的冷漠无情既是饥饿的原因，也是饥饿的结果。在有改善的机会的情况下，饥饿阻碍了他们的创造力和勤勉精神。

我们从苏族儿童在主题想象测试中的表现和他们叙述的故事中能够看出他们对世界的看法。在相关测试中，我们不能问孩子："你对世界以及对某些事物是怎么看的？"因为几乎没有人知道该怎样回答。因此，在我们采用的测试中，测试者会拿出一组图片问孩子："你在这里面看到了什么？"这种做法会让儿童从现实中抽离出来，在无意中暴露他的失望、他的希望以及他对人类生存的基本态度。

通过对测试的结果进行定量分析，测试者发现：苏族儿童将世界描述为危险而有敌意的。他们怀念早期家庭生活中的感情关系。世界对他们来说是不确定的，他们感到没有方向。在他们的故事中，人物是没有名字的，既没有果断的行动，也没有肯定的结局。相对来说，谨慎与否定是印第安集体言论的主要特征。他们的内疚和愤怒表现在一些琐碎的事情里，比如漫无目标的攻击行为或一时兴起的偷窃行为。他们像所有儿童一样，喜欢逃避现实的故事，但苏族儿童的想象力还要追溯到白人到来之前。他们对过去生活的幻想"并不是重返过去的荣耀，而是满足于从心理上补偿当前的苦难和恐惧"。在苏族儿童的故事里，行动往往是由别人发起的，大多数是轻率的、不可信赖的和敌对的，常常会毁坏玩具和财物，并且会引起讲述者的悲伤、恐惧和愤怒。故事的讲述者总是将故事引向打架、毁坏财物、破坏规则和偷窃。动物也被认为是吓人的，这里不仅包括响尾蛇、野狗和野牛，还包括马匹。事实上，这些儿童早就愉快地学会了如何驾驭马。在各种故事题材中，担心别人死亡、生病或离去的内容出现的频率仅次于仇视人们或动物的内容。从积极的意义上来看，印第安儿童普遍想看电影、逛商场和骑野马。在这些场合——正如测试者所解释的那样——儿童可以和许多人一起玩，而不是专门跟着某人。

  从麦格雷戈的研究中我们还发现，年龄较小的幼儿组（6到8岁）比年龄较大的儿童组（9到12岁）表现出更强的组织性。后者虽然更为自由自在、自得其乐，但在朝气蓬勃和活泼愉快方面已经落后于同年龄组的白人儿童；在青春期到来时，印第安儿童开始变得内向，对他们周围的世界逐渐失去兴趣。他们放弃了自我，开始变得被动和冷漠。但是男孩表现出更强的志向，尽管他们的发展有些不平衡。女孩在进入发育期后会易于激动,接着会出现一种无能为力的表现。到了成年期,偷窃欲和对社会的敌意——似乎还包括对大人、对各种社会组织、对白人和印第安人的敌意——会成倍增加。

我们从以上描述中很难看出麦格雷戈的研究小组是如何得出他们的主要结论的。他们认为:苏族儿童个性中的"不完整性和否定性",以及他们对生活和感情的自发性排斥是由于"压抑力量在童年生活的早期就产生了作用"的缘故。我的结论与之前一样,苏族人的童年早期虽然被限制在贫穷和冷漠的环境中,但是他们的生活是相对丰富和愉快的,这也让儿童在学校里能脱离家庭的影响,形成相对独立的状态,产生一定的信任感、自主性以及创造性。9—12岁的印第安儿童仍然有很强的创造性,虽然在玩耍和工作中运用得不太成功。只有到青春期时,他们的创造性才会清晰显现,但印第安儿童的这种创造性无法得到认同,造成的结果是感情上的后退和个性的缺失。

在麦格雷戈的资料中,有一点十分重要:相互尊敬关系的崩溃和进取目标的缺乏,使得印第安儿童在婴儿期被激发出的勇猛性格无处投射。这近一步使得他们变得冷漠无情和消沉。同样,没有可得到的回报作为平衡,羞耻就会变成一种虐待性的恶习。这种恶习与其说是出于发泄,还不如说是为了报复。

对现实世界抱有敌意的观点,似乎可以从儿童内心愤怒的发泄中得到有力的补充,这从社会现实来讲是可以理解的。这也就是为什么苏族儿童在所爱之人有死亡危险或要离去时,他们把周围的一切都看成是可怕而消极的。在这里我强烈感觉到,苏族儿童是在发泄他们从旧制度中带来的怒气。一个显著的例子就是马,它曾经是印第安人的好朋友，而现在则成了他们发泄的目标。在野牛时代，我们也看到，所有早期激发出来的狩猎与杀戮的勇猛都能集中地指向一个动物，而现在攻击的目标没有了。所以苏族人会害怕自己无用武之地，这种恐惧表现在他会看到他自身以外、实际并不存在的幻想中的危险。在社会现实中，过去曾在狩猎与战争中完善的像"抓和咬"的勇猛最终变为情感冲动和报复性的偷窃。害怕亲人死亡或离别也许是这样一种象征，即家庭以及所有的贫困代表着一种一度完善的文明残余。复辟的梦幻甚至比现实更有实际意义。因此，不是某种训练制度以及它的"压制力"阻碍了儿童的发展，而是在过去的一百年里，儿童训练的整体机制并没有得到一种新的、有前途的社会制度——就像在苏族人成为野牛猎人的时期，他们曾经采用的社会制度那样——的支持。

我们从麦格雷戈那里听说，印第安人的畜牧经济正在不断改善，土地逐步复苏，绿草再次生长。但是，建立一个健全的畜牧经济需要政府的资助。这种资助随着历史的发展，已经失去了它们原来作为条约规定的权利性质，而逐渐变成了普通的救济。工厂的工作机会继续吸引着印第安人离开重建的部落。而印第安人能在那里找到的只是下等的身份。尽管如此，印第安人得到的报酬还是不错的，并且这是他们靠自己的双手赚来的，不是政府的施舍。最后，我们完全尊重并理解印第安人的特殊情况，并且热情地希望他们能成功重建家园。我们的结论是：从长远来看，印第安民族只能在全国农村贫民和非白种人的文明与政治的进步中获益；只有在较大规模的文明进步趋势中，印第安人的儿童教育制度才能朝有利的方向转变。

第四章
鲑鱼河畔的渔民

尤洛克人的世界

为了进行比较,让我们将目光从悲伤的"没有武器的战士"一族转向太平洋沿岸的渔民和采集橡果的人们——尤洛克人。①

苏族人和尤洛克人对生存的基本看法是完全不同的。苏族人在平原上漫游,掌握了分散流动的空间概念,他们的世界里只有漫游的野牛群和移动的敌人。尤洛克人则居住在狭窄、多山和草木丛生的河谷地区,面朝太平洋。此外,他们把自己局限在任意划分的世界之内。②他们划分的地区直径约241公里,他们把克拉玛斯河一分为二,并占据了这个地区中的一切。他们把任何胆敢冒险走进他们领土的外人一概视为"疯子"或"出身卑贱的人"。他们向地平线祈祷,认为地平线

---

① Croeber, A. L. "The Yurok," in *Handbook of the Indians of California*, Bureau of American Ethnology, Bulletin 78, 1925.

② Waterman, T. T. *Yurok Geography*, California: University of California Press, 1920.

是超自然的"发源地",在那里,慷慨的神灵赏赐给他们赖以生活的资源:克拉玛斯流域上游的空中湖泊(实际上并不存在);大洋彼岸的鲑鱼产地;从空中放出的鹿群;沿岸地区的贝币。在那里,没有东西南北,只有"上游"和"下游","朝着河流"和"离开河流"。世界的边缘处,也就是住着另一个部落的地方,则被他们称作"背后环绕"的椭圆形(是一个被设计成朝着中心的世界)。

在这个有限的生存范围里出现了极端的本土化倾向。一位年老的尤洛克人要我们开车送他到他祖先的出生地。当我们到达的时候,他骄傲地指着一个几乎无法辨认的土坑说:"这就是我出生的地方。"这种土坑永远保留着家族的姓氏。事实上,只有在人类历史或神话认可他们时,我们才知道尤洛克人的存在。尤洛克人的神话中从来没出现过山峰或者让白人旅游者产生深刻印象的巨大红杉,但是尤洛克人会指着某些看上去毫不起眼的岩石和树木,称它们是有深远意义的"起源"。无论在现在还是过去,获得和保持这些财产都是尤洛克人所想、所说和祈求的事情。尤洛克民族的每一个人、每一种关系以及每一种行动的价值都可以被衡量,衡量的结果或者让人引以为豪,或者成为不断争吵的原因。尤洛克人在白人到来以前就已经有了货币:他们将不同大小的贝壳用作流通货币,并把这些贝壳装在椭圆形的袋子里。这些贝壳是从内地部落中交换来的。当然,尤洛克人从来没有"游荡"到北部沿岸,他们可以在那里发现很多贝壳,多到足以在他们的社会里引起通货膨胀。

这个狭小而界限分明的尤洛克人世界,被克拉玛斯河一分为二。每年数量惊人、充满活力的鲑鱼会游入克拉马斯河河口,爬上汹涌的

第四章 | 鲑鱼河畔的渔民

湍流，消失在上游，它们在那里产卵之后死亡。几个月后，它们的后代顺流而下，消失在大洋里。两年以后，作为成熟的鲑鱼，它们又回到出生地，完成它们的生命周期。

尤洛克人讲究的是"清白"的生活，而不是像苏族人那样的"彪悍"的生活。清白意味着始终避免不纯洁的接触和污染。在一些不可避免的"污染"之后，他们必须接受净化。在和女性发生性行为，或是同一些女性睡在同一间屋子里之后，男性渔民必须通过"流汗屋子的考验"。他们必须从一个普通大小的门进去。普通大小的门是指甚至一个肥胖的人也能进入的椭圆形洞口。但是，"流汗屋子"的出口非常小，只有那些节制饮食，并通过圣火的仪式而汗流浃背、身体柔软的人才能通过。作为这个净化过程的结束仪式，他们还要在河里游泳。每天早晨，许多正直的渔民都要经受这一考验。

这仅仅是一系列仪式中的一个事例，说明了尤洛克人对世界的理解：自然和人体的各个通道必须保持分开。流经一个通道的东西不能与流经其他通道的东西接触：比如，在鲑鱼河上不能吃任何东西；小便也不得进入河流；如果鹿和河水接触，鹿就能避开陷阱。尤洛克人还要求女性在河流上游或下游往来时特别注意，因为她们可能正值月经来潮。

每年只有在鲑鱼产卵期间，这些忌讳戒律才会被放在一边。在这段时间里，在举行过复杂的仪式之后，尤洛克人会筑起一条坚固的堤坝，以阻止鲑鱼游向上游，从而捕到丰富的冬季食物。这道堤坝"是尤洛克人，或者是加州任何印第安人所能负担的最大工程，也是最具集体性的活动"。在为期十天的集体捕鱼活动后，尤洛克人便在河流两岸举行狂欢仪式。这让人回想起欧洲古代异教徒的春季仪式以及苏族人的太阳舞会。

这种拦鱼大坝筑成后的最高仪式，相当于苏族人的太阳舞会。仪式以群众表演世界的创造作为开端，之后会进行游行表演，展示尤洛克人从放纵发展到有约束力，最后成为戒律的精神气质，并祈求从超自然的神灵那里继续获得不断的物质供应。

关于这些仪式，我们将在之后叙述尤洛克人的婴儿时期时再做叙述。上述事实足以证明，尤洛克人的世界在规模和结构方面，即便不是与苏族人的世界完全相反，至少也是截然不同的。

即便是在今天，他们仍然是那么与众不同的民族！在见过了冷漠的草原主人之后，我们对于尤洛克人的待客之道并不感到意外，尽管有少许震惊。我们到达了一个几乎难以接近、全部是尤洛克人的村庄。作为不受欢迎的白人，我们被告知必须离开，想留宿的话只能和猪同居一室，因为"它们是白人的狗"。

沿着克拉玛斯河下游，分布着几个全是尤洛克人的村庄。最大的村庄是在"淘金热时代"由许多老的村落合并而成的。这个村庄位于阳光普照的开垦地上，只能乘坐摩托艇沿海岸到达或通过崎岖而多雾的山路才能到达。当我准备在那里住几个星期，以便收集和核对有关尤洛克人童年时期的资料时，我立刻遭到了"反对和怀疑"。情理之中，这是尤洛克人作为一个集体应该具有的谨慎。幸运的是，我过去认识一些住在克拉玛斯河河口附近的尤洛克人，并且和他们一起工作过。此外，克劳伯早就和我说起过那里吝啬、猜疑和易怒的民风，所以我有足够的思想准备。因此，我没有因为他们的态度而对他们产生

第四章 | 鲑鱼河畔的渔民

反感,也没有因为他们的态度而失去信心。我就这样在河边一座被人遗弃的窝棚里住了下来,并等待着可能出现的特殊情况。看起来,在沿岸地区,我好像是曾经和上游地区某个有势力的家族不共戴天的敌人会过面,并和他们一起吃过饭。这一世仇始于19世纪80年代。不仅如此,这个与世隔绝的部落看起来无法相信我对此行的说明,即为了采集科学数据。相反,他们怀疑我是个侦探,来调查由霍华德—惠勒法案引发的财产争执之类的事务。按照只存在于尤洛克人头脑中的古老地图,这个地区的土地分布犹如一个拼图,有公共的土地,也有属于个人的土地。除了尤洛克人之间的相互交换之外,霍华德—惠勒法案禁止尤洛克人出售他们的土地,而反对此法案的人争论说,即便该法案不废除,尤洛克人也已经没有什么土地可出售的了。他们认为,我的秘密任务之一显然就是在某种谎言的掩盖下来查出官员们无法确定的产权。除此之外,一位年轻震教(贵格会在美国的分支。——编者注)教徒和一位高级教士从北方来访,引发了当地人在宗教上的争论。他们在进行祷告和舞蹈时的声音充斥着夜空。在当时,震教徒的祭神仪式不仅受到了那位我在下游地区曾经见过的政府医生以及少数尚在人世、懂得古代尤洛克医术的人的反对,而且受到了一位新来的传教士的反对。这位传教士是一位基督复临安息日会教徒,是该地居民中唯一的白人。他友好地迎接了我,尽管毫不掩饰对我手中的香烟的嫌恶。他让我在当地人心目中的形象更糟糕了。我寂寞地等待了很多天,才得到机会向一些尤洛克人解释他们的疑虑。在此之前,我还找来了向我提供关于尤洛克人童年的资料的人。当然,一旦尤洛克人认为你是一位朋友时,他们就会抛弃他们原有的猜疑,而成为可贵的资料提供者。

我认为，大多数尤洛克人对白人公然的讽刺态度一定是出于如下事实：尤洛克人和白人之间的内心距离并不像白人和苏族人之间的距离这么大。在白人到来的时候，尤洛克人在生活的许多方面并不需要重新学习。尤洛克人一直住在结构结实、半陷入地下的房子里。目前的房屋紧挨着地坑，也就是以前祖先们的地下居所。他们不像苏族人那样，随着野牛的消失，就突然失去了经济和精神生活的中心。尤洛克人仍然能看到、捕到、吃到并谈到鲑鱼。今天的尤洛克男人驾驶木排，尤洛克女人种植蔬菜。他们的工作和原来制造独木舟（曾经的出口业）、采集橡果和种植烟草等也相差不远。特别是尤洛克人一向关心财产。他们知道怎样讨论有关美元和美分的事情，并且他们是怀着深刻的宗教信念来进行这种讨论的。在满脑子金钱思想的白人世界里，尤洛克人不需要放弃这种基本的观念。他们对美国政府的不满不同于苏族人那种难以表达、积怨在心的消极抵抗。

七月四日那天，在尤洛克人通过跳舞仪式来祭奠"哀悼者之年"的时候，我有机会看到了许多孩子聚在一起观看舞蹈，仪式一直热烈地进行到天亮。这些孩子精力充沛，却显得很优雅，性情平和，并且整晚都表现良好。

第四章 | 鲑鱼河畔的渔民

尤洛克儿童精神病学

范尼是阿尔弗雷德·克劳伯最年长的调查对象,她自称是一个"医生",别人也这样称呼她。至今,当她治疗他人生理上的失调或使用尤洛克式的心理治疗法时,我不敢自称和她一样专业。然而,她也对孩子们进行心理治疗。在这个领域,我们是可以互相交换意见的。听到精神分析时,她放声大笑起来,我们将谈到的主要治疗原则可以用她的术语简单地进行表述。这位老妇人身上有一种善意和温暖。忧郁使她的目光和笑意藏在石雕般的皱纹后,这是一种严重的忧郁,一种真正的"回撤",而并非其他印第安女性脸上有时出现的不变的忧伤。

事实上,在我们抵达时,范尼正处于一种严重的抑郁状态。几天前,当她走进她的蔬菜园子里四处眺望时,她看见在克拉玛斯河流入太平洋的地方,一头小鲸鱼游进了河里,玩了一会儿后消失了。这让她深感震惊。造物主不是已经规定只有鲑鱼、鲟鱼和类似的鱼可以进入淡水区吗?这淡水和咸水之界的模糊只能说明世界的轮盘正在缓缓地倾斜。海水被带入了淡水河流,洪水的规模即将达到曾摧毁人类的那场洪水的规模。然而,她只告诉了几个至交好友。她表示如果人们不过多地讨论这件事,也许它还不会发生。

和这位印第安老妇人交谈是很容易的,因为除了一些忌讳的问题,她一般都是愉悦而直截了当地回答。我们第一次谈话时,克劳伯坐在我们后面,一边听一边时不时地打断我们。第二天,我猛然意识到他有一段时间不在房间里了,我问他去哪了。老妇人开怀地笑着说:"他给了你一个机会单独提问。你现在是个大人物啦!"

在尤洛克文化中,儿童出现神经衰弱——脾气暴躁、缺乏食欲、做噩梦、行为不良等——的原因是什么呢?如果一个孩子在夜里看到一个"巫师",也就是一种在人类出现在地球上之前的小生灵,那么这个孩子就会被认为出现了神经衰弱。如果没人治得好他,那么他最终就会死去。

"巫师"被描述为和孩子差不多高的形象。他们常常是"精神形态的"。他们不懂得性行为。他们在六个月大的时候成年,然后变得永生。他们用口来生育,即女性吃掉男性的虱子。生育的孔口不太清楚,然而,显然这些"女巫"并没有"女人的肚子",也就是阴道和子宫。正如我们将要阐述的那样,因为有了这些东西,罪孽和动乱才降临于世。

我们注意到"巫师"和婴儿差不多。他们都是矮小的,使用口腔,富有魔力,并且他们都不了解生殖、罪恶和死亡。他们只能被孩子看到,也只对孩子有威胁,因为孩子在幼年尚未成熟,当日光的刺激减弱时,他们可能会倒退,然后变得容易做梦,他们可能会被"巫师"的孩子气和他们不受约束的行为方式所吸引。对于这些"巫师",他们是没有社会组织的。他们可以生产,但他们不懂得生殖,这就意味着他们是"干净的"。

如果一个孩子表现出不适或痛苦,那就表示他可能已经看见了"巫师"。他的祖母会跑到院子里、小溪边,或是任何她知道这孩子在天黑后曾经待过的地方,然后大声喊叫,并对巫师说:"这是我们的孩子，不要伤害他。"如果这没有奏效，那隔壁的祖母就会被请求来对这个孩子"唱她的歌"。每个祖母都有她自己的歌。美国印第安文化看来对矛盾心理拥有惊人的理解。在这种危机中，近亲是不能起到任何帮助或治疗作用的。如果隔壁祖母的歌声依然无法奏效，那么她们就会向范尼寻求帮助，花钱请她治疗。

范尼说她常常能感到有病人要来了：

有时我睡不着，感觉有人会来求我去治病。于是我选择不喝水。然后确实有人来了。对方会说："范尼，我来请求你帮助，我给你十美元。"我说："给我十五美元我就去。"对方一般会回答："好吧。"

孩子会被他的整个家庭带来，放在范尼客厅的地板上。范尼吸了吸烟斗来"获得她的力量"。然后，如果有必要的话，孩子的父亲或者母亲会压着孩子，让范尼从孩子的腹部"吸出"最初的疼痛。这种疼痛被视为一种黏滑而血淋淋的东西。为了准备这项工作，范尼必须在某一段时间里不喝水。"当她吸取'疼痛'时，你会感觉就像是她的下巴要刺穿你的脊椎似的，但这不会伤害到你。"一个尤洛克人说道。然而，每个"疼痛"都有一个"伙伴"，一条黏液形成的线会带领范尼发现"伙伴"的位置，然后同样被吸出来。

我们发现，对于尤洛克人来说，疾病是双性的。一性存在于身体的中心，这是最容易被巫术影响的，而另一性就像希腊的歇斯底里理论中漂浮的子宫或是精神分析系统中会移动的器官"卡瑟西斯"那样,游离在被疾病折磨的部位。

在吞下两到三个"疼痛"后,范尼走到一个角落里,面对墙壁坐下。她把除了拇指外的其他四指伸进喉咙,把黏液吐进一个筐里。然后,当她感觉她吞下的"疼痛"泛上来时,她就把手放在嘴巴前,"像两只扇贝一样",发出吐痰的声音,把这孩子的"疼痛"吐到手里。然后她跳起舞来,让"疼痛"消失。她重复这个过程,直到感觉所有的"疼痛"都从这孩子的身上被抽离了出来。

之后是尤洛克式的解释过程(一种心理咨询技术。——编者注)。范尼再次抽起了烟、跳起了舞,然后进入了恍惚的状态。她看见一团火焰、一朵云朵、一片烟雾,然后坐下,重新填满她的烟斗,吸满满的一口烟。在把这些幻象看得更加清楚后,她会对病人的家人说一些类似于这样的话:"我看见一个老妇人坐在巴尔德山,诅咒另一个妇人。这就是为什么这孩子病了。"她还没开始说,这孩子的祖母就站起来坦白说她某天坐在巴尔德山上,试着对另一个妇人使用巫术。或是范尼说:"我看到一个男人和一个女人在办事(进行性交),虽然这男人曾在祈求好运时许下不再触碰女人的诺言。"这时,那孩子的父亲或是叔叔站起来承认他的罪过。有时,范尼必须指控一个死者使用巫术或是做了堕落的事,在这种情况下,这位死者的儿子或是女儿会声泪俱下地承认他的罪过。

看来范尼有一张罪行清单(类似心理疗法教学中所说的"典型行为")。在和仪式有关的情况下,她还加上了某种不适宜的举止。于是,她让人们坦白他们的罪行。这样的坦白有助于人们获得内心的平静。范尼在这样一个原始的社群里具有尊贵的地位。当然,在她看到病人之前,她也能听到足够多的流言来了解他们的弱点,并且她具有足够多的经验在施法的过程中观察病人的神情。如果她能够把一种因暗中侵犯他人而导致的罪恶感和孩子的症状联系起来,那么她就有了心理治疗的良好根据。我们也就不会在听说"这些神经症症状在范尼找到这个家庭的矛盾源头并公开主持了一场忏悔后就烟消云散"时感到意外。

尤洛克儿童接受的训练

以下是一些关于尤洛克人的童年的资料。

除了苏族人遵循的生殖禁令,女性在生育时还需要遵循"嘴上"的禁令。生育时,母亲必须紧闭她们的嘴巴。在孩子的肚脐恢复之前,父母不能吃鹿肉和鲑鱼。尤洛克人认为,不遵守这一禁忌是幼儿抽搐的原因。

在出生后的十天内,新生儿不被允许喝母乳,取而代之的是从小果壳中提取的坚果汁。然而,与苏族人不同,尤洛克人有确切的断奶期。在婴儿长到六个月时,也就是他们长牙的时候,父母会给他们断奶。这是美国印第安人中哺乳期最短的民族。断奶被称为"忘记母亲"。如果有必要的话,母亲会在孩子刚满一岁时离开几天,强制断奶。最早的固体食物是腌制的鲑鱼或鹿肉配海藻。腌制食物是尤洛克人的"糖果"。这种用提早断奶来促进独立的尝试是一种普遍的现象。只要条件允许，婴儿可以忍受，尤洛克人就会鼓励孩子离开母亲和母亲的支持。这种尝试在婴儿出生之前就开始了。孕妇吃得很少，搬运许多木头，而且倾向于做迫使她向前弯腰的工作，因此胎儿就"不会靠在她的脊椎上"，无法放松和躺下。她常常揉搓她的下腹，尤其是在日光熹微的时候，这样她就能让胎儿保持醒着，以防他们倒退回史前状态。出生后，除了提早断奶，离开母亲之外，孩子会在裸露着双腿地情况下被放在尤洛克式的摇篮中。从第二十天起，祖母就为他们按摩以鼓励他们早早地开始爬行。根据部落的规矩，父母应当配合这一事件。当孩子能够有力地爬行后，父母才能恢复性交。在下午至晚上交界的时间，孩子不能睡觉，以免昏暗的暮色让他永远沉睡。因此，尤洛克孩子出生后遇到的第一个危机和苏族孩子不同。它有以下特征：在接近长牙期时出现，强制断奶，鼓励爬行，母亲早日回归性交和重新生育。

  我们已经提到了苏族孩子的口部训练和平原上优秀猎手的品格之间的关系。我们也可以想象出尤洛克儿童会发展出完全不同的品格。确实，为了防止他们在母亲身边感到太舒适，尤洛克儿童从出生开始就受到一系列规矩的束缚，并且在长牙期前后被强制断奶。他们是要被训练成为渔民的，也就是一种时刻准备好撒网捕捉任何出现的鱼的人。（只要他们表现得足够好，并以恭敬的心态看待捕鱼这件事，鱼儿便会进入他们的渔网。）尤洛克人对待提供食物的神灵有着一种十分恭敬的态度，这似乎是一种婴儿时期对母亲的怀念的残留，是一种他们从小就被强烈压制的感情。优秀的尤洛克人能通过哭来影响那位现实世界以外的送来食物的神灵。他们相信，通过哽咽的话语——诸如"我看见一条鲑鱼"——和自我引发的幻想能够给他们带来鲑鱼。但是他们必须假装他们不是十分渴求，以免提供食物的神灵避开他们。他们必须表明自己不会造成任何实际伤害。根据尤洛克人的说法，鲑鱼告诉他们："我会在河水泛滥时出现。我会在网上留下我的鳞片，它们能长成鲑鱼，但我自己会离开，不会被杀死。"

离开了第二阶段——当孩子"有感觉"了，也就是当他们能复述他们所听到的话语时——的口部训练，这种对食物来源的关注就无法实现了。据说很久以前，尤洛克人的吃饭仪式是一种真正的自我限制的仪式。孩子被告诫不能急忙地抓取食物，不能要求第二份食物。这是其他原始部落中很少能见到的口部禁欲习俗。就餐时，他们维持严格的座位次序，孩子被教导要按规定的方法吃饭，比如只在勺子上放一些食物，缓慢地把勺子放进嘴巴，咀嚼时放下勺子。最重要的是，尤洛克人在整个就餐过程中都要想着自己会变得富裕。整个就餐过程应该是安静的，以便每个人都能把思想集中在金钱和鲑鱼上。这种仪式化的行为可能把因在强烈地需要啃咬的阶段中被断奶和阻断与母亲的联系诱发的对啃咬的怀念的需求提高到幻想的级别。所有"如意算盘"都是在为经济上的追求服务。即便在淡季，尤洛克人也可以在树上看到金钱，在河里看到鲑鱼。他们深信造物主能对这种幻觉做出回应。生殖幻想也有同样的经济目的。在"流汗屋子"里，男人会学到双重的技能，即想着金钱和不去想女人。

在给孩子们讲的寓言中，尤洛克人往往通过有趣的方式强调缺乏自制力的丑恶。他们会把动物身上的一个突出特点用作一个一定要保持"行为检点"的论据：

秃鹰之所以秃是因为它们没有耐心把整个脑袋都放到一碟热汤里。

贪心的鳗鱼把自己的骨头赌没了。

"骂骂咧咧"的雌性冠蓝鸦的帽子是它们的阴蒂,有一次当它们因丈夫而心生嫉妒时,它们把自己的阴蒂撕了下来,放在了自己头上。

熊先生总是会感到饿。它和冠蓝鸦女士结婚了。有一天它们生起了火,熊先生打发冠蓝鸦女士去找些吃的。冠蓝鸦女士只带回来了一颗橡果。"只有这点?"熊先生说。冠蓝鸦女士生气地把橡果扔进了火里。它爆裂开来,于是地上全是橡果。熊先生把橡果都吃了下去,然后就生了很重的病。有些鸟儿试图给它唱歌,但它的病并没有起色。没有什么能够帮助它。最后,蜂鸟说:"躺下,张开你的嘴。"然后蜂鸟嗡嗡地笔直穿过了它。这才治好了它。这就是为什么熊的肛门这么大,以致不能保留粪便的缘故。

这个寓言把我们引向了肛门问题。尤洛克人似乎并不特别强调粪便或肛门问题,但他们会普遍忌讳由互斥的液体或固体造成的污染。婴儿在很小的时候就意识到自己不能在河里或小溪里撒尿,因为在河里游泳的鲑鱼不愿意漂在人的液体中。然而,这并不是因为尿液是"脏的",而是因为不同管道系统排出的液体是互斥的。这种忌讳把特殊的保障措施深深植入了尤洛克人的性格和身份中。确实,尤洛克人的行为体现了弗洛伊德和亚伯拉罕在患有"肛门期固着"的病人身上发现的所有典型特征:强制性仪式、学究式争论、多疑而小气、囤积等。在我们的社会中,强迫是对一种广泛的忌讳发生污染的表达。

第四章 鲑鱼河畔的渔民

但在我们的文化中,它还被对规矩和秩序的过度需求加强,这一点在尤洛克人的生活中是不存在的。

幼年时期的环境为尤洛克人对生殖的态度打下了基础,教会他们让所有的本能冲动服从于经济利益。一方面,女孩知道贞洁或者清白的名声能带给她一个有钱的丈夫。她随之而来的地位和她的后代的地位都取决于她的丈夫愿意给她父亲多少钱来娶她。另一方面,男孩希望攒到足够的钱来娶一个值得娶的妻子,并一次付清所需的钱款。如果他们让一个好女孩过早地怀孕了——在还没付清这笔钱之前,那么他们便不得不欠债。在尤洛克人当中,成人的所有越轨行为和性格障碍都被解释为他们的女性长辈没有被"一次付清"的结果。看起来,一些男人太过急切地想要结婚,以至于他们通过分期付款买到了妻子,却没有能力去付清这笔钱款。用我们的术语来说,他们表现出的自我意识太弱了,以至于不能把性的需求和经济美德结合起来。只有当性没有影响到财富时,人们才会幽默地看待它。性接触后必须进行净化这种事实看起来被认为是一种义务或是麻烦的事。尤洛克人对于自己的身体并不感到羞愧。一个年轻女孩在尚未结婚的时候不愿意在别人面前全裸地洗澡,这并非出于羞愧,而是为了防止月经来潮冒犯到他人。一般情况下,每个人都可以在任何人在场的时候洗澡。

我们曾经提到,苏族孩子能够把运动—生殖模式和狩猎联系起来。苏族人有更多的性虐待倾向,因为他们追求各种流浪的事物,比如猎物、敌人和女人。尤洛克人对此是恐惧而多疑的。他们拒绝诱惑。这甚至影响到了他们对神灵的看法。在他们的世界观中,造物主是一个十分精壮的人,他四处流浪,他无法无天的行为危害了整个世界。他的儿子们打败了他，让他离开了这个世界。他承诺去做一个好的神灵，但当他沿着海岸线往下走到一个任何有知识、有教养的人都未曾去过的地方时，他看到了一个鳐鱼女神躺在沙滩上，打开了她的双腿。（在尤洛克人的认知中，鳐鱼看起来像"女人的内部"。）他不能拒绝她。但当他进入她时，她用阴道夹住了他，用她的双腿环绕住他，然后拐走了他。这个故事表明了散漫和不加克制的欲望会带来什么后果。在这个由品德高尚的造物主的儿子们建立的有秩序的尤洛克世界里，一个明智的男人会避免被错误的女人在错误的时间和地点"引诱"。在这里，"错误"是指任何会危害到他的经济资产的事物。学会避免这种情况意味着成为一个"干净"的人，一个"有智慧"的人。

归纳性比较

根据早先设立的标准，苏族人和尤洛克人的世界都是原始世界。他们具有高度的种族主义，只考虑和大自然某一部分有关的部落的自我调节，发明了大量的工具和适当的巫术。我们已经发现尤洛克人维持着审慎的向心性，而苏族人则恰好相反，他们是活跃而离心的。

在社会组织上，尤洛克人几乎没有分层的组织。他们把所有的重点都放在互相警惕大家每天遵守既定的价值观。他们几乎没有"民族"感情，并且他们对各种形式的战争都没有偏好。正如尤洛克人愿

第四章 鲑鱼河畔的渔民

意相信看见鲑鱼意味着让鲑鱼来到身边,他们显然理所当然地觉得不看见潜在的敌人就能让战争远离他们。上游的尤洛克人是以无视为了攻击下游的部落而穿过他们的部落而闻名的。战争只是直接相关人的事,不涉及民族或部落的忠诚。

因此,在一系列的回避——避免卷入一场争斗、一种污染、一次糟糕的买卖——中,他们感受到了安全。尤洛克男性的个人生活从早早地离开母亲的乳房开始,随后被教育要回避女孩,离开女孩的生活范围,时刻提防女人的引诱。在他们的神话中,他们通过让造物主被女人诱拐而把他驱逐出了这个世界。他们害怕灾难附身,于是他们回避。但与此同时,他们在生活中无时无刻不在试图从另一个人身上得到好处。

在尤洛克人的世界里,克拉玛斯河可能被比作一条"滋养"的运河,它的河口被比作向鲑鱼来源处张开的嘴巴和喉咙,因此我们从他们的世界图像中明确地看出了口部合作模式。这么多年来,尤洛克人一直谦卑地表达对现实的不满,否认自己会伤害鲑鱼。然而,每一年,尤洛克人都会含泪将他们的神灵引诱回这个世界,从而表达自己的善意,引诱鲑鱼入网。正如苏族人的精神在太阳舞中得到了最好的表达,尤洛克人的精神在共同建设拦鱼坝的过程中得到了戏剧性的表达。拦鱼坝的两部分从河的两岸延伸出来,像巨大的颌一样渐渐合拢。颌合拢了,猎物就抓到了。造物主不情愿地留下他身体的一部分,以使这个世界恢复活力,然后再次被放逐一年。与苏族人相同的是,尤洛克人也有一系列关于人们脱离超自然神灵的仪式。这种仪式也呈现了个体生命周期中最早的威胁性主题,即在长牙期失去母亲的乳房，这对应了尤洛克人可能失去神灵的鲑鱼供给的危机。显然，结论就是土地生产力和生命繁殖力在象征性表达上是相同的，即神圣的鲑鱼能够象征父亲的阴茎和母亲的乳房这两个生成并滋养了生命的器官。

在通过技术手段捕获猎物的仪式中，尤洛克人不能哭泣。他们认为在仪式中哭泣的人会在一年内死去。根据克劳伯所述："拦鱼坝完成后，尤洛克人会进行一段时间的自由活动。感情阻止了他们互相攻击。当夜晚来临时，情侣之间的激情就会变得十分炽热。"在这段时间里，尤洛克人表现得和他们的造物主一样放肆。他们为这精妙的工程和在他们在世界上的伟大功绩——捉到了鲑鱼，并且因为拦鱼坝的建成，明年也能捉到——感到自豪。

适当地回避和适当地渴求，需要尤洛克人保持"干净"。也就是说，对于超自然的食物提供者，他们必须虔诚地祈祷，带着信仰哭泣，坚信自己的幻想。他们必须学会结网，定位鱼群，修建拦鱼坝。他们必须在交易和讨价还价中充满耐心和毅力。他们必须学会控制身体的入口、出口和内部的管道，以便大自然在向他们供应物质时不受影响。尤洛克人的世界有它自己的经济伦理和巫术道德，有自己的地理结构和生理结构。我们已经陈述过它是如何在幼儿训练中显现的。③

为了正确理解尤洛克人的行为的意义，我们不得不把他们的行为和我们的文化中那些被认为异常或极端的行为进行比较。在每天的

---

③ 更多关于尤洛克人的分析，详见参考文献：Erikson, E. H. *Observations on the Yurok: Childhood and World Image*, University of California Publications in American Archaeology and Ethnology, Vol. 35, No. 10, University of California Press, 1943.

第四章 鲑鱼河畔的渔民

行为中，尤洛克人"像孩子一样"对神灵哭泣。他们在冥想时，会像"精神病人"一样产生幻觉。在处理污染时，他们"像一个恐惧症患者"。他们表现出的回避、怀疑和吝啬就像"强迫症患者"。那么尤洛克人确实是这样的还是只是"仿佛"是这样的呢？

只有一位在部落中生活了很久的人类学家才能告诉我们他的研究对象在意的是什么，关于这些研究对象的传说和事实是否一致。能够表明怀旧、贪婪或吝啬等是尤洛克人的传统性格的研究仍然是不多见的。为了描绘尤洛克人在要求赔偿时采用的惯常手段，在一次专家讨论会上，克劳伯在几分钟内使用了"到处抱怨""大惊小怪""争吵""大声喊叫""自怨自艾""给出拙劣的借口""让自己显得很讨厌的索赔人"等表述。这是否意味着能表现这些特质的尤洛克人比其他不会表现这些"特质"的人更无助、更哀伤呢？显然不是。他们这种惯常的无助不是一种性格，也不是一种神经症症状。它甚至不妨碍尤洛克人在为了自然的方方面面而进行的各种必要的奋斗中所做的努力。他们的哭泣基于一种在学习中已形成条件反射的戏剧化地表达一种幼稚态度的能力，这是文化选择的结果。个体不会在限定的范围以外表现出这种惯常的态度。也许真正成功的尤洛克人能哭得最心碎的，或是在某些情况下能最有效、最有毅力地讨价还价。也就是说，尤洛克人的自我意识强大到足够把口欲和"意识"综合起来。相比之下，在我们的文化中被我们称为口欲和肛欲"类型"的人，他们在器官上过分发育，却没有相应的文化发展现实。

尤洛克人的"保持力"的结构看起来正如他们的肛门一样内涵丰富，包含了有需求的嘴巴、囤积的胃和吝啬的括约肌。因此，它也是

163

创造性地进行积累的肛门倾向的原型，以便把社会中有价值的部分积累起来。

在我们的文化中，肛门性格的人类似于神经症患者。他们的母亲在养育方面存在某些共性，即她们会过度关注孩子的排泄问题。这只会让孩子的肛门功能日渐退化，让孩子的心理固着在肛门区域。孩子会因此产生强烈的社会心理矛盾。在他们的社会性发展和性心理发展中，这一直是一个重要的因素。

尤洛克人因"把储存起来的东西拿出来而产生的愉悦"在舞蹈中的表现是非常显著的。在黎明将近时，尤洛克人高兴地带来他们极好的财宝，如黑曜石或用啄木鸟皮做成的头饰。在这里，惯常的吝啬让他们积累这些财宝。在高级社交场合，让人看到这些财宝会带给他们声望。我在这里要说明的是，神经症是一种个人状态。在这种状态中，非理性从理性中分离出来。原始性也是人类组织的一种状态。在这种状态中，前理性和理性结合在一起。

因为非理性和前理性的"逻辑"都是以巫术形象和驱力为依据的，所以弗洛伊德能像解释第一项（自我）一样解释第二项（本我），在自我的研究中——对内在结构和社会结构的相互依存的研究——确定了巫术思想在不同人类组织状态中的作用。

此外，即便我们知道某种文化所认可的正式行为，我们也只是站在"个性"调查的起点而已。要知道某一个体有多么慷慨或多么节约，我们不仅要知道他的文化中明示或暗示的意思，还要知道某个人触犯规则后有什么办法能"逃避"。每个系统都有自己的方法来剔除成员中的异类，但每种方法也都有例外，这是为了让个人保留其自我。这也说明，即使对于那些人自己来说，这些例外都比官方规则更缺乏逻辑、更含糊。

在描述尤洛克人和苏族人在概念上和行为上的结构时，我们没有试着去发现他们各自的"基本性格结构"，而是集中在试图综合比较这两个部落的概念和同样生活的不同设计理念。这种设计教给了人们原始的技术和巫术，并防止他们个人的焦虑。这种焦虑，对于苏族人来说，是对于阉割和无法移动的焦虑，对于尤洛克人来说，是对于缺乏食物的焦虑。为了克服焦虑，原始文化似乎通过各种方式来利用童年时期：它赋予早期的身体和人际经验特殊的意义，以便在器官模式和合适的社交形式之间建立联系；它小心而系统地把积攒起来的能量导向错综复杂的日常格局中去；它还持续将超自然的意义赋予这些可能激起混乱的原始的焦虑。

为了做到这一切，一个社会不能是专制而失序的。即使是"原始"社会，也必须避免人们做出那些逻辑上不该做的事情。一个古怪、幼稚或是神经质的团体是原始社会承受不起的。为了创造出大多数能有效行动的人，让这些人成为领导，或是有用的异类，即便是最"野蛮"的文化也必须致力于让被我们称为"强自我"的东西成为主流。也就是说，个体的核心应该足够坚强、灵活，以便调节任何人类组织中必要的矛盾，整合个体间的不同，最重要的是，从一段漫长而必然充满恐惧的婴儿期中，带着身份认同和正直的理念走出来。毫无疑问，每种文化都会创造出带有它独特烙印的性格类型，每种文化也都会运用假象来阻止这一事实浮出水面：没有一种理想、安全、持久的状态可以从其服务的社会中"诞生"。然而，随着人类在不断的适应过程中变得越来越理性和清醒,我们还是应该试着对此予以理解。

在第三部分,我将会从完全不同的角度来探讨童年和社会的整体问题。我们必须暂时把个体自我看作衡量所有躯体性和社会性的事物的标准,从它自己无形的开始发展到有型的意识。

弗洛伊德说过,对梦的研究是通往成年人无意识状态的大道。类似地,理解婴儿自我的最好线索就是对游戏——韦尔德称之为"真实客体编织出的幻想"——的研究。因此,让我们去看看我们身边的孩子在玩的游戏。

自我的发展

[第三部分]

引　言

当我们感到自己出现了内部失调，并停下手中的工作，询问自己，在之前的时间里，我们进行了怎样的幻想，我们常常会发现许多令人吃惊的东西。假设我们的自我认知能力不会让我们产生自欺，我们会发现我们的想法和感受围绕着一种相对平衡的状态波动着。在波动的一个方向上，我们的想法追逐着那些我们希望我们能做或我们做了的事情。当我们走出那些可能性的限制，我们想象它本可能会怎样，还有我们什么时候才会意识到这只是一种幻想，幻想拥有无所不能的掌控，拥有至高无上的选择权或是性上的特许。当我们冷静地无视、草率地处理、无意地破坏某些事物或是对我们最亲爱的人视而不见时，这种幻想就走向极端了。

这种波动常常伴随着不合理的意外。如果我们没有意识到情绪的变化，那么我们会被卷入"应该"的想法中。我们想着我们应该做过的而不是我们做过的，想着我们未来应该做的而不是我们希望未来能做的。我们对不可挽回的事情的不合理担忧、对亲友对我们的冷漠反应的害怕、想象中的赎罪和童年心理障碍便会再一次不期而至。

引 言

　　这两极之间的相对静止的第三种状态很容易被忽视。这是最没有攻击性的一种状态。我们在第三种状态中时是最不冲动的,我们既不幻想我们可以做什么,也不幻想我们应该做什么,我们只做我们应该、将会和可以做的事情。在这里,我们是最没有自我的,却也是最自我的。对于我们大多数人来说,幻想不会持久,总有一天它会到达我们的极限,或是到达别人的极限。然后我们再一次醒过来,试图获取和补偿。

　　因此,只有在沉睡中,在梦的伪装下,我们才能观察到真正的东西。否认自己"真的想要"我们内心世界中展示出来的东西是很容易的。不幸的是,对于我们的自尊而言,弗洛伊德的精神分析理论表明我们的内心波动是能够被观察和解释的,并可以被幻想和梦抵消,剩余的部分则是无意识在起主要作用。在无意识状态下,它能够出现在非理性的行为中,或是进入获取和补偿的循环。

　　在精神分析的实践中,我们找到了主要心理障碍的干扰要素,并将注意力集中在这些要素上。一位临床观察者要求一位成年病人自由地叙述。他发现病人叙述直接的主题时,他的记忆清晰、言辞恳切,但当叙述难以捉摸的主题时,病人有时会表现出记不清、拙劣地掩盖、残酷地否定、公然指责他人、半开玩笑、笨拙地回避或是停顿等特征。也就是说,精神分析学家找到了伪装和遗漏,也从看似自发的陈述中找到了在数量和质量上都不断变化的警觉性。

　　从文化的视角来看,精神分析学家着重观察了一些大规模的集体行为的主题:在一种情况下,它是历史的记忆,而在另一种情况下,它是宗教体系;它有时披着浓厚的宗教仪式的外衣,有时像轻松的游戏，有时则完全表现为严格的禁忌。可以从许多方面识别出这些主题的复杂性，比如从文化或是个人的梦中，从对邻居幽默或厌恶的推测中，从类人猿或动物的世界中。

以苏族人和尤洛克人为例，就这些综合的研究方法来说，我们已经了解了幼稚与社会狂热、宗教狂热的关系。我要指出的是，苏族人在宗教狂热中，会用小棍子刺穿自己的胸口，把这些棍子绑在皮带上，再把皮带绑在一根杆子上，然后在一种特殊的恍惚状态下向后跳，直到这根皮带被拉紧，小棍子从自己的胸口拉出来，使血液涌出，流过自己的身体。我们曾试图找出这种极端行为的意义。我们认为，这种仪式可能是对某种重要经历的象征性的必要补偿，那种经历可能与他们在断奶时出现的严重心理冲突有关，也可能与他们的某一部分永远渴望获得父母的依靠、信仰和爱以及超自然力量的庇护有关。

尤洛克人每年都会组织起来在河里建造拦鱼坝，以获得冬天的食物供应，之后他们沉湎于放纵的性交，把赎罪和涤罪都抛到了九霄云外。因此，等他们回到清醒的状态时，他们会表现出惊人的自制力。这保证了他们在来年又能得到捕捉鲑鱼的神圣权利。

在这两个案例中，我们怀疑进取和赎罪的循环代表着一种神秘的"胁迫自然"的含义。

我们在个人病历中一次又一次地观察到了这种循环。借助精神分析，我认为我们已经理解了这种循环的某些方面。我们给这些过分的愿望起了个名字——"本我"，给良心的压制力也起了个名字——"超我"。当人们被这两种力量之一主导时，我们还有针对这两种极

| 引 言

端状态的合适的理论。但如果我们试着给这两个人们熟知的极端之间的相对平衡状态下定义,如果我们要问当印第安人表现得就像一个印第安人,一年四季日复一日地做事时,他们有什么特征,那么我们只能通过否定来回答。我们试着在他们身上寻找一些症状来说明他们依然在情绪上和观念上存在矛盾。正如弗洛伊德说的那样,这种矛盾来自一种模糊的、焦虑的抑郁状态,通过某些中间阶段达到最高境界,然后回到原地。精神分析学和精神病理学一样,最初不太谈论"中间阶段"。在个体既不狂躁也不抑郁的时候,超我暂时停止挑衅,本我也同意休战,自我的战场上出现了片刻的宁静。此时,它才是清晰可见的。

让我们在这里停下来,回顾一下精神分析学中"自我"这个术语最初的含义。弗洛伊德认为,本我是意识中最古老的"行政区域"。从个体的角度来看,本我帮助婴儿实现"完全本我"。从系统发育的角度来说,本我是整个进化史留在我们身上的印记。本我是我们组织像变形虫一样的反应、像猿一样的冲动、子宫的痉挛和我们出生后的各种需要——这些会让我们变成只有"生物性"的存在——的"行政区域"。当然,"本我"这个名字暗示了如下猜想:"自我"知道自己和这非理性的、兽性的一面联系在一起,就像半人马人的那部分和马的那部分联系在一起一样,只是自我把这种联系看作一种威胁、一种不公平,而半人马乐在其中。本我也有一些叔本华所称的"意志"的悲观,它是我们要成为人之前必须克服的所有渴望。

另一个弗洛伊德承认的内在机制是"超我",即一种自动管理者,它通过良知反对并限制本我的表达。同样,我们首先对超我加在自我的外力进行说明。超我是"自我必须遵守的所有内心限制的总和"。但良知也包含了人类历史上残酷的压制力量，即破坏或孤独的威胁。在自我谴责和感到沮丧的时候，超我使用十分古老和野蛮的方法来压制自我，以至于自我变得像盲目冲动的本我一样了。所以在残酷的宗教或政治审讯中，我们很难看到虐待曲解的行为在哪里终止，真正虔诚的行为又从哪里开始。

自我蜷缩在本我和超我之间。它不断地避开和平衡这两极，自我不断面对这历史的现实、测试认知、选择记忆、支配行动，并综合管理个人的创造和规划能力。为了保护自己，自我发展出了"防御机制"。和通俗意义上所说的公开的"防御"态度相反，这些防御机制是一些无意识的安排，它们允许个人延缓赎罪，寻求替代，或是寻找本我的冲动和超我的强制之间的和解。我们在山姆的"逆恐惧症"防御中找到了这种和解，当他害怕时，他倾向于攻击别人。我们也在海军陆战队队员的全方位节制中看到了"自我约束"的防御机制。我们认为，他过分的善良是一种对他缺衣少食的童年生活中所有积累下来的怒火的"过度补偿"。我们会在其他案例中描述其他的防御机制。然而，在研究这一方面时，我希望把研究范围扩展到纯粹自我防御以外。安娜·弗洛伊德在《自我与防御机制》一书中做出了结论性的阐述：

当自我的防御机制……使它能够限制焦虑的发展并改变本能，甚至在困难的情况下也能通过一些有利的措施，建立起本我、超我和外

引 言

界力量之间最和谐的关系时,它才真正胜利了。①

因此,自我是一个"内在机制",它经过不断演化,保护个人内在的秩序。这不是"个人",也不是个性,虽然这是不可缺少的一部分。为了找出这种不可或缺的本质,我们将要描述一个悲剧性的失败,这是一个变态心理学的病例。我们将会看到一个年轻个体的自我挣扎着保持一致,却失败了。对于正常童年的"表演",我们将会观察到孩子们在暂时失败后,克服幼稚的焦虑,最终走向成功。

---

① Anna Freud, *The Ego and the Mechanisms of Defense*, London: The Hogarth Press and the Institute of Psycho-Analysis, 1937.

第五章
简：早期自我的失败

与患有"精神分裂症"的孩子面对面是精神分析师可能遇到的最棘手的事情之一。不是因为孩子稀奇古怪的行为会让会面变得困难，而是因为他们的行为和他们的外表形成了巨大反差。他们的面部表情往往普通而宜人，他们的眼睛"充满热情"，像是要表达深切而绝望的感受和儿童本不应该有的顺从。他们给临床观察者的最初印象让临床观察者相信，正确的医生和正确的治疗手段能使这些孩子走回正轨，即使这不符合之前的经验。这种确信多多少少带有一些清楚的推论，诸如孩子曾落入错误的人手中，而且事实上，有很多理由让他们不相信那些"拒绝"他们的父母。（我们已经看到了印第安人和白人在指控对方故意伤害自己的孩子上能做到什么程度了。我们的职业偏见针对的便是"那些拒绝的母亲"。）

我第一次见到简的时候，她快六岁了。我没有见过她没有生病的样子。她刚刚下了火车，对我的房子充满好奇，在花园和房子里疯狂地跑来跑去。我对她的第一印象是体态优美，但行动十分紧张和生硬。她漂亮的黑眼睛看起来像是脸上焦虑的表情中的安静的岛屿。她

第五章 | 简：早期自我的失败

跑遍了房子里所有的房间，掀开了她能找到的所有的床，就像是在找些什么似的。她找的东西看起来是枕头，她抱着它，对它低语，发出空洞的笑声。

是的，简是个"精神分裂症患者"。她的人际关系类型是"离心"的，令她远离人群。我曾研究过"离心"这种奇怪的现象，它常常被认为是仅仅缺乏与人的接触。几年前也有人说另一个小女孩"不关注任何人"。当那个小女孩从楼梯上下来走向我时，她的目光空虚地飘过一系列东西，在我的脸上绕了几圈。她消极地关注着我，她的目光也是如此。这种目光暗示她有其他症状表现，如想着其他遥远的东西，无法把注意力集中在手边的任务上，暴力地反对所有与他人的接触，除非这些接触符合她想象中的一些计划。当她变得专注时，一旦出现语言沟通，她便又立刻变得目光涣散。所有的意义被重复老套的词句所取代。她常常绝望地从喉咙里发出声音。

简疯狂地在我的房子里跑来跑去，不时停下来集中注意力，把她的爱慷慨地给予枕头。由于以下原因，这些观察看起来十分重要。她的妈妈告诉我简表现出极度失常是在自己患肺结核卧床不起的时候。她只能待在家中自己的房间里，孩子只能在一位好心但"严厉"的保姆的怀抱中，通过她卧室的走廊和她说话。在这段时间里，这位母亲感觉孩子似乎有什么事情急切地想要告诉她。她很后悔她在自己生病前不久让简原来的保姆——一位和气的墨西哥姑娘——海德文离开了简。这位母亲在床上焦虑地发现，海德文总是行色匆匆，用很大的力气把孩子挪来挪去，用十分严厉的语气表达她的不满和警告。她最喜欢说的话是："啊，孩子，你真讨厌！"。她最"神圣"的行动就是让在地上爬行的孩子离开地板,这样她就不会被灰尘弄脏。如果孩子有那么一点点弄脏了,她就"像是在擦洗甲板一样"擦洗孩子。

在四个月的分离之后,十三个月大的简被允许再次进入母亲的房间,她只是轻轻地说话。她在看到扶手椅上的印花布套的花纹时会退缩,然后哭泣。她试着从带花的地毯上爬开,不断地哭,看起来非常害怕。她被地板上滚动的一个大垒球吓坏了,还害怕纸张的噼啪声。她害怕的东西还在增多。起初她不敢触摸烟灰缸和其他脏东西,然后她不愿意触摸她的哥哥,也不愿意被他触摸,渐渐地就变成不愿意被她身边的大多数人触摸。虽然在正常的时候,她学会了吃饭和走路,她还是渐渐地变得沮丧而沉默。

或许这孩子对枕头近乎疯狂的态度和她不能靠近她母亲的那段时间发生的事情有关。也许因为某些原因,她不能接受这种分离,只能通过一种永久地逃离所有人类接触的方式来调整自己。现在,她在通过她对枕头的爱表达她对卧病在床的母亲的爱。

这位母亲证实这孩子有一个最爱的玩偶,是她在睡觉时压在自己脸上的一个小枕头。这位母亲看起来渴望把她曾经给不了孩子的东西都补给她。这位母亲完全不缺少对孩子的爱,但她感觉自己没有给简轻松的爱,那是简那时候最需要的东西。

在每个患精神分裂症的孩子的过去经历中,我们都可能发现母亲的疏忽。值得讨论的是,这种母亲相对缺席、被保姆照顾的经历可能是引起器官活动的根本失调的"原因",或者说这样的孩子——由于某些本质上的原因——有一些缺乏专业帮助的母亲不可能理解的特殊需求,尽管时至今日,专业人士似乎也无法在这些孩子能够被经精确

第五章 | 简：早期自我的失败

计算的适量母爱所拯救的年纪里找出这些需求。

这类孩子的过去经历常常存在早期的口部创伤。拿简的哺乳史作为例子：她的母亲原本计划给她喂一周的奶，却因为乳房感染不得不放弃这个计划。在简出生十天后，她出现了口腔溃疡，三周以来一直十分严重。在一岁之前，她的身体一直存在轻度感染，喝东西时会感到很痛苦。在六个月之前，简的舌下曾脱落一层受感染的皮肤。从她早期的照片中，我们可以看到严重下塌的下唇和伸出的、活动过度的舌头。毫无疑问，她的口部创伤十分严重。我们应该注意到，简的主要玩偶就是一个枕头。她会把它团成球，压在嘴上，咬着它的一角。除了枕头，简喜欢的东西只有一些器具，如打蛋器、吸尘器和暖气炉等。她对它们微笑，对它们低语，拥抱它们，在它们面前兴奋地跳舞。只有在人们想要夺走她的所有物，或是她想要夺走别人的东西时，她才会对人产生兴趣。

在她母亲早期的笔记中，有另一条记录在我看来有重要意义。她给我看了一位心理学家的诊断。这位心理学家在简四岁时对她进行了心理测试，他写下的印象是"这孩子不愿意说话"。理解这一点看起来十分重要，这些孩子像拒绝敌对的、"外来"的东西一样拒绝他们自己的感觉器官和生命机能。在内在和外在的世界之间，他们有一个防御系统。他们无法控制过度的印象和干扰的冲动。他们把自己的感知和沟通器官看作敌人，看作在身体里的潜在入侵者。这正是为什么一旦人际接触失败，这些孩子就闭上眼睛，用手捂住耳朵或是把他们的整个脑袋都藏在毯子里。因此，只有对症下药，用母爱鼓励他们，才能让这些孩子的自我重新掌控自己的器官，用它们去观察社会环

177

境，带着信任去和它们接触。

当我看到简的时候，她已经和父母分开住好几个月了，她一直由一位尽责的专业女士照顾。大部分时间，她都表现得不在乎。然而，在去年圣诞节的时候，在父母家参加完一次派对之后，她把父母送的所有礼物都扔到了她的住所外的大街上，一边踩着它们，一边大声哭喊。也许她确实是在乎的。我建议她的家庭成员搬到一起住一段时间，由母亲照顾简。她们可以定期从家里来到大学城，接受我的引导。我认为这种家庭治疗计划应当优于其他任何直接对孩子进行的治疗。

当简意识到自己回家了，母亲不知疲倦地陪伴着她时，简试图恢复亲密的接触以表达感激。然而，这些尝试常常看起来太强烈、目标太明确。她对人体的某些部分开始着迷。当她的兄弟们发现她抓住了他们的阴茎时，他们礼貌地拒绝了在治疗计划中的真诚合作。她的父亲发现她热情地想要陪他洗澡，试图在寻找机会去抓他的生殖器。起初，他不能掩饰他可笑的惊慌，之后他开始流露出紧张的怒意。当他穿好衣服后，她开始关注他手上的一个肿块，她称之为"凸起来的东西"。她关注着他的香烟，想要把它从他的嘴里拽出来扔出窗户。她知道人体的哪部分是易受攻击的。这些孩子因为自己易受攻击，也就擅长发现这些部位。

幸运的是，简对"人体的部分"最大的兴趣在于母亲的胸部。更幸运的是，她的母亲愿意放纵这种兴趣一段时间。她可以坐在母亲的膝盖上，淘气地拨动母亲的胸部和乳头。趴在母亲身上时，她会说"趴你，趴你"，显然是"趴在你身上"的意思。母亲会让她在自己身

第五章 | 简：早期自我的失败

上坐几个小时。"趴你"渐渐变成了这样的歌曲（引自母亲的日记）：

趴你，趴你，不伤胸脯——不摸绷带——不摸禁区——不摸绷带——不摸绷带——扔掉胸脯——伤害胸脯。

这显然是指孩子一心认为，去摸母亲的裹胸会伤害她。这些语句表现出的强烈的绝望让我们推测，她认为因为自己制造了母亲"胸部的麻烦"，伤害到了母亲，所以被从母亲的房间里驱逐出去。她话里的"扔掉"确实意味着她自己被"扔掉"（抛弃）。我们再一次看到了驱逐和赎罪的基本图像。我们必须理解，对于这些孩子来说，即使他们已经学会了很多复杂的单词，他们仍然很难区分积极和消极，区分"我"和"你"。随着她和母亲的游戏的继续，简会对自己轻呼"打你"或是"别碰掉你的手指"。她显然把她对阴茎的攻击和对母亲胸部的攻击联系起来了，因为她会说："兄弟们有个小弟弟。小心点。别弄伤了。不要弄断你的指甲。洞，简有个洞。"渐渐地，她开始公开要求被惩罚，要求被"扔掉"。单独玩耍时，她会像过去一样怕脏，会表现出好像她在扫除一些蜘蛛网或是扔掉什么恶心的东西一样。

让我们在这里暂停一下。这里描述的简已经进入了患有精神分裂症的孩子的发病期。毋庸置疑，只要她有机会用自己的方式和母亲交流，她就会用五年前母亲生病时的方式。这类孩子有极好的记忆（有时非常脆弱），但他们的记忆看起来并不能和感觉保持基本一致。他们说的话就像在做梦，表现出他们想要说的东西，但不能表明这些东

179

西联系是什么。在谈论母亲的病时,我们推测简认为她已经伤害了母亲的胸部,她用"绷带"来描述母亲受伤的情况,因此她就要被扔掉了(即不允许接近和拥抱她的母亲)。但问题是:什么受伤了呢?是孩子的手指还是母亲的胸部?我们把这归因于语义的含糊和错误地区分自己与他人。在这些问题上,成人说"别碰它,你会伤害到它"是毫无帮助的,应当换成"别碰它,你会弄伤你的手指"。然而,有人会说成人用词时的模糊符合早期的自我认知,即所有的痛苦都是"外来的",所有的愉悦都是"内在的",无论事实上它是从哪里来的。也许简还停留在那个早期阶段。然而,她早期也有被母亲交给保姆照顾的经历,那保姆就是一个滥用"别碰它"的人。这种禁令的后果当然就是她只能把想触摸东西的欲望投向家里的男性。和母亲在一起时,她更幸运些。患精神分裂症的孩子身上通常有强烈的自我惩罚倾向。他们的准则是"全或无"。他们的格言是"假如我的眼睛冒犯了你,那就挖掉它"。他们不仅会这么说,而且会严格地执行。因此,可能会发生这样的事,一个患精神分裂症的小男孩诚挚地要求他吓坏了的父母切下他的阴茎,因为它不好。

母亲继续耐心地告诉简,自己的病不是她的错。她让简和她一起睡,让她坐在她的膝盖上,常常给她只有婴儿才能得到的关注和照顾。简看起来开始信任她了。几个月后,她有了明显的改善。她的动作变得更优雅了,她的词汇量增加了,或者说她的用词变得准确了,之前她的话都是令人捉摸不透的。她开始玩耍了!她把一只黑色的小玩具狗放在床上说:"睡吧,小狗!盖上被子,闭上眼睛,让我拍拍你,小狗。"她也开始造一列长长的"开往东方"的火车。在玩耍

第五章 | 简：早期自我的失败

时，她罕见地和母亲对视，并说道："以后不要乘火车进行长途旅行了。""好的，"她的母亲说，"我们会在一起的。"

这些进步看起来是喜人的。但它们有时也会被一些危机打断。然后我就会接到紧急电话，前去拜访她的家庭，和家里的每一个人谈话，直到我查明他们的生活中究竟发生了什么。在这个只有一个病人的"疗养院"中，一系列问题出现了。只有能理解精神分裂症的人才能和精神分裂症病人住在一起。母亲接下了这个任务，也就要求她要有一种特殊的执着，也要保护好自己。另外，我们也要驳斥这种害怕遭受袭击的想法。家庭中的每一个人都被迫去留意简的想法，判断它是纯粹的冲动，还是绝望的自我否定。这会威胁到每个人自己的平衡和自尊。我们必须反复指出这一点，因为简会不断改变她挑衅的方向。她会反复撤退，然后再次进行挑衅。

接下来，我会提供一个例证来说明母亲第一次试图让简自己睡觉带来的影响。简突然对调羹产生了一种病态的感情，这种感情的程度十分强烈，导致了简和她父母之间第一次绝望的危机。简不断重复诸如"不要睡在简房间的灯光下""调羹里的灯光""调羹里的焚化炉""调羹里的毯子"此类的语句。在吃晚饭时，她常常坐着，只是盯着"调羹里的灯光"。别人不能理解她，她就开始撤回到自己的世界里，几小时几天地待在床上。然而，晚上，她拒绝睡觉。她的父母打来了紧急电话，希望我来试着解释这种情况。当我请简给我看调羹里的灯光时，她给我看了书架后的一个插头。几周前，她弄坏了这个插头的一端，导致了短路。我和她一起走进她的房间来调查那些电器，我发现她房间里有一个昏暗的灯泡，它后面有一个像勺子一样的影子，像是试图阻止灯光照到她的床上。这就是最初的"调羹里的灯光"吗？简表示是的。现在问题清楚了。起初母亲和她一起睡在她的床上，半开着门，大厅里的灯也开着。后来，大厅里的灯被关掉了，只有简房间里小灯泡的光——"调羹里的灯光"——亮着。显然，到了晚上，简会看着这灯光，把它视为她最后的安慰（母亲最后的"一部分"），赋予它和母亲的胸部、父亲和兄弟的阴茎、所有爱玩的玩偶一样的偏爱和敬畏。就是在那时，她用她那些有问题的手指去摸房间里的插头，导致了短路，让一切都黑暗了下来，包括"调羹里的灯光"。她再一次为自己带来了灾难：她摸了某个东西，导致了会把她一个人留在黑暗里的危机。

我把情况解释清楚后，她放弃了对调羹的崇拜，继续着她的恢复进程。然而，没有人会忘记致病模式和它爆发的强烈程度。简现在快要七岁了。她看起来开始感觉她的手指不会再导致什么危险了，她不仅可以控制它们，还可以用它们学着做一些漂亮的东西。

首先，她做手指游戏，说着"这只小猪做这个""那只小猪做那个"。她让这只小猪做她自己在白天做过的事，也就是"去市场""去零售商店""去电梯""哭着回家"。因此，借助这一系列的手指动作，她学会了完整的时间概念，把之前不同时间做的不同事情联系起来。但她不会说"我做这个""我做那个"。以"我"开头的任务不仅仅是智力的问题。精神分裂症患者的自我需要反复检查和整合，因为在事情发生时，它提供的信任感是不足的。简用手指完成了这种沟通和整合，重新接纳了自我。她用蒙台梭利接触法学习了字母表中的字母后，用手指画出了它们。她用指甲拨木琴，学会了旋

第五章 │ 简：早期自我的失败

律。母亲说：

当简对木琴表现出一种无意识的浓厚兴趣时，我意识到她其实是在用指甲弹奏它。她弹得很轻，以至于别人很难分辨出她在弹什么。然而，今晚我发现她可以从头到尾弹奏《水水野花》。这首歌需要把音阶上每一个音符都弹到。我请她重新弹一遍，看着她的手在音阶上上上下下。我十分惊奇，大大夸奖了她一番，说她弹得好极了。我说："我们下楼给别人弹这支曲子吧。"她欣然下楼，十分自信，十分愉悦。她大声地为他们弹奏，他们也感到十分惊奇。然后她弹了些别的东西，如《下雨了》《ABCDEFG》等。我们都夸奖了她，她接受了我们的夸奖。她不想上楼，看起来想要留下来继续为大家演奏，这是一种新的愉悦的感受。

因此，简"升华了"，找到了新朋友。但随着她部分的自我得到恢复，她也以新的方式结下了敌人。因为她依然用手指戳别人，差点伤害到访客的眼睛，必须用力才能阻止她。她尤其喜欢戳父亲，显然是她之前抓阴茎和香烟的活动的后遗症。此时，父亲只能离开一段时间，她又退回到之前的状态，抱怨，抱着枕头（奇怪地说着"毯子已经修过了"），只会低声说话，吃得很少，甚至不吃冰淇淋。她再一次不让别人触摸她了！

在这种新的危机发展到顶点时，简躺到母亲身边，绝望地喊道："简没有阴户，没有茄子，拿掉，拿掉，植物里没有蛋，不要种下种子，割掉你的手指，拿剪刀来，割掉它。"这显然代表的是过去那种深深的自我惩罚的行为。

关于父亲的"消失",母亲给了简合理的解释。她还告诉简不是因为她摸了自己的"茄子","茄子"才消失的。简又开始用手指做游戏了。她必须用她之前的方法念诵"这个小姑娘睡在冰箱里,这个小姑娘睡在吸尘器里"等。渐渐地,她重新产生了对动物和其他小朋友的兴趣,她用手指代表"这个小男孩在跳,这个小男孩在跑,在走,在比赛"等。她对手指技能的兴趣被应用到小孩和动物的各种运动形式中去。她用她的手指——再加上她的脚趾——来背诵各种本土动物的名字和一周七天的单词。同时,她开始在木琴上演奏一些更难的法国民间歌曲,她毫不费力地把这些曲子演奏了出来。她总是知道怎么找到第一个音符。在母亲的报告里,我们感受到了简对找回手指功能的愉悦:

上周日,简画了一幅画,画的是一个穿黄色连衣裙的女孩。晚上,她悄悄地走向挂在墙上的画那里,去感受它。她在画中女孩的手那里停顿了很长时间。那幅画中的每一只手都比简整个人还要大。她仔细地碰触了画中每只手的五个手指。然后她说:"手很棒。"我同意她的观点,重复了一遍。然后,几分钟后她说:"手很漂亮。"我再次欣然同意。她走向床边。在她坐到床上时,她一直没有把目光从那幅画上移开,依然注视着它。然后她响亮地说:"手很可爱。"

简不时会一边弹木琴一边唱歌。现在,这对父母幸运地找到了一位愿意根据简的听觉天赋和模仿技巧来教她的钢琴教师。在我下一

第五章 | 简：早期自我的失败

次拜访的时候，我听到有人在练习贝多芬的《第一奏鸣曲》的几个乐章。我在无意识中对这强烈而灵敏的弹奏手法进行了评论。我以为是个有天赋的成人在弹奏。当发现是简坐在钢琴前时，我十分惊奇。这种令人惊讶的事情在研究中太过吸引人了，它常常带有误导性，因为它一次又一次地让人相信孩子的进步是因为某些独特的才能让他们迅速恢复。但我凭着感觉深信，直到她变得敌视这种才能——正如她在第一个见到她的心理学家对她说话时"敌视说话"那样——前，简在弹钢琴方面展现的才能，都是十分令人惊讶的。

至此，我们讲完了简的变化，也就是她和她的手的关系，也完成了一份检测报告。在简的案例中，自我意识太弱导致她一会儿受到一种"驱力"的支配，关注于他人的某一部分，一会儿又受到残酷的自我惩罚和无力的完美主义的支配。她不是不能学习，不能记忆，比别人弱。我们可以从她的艺术表达中看出她的口欲固着。她无法把自我整合起来，她的自我是无力的。

你想知道简后来怎么样了吗？随着年龄的增长，她的行为和年龄的不符变得越发明显，使她和同龄人的交流变得越来越困难。在特殊学校里，其他问题又涌现了出来。在那里，她很快失去了母亲几年来努力给她带来的一切。从那以后，她在最好的居住环境中，在一位最热心、最有想象力的相关领域的儿童精神分析学家的指导下继续接受治疗。

"母亲的抛弃"在类似简这样的案例中所产生的影响依然有待讨论。我认为我们应当考虑这些孩子可能无法尽早地回应母亲的目光、微笑和触碰，这也反过来让母亲不知不觉地疏远了他们。最本质的问题就是要发现如何保持母亲与孩子之间的关系。这种关系是是一种情感的结合，它会给双方带来幸福，但一旦受阻或被削弱，便会对彼此造成威胁。在我所遇到过的精神分裂症案例中，这些孩子都明显缺乏"情感表达能力"①。然而，由于早期沟通的失败，孩子也许只能用恶性行为表达他们对于情感的需要。父母也有这种需要，但他们的需要也许已经被孩子的特殊品格或是优秀的智力弥补了，至少在其他关系中被弥补了。

最后，我们很清楚简的母亲完全有能力为简的特殊治疗付出努力，这是在人类信任领域开展的所有实验的先决条件。

---

① 在第一版中，这里的用语是"……主要的'情感表达能力'的缺陷在于孩子一方。"这只是指我所见的一些案例。在精神分析学的实践中，这些案例是少见的。我的陈述将会模糊地驳斥某些简单的解释，这些解释声称拒绝母亲会导致他们后代的恶性发展。同时，我的陈述引用了幼儿精神病的严格的病原学本质理论。然而，仔细的读者会在第一章和简的病历中看到，我没有试着去把起因和疗效分开，而是描绘一种包含了自我和社会组织的新的概念领域。无疑，这种方法绕过了父母与孩子的互动，在这些互动中，原发的和周边环境的缺陷使彼此都受到威胁。但起因只能在有严格的诊断条件和有足够的病历对照时才能被罗列出来。这些在日渐增多的儿童精神病学的文献中都能找到。

第六章
游戏与理智

根据弗洛伊德的理论,我们把游戏称为理解儿童进行自我整合的康庄大道。我们已经观察到了一个这种整合失败的例子。我们现在应该转向观察能够说明自我在游戏中得到快乐和自愈的能力的例子。我们也应该观察治疗情境。在治疗情境中,如果我们足够幸运,我们便能帮助儿童修复自我。

游戏、工作和成长

让我们用那位十分有名的心理学家关于游戏的观点作为本章的开始。事情虽然不是由疾病引起的,但仍是不幸的。有一个男孩叫汤姆·索耶。他的姨妈责令他在一个春天的明媚早晨去把篱笆刷白。当他看到一个叫本·罗杰斯的同龄男孩在玩游戏时,他的窘境愈发凸显。我们希望通过汤姆(这个劳动的男孩)的双眼观察的正是本(那个闲适的男孩)。

他拿起刷子,平静地走去干活。本·罗杰斯突兀地进入了他的视野。他一直对本的嘲讽感到恐惧。本蹦蹦跳跳地走着,足见他内心的愉悦和期待。他吃着一只苹果,发出长长的悦耳的呐喊,间或发出低沉的"叮咚咚,叮咚咚"声,像是在模仿一艘汽船。当他走近时,他放慢了脚步,走在大街中央,笨拙又装腔作势地倾身让他的"船"向右转舵顶风停下,因为他在扮演"大密苏里号",假装自己在三米深的水里。他是船、船长、发动机和铃铛的结合体,所以他必须想象自己站在飓风的甲板上,发出指令:

"停止向右转舵!叮铃铃!停止向右转舵!笔直开!停下来!外舷慢慢转过来!叮铃铃!咻咻咻!把船头的绳索拿开!现在动起来!来——带上你的船缆——你在那里干什么!在海湾里转个弯!就那样,现在——让她走!先生,发动机准备就绪!叮铃铃!呸!呸!呸!"(他在试着处理那些试水位旋塞)。

汤姆继续刷着篱笆,他没有在意那艘"汽船"。本瞪了他一会儿,然后说:

"嘿,你!你笨兮兮的,不是吗……你得工作了,不是吗?"

我十分满意本·罗杰斯留给我的临床印象,这基于以下三个方面:身体、自我和社会。因为他用力咀嚼苹果,所以他关心自己的身

第六章 游戏与理智

体。同时他喜欢想象自己控制着一系列互相冲突的事物（他假装自己是一艘汽船，还假装自己是其中的一部分，还有汽船的船长和遵从船长的船员）。当他"航行"到一个角落，他看到了工作中的汤姆，没有放过任何一个观察社会现实的时刻。毫无疑问，他很快便知道怎么假装他很同情汤姆，虽然他因汤姆的窘境而感到更加自由。

我们会说他是一个灵活的小伙子。然而，汤姆看起来是个更好的心理医生：他打算让本也工作起来。这说明心理状态至少是第二大调节器，在一些逆境中甚至可以比普通的调节器更好。

从本最后的命运来看，问本的游戏意味着什么看起来太粗鲁了。我把这个问题抛给了学习精神病学的社会工作专业的学生。当然，大多数学生的回答是不同的创伤，因为除此之外，还有什么方法能让本接触到"个案工作"呢？大多数学生认为本一定曾是一个失意的男孩，所以他玩得那么费力。可能的挫折有很多，比如因为被残暴的父亲镇压，所以他在逃避的幻想中成了一个专横的船长，还有尿床或者某种马桶创伤，导致他想要成为一艘在三米深的水中的船。有的回答考虑了最明显的情况，即他想要变大，这体现在他以船长——他那个时代的大众偶像——自居中。

我对这次讨论所贡献的观点包括：本是个成长中的男孩。成长的过程由不同的部分组成，各个部分又有着不同的发展速度。一个成长中的男孩无法很好地控制他那笨拙的身体，也无法控制他那三心二意的头脑。他想要做个好孩子，仅仅是出于权宜之计，但结果是他也经常做坏事。他想要叛逆，但结果是他经常做出违背自己意愿的妥协。他从他那个年龄的视角窥探到成人世界的一角，他发现自己的举动就像是个孩子。本所玩的游戏的意义之一就是通过他自己塑造的一个拥有聪明头脑（船长）、灵敏的神经和强健的意志（信号系统和引擎）、完整而高大的身材（船）的角色，给予他的自我一次暂时性的胜利。这允许他成为自己的主宰，因为他服从的是自己。而在同一时间，他选择了一种早期机器时代的工具作为比喻，并向往着属于他的时代的机器之神的身份——大密苏里号船长。

游戏是一种自我的表现，尝试让个体的生理和社会过程与自我同步。本的幻想中包含了阳物崇拜和运动元素。一艘行驶在大河上的大船是一个很好的符号象征。船长的形象当然符合了父亲的形象，更进一步地说，是一个经过精心描绘的家长的代表。但是我认为，重点应该在于自我对控制不同生活领域的需要，尤其是个体发现自身在生理上和社会角色上所想要达到的和缺乏的那些部分。游戏的目的是实现控制自我的幻想，并成为幻想和现实之间的媒介。但是我们以当下的眼光来看，游戏毫无疑问地只占据了生存的很小一部分。什么是游戏，而什么不是游戏？让我们先从语言的角度来研究一下，然后再回到儿童身上。

阳光洒（play）在海浪上，这里的"play"一词很有趣，因为这个词忠实地符合游戏规则。它并没有真的同现实世界中的海浪发生互动，仅仅停留在外表上的混合。这种模式能毫不费力地快速和重复变化，从而在可预测的范围内产生一种令人愉快的画面，甚至都不用再重复创造一个同样的组合。

当成年人进行游戏的时候，他们必须通过类似毫不参与或轻微参与的方式混合事物与人。他必须做他选择做的事，而不是被当前利

第六章 | 游戏与理智

益所强迫，或者被强烈激情的冲动所驱使。他必须感到愉快，并且不惧怕或期望任何严重的后果。他远离社交和经济现实去度假，或者不工作。正因为这种与工作的对立性，才赋予了游戏诸多内涵。其中之一就是"单纯的乐趣"，不论做到这一点是否困难。正如马克·吐温曾经说过的那样："制造人造花，那是工作，而攀登勃朗峰，那仅仅为了娱乐。"但在清教徒的时代和文化里，单纯的乐趣总是意味着罪恶；贵格派信徒警告说你必须"在职责的领域里收集鲜花的喜悦"。在清教徒看来，之所以允许游戏的唯一理由，是因为他们相信"在道德活动中的解脱对其自身来说是一种道德必要"。而诗歌展现了不一样的重要性："只有当一个人在游戏的时候，他才是完美的。"这话是席勒说的。因此游戏是诸多人类活动的临界现象，而且从它自身的有趣的方式来说，它也一直在试图避免被定义。

确实如此，即便是最紧张和危险的游戏也不会被称为工作；它不会生产出商品。一旦它产出了商品，那么游戏就被职业化了。但从一开始，这个事实就使得成人和儿童之间游戏的比较，从某种程度上失去了意义。对成人来说，这是一个商品生产和交换的过程，而对儿童来说，这仅仅是他们的准备阶段而已。对一个工作的成年人来说，游戏是再创造。这允许他定期地踏出他的社会现实。

利用重力。 杂耍、跳跃和攀爬，能让我们的身体发挥平时未曾使用过的新潜力。类似的游戏能给人一种有无限自由空间的感觉。

利用时间。 我们可能对这一点嗤之以鼻。时间是我们苛刻的老板。当需要争分夺秒的时候，游戏的游戏性就消失了。这就将竞技运动移至游戏的边缘。它们看起来对空间和时间的压力做出了让步，以便在一分一米的细微差异上战胜这种压力。

利用命运和因果关系。命运和因果关系决定了我们是谁，从哪里来。在机遇游戏里，我们恢复了命运前的人人平等，也确保了每个游戏者都拥有原始的机会，愿意去遵守那些和现实中的规则比起来显得随心所欲而毫无意义的规则。但它们又具有魔法般的说服力，就像是现实般的梦境，它们要求完全的服从和遵守。如果游戏者忘记这样的游戏必须保证游戏者的自由选择权，如果游戏者沉溺游戏而无法自拔，这个时候游戏性同样会消失。游戏者也成了赌徒。

利用社会现实和我们所谓的格子。在游戏中，我们可以做在生活中无法做到的事，或成为无法成为的人。但是当一个游戏扮演者开始相信他所扮演的角色，他就会接近一种歇斯底里的状态——如果没有变得更糟糕的话。然而当他为了获取利益，试图令别人相信他所扮演的"角色"时，他就成了一个冒名顶替者。

利用身体驱力。全国那些大量的广告成功激发了我们对游戏必需性的意愿，举个例子来说，它使我们相信，氧气和食物不再是令人愉快的必需品，那些能够带来新鲜的感官体验的游戏才是。当对这种新鲜感官体验的需求变得具有强迫性时，个体一般就会出现一种轻微成瘾和暴食的状态，这种状态会让个体失去充实感，并且事实上还会产生一种潜在的不满足感。

最后也是最重要的一点，在爱情生活中，我们将性爱游戏描述为最终行动之前的随机活动，这种随机活动允许伴侣们选择身体部位、紧张程度和节奏（就像打油诗里写的那样，"什么，用什么，和谁"）。性爱游戏一旦结束，最终行动便开始了，支配权被交给了本

第六章 | 游戏与理智

性。当其中一种预备的随机活动拥有了足够的强迫性，进而取代了最终行动时，游戏性便消失了，取而代之的是性反常和倒错。

以上列出的游戏情况表明了一个狭隘的领域。在这个领域中，自我意识会高于时间与空间的限制和社会现实的定义，会脱离良心的强制力和非理性的冲动。只有在这些限制里，人们才能感受到自己的自我意识。难怪他们会觉得只有在游戏的时候，自己才是"真正的人"。但这假设了另一个最具决定性的条件，即个体必须将大部分时间投入工作，少部分时间投入游戏。他必须在社会中拥有既定的角色。花花公子和赌徒都会受到工作人群的嫉妒和厌恶。我们都喜欢看到他们出丑或被嘲笑，或者让他们经历比工作更糟糕的事，强迫他们生活在奢华的牢笼里。

游戏的儿童引出了一个问题：不工作人的不应该玩游戏。因此，为了容忍儿童的游戏，成年人必须发明一种理论，以证明要么童年的游戏真的算是工作，要么那还不算是游戏。最流行并且对观察者来说最简单的理论是，儿童还没有成为任何人，所以让他的游戏反映出他的角色是没有意义的。科学家们尝试过寻找其他解释，以说明儿童游戏的幼稚和怪诞，他们设想这代表了儿童无关紧要的童年。根据斯宾塞的观点，年幼的哺乳动物通过游戏来消耗他们的剩余能量，因为他们不需要喂养和保护自己（这是他们父母的工作）。然而，斯宾塞注意到，不管在什么样的场景下，游戏总是有"模拟出来"的倾向："不寻常地做好了活动准备，不寻常地唤起了相关的情感。"早期的精神分析理论加入了"宣泄"理论。这一理论认为游戏能让成长中的个体消除压抑的情绪，并让过去的挫折感在想象中得到缓解。

193

为了评估这些理论,让我们来看看另一个玩游戏的男孩,小汤姆。他住在多瑙河边,他的游戏被另一位伟大的心理学家西格蒙德·弗洛伊德①记录了下来。弗洛伊德是这么记叙的:

我并没有打算对此现象进行综合性的研究,我只打算利用这个机会,阐述一个18个月大的男孩自己发明的第一个游戏。这更像是一次随性的观察。几周来,我与这孩子和他的父母住在一幢房子里。经过这段漫长的时间,我逐渐搞清楚了他那令人不解和不断重复的行为背后的原因。

那个孩子还没有开始发展智力……但他能让他的父母和女仆理解他的意思,而他也表现得很乖。他不会在晚上打扰他的父母。他小心地遵守着那些嘱咐他的指示,不碰不能碰的东西,不进不能进的房间。最重要的是,当他母亲外出几小时将他独自留在家里时,他也从不会哭闹,尽管他和母亲的关系非常亲密。母亲在没有任何外界帮助的情况下照料和抚养他长大。然而有时候,这个表现良好的孩子会表现出一个令人苦恼的习惯:他会把所有的小东西扔进房间角落里、床底下,以及所有他能够得到的地方,所以整理他的玩具从来就不是轻松的任务。他在旁边会做出有兴趣和满足的表情,发出拖长了的"噢噢"叫声,这种叫声在母亲看来(我也有同样的看法)不是感叹声,而是一种"消失"的含义(fort)。我最后发现,这是一种游戏,这

---

① Freud, S. *A General Selection*, edited by John Rickman, London: The Hogarth Press and the Institute of Psycho-Analysis, 1937.

第六章 | 游戏与理智

个孩子用他所有的玩具在玩"不见了"（fort sein）的游戏。某天我的一次观察证明了我的观点。那个孩子拿着一个木制的卷轴，四周绕着线。他从没有想过将这个东西拖在地上，当作马和马车那样来玩，而是抓着绳子的一头，不停地用惊人的力气将它扔出去，扔过他的小挂床，这样看起来，卷轴消失在床的另一端，接着他大叫一声"噢"，拉着绳子将卷轴重新从床的那边拉出来，很开心地用"在这里"（Da）来欢迎它的重新出现。这就是一个完整的游戏，包含了消失和回归。大多数围观者只观察到第一阶段的行动。在这个阶段，儿童会为了游戏而不知疲倦地重复，然而能带来更大快乐的却是第二个阶段。这种解释完全被接下去更进一步的观察所证实了。有一天，孩子的母亲出门几个小时。当她回来的时候，那个孩子说了一句："宝贝，噢——"一开始这还是难以理解的。后来证明，在长时间的独处中，他找到了一种让自己消失的方法。他在镜子里发现自己的倒影贴近了地面，接着他便在镜子面前蹲下来，让自己"消失"（fort）。

为了理解弗洛伊德在这个游戏里所观察到的现象，我们必须指出在那个时候，他的兴趣在于（事实上，他也在写相关的文章）奇怪的"强迫性重复行为"。比如，需要通过文字或者行动来重演痛苦的经历。我们都会偶尔不停地谈论痛苦经历（一次受辱、吵架或手术），这种经历也许还是你希望能忘记的。我们所知道的受过创伤的个体，他们无法在睡眠中得到安慰，而是不断被梦中重新经历的创伤事件唤醒。我们同样怀疑，有些人一遍又一遍地犯同样的错误，比如她们"在巧合下"嫁给了另一个像极了她们刚与之离婚的伴侣的人，或者

195

一系列类似的意外或灾祸总是发生在他们身上，这不是单纯的偶然。弗洛伊德总结到，个体无意识地安排最初主题的变化体，而他们既没有在这种场景中吸取教训，也没有学会如何应对，他们通过不断重复和主动去经历来试图掌握这个对他们来说无法承受的最初主题。

当弗洛伊德在撰写相关文章时，他开始理解这个单人游戏的含义，并且发现，游戏主题（某样东西或某个人的消失和回归）出现的频率符合实际生活经历（母亲在早晨离开，以及她在傍晚归来）发生的频率。

这种戏剧化的情景出现在游戏中。小汤姆可以通过这种方式来表明自己对那些物品的主权，以此想象他也能主宰自己的生活状态。当母亲离开他之后，她已经脱离了他的哭泣和要求的范围，并且母亲只有在她认为适合回来的时候才回来。但在他的游戏里，这个小男孩将卷轴绕线当作他的母亲。他可以让她消失，甚至扔得远远的，也可以让她回来，只要他想。弗洛伊德这么解释：他将被动变成了主动，他在游戏中所做的事情是在现实中他无法改变的事情。

弗洛伊德提出三个要素，可能会引导我们对这个游戏做出更进一步的社会评估。首先，这个孩子将物品扔掉。弗洛伊德将此解释为可能是报复的表现——"如果你不想和我在一起，我也不想要你。"因此，通过明显的情绪上的自主性成长，这是在主动掌控中的一项额外收获。然而游戏的第二阶段，这个孩子更进了一步。他抛弃了手中的物品，利用全身镜，开始了先让自己消失再让自己回来的游戏。现在他同时成了被抛弃的人和抛弃别人的人。他成了主宰，他不仅合并了那个在生活中他控制之外的人，并且在整个场景中，他同时成了两个

第六章 | 游戏与理智

角色。

　　这是弗洛伊德给出的所有解释。但我们或许可以提出这样一个观点：这个孩子在通过他从"消失"游戏里学来的信息，来迎接他回来的母亲。从弗洛伊德的报告来看，这个游戏本身可以表现出一个开始增长的趋势：儿童将生活经历带到一个孤独的角落，并在幻想里纠正它们（也仅仅是在幻想里）。让我们假设母亲回来时，小汤姆表现得完全漠不关心，将他的报复延伸到生活场景中，并表现出他完全可以照顾好自己，他并不需要她。这种情况通常发生在母亲第一次短途旅行后，她急急忙忙地赶回来，急切地拥抱自己的孩子，但孩子的反应却很冷淡。接着她也许会感到被拒绝，从而不喜欢和远离缺乏爱意的孩子，这也因此让小汤姆感到他通过扔东西达到的复仇效果和后续的虚张声势有点过了头，以致真的将他的母亲永远赶走了，但事实上他只是想要抛弃他的母亲重新回来。因此基本的问题是，这种对方离开而自己被抛弃的经历，并没有通过在单独游戏中的解决方法得到改进。然而我们的小男孩把他的游戏告诉了母亲，那我们也许可以假设她完全没有生气，并对他的创意感兴趣甚至感到骄傲。之后他的处境就变好了。他已经对困难的场景做出了调整，他已经学会了操控新的事物，并受到了充满爱意的认可。这一切都是通过"儿童游戏"实现的。

　　但是这种"儿童游戏"总是有什么个人和难以揣测的含义吗？如果有十个过去骑马时代的小孩，开始用卷轴和绳索玩耍，将他们拉在自己身后，假装自己是马呢？这对其中某个人来说一定是有含义的吗？或者仅仅是表面上看上去的那样吗？

正如我们先前所说的，受过精神创伤的儿童会选择在他们的文化环境中可利用的，并且在他们的年龄可以操控的材料，用在他们编造的游戏里。可利用的物品取决于文化环境，因此这对于相同文化环境下的儿童来说是共有的。本今天没有玩蒸汽船，而是利用自行车作为更具体的协调对象，这并没有阻止他们的想象。在去学校或者杂货店的路上，他们驾着自行车直冲云霄，并用机枪扫射着敌人；或者他们自己就是戴着光荣银勋章的独行侠。而可操控取决于儿童的协调能力，因此只有那些达到了某个成熟阶段的儿童才能共享这一点。对同一个社区里的所有儿童有着共同意义的东西（比如卷轴和绳索象征了被套上绳索的生物），也许对某些人来说有着特殊的意义（比如所有已经学会操控卷轴和绳索的人，或许已经做好了开始认识新的公共象征意义的准备）。然而除去以上这些，对于个别儿童来说，卷轴和绳索也有着独一无二的特殊含义。这些儿童或许曾经失去过什么人或动物。他们在游戏中会赋予卷轴和绳索一种特殊的意义。对这些儿童来说，"套住绳索"不仅仅是套住普通的动物，也代表了一个特别而重要的象征——失去的动物或人。评估游戏的观察者理应知道特定年龄的所有儿童对可用于游戏中的元素的共识，因为只有这样观察者才能判断这是否是超越了共同意义的特殊意义。为了理解这一特殊含义本身，观察者需要仔细的观察，不仅针对游戏的内容和形式，还有伴随的话语和可见的情感，尤其是那些会导致"游戏中断"的情况。

为了探讨游戏中的焦虑，让我们来思考一下一座塔楼的建造与摧毁。有个母亲认为她的儿子处于"摧毁阶段"，甚至发展出了"摧毁人格"，因为在建造了一座很大很大的塔楼后，男孩不能遵守她的建

第六章 | 游戏与理智

议,将塔楼留着给他父亲看,而是坚持将塔楼踢倒,看着它倒塌。孩子们在看着他们花大量时间建造的游戏作品毁坏的那一瞬间所产生的近乎狂热的快乐令很多人感到不解。但是他们一点也不喜欢他搭的塔楼因为意外倒塌,或是被某个热心的舅舅给弄倒。他们作为建造者,必须亲手将塔楼摧毁。当一个全新而神奇的观点产生的时候,总是离他的"摇摆"和"突然"倒塌不远,我认为这个游戏就是由此产生的。一个儿童由此学会建立一座塔楼,同时也享受着他自身是塔楼摇摆和倒塌的原因这个事实。除了得到对之前被动事件的主动控制权,这还会令他感觉到别人的弱小,从而感到自身更强大,而塔楼不像是他的妹妹们,会哭着喊妈妈来帮忙。但孩子对空间的掌握的不确定性也因此展现出来,所以他看着除自己以外的人摧毁了自己的塔楼,这不会让他感到自己是摧毁者,而相对地会让他觉得自己是被摧毁的一方,所有的乐趣也因此消失。马戏团的小丑在故意摔倒之后恢复控制,而接着他们又重新摆出天真无知的样子来挑战地心引力和因果关系。即便是大人也会表现出滑稽和笨手笨脚的一面。当有些孩子与那些无法从自己的摔倒中站起来的小丑产生认同时,这个游戏对他们来说就"不再好玩"了。这可以揭示儿童时期许多焦虑的开始。当一个孩子试图展现自我的控制力,却发现成人"并不支持"并且很随意地对待他,或者取笑他的练习时,这种情况便造成了孩子的焦虑。

儿童的游戏从他们自己的身体开始,并以此为中心。我们称之为自发性游戏。起先我们不会注意到这是游戏。它以重复性的探索开始,包括感知觉、运动和发出声音,等等。下一步,儿童会使用可以利用的人和物来做游戏。他可能开玩笑地哭闹,想看看多大的哭声能让母亲重新出现，或者沉浸于探索母亲的身体和面部。这是孩子的第一堂"地理课"，而与母亲互动的基本地图毫无疑问成了自我第一次探索"世界"的向导。这里我们引用桑塔亚纳的文字[②]：

在很远很远的昏暗过去，那时世界似乎还是一片混沌状态，奥利弗记起了坐在母亲大腿上的特权。那里一直是安全、有利又温暖的庇护所。他被包裹在一个丰富而又安全的保护壳里，就像是坐在王座上的国王一样，身边簇拥着忠实的保镖。而在这块风景之外，那些传递信息的信使和五颜六色的情景成了最有趣的场面，一切都是新鲜而令人激动的。就好像你的母亲在和你讲一个故事，而这些画面就像是画在你脑海中的示意图。

孩子的微观世界——一个有各种能控制的玩具的小世界——是他们自己建立的港口。当他们需要修复自我的时候，就会回到那里。但是这个世界有着它自己的法则：它可能会抵御重建，或者可能就这么毁成碎片；它可能会被证明是属于别人的，以及被更强大的人没收和支配。通常来说，这个微观世界会引诱孩子进入对危险毫无防备的状态，并引发他们的焦虑，导致游戏中断。这刚好和从一个焦虑的梦中醒来的状态相对应。这会阻止孩子做出游戏的尝试，就像他因为恐惧夜晚而拒绝入睡一样。如此一来，如果他们在微观世界里感到了恐惧或失望，孩子可能会退化到自噬状态，做白日梦、吮吸手指、手淫。

---

② Santayana, G. *The last Puritan*, New York: Charles Scribner's Sons, 1936.

第六章 游戏与理智

从另一方面来讲，如果第一次对物体世界的探索是成功的且得到了恰当的引导，那么孩子对玩具的掌控会成为投射在其中的对创伤的掌控。通过这样的掌控，孩子获得了威望。

到了上托儿所的年龄，孩子的游戏和宏观世界——一个与其他人一起分享的世界——产生了联系。起初，他人会被孩子当作事物来对待，会被检查或是强迫"服从"。学习是个必需的过程。在学习中，孩子知道了什么样的内容只能存在于幻想或自我游戏中，什么样的内容可以展现在微观的玩具和物体世界中，什么样的内容可以与他人分享并且强加在他人身上。

对于孩子来说，每个世界都有了真实的感觉。在之后的一段时间里，单独游戏会继续作为一个不可缺少的港湾，用来重建和恢复孩子因"猛冲进"社会海洋而产生的情绪碎片。孩子的自我在任何方面受到了挫折后，都能躲进他为自己安排好的单独游戏中去。这构成了我们在治疗中如此依赖"游戏治疗"的基础。这一点我们会在之后谈到。

那么什么是儿童游戏呢？我们看到这和成人游戏不一样，这不是一种娱乐。成人玩游戏总是为了躲进另一个现实中，儿童玩游戏则是为了前进到一个新的掌控阶段。我提出的理论是：儿童的游戏是人类应对经验能力的初期形式，通过创造模拟情境和试验计划来掌握现实。可以肯定的是，儿童在这个阶段的作品是将过去的经验缩减到可以操控的"量级"。在实验室里，在舞台上，在画板上，他重新体验过去和安抚情感。在重建模拟情境的过程中，他原谅了自己的失败并增强了自己的希望。他在一个正确且共享的过去的基础上，开始期待自己的未来。

思考者也不比儿童强到哪里去。正如威廉·布莱克所说："儿童的游戏与老人的理智，是他们各自季节的果实。"

游戏与治疗

现代游戏疗法基于一个观察：一个孩子因为秘密地讨厌和恐惧他家庭中或是社区里的天然保护者，而产生了不安全感，他似乎能够在善解人意的成人的帮助下，重新获得平静。祖母和受欢迎的阿姨在过去可能是扮演这个角色的人选，而在专业分工的今天，游戏治疗师承担了这一角色。最明显的情况是，孩子一旦拿到了玩具，父母的唠叨或是任何事情都无法打扰他已经出现的游戏意图。在童年时期，"玩一玩"是最自然的自我治愈方式。

让我们来看一个简单却令人尴尬的事实：当成人受创时，他们通常会试图通过"谈一谈"来解决他们的紧张和压力。他们迫使自己重复讲述痛苦的事件，这似乎能令他们"感到好一些"。在治疗灵魂和精神的系统中，这种倾向被看作一种仪式。在这一系统中，个体能找到一位倾听者。倾听者发誓不会武断地责难或背叛对方，并且通过向对方解释他的问题、罪过、病痛和冲突在更大的背景下是合理的，以此来赦免对方的过错。这种方法的局限性在于：这种"临床"情境失去了对生活的反映，本身也会成为激烈的冲突。从精神分析的角度来看，这种局限性的产生是由于倾听者试图将基本冲突从初期形态转

第六章 | 游戏与理智

移到全新的情境中（在神经症患者身上尤其强烈）。当弗洛伊德谈到这种疗法的时候，他说治疗变成了"移情神经症"。当个体在绝望之中转移了自己的冲突，他也排斥了所有以分解的方式去看待情境的尝试。他进入了抵抗阶段，用一场战争结束所有的战争，他会比任何时候都更深地卷入其中。在这种情况下，非精神分析的疗法通常没有效果。据说病人不能也不会想要好转，或者病人无法理解他们在治疗中的职责。而治疗型精神分析就是从这里开始的。这种治疗系统地利用了如下事实：神经症患者不能专注于他希望好转的愿望和将他的依赖和敌意转移到他的治疗和治疗师身上来。精神分析通过这样的"阻抗"来获得信息和学习。

游戏的儿童和絮语的成人出现移情时，这说明简单的方法失败了。也就是说，当一种情绪变得非常强烈，强烈到"打败"了游戏性，个体会逃离游戏以及与游戏观察者之间的关系。这种失败被称为游戏中断，即突然、全然失去游戏的能力。我们在安妮的例子中见过此类游戏中断的发生。她不得不离开我和我用来吸引她的玩具，重新回到她母亲身边。此外，我们看到山姆在游戏中被他那种不可抵抗的情绪给困住了。在这两个案例中，我们使用游戏观察来作为诊断的附带工具。现在我要介绍一位小女孩，虽然她来的目的只是为了诊断，但她为我观察游戏中断和游戏成功的一个周期提供了完整的实例，从中我们能够看出被恐惧淹没的自我如何通过参加和不参加游戏，重新获得它的综合能力。

这个小女孩三岁，名叫玛丽。她有着偏淡的棕色头发，但是看上去（也确实是）很聪明、漂亮、娇柔。但是当她受到打扰的时候，据

203

说她会变得很固执、孩子气,并且不理人。最近她因为做噩梦和参加一个游戏小组而产生了强烈焦虑。游戏小组里的老师都说玛丽会以一种奇怪的方式举东西,并且姿势很僵硬。她不断增长的紧张情绪似乎和日常休息及上厕所有关系。掌握了这一信息后,我邀请玛丽来到我的办公室。

在这里,也许我们要先讲述另一个案例。一天,某个母亲带着她的儿子来找我。这个孩子不是自愿来的。他认为自己什么病都没有,只有一种症状,这种症状是他希望能摆脱的。他所知道的就是某些事情、某些人令他感到不舒服,他希望我们能针对这些事和这些人来做点什么,而不是针对他来做。他经常觉得自己的父母有些不对劲,而他几乎总是对的。但他对此没什么好说的,即便他有,他也没理由信任我们,并将这么重要的情况告诉我们。此外,他不知道他的父母对我们说了关于他的什么话,同时只有上帝知道他父母对他讲了关于我们的什么话。尽管父母可能希望帮点什么忙,并且他们作为初始情报提供者是必不可少的,但他们经常在证明(或秘密地惩罚)自己或是惩罚(无意识地证明)别人的意愿下歪曲孩子的初始病史。

在玛丽的案例中,我的办公室在医院里。玛丽被告知,她是来这里和一个她从未见过的男人谈论关于她做的噩梦的。关于做噩梦的问题,这位母亲已经咨询过一位儿科医生。玛丽听到了她母亲和医生在讨论进行扁桃体切除手术的可能性。因此,我希望在我办公室里的这次会面让她觉得完全和医学没有关系,希望她能给我个机会简单而直率地告知她这次拜访的目的,告诉她我不是个医生,向她说明我们将一起玩游戏。虽然这样的解释不能完全消除玛丽的疑惑,但能让她把

第六章 | 游戏与理智

注意力转向玩具。一旦她开始玩游戏，我们就可以观察，在我们所提供的标准玩具中，她选择了什么，又拒绝了什么。下一步，我们将沿着上述行为所揭示的意义继续走下去。

玛丽拉着母亲的手走进我的办公室。她向我伸出手，她的手又僵又凉。她朝我微微一笑，然后转向母亲，伸出手臂抱住她，把她拉向开着的门。她把她的头埋在母亲的裙子里，像是想要藏进去似的，我走近她，她转过头来，紧紧地闭上双眼。然后她突然微笑着看了我一眼，好像她想看看这位陌生人是不是懂得开玩笑。这使得她逃往母亲怀里的行为显得有些戏剧性。她母亲试图鼓励她看看玩具，但玛丽再一次将她的脸藏到母亲的裙子里，并用小孩子的夸张声音反复叫着："妈妈，妈妈，妈妈！"我甚至不太确定她是否在隐藏她的笑容。我决定等等看。

玛丽确实做出了决定。她仍然拉住母亲不放，她指着一个女孩模样的洋娃娃，很快地说了好几遍："那是什么？那是什么？"在母亲耐心地解释说那是一个娃娃后，玛丽重复说着"娃娃，娃娃，娃娃"，接着她用我很难理解的话，暗示母亲脱掉洋娃娃的鞋子。她母亲试着让她自己来脱，但玛丽只是重复诉说着她的要求。她的声音变得非常急切，看起来过不了多久她就要哭了。

她母亲问我，现在她是不是还不该离开房间去外面等着。她之前告诉过玛丽她会离开。我问玛丽，现在能不能让母亲出去一下。出乎意料的是，她并没有反对，甚至当她突然发现自己无人依靠的时候也没有反对。母亲将洋娃娃留给了玛丽，我试着从洋娃娃的名字开始谈起。玛丽紧紧抓着娃娃的腿，突然她调皮地笑了笑，然后用娃娃的头

205

去碰屋里的其他东西。当一个玩具从架子上掉下来的时候,她看了看我,想知道自己是不是做得太过分了。当她看见我赞许地微笑时,她也笑了,又开始用洋娃娃的头推小一点的玩具,玩具都掉了下来。她变得更加兴奋,十分欣喜地用洋娃娃的头去碰摆在屋子地板中间的玩具火车。她翻倒所有的车厢,逐渐地表现出过度的兴奋和嬉闹。当火车头翻身的时候,她突然停了下来,脸色变得苍白。她背靠着沙发,把娃娃垂直立在自己的下腹部,并让它掉到地上,然后再捡起来,放在同样的部位,然后再一次让它掉下去。她重复了几次之后,开始发出哀鸣,并大声喊道:"妈妈,妈妈,妈妈!"

母亲回到房间里,确信这种交流失败了,她问玛丽是不是想走了。我告诉玛丽如果她想离开,她就可以离开,不过我希望她过几天可以回来。她马上平静了下来,和母亲一起离开了,走的时候还和门外的秘书说了再见,像是她结束了一次愉快的访问。

很奇怪的是,我好像也感觉到与这个孩子进行了一次成功的交流,虽然这次交流被打断了。与小孩子在一起的时候,一开始通常是不需要语言的。我觉得游戏是交流的先导。无论如何,这个孩子通过抵抗恐怖的行为,向我传达了她的危险。她母亲的焦虑,当然也是她出现游戏中断的重要因素。这一切也许可以解释玛丽孩子气的焦虑。然而这突如其来的嬉闹、攻击,还有同样突如其来的抑制和焦虑说明了什么呢?

可辨别的模式是推东西——不是用她自己的手,而是用洋娃娃作为手的延伸部分,然后从下腹部把娃娃推倒在地。

作为玛丽的手的延伸部分,洋娃娃被用作一件推东西的工具。这

第六章 | 游戏与理智

表明她也许不敢直接用手去触摸或是推东西。这让我想起她的老师说她以一种特有的方式去触摸或是举起东西。这种情况以及她僵硬的手足动作，暗示了玛丽可能害怕自己的手，因为它们可能变成富有攻击性的工具。

把洋娃娃转移到下腹部，随后她又像是着了魔似的反复将它推倒，这进一步暗示她在戏剧性地说明她的下腹部少了一样具有攻击性的工具，一件用来推倒东西的工具。把她"击倒"的这种发作状态让我想起了很久以前知道的某件事：成年女子的歇斯底里发作被解释为在想象中饰演了攻击和被攻击的两个角色。也就是说，一边撕扯着病服，表现出攻击者在逼近的样子，一边抓着病服，表现出受害人在保护自己的样子。玛丽的进攻给我留下了这样一种印象：在几次丢掉洋娃娃的怪异行为中，她似乎身不由己地扮演了抢劫者和被抢劫者两个角色。

但是，从她那里被偷走的东西是什么呢？这里我们不得不辨别洋娃娃的哪种功用更加相关，进攻的工具，还是婴儿的代表？在游戏中，掉在地上的娃娃被用作手臂的延伸部分和进攻（推东西）的工具，然后在极度焦虑的状态下，玛丽看起来好像下腹部失去了什么东西。是不是玛丽认为男性生殖器是一种攻击性的武器，她是不是在通过游戏说明她没有这种生殖器？从她母亲的陈述来看，很可能在托儿所里，玛丽第一次上厕所恰好当着男孩子的面。这也许是她产生焦虑的原因。

玛丽的母亲敲门的时候，我正好想到了她。她将玛丽一个人留在了外面，她现在已经非常平静了。她又向我讲了一些关于玛丽的故事。玛丽出生的时候，左手有六根手指，在她将近六个月的时候，第六根手指被切除了，左手上留下了一道伤疤。就在她的焦虑症发作之前，玛丽曾经反复而急切地就那个伤疤发问："那是什么，那是什么？"她得到的回答都是："蚊子咬的。"玛丽的母亲说，玛丽在很小的时候可能无意间听到过她和丈夫关于玛丽的先天性异常的谈话。接着她又补充道，玛丽最近明显地产生了对性的好奇心。

现在我们可以更好地理解这一事实：玛丽对她富有攻击性的手感到不安，那只手曾经被去掉了一根手指。也许她将自己手上的伤疤和她外阴部的"伤疤"等同起来，将失去的手指同"失去的阴茎"等同起来。这也导致玛丽把托儿所里对不同性别的观察和带有威胁性的手术联系起来。

在玛丽第二次来访之前，她母亲进一步提供了这样的信息：玛丽对于性的好奇心最近受到了打击；失业率的增长威胁到了玛丽父亲的生计，这令他变得暴躁易怒。当玛丽像往常一样每天早上到洗手间里看他的时候，他显得很不耐烦。事实上，他还将玛丽推出了浴室。他之后告诉我，他还生气地再三冲她喊："你快给我出去！"玛丽喜欢看他父亲刮脸，并且最近有几次——在他稍微恼火的时候——问起过他的生殖器。她严格地遵守常规，按惯例做事、说话，并一遍又一遍地询问同样的问题。这成为玛丽获得内心安全感的必要条件。因为被父亲排斥在洗手间之外，她"心碎了"。

我们还讨论了一个事实，那就是小儿科医生认为扁桃腺发炎是玛丽无法安睡和出现口臭的原因。她母亲和医生在玛丽面前讨论她是否需要立即做手术。手术（实际对手指所做的手术，预期将对扁桃腺所

第六章 | 游戏与理智

做的手术，还有将男孩变成女孩的神秘手术）与分离（在托儿所和母亲的分开，与父亲的疏远）看起来有着共同的特征。在进行了一个小时的游戏观察后，这是我们对游戏要素和生理数据的联系做出的最相关的推论。

同游戏中断形成对比的是游戏厌腻。游戏中断和游戏厌腻仅仅在罕见的情况下才十分明显和清晰。在更多情况下，它们通常必须通过详细的研究才能被辨认出来。但在玛丽的案例中并非如此。在同玛丽第二次会面的时候，她就出现了游戏厌腻，这和她以前出现的游戏中断一样富有戏剧性。

一开始，玛丽再次对我露出害羞的微笑。然后她又转过去拉住母亲的手，坚持要她母亲陪她一起进房间。然而一走到房间里，她就放开了母亲的手，忘记了母亲和我的存在，开始很活跃地玩起来，并且表现出明显的决心和目标。我很快关上门，示意她母亲坐下，因为我不想打断她的游戏。

玛丽走到房间的角落，那里的地板上放着积木。她挑选了两块积木，按照能使她站在上面的形状摆好，然后她一次又一次地到角落里捡更多的积木。游戏就这么开始了，这一次是作为脚的延伸部分。现在她在房间中间聚集了一排积木，接着她毫不犹豫地将积木移到角落里，并用它们搭起一座给玩具小母牛住的小房子。大约有一刻钟的时间，她完全沉浸在搭房子的"工作"里。她搭好了一间大小刚好适合玩具小母牛进去的房子。接着，她在房子长的一边又加上五块积木，并试着放上第六块，直到它的位置让她感到满意为止（见图10）。

这一次，我们在她的游戏中看到了游戏的专注力和女性特有的

209

仔细和整洁的品质。游戏中没有令人兴奋的高潮，并且游戏在她感到厌腻时结束。她成功建造了一样东西，她很喜欢。然后游戏结束了。她站起身，带着满面的笑容。然后，她突然以一种调皮的神情代替了笑容。我并没有意识到自己将要变成受害者的危险，因为我被这个景象——她搭建的牛圈看起来就像是一只有着六根手指头的手——深深地吸引住了。同时，它也表达了"包围"模式。这是一种女性特有的保护性结构，就像是大女孩们用来保护小东西的篮子、盒子或摇篮一样。我认为，两部分的修复出现了重叠。将切掉的手指还给手的构想和快乐的女性模式，掩盖了"外阴部的缺失"。因此，第二个小时的游戏表达的主题是恢复和安全感。这也和第一个小时中出现的游戏中断所涉及的身体部分（手、外阴部）相关。

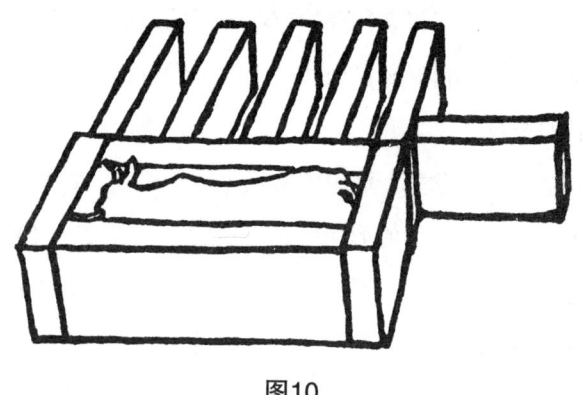

图10

但是，玛丽开始戏弄我。她笑着抓住母亲的手，把她推出房间，语气坚决地说："妈妈，出去！"我等了一会，然后看向房间外的客厅。玛丽响亮地冲我喊道："太（待）在那儿！"我退了回去，于是玛丽"砰"地一声关上了门。我又两次试图离开房间，但受到了同样

第六章 | 游戏与理智

的对待。她使我陷入了困境。

现在没有别的办法，只能进入游戏当中。我稍稍打开门，迅速地把玩具牛推过门缝，令它发出"轧轧"声，然后又让它退回去。玛丽欣喜若狂，坚持要我再做几遍这个游戏。她的愿望得到了满足，然后到了她该回家的时候了。当她离开的时候，她用胜利的目光深情地看着我，并答应下次再来。我独自留下来，思考着刚才发生的一切是怎么回事。

从第一个小时在自我世界里感到焦虑开始，玛丽对微观世界感到厌腻，接着在宏观世界取得了胜利。她将母亲推离了我的空间，还把我关在了里面。这个游戏有着这样的内涵：一个男人被戏弄地关在自己的房间里。因为她在游戏中占据主导，玛丽决定对我说话。她毫不犹豫地对我说："太（待）在那儿！"这是她对我说的第一句话！她说得清晰又响亮，像是在她心里有什么东西等待了很久。只有当她有足够的自由的时候，才可以将它们说出来。这意味着什么呢？

我认为在这里我们可以通过"父亲移情"的方式来解释玛丽的游戏。在与玛丽第一次见面时，她对我产生了难以启齿的好奇心，随之她紧闭双眼，克制了自己的想法。由于她可能会把破坏了她和她父亲之间的嬉闹关系的冲突转向我（一个有玩具的男人），因此在这个游戏中，她用积极的主人态度（"太在那儿"）和颠倒的方向（外—内）重复着被排斥在外的场景，而在家里，她是这个场景的被动受害者（"给我出去"）。

对于某些人来说，这对于一个小女孩来说似乎太过复杂和不同寻常了。但我们也要意识到，这样的事情只是很难用理性去思考。设置这样一系列游戏"圈套",确实对于玛丽来说并不容易。识别和分析这些游戏"圈套"则更加困难。但是它发生了,无意识和自发地发生了。在这里,千万不要低估了自我的力量,即使是这样一个小女孩的自我。

描述这一游戏插曲是为了说明游戏的疗愈性。游戏疗法和游戏诊断必须系统地利用这种自我疗愈过程。游戏可能有助于儿童进行自我疗愈,并且有助于我们劝告父母。这种方法在哪里失败,更加复杂的疗法(儿童精神分析疗法)③就必须在哪里开始——这一章我们还没有讨论过这种方法。随着患者年龄的增长,谈话治疗会取代游戏治疗。然而我的目的是想证明,几个小时的游戏有利于我们了解情况,而这种情况孩子们是不会用言语表达的。经过训练的观察者掌握了大量信息,可以从一些游戏中了解到哪些信息和儿童有直接关系及其原因。在玛丽的案例中,她的游戏中断和游戏厌腻(如果将其放在所有已知情境的框架中看待的话)强烈暗示着各种各样的过去和未来、现实和想象以及包含在互相加重的危险系统内的事件。在玛丽第二个小时的游戏中,她把这些危险都排除掉了:她恢复了自己的手指,消除了疑虑,重新肯定了她的女性气质,还责备了大人。但是要使我们的小患者从游戏中获得平静,她的父母必须对游戏有新的认识。

玛丽的父母接受了下面的建议(有一部分是他们自己提出的)。他们需要真诚地回应玛丽对自己身上的伤疤、生殖器以及对手术的好

---

③ Freud, A. *Psycho-Analytical Treatment of Children*, London: Imago Publishing Co., 1946.

第六章 | 游戏与理智

奇心。她需要有其他孩子，尤其是男孩来访问她，来到她家里做游戏。扁桃腺的问题需要专家做出决定，可以直接告诉她这个决定。他们认识到，在玛丽做噩梦的时候唤醒她、抑制她做梦的做法是不明智的。也许她需要对抗她的噩梦。当她醒来的时候，可以轻轻地抱住她，安慰她。孩子需要大量的活动。在有节奏的活动中对她进行有趣的指导，可能会使她僵直的手脚得到放松。我们猜测，由于玛丽在听到关于切掉她的手指的不可思议的消息后产生了恐惧，导致她的手脚变得不灵活。

几个星期后，我和玛丽又进行了一次短时间的会面。当时她在房间里已经非常自如。她用清晰和响亮的声音问我度假时坐的火车是什么颜色。大家肯定还记得玛丽第一次来访的时候打翻了一个玩具火车头的情境，而现在，她已经能谈论关于火车头的事情了。扁桃腺切除也被证明是不必要的；噩梦也已经停止；玛丽现在能够自由自在地和家人及附近的新朋友玩游戏。玛丽和父亲也恢复了嬉闹关系，他无意间制作了闪闪发亮的火车头给玛丽，这令玛丽欣喜若狂。一次散步的时候，他带她走到了火车站去看那种巨大的火车头。

这个临床案例中的象征符号获得了新的意义。在绝望的游戏中断中，玩具火车头显然与生殖器焦虑有着某种毁灭性的联系：当玛丽把火车头推倒的时候，她显然出现了"亚当，你在哪里"这种我们第一次在安妮的身上见到过的情况。在那个时候，玛丽和她父亲的嬉闹关系正处于破裂时期，而这是因为（她不知道或不能理解）他担心自己会失去工作。在这里，她似乎已经通过她的成熟和变化着的状态，完全解读了这一点。她的反应也和父亲的举动的潜在意义不无关系。因为失去的威胁和边缘化的威胁，通常会导致个体在无意识中迫切地进行自我控制和通过净化程序来重新获得失去的领地，或者至少不要再失去更多。我相信正是因为这样，父亲对小女孩的探索表现出了不耐烦，也因此攻击和吓到了她。在她的游戏中，她试图在可怕的孤立状态中，寻回原先相互游戏的良好关系。因此儿童在游戏中遭遇的失败，确实反映了他们自己的生活、父母的历史问题和经济危机。

无论是玛丽的游戏本身，还是其隐含意义，都无法改变她父亲在经济上的忧虑。很快这位父亲意识到他的焦虑对女儿的成长所施加的影响，他意识到从长远的角度来看，女儿的焦虑比他目前因工作受到威胁而产生的焦虑要严重得多。事实上，实际的事情发展并没有证实他关于工作的忧虑。

父亲带玛丽去火车站看火车头的举动是恰当的。因为真正的火车头象征了一种力量，这种力量被父亲和女儿分享，通过整个意象化的机械文明来维持。在这个文明中，这个孩子是注定要成为一个女人的。

因此无论这个孩子接受了什么样的治疗，其父母都必须重新组合掌控其所处时代的文化发展的图像和力量，以便促使这个孩子产生一种身份感。

在这里，我们应该对身份感的定义进行说明。

第六章 | 游戏与理智

同一性的出现

游戏和环境

同一性的形成巩固了童年（在这一阶段，个体对身体的认知和父母形象有了文化内涵）也巩固了成年早期（在这一阶段，可选择的社会角色越来越多，越来越具有强制性）。我们会试图使这一过程更加具体化，首先通过观察一些个体朝同一性发展的努力，然后再一些文化对同一性造成的障碍。

一个刚刚发现自己会走路的孩子，或多或少会受到周围人的哄骗或忽略，他重复这个动作似乎是出于对这项功能的欣喜和掌握它的需要——使一项新启动的功能变得熟练。但是他马上就意识到"可以行走的人"的新地位和成长的状态，并且在这种意识下开始行动，在他的文化时空坐标里成了"可以走远的人"和"可以用自己的脚站立的人"以及"可以站直的人"，或"必须被人看着的人，因为他可能会走得太远"。对"可以行走的人"的特定版本的内化，是儿童发展出自尊的众多步骤之一。儿童的自尊水平将成为一种坚定的信念，即他们能够通过有效的步骤到达一个具体的未来，并且逐渐发展出一个在现实社会中明确的自我。成长中的孩子必须在成长的每个步骤中认识到自己掌握经验的方式（他的综合自我）是群体同一性的成功变体，并且与他所处的时空和人生计划是一致的，从中获得一种现实感。

对于这样的孩子，我们不能以空洞的表扬来欺骗他，也不能通过恩赐的方法来鼓励他。他们可能不得不接受对他们自尊的虚假鼓励，以取代一些更好的东西，但是他们的自我同一性只有在真正的成就——比如一项具有文化意义的成就——得到成人诚心诚意的认可时，才能获得真正的力量。我们试图在讨论印度教育问题的时候传达这一点，但没有得到一个清晰的答案④：

露丝·恩德希尔博士对我说，在亚利桑那州，当他与一群年长的巴巴沟人坐在一起的时候，那家的主人请他三岁的小孙女关上门。那扇门太重了，很难关上。那个孩子试了几次，但是门一动不动。那位祖父重复了几次："是的，关上门。"没有人过去帮孩子。没有人替她把门关上。从另一个角度来说，也没有人对此感到不耐烦，因为孩子毕竟太小了。他们严肃地坐在那里一直等到她成功地把门关上，而她祖父庄重地向她表示了感谢。他们假定，如果孩子不能完成任务的话，他们也就不会叫她去做了，一旦要她做了，那么这个任务就是她一个人的，就如同她是一个成年人一样。

这种儿童训练的关键之处在于：从婴儿时期起，个体就开始分担社会责任，同时成人也希望他们所承担的任务适合他们自身的能力。这和我们的社会的差别是十分巨大的。儿童不能对工业社会做出任何劳动贡献，除了与成年人做竞争。他们的工作与自身的力量和技能并不相称，而是根据高标准的工业要求决定的。即便是我们在家里赞扬

---

④ Benedict, R. "Continuities and Discontinuities in Cultural Conditioning," Psychiatry, 1:161-167, 1938.

第六章 | 游戏与理智

一个孩子的成就，如果这样的赞扬被解读为和对成年人的赞誉是等同的，我们也会因此而愤怒。孩子受到表扬是因为家长感到有表扬的必要，不管孩子的任务是不是按照成年人的标准完成的，孩子对以什么标准来衡量自己的成就感到一无所知。印第安的夏安族家族能够庄重地用小男孩第一次猎到的雪雀来举行宴会，这种仪式与我们的社会相距甚远。他们的男孩从一生下来，就会得到玩具弓箭。大人们从这些男孩会走路的时候起，就专门为他们制作适合其身材的可以实际使用的弓箭，循序渐进地让他们注意野兽和鸟，让他们从最容易猎取的猎物开始。当他们第一次猎到新的猎物带回家的时候，大人们就会用它来举办盛宴，接受孩子的贡献，就和接受父亲带回家的野水牛时举办的仪式一样隆重。当他们终于能够杀死一头野水牛的时候，那也只是他们接受的童年训练的最后一步，而不是与其童年经验不一致的成年的开始。

以上陈述让我们恍然大悟，我们所处的文化中的游戏理论假设，游戏的定义基于它不是工作的事实。在这种偏见之下，我们让我们的儿童远离了一个可以获得同一性的来源。

不过，对于原始人来说就不同了。他们的文化是排他性的。他们对人的形象始终基于自然区域的限制，仅仅对强壮的苏族人、干净的尤洛克人有认识。在我们的文明社会里，人的形象具有很大的延伸性。当这个形象变得更加个性化的时候，它逐渐包含了新的地区、新的民族、新的大陆和新的阶层。在更多具有包容性的身份之上形成的新国家和新社会中，我们能寻求到新的经济和情感安全感的综合体。

原始部落与生产要素和生产方式有着直接的关系。他们的技术是身体的延伸,他们的魔法是身体概念的投射。这种群体里的儿童参与了技术和魔法的追求过程。身体和环境、童年和文化也许充满了危险,但它们共存于一个世界中。这个世界也许很小,但有着一致的文化。从另一方面来说,这种文明的广阔性、分层化和专业化,使得儿童的自我至多成为与他们生存相关的社会中的一块碎片。历史本身的发展需要适应当下的环境。如今,远超出人类身体功能的机械,决定了人类的整个组织成了机械的延伸。某些阶级的童年变成了生活中单独的碎片,拥有自己的音乐和文学。

然而,对神经症的研究表明,在儿童训练和社会现实之间存在一个重要的间隙。我们发现,神经症患者试图以同质的过去来适应异质的现在,这样的尝试是无意识的和徒劳的。但是,曾一度促进了适应性、团结了部落、维护了社会阶层和国家统一的调节机制,却在一个工业文明中无所适从。

难怪一些有缺陷的孩子不断将他们的游戏变成有危害的活动。在我们看来,这种活动"干扰"了我们的世界。然而分析表明,他们只是希望证实他们有权在游戏中找到自我同一性。他们不想成为"特殊儿童",因为这类孩子没有机会在大世界里扮演小伙伴,他们只能在小世界里扮演大伙伴。

投弹手之子

在第二次世界大战期间,我的邻居家有个五岁的小男孩经历了从"妈妈的孩子"到暴力、固执、不听话的孩子这样一个性格转变的过

第六章 | 游戏与理智

程。他最令人不安的症状是强烈的纵火欲望。

男孩的父母在大战爆发前分居了，母亲和他搬到他的表姐妹们所在的家里。战争一开始，他父亲就参加了空军。表姐妹们经常对他的父亲表示不敬，并且无意间培养了男孩身上的孩子气。

男孩的父亲在战争中表现出色，事实上，他成了一名英雄。在父亲第一次休假期间，小男孩见到了他。父亲警告他不要模仿自己试图成为邻里备受敬仰的中心。母亲宣布她将放弃离婚的打算。父亲返回战场后不久，就在德国上空牺牲了。

父亲离开和牺牲后，充满柔情和依赖感的男孩产生了越来越令人不安的症状：挑衅、破坏甚至放火。有一次，当他抗议母亲的鞭打时，他指着他点燃的一堆木头宣称："如果这是一座德国城市，你应该赞同我这么对付它。"他的话暗示了在放火这一行为中，他想象自己和父亲一样成了投弹手。父亲曾对他说起过他所立下的功勋。这就是他发生性格转变的原因。

我们只能猜测这个男孩混乱性格的本质。但是我相信，在这里我们看到了儿子以父亲自居的心理，这种心理是在非常接近恋母的年龄，由于突然增长的冲突而造成的。在父母离婚时，父亲的位置被这位"好孩子"成功替代了，后来父亲突然成了一个新的充满生命力的理想形象，一种具体的威胁和一个争夺母爱的竞争者。就这样，他从根本上贬低了男孩的女性化身份。为了将自己从两种性别和社会定位的迷失中拯救出来，这个男孩必须在最短的时间内重组自我同一性。但是，那个最大的竞争者被敌人杀害了。这一事实使男孩的竞争心理转变为内疚心理，使男孩作为男性的新的进取心受到挫折，从而产生

| 童年与社会 |

了适应不良。

　　一个孩子有许多机会尝试与某种习惯、个性特征、职业以及真实或虚构的男女形象产生认同。某些危机迫使他做出根本的选择。然而，他所处的历史时代仅仅为整合同一性碎片的尝试提供了有限的具有社会意义的模型。这些模式是否有用，取决于它们能否同时满足有机体成熟阶段的要求和自我整合的要求。

　　对于我的小邻居来说，投弹手的角色也许意味着一个整合各种同一性要素——他的气质（生气勃勃的）、他的成熟阶段（男性生殖—尿道—运动器官）、他的心理社会发展阶段（恋母情结）以及他的社会状况、他的能力（肌肉的、机械的）、父亲的气质（一位伟大的战士而不是一位成功的市民）以及一位当代的历史人物原型（富有进攻性的英雄）——的模型。这种整合在哪里成功，一种令人吃惊的体质、气质和后天反应的凝结就会在哪里产生、发展。它在哪里失败，就必定在哪里导致严重的冲突，这种冲突通常表现为出乎意料的调皮和懈怠。如果一个孩子感到环境试图彻底地剥夺他所有的表现形式，而这些形式允许他发展并且把他下一步的发展统一在他的同一性之中，那么他就会以动物身上表现出来的惊人力量来保卫它。的确，在人类生存的社会丛林中，一个人如果没有自我同一性，就不会感到脉搏在跳动。

　　如果我没有看到和我们的解释相一致的证据，我也不敢对小投弹手的冲突妄下结论。在这个孩子最危险的冲动平息了之后，我看到他骑着自行车从一座小山上往下猛冲，威胁和吓唬其他孩子，却巧妙地从他们身旁绕过。他们高声尖叫着，大笑着，并且有点羡慕他这么

第六章 | 游戏与理智

做。我看着他,听着他发出奇怪的噪音,不禁意识到他又在想象自己是一个正在执行轰炸任务的投弹手。然而与先前不同的是,他在玩耍中成功地控制了自己的运动器官,他在攻击时小心谨慎,成了一名令人钦佩的自行车表演大师。

我们应该从这种例子中看到,再教育必须利用运动的力量来进行游戏性整合。另一方面,伴随许多症状的极度紧张感,必须被理解成个体在发展自我同一性中的防御步骤。这种发展会使孩子生活中的所有领域都出现快速的整合。在观察者看来,强大本能的外在表现通常意味着个体在绝望地恳求被允许通过唯一的可能性来整合同一性要素。因此我们可以期待我们的小病人会回应治疗措施,这种治疗措施会帮助他获得成功完善自我同一性的先决条件。治疗和引导也许会尝试代替一些不想要的东西,但是同一性的整体结构很快就会变得不可改变。如果病人所处的文化拒绝为个体提供发展同一性的早期基础和日后适当调整同一性的机会,那么接下来的治疗和引导便注定会失败。

投弹手的儿子的例子说明了一个普遍观点。心理社会身份由各种同一性要素的整合发展而来。然而整体和构成它的部分之和是不同的。在有利的环境下,儿童在早期生活中就有一种独立的同一性雏形。他们必须保卫它,不致自己过度与父母的角色产生认同。这种过程在病人身上是很难研究的,因为根据定义,精神分裂症患者的自我本身就是过分认同心理的牺牲品,这种心理将儿童与他初露头角的同一性及他的社会环境隔离开来。

黑人的性格

但是如果环境决定了个体只能以永远丧失身份感的代价来生活呢?

举例来说,我们不妨思考一下美国黑人孩子拥有连贯身份感的可能性。我认识一个黑人孩子,他像我们的孩子一样,每天晚上都听"红色骑士"广播节目。他会坐在床上想象自己就是红色骑士。但是当他想到自己正骑着马、追赶几个蒙面大盗的时候,他突然意识到,在他的想象里,红色骑士是个黑人。于是他停止了幻想。他虽然是个小男孩,但在表现他的快乐和痛苦时,他具有非凡的表现能力。他很冷静,总是微笑着。他的语言轻柔、含糊不清。没有人能使他着急、使他担忧或使他愉快。白人也喜欢他。

黑人孩子通常能够在口欲上得到充分的满足。我们可以在他们活动、欢笑、说话和歌唱的时候看出这一点。他们与南方封建制的被迫共生利用了这种"口部财富",带给他们一种奴性:温顺、顺从、依赖、爱发牢骚,但是总是准备为人效劳,偶尔也有同理心和孩子般的智慧。但在这个表面下有着分裂的危险。黑人对占统治地位的种族——白种人的身份认同和白种人为保护自己的个性而对口部诱惑的抵制,在两个群体中都引发了一种联想:明亮—干净—聪明—白人,黑暗—肮脏—愚笨—黑人。这带来的结果是,黑人,尤其是那些离开了南方的穷困居所的黑人,受到突然和严酷的清洁训练。这种情况在黑人作家的传记中也得到了证实。这看起来就好像通过清洗黑人就能得到白人的个性一样。当关于女性幻想的限制和原初自恋感向生殖区

第六章 | 游戏与理智

域的自由转移相互干扰时,伴随而来的幻觉破灭将个体导向了生殖—运动阶段。三种身份由此产生:(1)处于口欲阶段的"妈咪的宝贝",他温柔、善于表达和有节奏感;(2)肮脏、虐待成性、强奸他人的"黑鬼";(3)干净、控制肛门排泄、克制、友好的"白人中的黑人",但他总是带有悲伤。

所谓给黑人移民的机会通常到头来仅仅是一种更加微妙的受限制的监禁,这会危及黑人在历史上仅存的个性(奴性),并且不能使破碎的个性重新得到整合。这些破碎的个性在宣传种族歧视的漫画中十分普遍,它们经过娱乐产业的传播,成为刻板印象。黑人对关于自己的漫画感到厌倦,常常处于病态的忧郁状态中,这种状态暗示了他们对南方限制区的怀念,是一种奴性的神经性退行。

我之前提到过这样一个事实:混血印第安人很少像他们的纯血同胞那样,将黑人蔑视为"黑鬼",这说明了占统治地位的国家形象——与可用的原型中的理想和邪恶形象是对立的——的力量。没有人可以避开这种对立的形象,它渗透进所有男人和女人、多数和少数、以及所有民族和文化的阶层之中。精神分析学表明,无意识的犯罪个性混合了各种成分,唤起了否定的身份认同,由受伤害(阉割)的身体、外群体和受剥削的少数民族的形象所组成。这样,一个已经表示他是男人的人,可能在幻想和偏见中极其害怕暴露出一种女性的情感、黑人的屈从或犹太人的理智。他们在整合自我的过程中,试图合并最强大的罪恶和理想原型,体现所有的两极身份——优和劣、好与坏、男性与女性、自由和奴隶、有性交能力和无性交能力、美与丑、快与慢、高大与矮小,并将一系列令人困惑的冲突演变成一场战

223

斗和一种策略。

　　一方面，白人孩子可能会觉得黑种人的肤色并不是一开始就是黑的，而是有一个变黑的过程。另一方面，黑人孩子可能会认为白人是漂白的黑人。这两种情况，不管是哪一种，都存在着洗掉一层的想法。

　　所有人生来就是黑色的，有一部分人变成了白色，而他们是更聪明的一部分。主的天使降临人间告诉所有人，在第四个星期五的晚上到约旦河去清洗自己。他向他们解释，他们会全身上下变成白色。天使不停地说着，但是愚蠢的黑人没有用心听。天使无法教会那些愚蠢的黑人。第四个星期五到来的那天，只有很少一部分人来到河边开始擦洗。河水降得很低，"就像老密西西比河"——主的河流就像是一条小溪。一群黑人从栅栏钻过来看着那些在河里洗澡的人，一边骂着他们。有很多黑人，比你在马戏团日在维克斯堡看到的黑人还要多。

　　他们在河里的人不停擦洗着，他们的头发变了颜色。格林尼奶奶——她是所有黑人的祖先——一整天都坐在一块木头上，吃着芝士和饼干看着他们在河里洗澡。当黑夜降临的时候，她从木头上跳了起来，拍着手说："主啊，那些黑人变成白色的了！"格林尼奶奶抓起她的手绢，跳到河里去洗她的头发，所有愚蠢的黑人都跟在她身后。但是河水已经要流完了，只剩下几滴水珠，只够他们弄湿自己的手脚。这就是为什么黑人只有手脚偏白的原因。⑤

---

　　⑤　Members of the Federal Writers' Projects, *Phrases of the People*, New York: The Viking Press, 1937.

第六章 | 游戏与理智

　　这里的民间故事利用了种族歧视（白人歧视黑人）和性别歧视（男性歧视女性）的要素。不管你是黑皮肤，还是没有外部生殖器，都会被认为是有缺陷的，在一定程度上会被看作有瑕疵的证据。

　　当然，黑人的情况只是美国的少数群体机会受限且承受来自传统的压力的一个最为臭名昭著的例子。他们被迫同其自身有害的性格部分产生了认同，因此无论他们如何参与自己亲手塑造的美国身份，对他们来说都是有害的。

　　因此，个人的自我时空保存了童年环境的社会拓扑学和关于自己身体的印象的社会含义。研究患者的童年经历与其家庭成员在标准地区（东方）、"落后"地区（南方）、进步地区（西部和北部边界）的固定居住地的历史之间的联系是必要的，因为这些地区都逐步被合并进美版的盎格鲁-撒克逊式身份中来。患者的家庭也许从某处移民而来，通过某处或者去往某处。这些地区的不同发展阶段能够说明发展中的美国个性的两极——永久定居或者不断迁移。家庭的宗教信仰可能会因为阶级身份的转变而发生变化。他们可能会做出以新的阶级身份行事的失败尝试，并遗失或抛弃旧的阶级身份。总之，我认为最重要的便是可以证明文化身份的家庭历史。

　　所有这些都以即将降临在美国的少数群体身上的危险而给我们留下了深刻印象。他们成功地走出了显著的以及得到良好引导的自治阶段，进入了美国童年最为决定性、最为积极和勤勉的阶段。正如我们之前指出的那样，作为"美国化"程度降低的少数群体，他们享受了一个富有感官性的童年。当他们的母亲为了获得模糊、普遍的盎格

225

鲁-撒克逊式形象，不再信任自己，并突然纠正自己，制造了粗暴的中断时，或者当他们开始压抑自己的感官需要，排斥过度保护的母亲，认为这种需要和母亲是阻碍自己形成美国个性的诱惑和障碍时，他们的危机便产生了。

总体来说，美国的学校成功地了承受住了训练学前和小学年纪的儿童的挑战，训练他们在精神上自立以及富有进取心。这些儿童看上去明显没有偏见和恐惧，全神贯注于他们的成长和学习中，从家庭之外的交际活动中获得新的乐趣。这种超越个体劣等感的观念会引发人们对"行业协会"——能平等地对待所有全心全意将他们自己投身于同等的学习技巧和冒险中的人——的希望。个人的成功，从另一方面来说，只是将那些过度受到鼓励的多文化背景以及天赋异禀的儿童暴露在个性被标准化且无法容忍"差别"的美国青少年之中。

我们已经说过，如果没有口欲期产生的信任，自我同一性便无法持续下去。如果没有对自我实现的承诺，同一性便不会完成。这种承诺，从成年时期的主要形象深入童年的起源，并且在童年时期和青春期都带给个体一种有力量的感觉。由此，在更深地接触我们时代的个性问题之前，我们必须认识到同一性在人的生命周期中的位置。接下来的章节将给出自我特性——在个体发展的关键时期显现出来——的列表。关键时期的判断标准是个体展示了他的自我，在特定的阶段，强壮到足够将机体的时间表同社会制度的结构整合起来。

第七章
人类发展的八个阶段

基本信任对基本不信任

　　社会信任在婴儿身上的首次显现体现在他是否容易被喂养、是否容易入睡和肠道是否容易放松。他们关于与日俱增的接受能力和养育技巧相互调节的经历,帮助他们平衡体内不成熟造成的不适。在逐渐增加的清醒时刻,他们发现越来越多的冒险唤醒了一种熟悉感,与内心的善良感一致。舒适的形式,对婴儿来说如同肠道的不适一般熟悉。接着,婴儿的首次社会成就,便是他自愿让母亲远离视线,不会带着过度的焦虑或者愤怒,因为母亲已经变成一种内心确证的存在和外在可预见性的存在。这种具有连贯性、持续性以及一致性的经验提供了一种基本的自我同一性,我认为这种观念基于某种认可,是记忆中以及期望的感觉和图像的内在总体,同熟悉以及可预见的人与事物的外在总体有稳固的联系。

　　我在此所说的信任同特雷泽·贝内德克所说的信心是一致的。我倾向于用"信任"这个词，是因为这个单词暗含一种"天真"和"相关性"，我们可以说一个婴儿信任他人，而说他有信心就有些过头了。此外，信任的整体状态，不仅意味着一个人可以学习依靠外界养育者的同一性和持续性，也意味着他可以相信自己以及他自身的内脏器官在处理迫切需求方面的能力，他足够信任他人，不需要提防养育者偷偷溜走。

内在与外在的联系在啃咬阶段的愤怒——当牙齿从内部萌出，带来疼痛，而外部的友人既无法证明这种疼痛有用，也无法许诺这种疼痛会减轻——中迎来了最具决定性的考验。虽然有时婴儿会把所有可怕的结果归因于长牙，但并不是长牙导致了所有可怕的结果。如同前面所讲的那样，婴儿现在被迫"攫取"更多，但他们会倾向于寻找那渴望却闪躲开的存在——乳头和胸部以及母亲的关注与关怀。长牙看上去具有原型的意义，可能是受虐倾向的起源。每当个体无法阻止重大损失时，他便可以从享受疼痛中获得安慰。

我们可以在婴儿的精神分裂症中看到基本信任的缺失。这种信任的缺失会表现在成年人的个性中，他们会"缩进"精神分裂中，进入抑郁状态。重获信任感成为治疗这些病人的关键。许多病人的古怪或退行性行为之中都隐含了他们试图通过检验情感与物理现实、语言与其社会含义之间的界限，来修复其社会关系。

精神分析假设内部与外部的早期分化过程是内摄和投射——仍然是我们最深入和最危险的防御机制——的起源。在内摄中，我们感觉客观世界的善变成了精神世界的确定事物。而在投射中，我们感觉内部的伤害如同来自外部世界。我们赋予重要他人有意义的恶，事实

第七章 | 人类发展的八个阶段

上这邪恶却是存在于我们自身的。内摄和投射这两种机制被认为是婴儿将痛苦外化，将快乐内化的时候成型的。当个体在成年时期遭遇了和爱、信任以及忠诚相关的危机，便会使用这些机制，并对大量"成熟"个体中的对手和敌人产生非理性的态度。

确立解决基本存在中基本信任与基本不信任之间的核心冲突的持久模式是自我的首要任务，也是所有母性关怀的首要任务。然而，源自婴儿早期经验的信任并不取决于食物的绝对数量或者爱的表露程度，而是取决于与母亲关系的品质。母亲通过某种方式在孩子心中留下了信任的观念。这种方式把对婴儿需要的敏锐关注和个人信任感与其所处文化的信任结构结合起来。它构成了儿童身份感的基础，这种身份感在稍后会同做"正确的"事情、做自己以及"成为他人相信其会成为的人"的想法结合在一起。因此，如果某种挫折导致个体产生了强烈的一致性和连续性体验，给个体带来了归属感，促进了个人生命周期的最终整合，那么无论在当前阶段，还是在接下来的阶段，个体都很少会遇到不能承受的挫折。父母不能只通过禁止和允许来指引孩子，还要向孩子们指出他们所做之事的意义。儿童会变得神经质并不是由挫折引起的，而是由这些挫折缺乏社会意义引起的。

但是就算在最顺利的环境下，这一阶段看上去也将内在划分的感觉和对失去的天堂的思念引入了精神生活。在与一种综合的被剥夺、被分割、被抛弃的感觉的对抗中，基本信任得到了维系。

每一个阶段的危机与社会的基本因素之间都存在特殊的联系，这是因为人类的生命周期以及社会组织是共同发展的。在这一章里，我们将在对每一阶段的描述中提到与之相关的社会组织的基本要素。个体把朝气和活力带到社会组织中，同时他们的朝气与活力也在社会组织中得到强化。

支撑着新生儿的信任的父母信仰，自古以来一直在寻找它在系统化的宗教中的安全保障（以及最大的敌人）。自关怀中产生的信任，事实上是检验特定宗教的现实标准。所有宗教通常都会定期如孩童般地听从布道者们的摆布，由他们施与世人财富以及精神上的健康。祈祷者会通过做出谦恭的姿态来展现人类的渺小，坦白罪行、错误想法以及邪恶意图，在神圣的指引下祈求内在统一。最终，我们了解到，个人的信任必须变为一种普遍信仰，个人的不信任通常会成为邪恶，个人的修复必须变成许多仪式性活动的一部分，也必须成为集体中信任的标记。①我曾阐述过印第安部落是如何发展出一种集体魔法来应对自然的，就好像超自然的食物和财富提供者发怒了，必须通过祈祷和苦行才能平息这种愤怒一样。原始宗教——所有宗教最基本的层面，也是每一个体的宗教层面——在为补偿对抗母体的行为以及从个人努力和宇宙力量中获得信任方面，做出了各种努力。每一个社会以及每一个时代都必须找到敬畏——从世界图像中获得活力——的制度化模式。临床医生只能观察到许多人为没有宗教信仰而骄傲，而他们的孩子则离开它就活不了。从另一方面来说，有许多人看上去从社会活动或者科学追求中得到了重要的信仰。此外，也有很多人自称有信仰，

---

① 这是宗教的公共和心理社会方面。它同个体的精神之间的矛盾关系可以参考我写的另一本书《青年路德》。

实际上却对生活和人类充满了不信任。

自主对羞愧、怀疑

将人的发展和危机描述为一系列可选择的基本态度，比如信任或不信任，我们需要采用"……的感觉"这一表述，虽然类似于"健康的感觉"或者"不适的感觉"这类的"感觉"遍及表面和内里、意识和潜意识。它们同时也是一些和内省有关的体验方式、他人可观察到的行为方式以及可被测验和分析的无意识内心状态。请牢记这三方面。

肌肉的成熟度为实验两组社交形式——保持与排出——提供了基础。这些社交形式的基本冲突可能导致好的或不好的期望与态度。因此，保持可能会成为一种破坏性的、残酷的保留和束缚，也可能成为一种在乎的模式——拥有并占据。放手可能会转为一种对破坏性力量的放任，也可能变成某种"不追究"和"不干涉"的宽容。

因此，在这一阶段的外在控制必须能带来安心。婴儿会开始觉得，基本信任——这笔在口欲期的愤怒中幸存下来的财富——不会受到他自身希望有选择、可以强占、排斥的粗暴想法的损害。这种安心必须可以保护婴儿不受自己尚不成熟的辨别能力——是保持还是放手——的影响。当环境鼓励他们"以自己的双足站立"时，这种安心必须保护他免于体验到无意义的、变幻无常的羞愧和怀疑。

我们熟知后一种危险。如果逐渐发展出来的、得到良好引导的自主性受到了否认（或者因最初的信任缺失而受到削弱），婴儿会把其所能识别和操纵的迫切欲望指向自己。他们会过度控制自我，会发展出早熟的意识。他们不会为了重复测试某些事物而占有它们。相反，他们自身会痴迷于很多重复性行为。在这样的痴迷中，他们学会了通过顽固和即时的控制来重新掌控环境和取得力量。这是强迫性神经症的婴儿期起源，也是成人企图通过语言而不是精神来进行控制的起源。

羞愧是一种未得到充分研究的情感，因为在我们的文化中，它太容易和罪恶感混为一谈。羞愧指的是个体完全暴露于他人面前，并且意识到了这种情况。个体引起了他人的注意，但并没有对此做好准备。这就是为何当我们梦到自己在衣衫不整、穿着睡衣或者"裤子掉了"时被他人注视会感到羞愧难当。羞愧最早会通过脸红，想要"找个地缝钻进去"表现出来。但我认为，这是把愤怒指向自己。羞愧的人会想要强迫世界不要看他，不要注意到他的暴露状态。他想要破坏世界之眼，希望自己不被任何人看见。这种可能性被原始人融入到了有关"羞愧"的教育方法中。视觉上的羞愧要强过听觉上的羞愧（即使在没有人注视自己或者所有事物——除了超我的声音以外——都很安静时，听觉上的羞愧仍然会引发个体的罪恶感）。羞愧利用了一种渺小的感觉，这种感觉会在孩子们学会走路后，并且产生了关于大小和力量的相对观念时逐渐增强。

过度羞愧并不会导致正当行为。如果它没能导致不知羞耻的话，那么便会让个体暗自决定，远离可能引发羞愧的人事物，不被看到。

第七章 人类发展的八个阶段

在一首令人印象深刻的美国歌谣中，当其中杀人者被公示于众时，他非但没有感到自己该受如此惩罚，反而开始斥责那些旁观者，重复表达着对旁观者的蔑视："该死的目光！"有很多极度羞愧的小孩子，会以同样的方式表达自己的蔑视。我在这里想表达的意思是，儿童和成人对于把他们的自我、身体或想法看作邪恶和肮脏的这件事的忍耐是有限度的。他们相信只要为此接受了惩罚，自我、身体、想法便绝无错误一说。他们可能会倾向于扭转局面，认定只有真相继续存在时他们才会是邪恶的。当它们离开或自己远离它们后，他们的机会就来了。

怀疑是羞愧的好兄弟。羞愧有赖于对正直及暴露的意识，而临床观察使我相信，怀疑有赖于对拥有正反两面的意识，尤其是"背后那面"。身体的背面，包括了富有侵略性和力比多的括约肌和臀部，无法被个体自己看到，却可以被其他人支配。"背面"是那小小存在（指孩子）的黑暗大陆，是身体可以被他人——那些挑战孩子的自主性的人，以及那些将肠道中的东西视为邪恶的人——支配和侵占的区域。这种基本的怀疑观念无论以什么样的形式留存下来，都会在日后成为一种强迫性怀疑的基础。在成人身上，这种观念表现为一种偏执性恐惧，即害怕受到秘密的迫害者的威胁。

因此，这一阶段影响了爱与恨、合作与任性、自由表达与压抑这些相对事物的占比。个体从自控、自尊中获得了持久的意志和骄傲，从失去自控、被过度控制中获得了怀疑和羞愧。

在某些读者看来，我似乎夸大了"消极力量"。对此我想说的是，这并不是临床数据的偏见造成的结果。成年人看上去成熟且理智健全，却会对"丢脸"的情况以及从"背后"遭到攻击的情况相当敏感。这种担心常常不合情理，并且与其相关的情感会影响种族政策和国际政策。

我们曾将基本信任同宗教联系在一起。个体对于自己的意愿能以一种成熟的顺序得到重申和描述的需求，在法律和秩序的原则中得到了一种制度性的安全保障。在日常生活中，在国内和国际高等法院中，这种原则规定了每个人的特权和限制、义务和权利。成年人的正当尊严与合法独立性让有着良好意志的孩子们相信，在童年形成的自主性不会在接下来的人生中被过度的怀疑或羞愧削弱。因此，儿童的自主性为经济和政治生活保留了正义感。

主动对内疚

每个儿童在每个阶段都会出现充满活力的特性，这也促进了新的希望和新的责任的诞生。这是一种主动性。在某一时刻，孩子们或多或少带着恐惧，内外都"成长"了，并且解决了某种危机。他们看上去"更像他们自己"，更有爱，放松且明智，并且更加充满活力。他们能量过剩，这允许他们很快忘记失败，并靠近那些看起来值得向往的事物（哪怕它看上去同样充满了不确定性和危险性）。主动性在自主性的基础上增加了承担、计划和执行任务的品质，从而显得活跃和"在行动中"。

第七章 | 人类发展的八个阶段

我知道"主动性"这个词对于很多人来说有着美国化和工业化的内涵。但是,主动性是每一行为的必要组成部分。人们在任何学习和行动——从水果采摘到企业系统运作——中都离不开主动性。

婴儿性欲为基本社交形式增加了"做"的含义,而这一含义首先意味着"在做中"。没有更简单有力的单词可以描述它,它隐含着在攻击和征服获得快乐的意思。对于男孩来说,"做"的重点是阴茎侵入模式。对于女孩来说,重点则是以掠夺形式或者以让自己更具魅力和更加惹人喜爱的形式去"俘获"他人的模式。

这一阶段的危险在于:因在预期目标以及发起的行为中享受新的运动能力和精神力量而产生内疚。带有侵略性和强迫性的行为会远远超过身体与精神的实行能力,因此需要遏制个体的主动性。个体在自主性的驱使下会集中精力排除潜在的对手,并将嫉妒的怒火指向年幼的同胞们,而在主动性的驱使下,个体把那些首先到达并以装备优势占据某些领域——这些领域恰好是个体的主动性指向的地方——的人视为竞争对手。婴儿的嫉妒和竞争性,以及在某一领域享有特权的充满怨恨且徒劳的尝试,最终在和同胞们争夺与母亲的最佳位置时达到了顶点。失败导致了放弃、罪恶和焦虑。孩子们满足于作为巨人或者老虎的幻想,但在梦境中他们因恐惧而拼命逃跑。这便是"阉割情结"——对自己因不恰当的幻想而不得不接受损害生殖器的惩罚的强烈恐惧——出现的阶段。

婴儿的性欲同乱伦禁忌、阉割情结以及超我结合在一起制造了一个人类危机。在这个危机中,他们必须从对父母的前生殖期依附中走出来,逐渐成为传统的载体。这是潜在的人类荣耀与毁灭之间的分

235

裂。从此，儿童的自我永远分裂开来。之前那些促进婴儿身体和头脑成长的天性碎片如今分成了两部分：婴儿的部分仍保持着旺盛的生长潜能，父母的部分则促进了自我观察、自我引导和自我惩罚的发展。

这又是一个相互调节的问题。婴儿现在已经准备好了过度操纵自我。他们逐步发展出一种道德责任感，获得了一些关于制度、职责和角色——允许他们负责地参与其中——的洞察力。他们会在挥舞工具和武器中，在操纵富有含义的玩具中，以及在照顾更小的孩子中找到愉悦的成就感。

婴儿身上父母的部分在本质上是幼稚的。事实上，人类意识在一生当中都保持着一定的稚性，这是人类悲剧的核心。婴儿的超我可以显得原始、残酷和决不妥协，这一点我们可以在婴儿对自己的过度控制以及过度约束中看出。他们由此发展出一种过度服从——程度甚至比父母期望和要求的还要强烈——的态度，或者出现严重的退行和持续的愤恨，因为父母看上去背弃了新的道德观。婴儿最深切的冲突之一是恨父母。在婴儿看来，父母本应担当起模范以及超我的执行者，但他们却试图从违规中侥幸逃脱，这是婴儿所不能容忍的。混入了超我的全或无特性中的疑心和逃避，使有道德的人成为对自我和他人有潜在危险的存在。

在成人病理学中，因主动性而产生的冲突可以通过歇斯底里式否认——会压抑意愿或者让器官瘫痪、受抑制或者衰弱——来表达，还可以通过过度补偿式炫耀——如此渴望"逃避"的个体，却"伸出了脖子"——得到表达。此外，这种冲突也可能会通过突然出现身心失调疾病得到表达。这就像文化令一个人过度宣传自己，并让他与自己宣传的形象产生认同,以至于只有疾病才能让他摆脱。

在这里,我们不能只考虑精神病理学,还要考虑在这一阶段必须被压抑的愤怒。接下来,在压抑中变得自以为是的个体会以道德主义之名监督他人。对于主动权的禁止,而不是指引,占据了主导。从另一方面来说,甚至连道德之人的主动性都倾向于毁灭自我约束的边界,允许他们在其他地方去做那些他们绝不会在自己家中做的事情。

在了解了人类漫长童年的危险性后,我们最好对人生各个阶段的"蓝图"进行回顾,在儿童尚且年幼的时候指引他们。在人类的生命周期图中,我们注意到儿童根本没什么时间来快速学习,从而在分享责任和成就的意识上更进一步。他们渴望并有能力与他人合作,出于构建和规划的目的而同其他儿童联合起来。他们希望从老师那里获益,模仿理想的原型。他们与同性别的父母产生认同。但就目前而言,他渴望在某处找到机遇,那里能够保证主动性、没有太多的幼稚冲突或者俄狄浦斯内疚,能够获得更加现实的基于平等精神——在合作中产生——的认同。无论如何,"俄狄浦斯"阶段不仅导致了一种道德感——界定了许可范围——的建立,而且设定了儿童早期的梦境与积极的成年生活目标产生联系的可能性方向。因此,社会组织通过理想成人(他们的身份可根据他们的制服和职责得到辨识,他们的魅力要大到足以让他们取代图画书和童话中的英雄在儿童心中的地位),向这个年龄的儿童提供了一种经济精神。

勤奋对自卑

内在阶段看起来都是为了"进入生活"而设。生活首先是学校生活,无论这学校指的是旷野、密林还是教室。儿童必须忘记过去的期望和心愿,他那充满生机的想象力会被客观事物的法则——包括"3R"原则,即减量化、再利用、再循环——所约束。由于在心理上已经是一位不成熟的父亲或母亲的孩子最终会成为一位真正的父亲或母亲,因此在这个阶段他们必须学习成为一名工人和有能力供养家庭的人。在即将到来的潜伏期,与其说孩子们忘记了,不如说他们升华了通过直接攻击"制造"人类或者快速成长为父母的需要。他们现在学会了通过制作东西来赢得赞誉。他们控制住了区域与器官模式。他们产生了关于某个事实的重要感觉,这个事实就是:在他们所在的家庭中没有切实可行的未来,因此他们必须准备好将自己投身于特定的技能和任务中,而这远远超过了器官模式的游戏性表达和肢体机能带来的快乐。他们发展了勤奋的理念,也就是说,他调整自我以便适应工具社会的人造法则。他们可以成为一个热心和专心致志的生产单位。想要达到高产状态的目标逐步取代了想要游戏的愿望。他们的自我包括了他们掌握的工具和技能。工作原则(艾维斯·亨德里克的术语)教会了他们借助专注力和勤奋,在工作中获得快乐。在所有的文化中,这一阶段的儿童都会接受一些系统性教学,虽然如同在美国印第安人中那样,这种系统性教学并不总是以学校——那些学过如何教授读写能力的老师将学生组织在一起,教授他们如何读写——的形式

第七章 人类发展的八个阶段

进行。在文字出现之前的人们以及不能读写的人们中，一些成年人凭借天赋和爱好，而不是任命，成了老师。很多知识是通过他们传授的。此外，大孩子教导小孩子的情况也很常见。由此，技术的基本原理得以发展，孩子们准备好操作那些大人们使用的器皿、工具以及武器。受过教育的人必须准备好教授孩子们各种事情，首先教他们读写。这是为他们选择各种可能从事的职业所进行的最广泛的基本教育。然而，专门化变得越令人困惑，主动性的最终目标就越不明确。社会现实越复杂，父母在其中的角色便越模糊。学校似乎成了一种独立的文化，有其独特的目标和限制，以及成就和失望。

儿童在这一阶段的危险存在于不足感与自卑感之中。如果他们对自己的工具和技能，或者对自己在伙伴中的地位感到失望，那么他们便不会与这些工具和技能以及工具世界产生认同。丧失对这种"勤奋"联合的希望会令他们回撤至更加孤独的、缺乏工具意识的俄狄浦斯时期的家庭竞争中去。儿童对于他们在工具世界的装备以及身体构造都感到失望，认为自己注定是平庸之辈或者能力不足之人。此时，广阔的社会变得富有意义，以它自己的方式承认儿童在技术和经济中成为具有理解力以及有意义的角色。当家庭生活无法为儿童上学做准备，或者当学校生活无法兑现早期阶段的承诺时，儿童的发展便会受阻。

在勤奋感正在发展的时期，我提到了在使用新的能力时所存在的外在和内在障碍，而这并不包括新的人类欲望的增强，也不包括源自挫折感的愤怒。这一阶段不同于早些时候，它不会在内在动荡中出现新的掌控力量。弗洛伊德称这一阶段为潜伏期，因为强大的驱力在这一阶段通常休眠了。但这只是青春期暴风骤雨来临前的喘息,到那时,所有的早期驱力都会以新的组合方式出现,被生殖力所支配。

从另一方面来说,这是一个在社交上最具决定性的时期,因为勤奋——意味着在他人旁边以及同他人一起做事,是对劳动分工和机遇差别的最初意识,即对文化的技术理念的意识——在这一时期得到了发展。我们曾谈过如下情况对个人及社会的危害:儿童开始意识到自己皮肤的颜色、父母的背景或者衣服的样式(而不是他们的希望和意志)会决定他的个人价值以及身份。除此之外,还有另一种更深层的危险,即个体的自我限制。个体可能会将自己限制在工作中。如同布克所说,在被驱逐出天堂之后,人类即得到了判决。如果一个人把工作作为他唯一的义务,"行得通,做得到"作为判断他自身价值的唯一标准,那么他可能会变得墨守成规,成为他的技术和那些处于剥削他的技术地位上的人的没有思想的奴隶。

自我同一性对角色混乱

在建立起同技术与工具世界的最初关系后,青春期即将到来,而童年就要真正结束了。在青春期,因为身体的第二次快速发展以及性器官的成熟,早期获得的一致性和连续性受到了质疑。成长与发展中的年轻人,面对体内的生理巨变和成人目标,开始关心——同自我评价相比——他人对他们的评价,以及如何将早先习得的角色和技能同时代的职业标准联系起来。在获得新的连续性和一致性中，他们必须和早年战斗过的"敌人"重新开战，即便这意味着他们必须让好人来扮演敌人的角色。他们已经准备好在头脑中装入某些偶像和理念，以便保卫最终的身份。

这种以自我同一性的形式存在的身份整合远大于个体在童年时期获得的各种身份的简单相加。这是一种自我将所有身份同性欲的变迁、后天能力以及社会角色所提供的机遇整合为一体的经验的积累。自我同一性是一种因个体内在的一致性和持续性与他人对他的一致性和持续性的看法相匹配而产生的自信，这在切实的"职业"承诺中得到了证实。

这一阶段的危险是角色混淆。②当它基于一种对性身份的强烈怀疑时，个体就会出现过失与精神病的彻底发作。如果得到正确的诊断和对待，这些事件不会出现它们在其他年龄段所造成的重大影响。在大部分实例中，没有能力获得职业身份给年轻人带来了困扰。为了使自我不致破裂，个体同大众英雄产生了过度认同，甚至达到表面上完全丧失个性的程度。这是"坠入爱河"阶段的开始，虽然绝不是出于性的原因。青年之爱是一种试图通过将自己弥散性的自我意象投射到他人身上，并观察它所反映和澄清的事实，来明晰个人身份的尝试。这便是为何年轻人的爱往往主要是对话。年轻人也会非常排外，并对所有那些被他们排除出去的"不同"——无论是皮肤颜色、文化背景、品味或天赋的不同，还是一些穿衣风格和姿势的不同——之人抱

---

② 详见发表在美国精神分析协会学报上的《自我同一性的问题》一文。

以残酷的态度。理解（却并不意味着赦免或参与）这种偏激是个体避免产生角色混淆的防御手段。青少年不仅会通过塑造群体和定义他们的自我、理想以及敌人来实现互相帮助，而且会故意测试彼此表明忠诚的能力。这也解释了为什么简单和残忍的集权主义会对那些失去了或正在失去他们的群体特征——无论是封建的特征，还是农业的、部落的、民族的特征——并面对世界范围内的工业化、解放和交流的年轻人具有如此大的吸引力。

　　青少年的精神基本上处于一个延缓偿付期，这是一个处于童年和成年之间，孩子们所学到的道德观同成年人发展出的伦理学之间的心理社会阶段。它是一种意识形态上的精神，并且是社会——清晰地支持了那些渴望得到同辈的承认，准备好被仪式、信条和计划所证实的年轻人——在意识形态上的观点。在探寻引导同一性发展的社会价值观时，个体会遇到意识形态和特权阶级的问题。它们都有如下含义：在确定的世界图像和注定的历史道路中，最优秀的个体会统治世界，而统治也使这些人更加优秀。为了不成为那些冷嘲热讽或无动于衷的失败者，年轻人必须以某种方式说服自己，那些在成人世界中成功的人也必须肩负作为精英的责任。我们在接下来会讨论源于某种人类理念的危险，这种理念希望超级机器般的管理机构来治理世界，无论这机构是以民族性还是国际性、共产主义还是资本主义的意识形态作为指导。在这本书的最后一部分，我们会讨论当今时代的革命如何利用年轻人试图在工业化社会中找到新身份的深切需要。

亲密对孤独

在任何阶段获得的力量都会受到超越其自身的必要性的考验，以便个体可以在下一个阶段继续带着在前一个阶段获得的力量去冒险。因此，那些刚刚获得同一性的年轻人渴望并决定让自己的同一性同其他人的同一性产生共鸣。他为亲密接触做好了准备，即他准备好了与他人建立某种具体的依附关系和伙伴关系，并发展出遵守承诺的道德力量，尽管这可能意味着需要做出重大的牺牲和妥协。身体和自我现在必须成为器官模式和核心冲突的主人，从而使得个体能够在引发自暴自弃的情境——在亲密联盟中，在性高潮和性行为的联合中，在亲密的友谊以及身体对抗中，在关于深受老师启发和灵感从自我中迸发的经验中——中面对自我受损的恐惧。这种因为恐惧失去自我而逃避的经验，可能导致深切的孤独感和情感内投。

与亲密接触相对的是拉开距离，即为孤立以及在必要情况下毁掉那些可能对个体造成威胁或者侵犯个体的亲密关系领域的力量和人做好准备。由此发展起来（并被政治和战争所利用）的偏见是盲目否认（在同一性斗争中严格划清了熟悉与陌生之间的界线）的结果。这一阶段的危险性是个体会既亲近又对抗这种亲密的、富有竞争性的关系。由于成年人的责任领域已经明晰，富有竞争性的对抗以及富有性意味的亲近也得到了区分，它们最终成了道德感的一部分，这也是成年人的标志。

严格来说，只有真正的生殖力可以得到完全发展。在承诺之后出现的性生活是一种同一性探索，受阴茎或阴道——使得性生活成为一种生殖力之间的战斗——控制。从另一方面来说，生殖性经常被描述为一种性爱互惠的永恒状态。接下来的部分也许该完成我们关于生殖力的讨论了。

有人认为，作为一种治疗尝试，精神分析试图说服患者，在神与人之前他只有一个义务：有规律地和恰当的"对象"产生性高潮。这当然不是真的。弗洛伊德曾经被问到，他认为一个正常人应该如何做好事情。提问者很可能期待一个复杂难懂的答案。但是弗洛伊德以他昔日那简单粗暴的方式说道："去爱与工作。"我们必须认真地思考这个简单的回答。当你深入思考时，你会发现更多。当弗洛伊德谈到"爱"，他所指的是对生殖器的喜爱，以及用生殖器做爱。当他说到爱与工作，他指的是一种生殖性的工作生产力（work-productiveness），这种工作生产力不会让个体丧失作为有生殖力和有爱的存在的权利和能力。因此我们会思考，但我们无法进一步完善弗洛伊德的回答。

生殖性存在于制造性高潮——摆脱前生殖器阶段对于生殖性欲的抑制，以致生殖力比多在个体与异性的亲密接触中得到表达，阴茎和阴道得到刺激，整个身体的压力得到释放——的能力中。这是一种描述一个我们不太明白的过程的相当具体的方法。通过性高潮时身体的混乱，一种关于二人以某种方式相互调节的极致体验，减弱了由男女之间、事实与想象之间、爱与恨之间的对立引发的某些敌意和潜在愤怒。令人满意的性关系让个体摆脱了受性欲所困的处境，使得过度补偿不再那么必要，让虐待性的控制显得多余。

第七章 人类发展的八个阶段

由于它的治疗方面受到过度关注，精神分析常常未能以一种对于社会历程在所有阶层、民族以及文化水平上都具有重大意义的方式明确表达生殖性的内容。这种精神分析所考虑的性高潮意义上的相互关系很容易在某些为它建立起一种制度的阶层和文化中获得。在更复杂的社会里，这种相互关系会被各种因素所干扰，比如健康、传统、机遇、性格等。个体要有潜在的能力去达到性高潮的相互关系，同时要承受大量沮丧，且不致发生退行。

精神分析偶尔会过分强调生殖力是社会的一剂万能药，由此为许多人提供一种新的成瘾物和商品。然而，生殖力并不总能显示出它应该且必须具备的所有目的。为了具备永恒的社会意义，生殖力的理想国应当包括：

（1）性高潮的相互关系；
（2）和相爱的伴侣一起；
（3）和另一性；
（4）希望并能够同对方相互信任；
（5）希望并能够同对方一起调节：
　　①工作；
　　②生育；
　　③娱乐；
（6）为了使子孙安全，所有阶段必须实现令人满意的发展。

显然，这一理想国不可能是一项个人性或者治疗性的任务，也绝不是一个纯粹的关于性的问题。它对于一种文化的性别选择、合作及竞争风格来说是必需的。

这一阶段的危险是孤独，即避免带来亲密感的接触。在精神病理学中，这可能导致严重的"性格问题"。然而，孤独者也会与他人建立一种类似于男女双方的亲密关系的合作关系，这种关系能够保护合作的二人不必面对下一阶段的任务。

繁衍对停滞

如果本书不是将重点放在童年阶段的话，那么我将会重点论述这一部分，因为繁衍这个术语包含了让人类发展成社会性动物的进化发展历程。时下流行强调儿童对于成人的依赖，这经常使我们看不到老一代对于年轻一代的依赖。成人需要被别人需要，需要得到指引，需要从那些刚被生产出来、必须受到照顾的对象那里得到鼓励。

繁衍，首先意味着生育和指引下一代，尽管有一些个体因为不幸或者在其他方面存在特殊的天赋而不愿把繁衍的动力用于生育后代。繁衍还意味着生产能力和创造能力，但这些都不能代替繁衍。

精神分析学家花了一些时间认识到，身体和灵魂的碰撞会导致个体对自我的兴趣逐渐扩展，并且对繁衍出的事物投入精力。繁衍由此成为心理性欲和心理社会发展进程的一个重要阶段。在繁衍性被压抑的地方，对伪亲密感的强迫性需求以及一种普遍性的停滞感和贫瘠感便会出现。此外，个体会开始放纵自我，就好像自己是自己的独子一般。当条件成熟时，早期的身体或精神上的衰弱会成为个体向自我关注发展的关键因素。拥有孩子甚至希望拥有孩子的事实并不能保证繁衍性的实现。事实上，一些年轻的父母看上去在这一发展阶段出现了停滞。我们经常能在早期的童年印象、建立在艰难建立的人格基础上的过度自爱、信念和对人类的信仰的缺失中找到导致这种情况的原因。

对于保障繁衍性的组织，我们只能说这些组织将繁衍的伦理编纂到一起。甚至连哲学以及精神传统都建议放弃生育或生产的权利。这种向"终极关怀"的早早转变试图同时解决它与关怀、仁爱之关系的问题。

如果本书重点在于论述成人期，那么在此比较经济学和心理学理论（以马克思和弗洛伊德各自提出的理论之间的相同点和不同点作为比较的开始），并讨论人类与其产物（产品及子孙）之间的联系，将是十分必要的。

整合对绝望

只有那些以某种方式关怀人和事物、适应了伴随人类存在的成功和失望的人才可能获得以上七个阶段的成果。在我看来，整合就是对这个阶段的最好说明。我必须指出这种思想状态的组成部分。整合是自我对秩序和意义的保证。整合是对自我——而不是自体——的后自恋式热爱，是一种无论要付出多么高昂的代价，也要传达出某些世界秩序和精神意识的体验。整合是接纳自己唯一的生命周期，并将其作为不得不存在且不允许有任何替代的事物。它也意味着对父母产生与之前不同的爱。整合同遥远的时期和不同的目标存在友好的关系，正如这些时期与目标的产物所表明的那样。虽然意识到所有为人类奋斗赋予不同意义的生活方式都有其相对性，但整合之人却为捍卫自己生活方式的尊严而对抗所有物质和经济上的威胁做好了准备。他明白，每个人的日常生活都是特定生命阶段与特定历史时期的相遇引发的种种巧合。他知道自己参与的整合是人类整合的一部分。这种在他所处的文化或文明中得到发展的整合，最终变为其"灵魂遗产"（然荣耀、遗产尽归其灵魂。——卡尔德隆）。在这种整合中，死亡亦不再制造痛苦。

整合不足或者缺失，个体便会恐惧死亡，不再将唯一的生命周期作为生命的终极意义。绝望意味着个体感到生命苦短，短到来不及开始另一段人生并试着选择一条通往整合的新路。有时绝望隐藏在厌恶之中，通常仅仅以"一千种微小的厌恶"存在。如罗斯丹所说："上千种微小的自我厌恶，其总和却不是悔恨，而是一种模糊的不适感。"

每个人为了成为成熟的成年人，都必须让上面提过的所有自我特性得到充分的发展。因此一位印第安智者、一名真正的绅士和一个成年农夫在彼此之间确认整合的最终阶段。每种文化，为了发展出符合特定时空的整合方式，利用了冲突的特殊结合以及对童年性欲的激活与抑制。只有在文化制度同其具有代表性的特殊领导阶层的稳固支持下，婴儿期的冲突才会带来富有创造性的结果。为了达到整合，个体必须知道如何做一个追随者，追随那些宗教、政治、经济秩序、技术、贵族生活、艺术与科学之间的意象承接者。因此，整合意味着一种情感上的集合，它要求个体接纳作为追随者的义务和作为领导者的责任。

《韦氏词典》非常贴心地帮助我们完成了人类生命周期的循环。信任（自我的第一种产物）在该词典中被定义为对他人的整合——自我最后的产物——的依赖。我猜韦伯斯特关心的是精神而不是儿童，信誉而不是信念。我们似乎能够将成人的整合与婴儿的信任之间的关系改述为：健康的儿童不会害怕生活，只要他们的长辈整合得足够好，以致不惧怕死亡。

一张渐进图表

这本书的重点在童年阶段。生命周期的概念仍需要得到系统性的处理。为此我决定，本章以表格来作结。在这个表格中，如同第二章中关于前生殖器的区域和模式的表格一样，对角线代表心理社会发展的各个阶段的产物出现的顺序。对角线下方是这些解决方案的前身，对角线上方是这些产物在成熟中以及成熟的人格中的变体和衍生物。

这个表格的假设是：（1）人格依照被个体与社会相互影响的意愿所决定的步骤逐步发展；（2）社会倾向于和一系列潜能互动，并保证和鼓励它们以适当的速度和顺序出现。这便是"对人类世界的维护"。

但图表只是思考的工具，并不是个体在儿童训练的实践中、在心理治疗中、在儿童学习的方法学研究中所需遵循的指示。在用渐成论表格辅助描述心理社会阶段时，我对方法学的步骤了然于心。绘制表格的目的之一便是便于各个阶段的比较。但任意表格都仅仅说明了事情的一个方面，因此你们不应该期望从这个表格中获得与人类存在的其他方面相关的生殖力的含义。我并不认为所有的发展都是由一系列危机构成的。我认为，心理社会发展伴随着关键的步骤。这里的"关键"是转折点——在进步与退步之间、在整合与停滞之间做出决定的时刻——的特征之一。

此时讲清楚渐成论矩阵的方法学含义也许是有益的。对角线中的方框表示一系列的阶段和构成部分的逐渐发展。它表明：（1）各种心理社会力量之间存在系统性的联系，它们都有赖于每一种力量以适当的顺序得到适当的发展；（2）在某种决定性力量的特殊时刻到来之前，它会以某种形式存在。

如果基本不信任胜过基本信任是心理社会发展的第一步，自主胜过羞愧和怀疑是第二步，那么我们可以从表格中看出这两步之间的基本关系，以及对这两步都很重要的一些基本事实。每一种关键力量都会在特定的阶段占据优势，成为个体需解决的危机。但它们都必须以某些形式同时存在，因为个体的每一步行动都需要所有力量的参与。一个婴儿可能从一开始就以特殊方式表现出某些类似于"自主"的行为，比如当他被抱得太紧时，他愤怒地试图扭动自己的身体以便挣脱。然而在通常情况下，直到生命的第二年他才开始经历成为自主的个体和成为具有依赖性的个体之间的关键对立。直到那时，他才准备好迎接同环境的核心冲突。环境以能促进个体的人格在特定的文化中健康发展的方式传达给个体关于自主和胁迫的理念和概念。对立和危机是每一阶段的主题。对角线表明了心理社会发展的顺序。它也允许出现发展速度和强度的变化。一个个体，或者一种文化，可能会过度徘徊在信任发展的阶段，从A1出发通过A2再到B2，或者过早向下一个阶段发展，从A1开始越过B1移动至B2（见表1）。每一种类似的加速或者减速，都会对接下来的所有阶段的发展产生影响。

表1

	1	2	3
C运动—生殖期			主动对内疚
B肌肉—肛门期		自主对羞愧、怀疑	
A口唇—感官期	基本信任对基本不信任		

表2

	1	2	3	4	5	6	7	8
H 成年晚期								整合对绝望
G 成年中期							繁衍对停滞	
F 成年早期						亲密对孤独		
E 青春期					自我同一性对角色混乱			
D 潜伏期				勤奋对自卑				
C 运动—生殖期			主动对内疚					
B 肌肉—肛门期		自主对羞愧、怀疑						
A 口唇—感官期	基本信任对基本不信任							

由此，一个渐成论表格帮助我们理清了一个包含各个相互联系的阶段的系统。尽管我们对各个阶段可能命名得当、研究透彻，但从这个表格来看，我们在研究某个阶段时应把所有阶段牢记于心。除此之外，我们还应该思考表格中的空白处。如果我们将基本信任记为A1，而整合记为H8，那么信任在整合的需求占据主导的阶段中会发展为什么呢？在自主的需求占据主导的阶段会发展为什么呢？在最后的阶段（H1），我们会期待信任发展为一个成熟的人在他所处的文化背景和历史时期所能获得的成熟信仰。这个表格允许我们思考老年会如何，

第七章 | 人类发展的八个阶段

它的准备阶段必须如何。所有这些都清楚地表明，渐成论表格暗示了一个关于思考和再思考的总体结构。至于方法和术语，则留待进一步研究。③

---

③ 为了真正开放地讨论这一问题，我们必须避免对整个概念的不当使用。这其中就包括假定信任（及其他积极感觉）是一种成就目标，一旦达到便会永远成为一种特定状态。事实上，一些作者如此想要从这些阶段中推论出一些成就目标，以至于他们愉快地忽略了所有的消极感觉（基本不信任及其他感觉），而在人的一生中，这些消极感觉至终都存在，并且维持着与积极感觉的强力对抗。我认为，假设在每一个阶段取得一种力量对于新的内部矛盾和改变的环境毫无影响，这是儿童发展中成功思想意识的投影，它如此普遍地存在于我们私人和公众的白日梦里，令我们无力在一个新的工业历史时代为有意义的生存而奋斗。个性涉身于持续存在的危险中，身体的新陈代谢应付着衰减。当我们断定一个相关强度的状态及其受损的症状时，我们面对的仅仅是更加清晰的关于人类生活的矛盾和悲剧。

只留下每个阶段的"成就"，似乎是为了将它们作为"特性"或者"渴望"进行描述或者测试。这种说法听起来有些悲观。事实上，我因为用一些在过去被赋予了美好含义的词语为这些"成就"命名，而被大家误解。即便如此，我相信在自我和语言之间有本质的联系。尽管历经变迁，一些基本的词语仍保存了其本质的含义。

我试图根据朱利安·赫胥黎的《人文主义结构》绘制出一份蓝图，阐述进化注入人类生命周期和社会组织中的基本力量（参见我所著的《洞见与责任》第四章）。我应当在此列出这些基本力量：

基本信任对基本不信任：*驱力和希望*
自主对羞愧、怀疑：*自控与意志*
主动对内疚：*方向与目的*
勤奋对自卑：*方法与能力*
自我同一性对角色混乱：*奉献与忠诚*
亲密对孤独：*依附与爱*
繁衍对停滞：*产出与关怀*
整合对绝望：*克己与智慧*

这些斜体的词语被称为基本力量，因为如果没有它们以及它们在每代人身上再度出现，所有其他以及更加易变的人类价值观系统会失去它们的关联。对于这个列表，我可以给出更详细的目录，仅仅为了尽责（参见我写的《青年、变化和挑战》一书）。但我要再次强调，列表说明的是一个总体概念，此外我们仍有很大的空间来讨论术语和方法。

253

青年和个性的演变

[第四部分]

引　言

把整合作为自我发展阶段和性欲阶段的最终产物进行阐述，似乎超出了这本讲述童年与社会之关系的书的范围。对于儿童心理的精神分析范围也由此形成。精神分析论述的是青春期前本能和自我的变化。在青春期，理性的生殖力应当能够吸收婴儿期固着与非理性的冲突，或者允许它们在伪装下出现。这种复现的主题涉及童年期的失败对个体随后的成年生活和社会的影响。我认为，要理解童年或者社会，我们必须扩展视野，研究社会如何通过为个体提供安全感、身份及完整性来减轻童年冲突对个体的影响。在对个体赖以生存的价值观的强化中，社会为个体创造了使人类发展成为可能的唯一条件。

文明利用了个体的婴儿期恐惧，同时将婴儿期的自我价值提升至共同活动。举个例子来说，宗教可能会利用信任和邪恶之间的核心冲突，将信任转变为信仰，邪恶转变为罪恶。这类似的组织通过仪式的力量——能够借助整合的形式滋养文明，增强其追随者们的团结——强化了特别的自我价值，它的历史时刻就到来了。这种组织具有特殊的诀窍"活出"他们的历史时刻。随着其他的自我价值（例如自主）变成共同活动的核心，旧组织愈发无情地利用个体的婴儿期恐惧。为了宣称只有它才掌握着通向唯一救赎之门的钥匙，教堂不得不成为某种教化系统——试图说服民众某种特殊的邪恶是不可避免的现实——的庇护所。

社会的历史记录了上层阶级、精英分子以及那些高等神职人员的起落沉浮，他们那些贵族式的抱负培养出非此即彼的自我价值，给予了他们真正的舒适，促进了真正的进步，但接着为了他们自身阶级的生存，他们试图利用那些起初他们还会减轻的婴儿期焦虑。当国王尚且是父系社会戏剧中的伟大英雄之时，他们借助杀父禁忌来保护自身和自己的统治地位。封建制度——领导者与被领导者责任分配的模型——通过对无政府状态的预知、使持不同政见者丧失颜面的威胁来维持自己。政治系统通过各种怀疑的挑衅而得以繁盛，经济系统则利用了各种因妄图改变而产生的内疚。对于政治、经济和技术的精英们来说，无论他们在何处接受了完善符合特定历史时期的新的生活方式的义务，他们都会给人们提供一种同一性，并鼓励人们去达到文明的新阶段。总而言之，可以推断出随之而来的代价会非常高，但这只是一个纯粹的哲学问题。

我的知识准备还不足以让我说明自我特性、社会体制和历史时期之间的系统性关联。但是，正如基本信任和宗教之间存在基本的联系一样，我们可以在基本的政治与法律组织形式中发现自主性的影子，在经济秩序中发现主动性的影子。此外，技术中见勤奋，社会分层中见同一性，关系模式中见亲密，教育、艺术和科学中见繁衍，哲学中见整合。研究社会必须关心这些组织的上升与衰减,及其相互关系。我认为,从长远来看,如果忽略了每一代人使各自的制度复兴的方式,这种研究会丧失它最大的意义。我专注于研究自我同一性的问题,及其与文化认同的联系,因为我相信在青春期即将结束时,自我的一部分整合了婴儿期的自我阶段,并抵消了婴儿时期超我的专制统治。正是内部的整理防止了超我与婴儿期愤怒的残留永远联系在一起。

我非常了解,这种概念上重点的转移是由历史性重大事件——那些影响了我们的个人命运、症状表现和父母对我们的无意识要求的革命性事件——所导致的。简而言之,当今时代的患者的困扰是:他应当相信什么,他应当——或者可能——成为什么样的人。早期精神分析的患者则常常受困于抑制他成为那些他认为真正的自己的无意识因素。尤其在美国,成年患者以及儿童患者的父母总希望在精神分析中获得庇佑,来避免体验生命的不连续性。

早在1908年[①],弗洛伊德便指出,在他所处世代,神经症的根源是两性的双重标准,以及上层阶级对妻子和母亲的过度需求。他承认,过于迅速的变化对于社会角色的破坏性影响会发生在那些从乡村移民到城市的个体以及从中产阶级转为上层阶级的个体身上。他把个体的深切失望——源于多种强加在他身上的危机和性压抑——看作精神病理学的主要根源。

---

① Freud, S. "'Civilized' Sexual Morality and Modern Nervous Illness," *Standard Edition*, Vol. IX, London: The Hogarth Press, 1959.

| 引 言

　　为了赋予那些备受武断标准之害的患者价值，弗洛伊德发明了精神分析。这是一种彻底的自我启蒙，立刻突破了精神病学的界限。弗洛伊德在那些受到压抑的个体身上发现了类似于禁忌和习俗的残留物。精神分析不仅解释了维多利亚时代独有的症状特征，更揭示了永恒主角——俄狄浦斯王、哈姆雷特王子和卡拉马佐夫兄弟——的神经症，承担起以一种自信的私人方法处理悲剧性冲突的任务。精神分析让个体同源自本我的情结和解，获得健康和理性与个性化方面的胜利。

　　人类历史将会记载，弗洛伊德为了努力满足他在精神病学实践方面的需要，无意中继续了一场关于人类意识的革命。这场革命从古老世界的无名合唱队中找出了悲剧性的个体，使这名具有自我意识的人成为"衡量万物的标准"。弗洛伊德在那时指向"所有事物"的科学探索中加入了人类意识。在结论中，我们将回归由探索自身器官和起源所引发的困境。同时，弗洛伊德式冲突与古希腊悲剧之间，无论是在术语还是在精神上都有明显的类同。

　　弗洛伊德的精神分析在很大程度上预测了20世纪世界大战、世界革命以及第一次工业文化的出现。弗洛伊德对所有这些事件反应冷淡。纳粹突击队搜查了他的家（他让自己身处一堆前悲剧和前自我意识时代的小雕像之中），看上去只是确证了他关于群体心理学的观点，并令他得出结论：任何有组织的集体对于个性化和理性来说都是一群潜在的暴徒和敌人。

　　弗洛伊德称为"智慧之首"的至高价值构成了早期精神分析学家的个性的基石。这种至高价值在启蒙年代给予弗洛伊德一个坚固的立足点。只有一次，在写给犹太旅馆的信中，弗洛伊德确实承认隐藏于内部的同样结构②——这是一个无法得到准确翻译的短语，我认为包含了试图实现"同一性"的含义。弗洛伊德的确在上下文中使用了同一性这一术语。

弗洛伊德认为基本的道德准则是理所当然的。文化同一性也是如此。对他来说，自我像一个谨慎小心、有时又十分狡猾的贵族。它的谨慎和狡猾并不仅仅体现在原始本能的无秩序与良知的狂怒之间，而且还体现在上层阶级的惯例与暴徒精神的无秩序之间。拥有这种自我的人可能对群众运动怀有惊恐与厌恶，因为他的自我有可能被怀疑。精神分析学家最初专注于研究源于自我的防御的症状表现，而很少谈及自我在社会组织的土壤中如何成长。

精神分析的创始人和早期从业者强调有助于自我启蒙的内省。自从内省成为精神分析的主要原则以来，生存的特别价值——为其他文化中的小俄狄浦斯和厄勒克特拉提供某种生活方式——甚少为人所知。超我与文化同一性之间的联合在环境对自暴自弃的培养——借助激情或理性，暴行或含蓄，虔诚或怀疑，猥亵或得体，优雅或严酷，宽容或骄傲，精明或公平——中被忽视了。事实上，种种文化表现，除了教化之外，都因虚伪的掩饰或防御、同本我的对抗和联合而变得

---

② 原文是"the secret familiarity of identical psychological constitution"。详见西格蒙德·弗洛伊德的《写给圣约之子会的成员们》一文。在这篇文章中，弗洛伊德讨论了他同犹太人的关系，将宗教信仰和民族自豪感作为"最主要的约束"而抛弃了。他以一种诗意的语言而不是科学的语言指出，无意识（强有力的、无法用语言表达的感受）同意识（对内在个性的清晰意识）一样对犹太人具有吸引力。最后，他提到犹太人祖先的两种品质：摆脱偏见以免限制智慧的运用，准备好在对立中生存。

引言

可疑。的确，那些指导性的价值观总是显得无情与狭隘，但它们仍然能启发人类。我们不应该在心理学的平衡表中给它们留出位置，无论是过去、现在还是未来。

在特定的历史时刻，当身份感成为一个问题时，我们开始将它们概念化。我们在某个试图用所有移民的身份来制造超级身份的国家这样做了，我们在一个急速发展的机械化威胁到农业和贵族身份的时期这样做了。

在当今时代，研究身份感的意义犹如弗洛伊德在维多利亚时代研究性欲的意义。然而，研究某一领域的历史相关性看上去并不能排除总体计划的一致性和对事实的接近。困扰弗洛伊德的病人的性心理因素同样困扰了我们的病人。困扰我们的病人的身份缺失问题可能同样困扰了弗洛伊德的病人。③不同的历史时期让我们看到被暂时夸大的在本质上不可分割的各个人格部分。在本书的这一部分中，我会思考与进入工业革命的三个伟大国家——美国、德国和俄罗斯——相关的身份问题。我们有必要将注意力放在这些国家的年轻人对一种新的良知和一个更具包容性的工业化身份的需求上。

虽然我仍带着深深的疑虑，但我应当从这个国家开始。最近几年，大量关于国家性格结构的书籍和文章已经揭示得相当清楚，但它仍然是一个通常意义上的最不确定的课题和一个在这个国家中仍旧令人望而生畏的课题。

在美国为美国人书写关于美国的事情几乎是不可能的（除非以虚

---

③ 详见发表在美国精神分析学会学报上的《现实与现状》一文。

构小说的形式）。你可以作为美国人去南太平洋诸岛，并在回来前书写；你可以作为外国人在美国游览，并在离开前书写；你可以作为移民，在你定居时书写；你可以从这个国家的一个地区或者"阶层"移至另一地区或"阶层"，并在仍居于二者之间时书写。但最终你总会书写下一种若即若离、即将改变而未定型的方式。你可能会书写下一个自己多少有些乐意参与其中、却受困其中的过程。你的风格不久之后便会在狂热或者气愤的表达中失控。

为美国人描述美国的唯一健全的美国方式是，发泄一种抱怨并夸张地描述它。这需要一种敏锐的天赋和一个聪慧的头脑，而这两者都不容易获得。

最后，我想以一个在这个国家从事精神分析实践和教学的人的身份，阐述美国病人——成人和儿童——的身份获得和身份丧失。

第八章
对美国个性的反思

两极化

一名美国人的真正个性有其典型的对立面。这种说法对于所有的"国家性格"或者国家个性来说都是正确的。事实上，我们应当以此命题开始而不是作结：一个国家的特性诞生于历史为两种对立的可能性配对的方式——将之发展为独特的文化形式或矛盾的双方——之中。

美国这个动态发展的国家令整整一代人遭受了比其他伟大国家多得多的极端对比和突然变化。它的大部分居民都在自己的人生中或近亲的人生中，面对两极化的选择：对移民敞开大门与坚守传统的孤岛；与人友好的国际主义和目中无人的孤立主义；激烈的竞争同谦逊的合作；等等。由此出现的充满矛盾的呼吁对个体自我的发展所造成的影响，很可能取决于核心自我阶段与家庭的地理和经济变迁之间的关系。

只要个体能够在自发选择的深思熟虑中保持确定的基本要素，美国个性似乎就能支持他的自我同一性。个体必须能够使自己确信，下一步取决于他自己，他可以选择滞留，也可以选择前行。在这个国家，那些流浪者并不想被告知该出发了，定居的人也不需要别人告诉他要待在哪里。他们每个人的生活方式（以及家族历史）都允许他们做出另一种选择。

因此作为一段充满极端对比和突然变化的历史的继承人，美国人将其自我同一性建立在一些两极性的暂定组合之上，比如流浪者与定居者、个人化与标准化、竞争性与合作性、虔诚与自由、负责与不屑，等等。

我们经常可以看到这些两级之一在宗教、职业和性格类型中的极端显现。分析表明，这种极端显现是对偏向另一极的内在防御。

为了让自己有选择，美国人大体上接受了两套"真理"：一套是具有清教徒式特征的宗教准则或者政治准则；另一套是不停变动的口号，它表明在一个给定的时间里，一个人可以基于预感、情绪或者理念来行事。因此，一个儿童可能会交替认可"让我们离开这鬼地方"以及"让我们留在这里，阻止那混蛋进来"的口号。即使没有任何逻辑或者原则，这些口号对于那些要证明行为合法的人来说也足够令人信服，无论它符合或是刚好超出了崇高法律的范围。表面上看，这些口号所隐含的时间和空间的观点同那些苏族人或者尤洛克人系统中的观点一样根深蒂固。它们是在共同的时空中与个体的自我防御相协调的尝试。它们经常会在个体的童年发生彻底的变化。

美国个性的真实历史不得不将派灵顿关于思想连续性的观察与

第八章 | 对美国个性的反思

不连贯的美式口号的发展历史联系起来。这种美式口号遍及街头小店、学术研究、法院、每日新闻的公众意见中。在原则和观念中，两极化看起来存在于贵族统治（总是十分警觉，并守护在某种程度上条理清晰的思想和坚不可摧的精神）和暴民统治（更喜欢呼吁改变而不是保持不变）之间。这种贵族统治同暴民统治天生的对立（在富兰克林·罗斯福身上有着美好的体现）在美国的民主政治中积极发挥作用，比大批的美国中产阶级人士所认为的更加积极。这些美国中产阶级人士，受到某些体现出思想僵化的人的诋毁，被认为是这个国家中唯利是图的市侩，但他们只是做了一种过度补偿式的努力，企图过上一种靠近主干道、有房子、存款、车辆的生活。他们并没有失去机动性并远离文化造就的不确定性。地位表明了一个更具机动性的社会中的相对性：它类似于一种自动扶梯，而不是一种平台；它是一辆机动车，而不是一个目标。

所有国家，尤其是较大的国家会以他们自己的方式将进步复杂化。我们必须试图明确美国历史如何使美国的年轻人处于情绪和政治的短路中，并因此危及自身的动态潜能。

"妈咪"

近些年，美国的精神病学家的观察和警告越来越多地集中于两个概念："精神分裂型人格"和"排斥母亲"。从本质上说，这不仅意味着许多人由于罹患精神病而同现实分离,还意味着太多没有明显症状的人在与社会的互动中缺乏自我张力和相互性。有人可能会对这一结论嗤之以鼻,并指出个人主义的精神和活泼愉快的气氛,是这个国家的大部分社交生活的共同特征。但是精神病学家——尤其是在"二战"中经历了被迫拒绝成千上万名"神经症患者"或者将他们送回家园后——则持完全不同的看法。那种带着完美音调和面容,带着标准的展示出自控能力的流线形微笑的人并不总能藏匿真实的自发性。

精神病学家倾向于将责任推给"妈咪"。我们在个人病历中发现了太多冷血的母亲,富有支配性的母亲,总是拒绝他或她的母亲,占有欲很强、过度保护的母亲。精神病学家们暗示,病人在婴儿时期,除了以某些确定的方式来表现自己以外,无法在这个世界上感到自在,但这种确定的方式同婴儿的需要与潜力发展并不一致,且自相矛盾。他们还暗示,母亲支配着父亲,同时父亲比母亲向孩子们提供了更多的亲切关怀和理解,尽管他们最终会因为那些从孩子的母亲那里"取来"的东西而使孩子们失望。我们从数千的临床文献中看到,一场自发的斥责母亲的运动正在悄然进行,临床工作者将这个国家的母亲谴责为"妈咪"和"蛇蝎一代"。

这个"妈咪"到底是什么样的人?她是怎样失去了她那简朴的名字中蕴含的美好意义的?她如何成为导致这个国家的败落情形的根源和人们发泄怒火的对象?"妈咪"真的该受到谴责吗?

当然,从临床意义上讲,谴责也许只是表明了那些了解情况的工作者对于引发灾难的主要原因的看法。但在我们大部分的精神病学工作中存在一种潜在的报复快感,这种快感类似于发现坏人和将坏人逼

第八章 | 对美国个性的反思

入绝境时产生的快感。指向母亲——她们性冷淡，排斥孩子，在家庭中占据支配地位——的谴责有其特殊的道德惩罚意义。毋庸置疑，无论是病人还是精神病学家，他们在孩童时期都被过分地责备过。现在他们责备所有的母亲，因为所有的因果探寻都免不了谴责。

当然，将"妈咪"这个称谓赋予那些危险的母亲，的确是不公正且带有报复性的。这类母亲在其母亲身份中具有许多致命的矛盾特征。在那些"患有神经症"的美国士兵感到对人生准备不充分时，他们经常无意识地责怪他们的母亲。专家们常常不得不同意他们的看法。但从主干道通往散兵坑的道路无论从地理上、文化上还是心理学上，都比从国家通往前线的道路更加漫长。这个国家易受到并已受到攻击，或者本已准备好袭击他人的故乡并担心自己受到攻击。这一情况也是真实的。看起来，因失败而责备家庭是无意义的。

"妈咪"与其他国家的原型一样，比如下一章所讨论的"德国父亲"，是多种特征的复合意象。这些特征不会在一名单独的女性实体身上全部呈现出来。没有一位女性有意识地渴望成为这样的"妈咪"，但她仍会发现她的经历都围绕这种完形展开，如同她被迫承担这一角色一样。对于临床工作者而言，"妈咪"是某种可以同一种"经典"的精神病学症状相提并论的意象，尽管你从未见到过它的纯粹形式，但仍然可以用某种标准去衡量它。在卡通动画中，她变成一种立刻让所有症状具备说服力的讽刺形象。在分析作为历史现象的"妈咪"之前，让我们从那些母亲对自己的孩子们所提出的致病性需求——借助这种需求，我们在临床工作中发现了母亲意象——方面，进行简单的论述：

（1）在习俗和道德方面，"妈咪"于家庭和社区拥有无可争议的权威地位。通过自己的方式，她允许自身在外表上保持自负，在需求上保持任性，在情感上尚存幼稚。

（2）在任何情况下，对于她要求孩子们给予的尊重和自己的内心冲突之间存在不一致的地方，她总是责备孩子，从不责备自己。

（3）由此，她维持着被鲁思·本尼迪克特称为儿童与成人状态中的非连续性的品质。

（4）如果在她的一些孩子身上，感官和性的愉悦以最天真的形式被自由表达出来，她会示以坚定的敌意，并且当孩子的父亲产生性需求时，她会清楚地向孩子们表明，有性需求的父亲是令人厌烦的。然而随着年龄的增长，她看起来并不希望放弃表露性能力的努力，比如穿显得年轻的衣服，戴夸张的装饰，化妆。此外，她还会沉迷于书中、电影中以及流言中有关性的意象。

（5）她教育别人要自我约束和自我控制，但她无法控制自己摄入的卡路里，以便让自己仍能穿上好看的衣服。

（6）她期望孩子们对自己要求严格，但她过分担心和挂念自己的幸福。

（7）她代表了传统的优秀品质，然而她自己并不希望变得"陈旧"。事实上，她非常害怕这种在过去代表富足的状态，换句话说就是奶奶的状态。

这些充分地表明，"妈咪"是这样一种女性，她生命周期的幼稚残留和提前到来的衰老气息，一同抹除了她本应具有的成熟女性气质，并让她变得过度内投和停滞不前。事实上，她不信任自己作为女

第八章 | 对美国个性的反思

性和母亲的感觉。甚至她的过度关心也无法提供信任。然而，我们可以认为这种"妈咪"——或者任何向自己或其他人提醒关于母亲的陈词滥调的女性——都不会感到快乐，她们不喜欢自己，被某种焦虑所控制，常常认为自己在浪费人生。她们知道孩子们并不发自真心地爱她们，尽管在母亲节她们会收到孩子们准备的礼物。"妈咪"是受害者，而不是胜利者。

假定这是一种"类型"，一种与这个国家中具有神经质的冲突性质的传染病学充分关联的复合意象，那么解释它需要历史学家、社会学家和心理学家的合作，并需要一种新的历史观。当然，"妈咪"只是关于现存矛盾的一种讽刺形象，这种矛盾从美国历史中强烈的、迅速的、未得到整合的改变中显露出来。为了找到"妈咪"意象的源头，我们应当回溯历史的某一时期。在那时，美国女性在许多舶来的传统基础上发展出某种普遍的传统，并将其用于儿童教育和家庭生活之中。在那时，创造新的定居生活的重任落到了她们身上，而那些占据主导地位的男性因为某些理由，不希望被"限定在篱笆之中"。现在，抱着对再次默许外部或内部的专制统治的恐惧，这些男性坚持暂时保有自身的新文化特性，而在这一点上女性不得不在她们需要下命令时变得专制起来。

处于社会前沿的美国女性成为那些紧张并总是不顾一切的男性所强烈对抗的目标。同时，她不得不成为文化的审查者、宗教上的良知、审美的仲裁者以及教师。在早期艰苦的"开凿"顽固天性的活动中，是她贡献了促进社会融合的生活真谛。在她的童年，她看到未来的男性和女性将要面对严酷的定居与不断迁移的生活之间的冲突。他们必须为环境中的极端对立做好准备,并总是准备好去寻找新的目标,并在残忍的竞争中为之而奋斗。毕竟,比罪人更惨的是笨蛋。

我们认为,苏族人和尤洛克人的母亲天生具有适应的力量,这允许她们发展出适当的儿童训练方法,培养出适合游牧社会中的猎人和猎人妻子或在山谷定居的渔夫和橡子采集者们的妻子。我相信,当美国的母亲进一步发展了培养儿童的盎格鲁—撒克逊模式,她们仍会无意识地调整对发生在这块大陆上的历史的反应。换句话说,基于新大陆——在这里,最具决定性的事实是边境,无论你寻求它,逃避它,还是试图破坏它——的新历史观,我认为当今时代的人们误解了美国女性的"拒绝"态度。

我的历史学家和社会学家朋友和我不得不转向清教主义,将其看作创造美国母亲及其现代意象"妈咪"的决定性力量。人们对于清教主义多有争议。我们必须记得,它曾经是为了抑制男性和女性爆发出的活力、极大的胃口以及同样强烈的个人喜好而被提出的价值观系统。我们已经讨论过以下事实:现存的文化有其自身的平衡,令其为大多数人所接受。但历史的变化会危及这种平衡。在美国历史的短短进程中,迅速的发展同清教主义融合在一起,造成了母亲和儿童的情绪紧张。这其中包括:本土居民的持续迁移、外来移民的迁入、工业化、城市化、阶级分层以及女性解放运动。这些都让清教主义不得不做出防御,而当一个系统变得具有防御性时,它必然会变得更加严格。清教主义,突破了将精力旺盛和意志坚定视为性犯罪的范围,逐渐将身体存在的各种面向纳入受其约束的范围,折损了所有感官享受(包括婚姻关系),并将其冷漠的态度扩展至怀孕、生育和训练的职

第八章 | 对美国个性的反思

责中去。结果便是，这样的人类诞生了：他们在学到痛恨官能性的坏的一面之前，未能从母亲那里学到热爱其好的一面。取代痛恨罪恶的是，他们学会了不信任生活。许多人成了没有信仰或兴趣的清教徒。

当然，边疆在促使美国个性扎根于极端的两极性方面发挥了决定性的作用。最初的两极是对定居和迁居的极性的培养。对于同样的家庭，母亲会令男孩和女孩为扎根于社会生活，扎根于新的村庄和城镇而做好准备，还会令他们准备好迎接在边疆建设家园时身体可能遭受的磨难。城镇也出现了独特的定居生活方式，使定居者的精神生活适应工作台和写字桌、壁炉和圣坛。在公路及铁路边，陌生人赞美上帝让他们知道哪里有更绿的牧场。你可以与他们一道更大声地赞美。边疆的召唤和前进的诱惑，迫使那些留在原地的人为定居而感到自豪。在这个国家出现了如下口号："如果你看到了邻居的烟囱，便是时候离开了。"母亲们不得不培养出一批忽视边疆召唤的儿女们，然而一旦他们被迫或选择离开居住地，他们也将带着相应的决定启程。当他们老到无法选择，他们仍会支持最狭隘的、最标准化的依附性。我认为正是人们对老到无法选择的恐惧，令老龄和死亡在这个国家被赋予了不好的意义。（最近有老夫老妻们找到了解决方法，国家的拖车系统允许他们定居在永远的旅行中，并死于汽车轮子上。）

当人们定居在一片土地上，开始创造历史时，我们也对迁入者与移居者的问题和流亡者与难民的问题是如何叠加在一起的有了了解。对于新的美国人来说，逐渐增多的后来者是为逃离某些人或事而来，而不是被他们所信仰的普遍价值观吸引而来。于是，在扩张的劳动力市场中出现了大量无知和被欺骗的奴隶们。为了支持和反对这些后来的美国人,美国母亲不得不建立新的道德准则和对社会优势的严格考验。

当美国成为一个文化熔炉,盎格鲁—撒克逊的女性们做出决定,确保在所有混合的组成部分中,清教主义——如同它接下来所成为的那样——成为最普遍的倾向。旧的盎格鲁—撒克逊传统的尊奉者变得更加严格。移民者的女儿们也开始遵从她们在孩童时期没能学到的行为标准。我认为,这种自创的身份是自创的男性身份的女性对立面。我们发现了美国大众时兴且自负的"自我"之起源。这种自我即自己的起源和仲裁者。事实上,对于移民者的孩子们的精神分析清晰地揭示出他们——作为他们家庭中的第一位美国人——在多大程度上成了他们父母的"文化父母"。

自创的自我被工业化和阶级分层加固和改良。举例来说,工业化为它提供了机械化训练。似乎这一全新的人造机械世界(取代"大自然的一部分"和"捕食的野兽")只愿意为那些和它产生认同的人(如同苏族人"变成"野牛,尤洛克人"变成"鲑鱼)所用。儿童训练系统开始发生变化。为了成为工业世界的标准附属物,人类从出生开始就接受精确的训练。这一变化绝不会在美国或者在那些为了工业产物而想要变得同美国类似的国家就这么结束。在追求对机械的认同和掌控中,美国母亲——特别是处于中产阶级的母亲——意识到自己培养出了过于标准化的孩子,而这些孩子在将过去美国人杰出的特性个性化方面被寄予了厚望。她们制造了大规模生产的个性面具,而不是个性。

除此之外,在某些不大却很有影响力的阶级和地域中出现的分

第八章 | 对美国个性的反思

层同欧洲贵族化模型的残留相联合，创造出理想的女士形象：不需要工作，甚至幼稚地、任性地拒绝了解工作是什么。这种形象立刻受到了理想的女性解放形象的挑战。这种新的理想形象看上去呼吁机会平等，但众所周知，它通常只是一种伪装。

那些具有原始特性的美国女性是那些后革命时代的男性的最佳伙伴。这些男性被摆脱专制统治的自由理念所吸引，被思念故乡和向国王投降、变为政治奴隶的恐惧所折磨。只有当父亲在同样的历史影响下变成"爹地"的时候，母亲才会变成"妈咪"。归根结底，母亲崇拜只是错位的家长制。由于美国父亲放弃了在家庭中的统治地位，美国母亲在教育领域和文化生活中便承担起支配家庭的角色。后革命时代的创始人的后裔迫使他们的女人成为母亲和父亲，而他们继续扮演生而自由的儿子角色。

我无法估算这个国家出现情感混乱的人的数量。对罹患精神疾病的人数的统计是没有帮助的。改良的方法和我们的热心使我们能注意到问题所在，但很难说今日美国的问题更多，还是方法更多。我将以我的临床经验，试图在这些情感混乱的人中发现一种特性。我认为，在他为之自豪的自主性和主动性之下，不安的美国人常常责怪他们的母亲令他们失望。他们声称，他们的父亲与此无关，尽管在少数案例中，父亲是格外严厉的男性、过时的个人主义者、外来的家族统治者或者天生的"发号施令者"。在对美国男性的精神分析中，我们经常需要用相当多的时间才能发现，在这些男性的人生早期，父亲的确看上去巨大且有威胁性。即便在那时，起初他们对于和父亲争夺母亲几乎没有概念。似乎在充分发展的主动性导致他们同父亲竞争之前，母亲还不是他们思念和依附的对象。破碎的"恋母情结"背后是被母亲抛弃和辜负的执念，这是精神分裂症患者退行背后的无声抱怨。小孩子会感到：退行似乎是没有用的，因为没有人会回应；投入情感似乎是无意义的，因为得到的反应如此不确定。于是，他们只表现出不堪一击的行为和动作。当行为也失效时，剩下的便只有退缩和标准化的微笑，接着身心便陷入了混乱。但我们的方法允许我们看得更深，我们发现这一切的根源在于一种深深的自责。孩子们责备自己为了尽早变得独立而抛弃了母亲。

美国民俗学在有关约翰·亨利诞生的传说中强调了这一情结的原始动力。约翰·亨利是一名黑人锤子工。根据那首广为人知的歌谣，他死于企图展示男子汉不输于任何机械的行动中。这个并不广为人知的传说如下[①]：

如今约翰·亨利是个男子汉了，但他已经长眠了。

约翰·亨利在一个黄铜色月亮悬于漆黑天空的夜晚降生。星星不再闪耀，大雨倾盆。叉状闪电劈开空气，大地抖得像片叶子。黑豹在灌木丛中嚎叫得像个婴儿，密西西比河逆流而上奔流了一千公里。约翰·亨利出生时有二十公斤。

当约翰·亨利降生时，人们不知道该拿他怎么办。人们看着他，然后去看向河水。

"他有像牧师一样的男低音。"他的妈妈说道。

---

① Bradford, R. *John Henry*, New York: Harper Brothers, 1931.

第八章 | 对美国个性的反思

"他有像卷棉花的码头工人一样的肩膀。"他的爸爸说道。

"他有像巫师一样的蓝色牙床。"护士说道。

"我或许能布一点道,"约翰·亨利说,"但我不会成为牧师。我或许能卷起船上的棉花,但我不会成为卷棉花的码头工人。我或许有像巫师一样的蓝色牙床,但我不熟悉灵魂。因为我的名字是约翰·亨利,当大伙用名字叫我时,他们知道我是个天生的男子汉。"

"他的名字是约翰·亨利。"他的妈妈说道,"他讲真话。"

"当你用名字叫他时,"他的爸爸说道,"他是个天生的男子汉。"

就在这时约翰·亨利起身伸了个懒腰,"那么,"他说道,"是不是该吃晚饭了。"

"的确该吃晚饭了。"他的妈妈说道。

"以及过点了。"他的爸爸说道。

"以及过点好久了。"护士说道。

"好吧,"约翰·亨利说道,"那么狗狗吃过晚饭了吗?"

"它们吃过了。"妈妈说道。

"所有的狗。"爸爸说道。

"好久以前。"护士说道。

"好吧,那么,"约翰·亨利说道,"我难道不比那些狗儿棒吗?"

当约翰·亨利这么说的时候,他发火了。他跳回床上,打破了床板。他张开嘴吼叫,吼声熄灭了台灯。他撕裂了舌头并吐出口水,用它扑灭了火。"别惹我发狂!"约翰·亨利这样说着,就在这时雷声隆隆地滚过。约翰·亨利继续说道:"别让我在出生这天发火,因为当我发火时,我自己都害怕自己。"

约翰·亨利站在地板中央,他告诉他们自己想吃什么。"给我拿四大块肉骨头,一大罐卷心菜,"他说道,"给我拿一点长得有树那么高,成熟时倒了一大片的芜菁,给我拿玉米饼或者冷面包,还要一些热粥来把它们冲下喉咙。给我拿两块猪下巴,一罐豌豆。给我拿满满一口袋刚出炉的饼干以及一大桶糖浆。因为我的名字是约翰·亨利,我们会再见的。"

于是约翰·亨利走出了房子,离开了黑河村,那个因优秀的码头工人而为人所知的地方。

当然,从赫拉克勒斯到布斯拉耶夫,在其他国家也有类似的故事。但在这个故事里有一个特别的要点,我认为是十分美国式的。刻画这个故事中展现的幽默需要一种全新的客观方法。但我们必须记住的是,事实上约翰·亨利始于一场巨大的抱怨:他被自己庞大的胃口挫败了;他恳求"别让我在出生这天发火";他不会接受生而带来的身份;他离家成长为一名真正的男子汉,而在此之前,当他毫不费力地获得了自己所需时,他还远算不上一名真正的男子汉。

约翰·亨利

约翰·亨利是传说中的英雄。下面将要描述在他特有的死亡中,他是如何证明身体胜过机械的:

第八章 | 对美国个性的反思

队长告诉亨利：
"给我拿把气钻来，
工作要把气钻用，
敲打铁钻就不行。
上帝，上帝！
敲打铁钻就不行。"
他向队长立誓言：
"硬汉虽说只是人，
若要气钻胜过我，
除非我死把锤扔。
上帝，上帝！
除非我死把锤扔。"②

这首歌谣的曲调，据洛马克斯说，"源于一种苏格兰的旋律，它的表现手法使得它看上去像一首中世纪的民谣，但它的内容却是关于一名普通男子汉的勇气的"。

因此约翰·亨利是开拓边疆的流浪者——面对新的地理和技术世界，没有过去可以参照——的职业典范之一。最后剩下的典范似乎是牛仔。他们继承了流浪者的自夸、抱怨、对于流浪的嗜好、对于动

---

② Lomax, J. A. & Lomax, A. *Folksong U.S.A.*, New York: Duell, Sloan and Pearce, 1947.

产的不信任、对忍耐与胆量的力比多贯注、对于"家畜"和气候的依赖。

这些工人们发展了关于那些没有根、没有母亲以及没有女人的男性形象。接下来在这本书中，我将会进一步指出这种形象只是存在于整个世界的多种独特的新形象之一。它们的共同特征是生而自由的孩子们成长为获得自由的青少年，他们会对父亲的道德观和自己对母亲的思念进行反驳，只向残酷的现实和纪律低头。他们自认可以将自己塑造为比最健壮的牲畜还要吃苦耐劳、比任何锻造的金属还要坚固的人。

在蛮荒林地长大，由北极熊哺育，下巴上长着九排牙齿，毛发有双层，有钢铁般的肋骨，金属丝制的肠胃以及一条长满金属倒刺的尾巴。我才不在乎它挂什么鬼地方呢！嚧——嘿——啊哈！③

他们倾向于保持无名氏的状态，这样他们可以成为宇宙中至高和至低的存在。

我毛发蓬蓬如大熊，面目凶恶如恶狼，身形敏捷如美洲狮，咧嘴一笑如鬣狗，吠声卷起一大堆木头。各种品质我都有点儿，从狮子到臭鼬。在战争结束之前，你会断言我身上有全部动物的习惯。或许我

---

③ Lewis, A. H. *Wolfville Days*, New York: Frederic A. Stokes Co., 1902.

第八章 | 对美国个性的反思

还少算了一种。④

如果这里有类似印第安人的图腾崇拜，那也同样存在一种悲剧性的不协调。你可以通过与"大自然的一部分"相一致来与其连接，但如果你试图比机械还要冷硬，如果你希望拥有金属般坚不可摧的勇气，你的身体可能会辜负你的希望。

在讨论两个美国印第安人部落时，我们得出结论，他们的早期训练形式与他们的世界图像和经济角色是相符的。只有在他们的神话、仪式和祈祷中，我们才能认识到把他们从婴儿期的天堂驱逐出去的特殊模式使他们付出了怎样的代价。在一个像美国一样伟大和多元的国家中，会有能够反映出同母亲的早期关系所预示的典型趋势的民间生活模式吗？

我认为民歌和印第安人的祈祷歌曲一样，是一种心理产物。如我们所见，这些朴实的歌曲是写给超自然力量的提供者的。创作者将对失去的婴儿天堂的怀念写进催人泪下的歌曲中，通过眼泪来获得提供者的信任。民歌表达了工作者们的怀念。他们将粗糙的工具挥舞过满是汗水的眉头，辛勤地耕作土地。他们会在劳作中或者休息时歌唱他们对于一个可以在其中恢复精力的家的渴望。

从歌词来看，美国的"爱情老歌"沿袭了大部分欧洲民歌——以"黑色，黑色，黑色是我真爱之人头发的颜色"为例——的深沉特色。但从旋律来说，美国的"爱情老歌"基本上表达的是对于旧大陆

---

④ 见科洛内尔·克罗克特所著《科洛内尔·克罗克特在得克萨斯的英勇冒险》。

的幽深山谷、宁静磨坊和甜美少女的回忆。美国的民歌有意培养了某种"分裂的个性",它在不久以后进入了爵士乐的旋律中。我们可以在最古老的美国歌曲《斯普林菲尔德山脉》中看到这种旋律和歌词间存在的矛盾。最甜美的旋律可以切合最血腥和最无理的诗句,甚至爱情歌曲也有去除深情的倾向。因此洛马克斯说道:"当你看向字里行间,你束手无策,只能被两种对爱的反复表态所冲击……爱是危险的,'它什么都不是,只是随风而去的念头'……爱即为欢笑,求婚是场喜剧。显然这些人不怕印第安人,不怕孤独,不怕流氓,不怕森林,不怕自由,不怕野马,不怕牧场大火,不怕干旱,不怕转轮枪,却唯独害怕爱。"⑤在特别的爱情歌曲中,我们不仅能发现因被抛弃而产生的悲伤,也能发现对投入深切感情的恐惧,唯恐自己情难自已并受到"冷漠之爱"的伤害。

在大多数美国歌曲中,代替浪漫主义出现的是一种对各种丑恶现实的描绘:贫穷,孤独,在一旦挑战必受惩罚的大陆上辛勤劳作。动物们——金甲虫、负鼠、浣熊、公鸡、鹅、猎狗、反舌鸟、响尾蛇、雄山羊、尖背野猪、猪肝色的骡子——则以一种令人讨厌的形象出现。动物形象多出现在那些为了躲过严厉长辈的审查,从而向年轻人提供某种色情意象的无厘头的歌曲和文字游戏中。

> 女士们站中间,绅士们围成圈,
> 集合在甘蔗林边,我们射野牛玩。

---

⑤ 同注释②。

第八章 | 对美国个性的反思

女孩们去学校，男孩们愚蠢闹，
聚集在谷场，看谁把老灰骡追到。
嗷，老鹰抓住秃鹫，秃鹫把乌鸦攥爪中，
集合在甘蔗林边，我们射野牛玩。⑥

无厘头在旧事物的衰亡面前显得相当无礼。在无厘头的歌曲中，旧事物被描述成毫无吸引力的动物："不再有过去的风采"的"老灰母马""不能像以前一样喔喔啼"的"老红冠公鸡"。以《南希阿姨的灰鹅》为例：

去告诉南希阿姨，
她的老灰鹅死了。
她留下的那只，
想用来做羽毛床的。
小鹅们都在哀悼，
因为它们的妈妈死了。
她只拿到一片羽毛，
那片粘在她头上的。⑦

歌曲最后那听起来有些痛苦却又十分欢乐的一节让我们想起了过

---

⑥ 同注释②。
⑦ 同注释②。

去的某段时光。根据洛马克斯的说法，在那段时光里，"鹅毛床对睡眠好，因为它差不多是同时对你又摇又抱，几乎将你从头盖到脚。"然而有时，快乐的摆脱之感不加掩饰地出现在歌曲中：

我的妻子，她死了，然后，然后，
我的妻子，她死了，然后，
我的妻子，她死了，
我笑到痛哭流涕，
想到又成为单身我就难受。⑧

它和类似"精疲力竭地下地狱""别对你自己太严苛了"这些情感的自由表达一致。如此多的美国歌曲必须"走向""跳向""跑向"这样的情感，以揭示它的真正精神。在这里，永恒的行为同快乐地提及每天的工作技术相融合。这些工作技术表达了美式信条：通过去某地做某事来得到神圣的解放。

牛仔歌曲——反映了开拓边疆的人们的某种独特且异常的方式——展现了一种工作模式和情感表达的精湛融合。当试图拖垮一头不停"尥蹶子"的野马时，牛仔要多加小心，以免让恐惧或者愤怒影响自己身体的镇定。当驱赶牛群沿着炎热且灰尘四起的小径行进时，牛仔要多加小心，以免牛群发生骚乱，不能在交付给他人时保持健康状态。在做这些事情时，牛仔会大声唱歌，这些歌曲后来被改编成了

---

⑧ 同注释②。

流行歌曲。自始至终，"牛仔悲歌"都诉说了某个现实，即对于他们来说没有回头路。一些著名的催人泪下的故事讲述的便是牛仔再也见不到母亲和"亲爱的姐姐"，或者当他回到心爱之人身旁时发现自己又一次被骗了。但是一个更普遍的事实是，在牛仔的歌曲中出现的男人成了失去母牛的小牛犊们的母亲、老师和保姆，他将它们接生下来，并目睹它们夭夭。

> 你们的母亲在得克萨斯长大，
> 在那里，曼陀罗与蒺藜遍地开花。
> 所以我用仙人掌把你们喂饱，
> 直到你们准备好前往衣阿华。⑨

他为那些小牛犊唱起摇篮曲，令它们在上千头小牛中安然度过牧场的夜晚。

> 慢慢行，小牛，别再到处乱窜，
> 我已经疲于你的满地打转，
> 你站的地方有青草，
> 慢慢吞咽，
> 你不必走到永远，

---

⑨ Johnson, M. & Johnson, T. *Early American Songs*, New York: Associated Music Publishers, Inc., 1943.

| 童年与社会 |

慢慢行,小牛,行慢慢。⑩

尽管他说"这仍是你的不幸而不是我自己的",但他仍会同这些小公牛产生认同。他为它们打上烙印、阉割、细心地护理它们,直到它们被装船运走、被屠杀:

你不是没有爸爸,你不是没有妈妈,
当你初次漫步,你把他们抛下,
你不是没有姐妹,你不是没有兄弟,
你就像一个牛仔,离家遥遥万里。⑪

从美国歌曲的旋律中,我们能听出美国人对旧时光的怀念,尽管从歌词中我们听到的是美国人自相矛盾、拒绝相信爱、否认有希望得到信任的需要。由此它成为更加私人化的独立宣言。

美国人心中关于自由民意象的原型是北欧人。他们从封建制度和宗教法律中逃离,否认自己的故乡并建立起新的国家,制定了以预防独裁复兴为基本原则的宪法。当然,这种意象接下来沿着对那些最初的移民来说相当不可预料的方向发展。这些移民仅仅想要在这块大陆上恢复一个新的英格兰,一个有着同等精巧的小镇但能给自由思想更多空间的英格兰。他们没能预见这片大陆对野性的渴望。它从未成为

---

⑩ 出自《美国之声》。
⑪ 同注释⑨。

第八章 | 对美国个性的反思

任何人的故乡。它以它的过度严苛，成为专制的诱惑。在美国，自然是专制的，它说："我不争辩，我在命令你。"庞大而严苛的国家以及移民与运输手段的重要性协助建立和发展一种自主和主动的个性。这种个性成为那些"走出去干实事"的人的个性。在历史上，那些过度定义的过去会倾向于被未经定义的未来所抛弃。从地理意义上来说，迁徙是一种始终存在的现实。从政治意义上讲，机会和机遇存在于胆量和运气之中，存在于充分利用社会流动性的途径中。

我们在精神分析中发现许多精神不适源自抛弃母亲以及被母亲抛弃的情结。这并不是巧合。总体来说，美国人没有在一种柔和的对"古老国家"的怀旧中将"这个国家"看作"祖国"。人民以一种毫不浪漫和十分现实的方式痛苦地爱着"这个国家"。演讲会强调所在地。忠诚会在自发的联盟和机会中出现，代表了成就水平而不是归属感。如今，当在过度定义、过度标准化、过度受限制的邻里间定居成为一种主流的需求时，许多人却在十字路口边、在酒吧里、在机动车内、在帐篷和小屋里享受着惬意的时刻，沉浸在无拘无束、自由来去的幻想中。没有一个国家的人比美国人在自己的国家迁移得更远、更频繁。战争过后，这个国家比其他国家有更多的老兵选择在其他地方（而不是他们在前线魂牵梦绕的家乡）开始他们的新生活。对于许多美国人来说，"没有什么地方像家"。你必须能够将家带在身边或者在数千公里外找到它的复制品，这很重要。那些居住在最好的地方的人可能经过了最漫长的旅途。

但在带着复仇心控制广阔大陆时，美国人也学会了控制第二个专制者——机械。这个专制者是自由的孩子们未曾预料到的。

在研究或批评美国式的儿童训练方法时，人们必须理解陆地和机械的专制。这种儿童训练方法让美国的儿童既怀念过去又憧憬未来，既有自主性又有依赖性，既充满随意性又充满确定性。这种始于"抛弃"母亲的训练方法本身就是一种传说，必须追溯至源于必然性的现实和源于需要的幻想。对于要成为自力更生的人并发展出自力更生的个性、在他们前进的途中创造和"调整"他们的个性的男性和女性来说，他们不需要关切性的母爱。他们在作为孩童的时候得到过这样的母爱，而随后便不得不拒绝它。在"妈咪"不存在的地方，他们不得不把她虚构出来。这就是在这个国家里具有重要历史意义的"抱怨"。为了在变幻莫测的世界上自力更生，个体必须借自己的抱怨让自己站起来。

因为约翰·亨利出生在狗都被喂过之后，在他吃到第一顿饭之前，他用自己的双脚跳了起来。对于他出生前的大陆和那些需要他的任务来说，他在这世界的头几个小时具有深刻的含义，虽然他表现得相当极端。那么，如果约翰·亨利穿上双排扣的西装，他将做什么？当他必须服务于机械，并发现自己被没有人情味的现代机械生活所困时，他那"金属般坚不可摧的勇气"会发生什么？

青少年、老板和机器

青春期是占据支配性的自我同一性建立的阶段。接着，一个触手

第八章 | 对美国个性的反思

可及的未来变为有意识的生活计划的一部分。那么，未来是否如预期一般呢？

安娜·弗洛伊德曾有力地阐述过这一问题。[12]

标志着身体性成熟的生理发展，伴随着本能发展的刺激……攻击性的冲动增强至完全难以控制的程度，渴望变为贪婪，潜伏期的淘气转为青春期的犯罪行为。对口部和肛门的兴趣，在经过长期潜伏后再次出现。于潜伏期养成的清洁习惯，现在让位于对污物和混乱的喜爱。我们发现爱出风头、无情和残忍取代了谦逊和同情。看起来稳固地建立于自我结构之中的反应形成，如今受到分崩离析的威胁。同时，已消失的旧倾向再次进入意识。俄狄浦斯愿望以幻想和白日梦的形式实现，极少被扭曲。男孩的阉割恐惧和女孩的阴茎嫉妒再次成为焦点。在侵入力量中有非常少的新要素。它们仅仅再次将熟悉的内容——早期孩童幼稚的性欲——带至表面。

这是一幅与自我相关的图像。自我似乎被增强的本我从敌对的内心世界——内部的外部世界——入侵了。我们的兴趣指向青春期自我获得的支持的数量和质量。凭借这种支持，个体对外部的外部世界产生了期望。我们的兴趣还指向自我防御和个性碎片是否能得到足够的支持。退行与成长、反叛与稳重的青少年现在关心的是，与他们对自

---

[12] Freud, A. *The Ego and the Mechanisms of Defense*, London: The Hogarth Press and the Institute of Psycho-Analysis, 1937.

己的看法相比，他们在重要他人的心目中究竟是谁和是什么。他们还关心，如何将之前培养出的梦想、嗜好、角色和技能同当今的职业和性欲标准联系在一起。

这一阶段的危险是角色混淆。如同比夫在《推销员之死》中所写的那样："我只是无法稳定下来，妈妈，我无法接受某种一成不变的生活方式。"这样的困境基于一个早期的关于个人的种族认同和性认同的强烈疑问。一代又一代的年轻人被自己假定的角色所困扰。这角色是无情的美国青少年标准强加于他的，令他以某种方式逃离，比如离开学校和工作岗位、夜不归宿，或者逃避现实，进入某种奇特的情绪中。一旦他"违法"，他最大的需要——也是他仅有的救赎——便是拒绝成为青年、指导教师和司法人员希望他们成为的那类人。这些人借助客观诊断和社会评价将青少年归为某一类人，而这样的客观诊断和社会评价忽视了青春期特殊的动态情况。这些人拒绝用青少年的犯罪行为来"确认"他们。[13]

在拥有早期个性的美国年轻人中，有一类十几岁的男孩。我将试图用临床方法，结合他们的生长环境描述他们。需要说明的是，这些男孩并不是病人，远远不是。事实上，他们讨厌"精神病医生"。也许因为这个特别的理由，我们需要找到一种慎重的研究方法。限制我们对于那些极度需要我们的人的理解，意味着不恰当地限制了我们的看法。

---

[13] 详见我和K. T. 埃里克森于1957年发表在《芝加哥评论》上的《犯罪行为的确认》一文。

第八章 | 对美国个性的反思

　　这些男孩所在的家庭是盎格鲁-撒克逊式的，家人都是温和的抗议者、白领阶层。这些男孩又高又瘦，体格强健。他们很害羞，尤其当他们和女性在一起时。他们记性很好，就好像他们在给自己保留某些东西一样。他们偶尔会露齿笑，这表明他们对自己基本满意。在同龄人中，他们可以变得粗暴和吵闹。和小一些的孩子在一起时，他们又显得亲切和小心谨慎。他们含糊地确定了自己的目标。他们准备好去做某些事情。他们在运动中的理想标准看上去符合以下特征：遵守纪律，公平竞争，恰当的自我展示和男性力量的蛰伏。通过把注意力集中在受一定的法则所限的一定的目标，他们避免了神经性焦虑的出现。根据精神分析的观点，他们采用了自我设限的防御机制。
　　他们的母亲是某种"妈咪"。她们十分严厉，声音很大，会给予他们不当的惩罚。她们可能相当性冷淡。他们的父亲在工作上十分努力，但在私人关系中却十分害羞，不期待自己在家中得到太多关心。这样的父母在我们的案例中被看作致病源。很显然他们代表了一种文化模式。他们会对孩子做什么取决于很多无法用现代临床学的术语描述的变量。这些孩子的母亲蔑视男性的软弱，她们的吼叫比尖刻的言语影响更坏。她们心中有一个理想中的男性形象，这个形象很可能源于她们的家庭历史，并且通常源于她们父亲的家族。她们向儿子们表明，她们相信他们有机会接近这一理想形象。她们足够聪明（有时是足够懒惰或者冷淡），把是否愿意达到这一理想形象的决定权交给儿子。最重要的是，她们不会过度保护儿子。不同于那些不停鞭策却无法放手的母亲（"过度保护"的母亲），她们不会将孩子绑在身边。她们会给予自己那十几岁的孩子去街上、去操场、去聚会以及夜出的自由。父亲被说服无需担心并借出他们的汽车，或者是"大家的车子"。不得不承认，这类母亲很确信自己的孩子在性的方面能走多远，因为她们无意识地知道，在这些孩子还小的时候，自己便驱散了他们身上一些最初的邪恶。在这些孩子的童年早期，这些母亲谨慎地给予了他们性和情感方面的有限刺激。

我已经表明这类母亲的母性缺乏不仅是清教主义的基础，而且是历史条件的无意识延续的基础。这种历史条件使得相信过去而不是未来，将个性基于童年的家庭和对迁移——以获得更好的机会——的拒斥，成为"胆小鬼"而不是学会忍受贫困和孤独具有危险性。

我们讨论过身体感觉在母亲和孩子的相互调节中如何发展。身体的某些部分"属于我"并且感觉"不错"。个体在生命早期被置于充满信任的环境当中，然后关心身体的责任渐渐由他人交给个体自己。一些存在巨大冲突的身体部分会同身体感觉突然分离，接着同个体的个性分离。这些身体部分在青少年快速发育的过程中仍然是令人不安的区域。青少年会对这些身体部分过度关心和感到不自在，并忍受一种同自己的身体部分失去联系的感觉。毋庸置疑，青少年在他最私密的感受中，同自己的生殖器分离。这些身体部位被叫作"隐私"，并不是因为它们是个体的私人财产，而是因为它们太过私密，以致连个体自己都不能碰。青少年——很早并近乎随意地——受到失去自己生殖器的威胁。借助他们最喜欢的防御机制——自我抑制，他们在心理上与自己的生殖器分离。锻炼让他们能够保持身体意象的完整，允许他们在那些在乎结果的运动中兑现攻击性。

自主性的发展有赖于对个体权利和义务的持续定义。但各种影

第八章 | 对美国个性的反思

响因素却削弱了权利与义务的紧密结合。这些影响因素包括家庭规模的缩小和早期的肠道训练。一大群兄弟姐妹在一起可以认识到,在向"太年轻"和"已足龄"的人员分配责任和义务时,是有平等可言的。在这样一个大家庭中,如果父母能不干涉孩子们的责任和义务分配,只提供必要的咨询服务,那么家庭会成为民主的好学校。与大家庭不同的是,小家庭更强调性别和年龄的差异。在对孩子的清洁、整齐和规矩的早期训练中,小家庭的母亲经常跟在一个孩子身后,接受智力和耐力的考验。于是这位母亲毫不犹豫地赞成某句科学标语:让孩子越早"适应"越好,在问题变成心理矛盾之前。可以理解的是,她们期待从对孩子的早期训练中获得孩子的自动服从和最大的收益。毕竟,这方法在狗身上管用。在"行为主义"心理学大行其道的年代,她们没有意识到,狗被训练"服务至死"。它们不会强迫它们的幼崽接受主人强迫它们做的事情。儿童最终必须训练他们自己的孩子。他们必须考虑冲动人生对后代的影响。世代延续有赖于每位有生殖力的人在面对自己的孩子时,能够从自己的童年冲突中"挽救"一些热情。事实上,这种早期训练的原则没能从一开始就顺利起效,因为这需要父母付出太多的努力。与其说这是一种儿童训练,不如说这是一种父母训练。

我们的男孩由此变得"中规中矩",但他们也学会将饭菜和肠道同担心和仓促联系在一起。他们那迟来的为身体自主的奋斗由此在令人困惑的环境中开始了。他们有一种缺陷,即无法做出决定,因为在他们能够接受或反对合理且自由的选择之前,他们的控制区域就被侵占了。我想说明的是,早期肠道训练和其他在孩子们发展出自控能力之前约束孩子们的训练方法，在塑造个体方面可能是有问题的。这些个体本应能够在随后作为公民，做出自由的选择。在此，"没有冲突地运行"这种机械的理想状态侵入了民主环境。政治冷漠可能源自这样的普遍感受：表面上有选择的问题有可能已经被决定了下来。如果有影响力的选民——这些选民学将世界看作成年人谈论选择，但常常直接决定问题以避免冲突的地方——默许这种情况出现，某些需要讨论的问题便成了确切的现实。

在俄狄浦斯阶段，"儿童会与父母的超我产生认同"。最重要的是，这种超我应当能够让个体产生关于时代的理想形象的集体观念。作为一种制度，超我十分糟糕，因为它使强大且愤怒的成年人同弱小却使坏的孩子之间的关系延续下去。家长制的时代以一种特定的方式利用了内化和无意识的道德"统治者"。父性对这种道德统治者的利用显然会导致个体因同父亲对抗而产生罪恶感和阉割恐惧。母性对这种道德统治者的利用则导致了母亲和孩子之间的相互毁灭和相互抛弃。每一个时代的人，必须找到应对超我的方式，在其中看到一种允许成人和儿童之间存在外在分歧的潜力。时代和超我之间的关系越特殊，父母就越无法充分反映变化中的文化标准和制度，自我同一性和超我之间的冲突也会更加深刻。

自我限制使我们的男孩免于道德上的折损。他们看上去同超我处于较好的关系中，并且这种良好的关系一直保持到青春期。男孩关于男性的理想形象很少与自己的父亲相关。这一理想形象不是外祖父，便是一位叔叔或者父母的朋友。

外祖父这位强壮的男性——依据曾盛行一时的某种美国模式，

第八章 | 对美国个性的反思

成为另一种事实和神话的综合产物——在广大且彼此独立的区域中寻求新的富有挑战性的目标。当他完成最初的挑战时，他将接下来的目标交给他人并继续前进。他的妻子只有在特殊的受孕时刻才能见到他。他的儿子们无法同他并驾齐驱，而是作为受尊敬的定居者定居了下来。只有他的女儿看起来像他。然而，她那非常具有男子汉气概的身份不允许她有一位同强壮的父亲一样强壮的丈夫。她嫁给了一名看上去较弱但有安全感的男性，并定居下来。不过，在许多方面，她讲话像她的父亲。她不知道她多么轻视定居的孩子的父亲，又多么责备自己的家缺乏地理上和政治上的机动性。因此，她让自己的男孩产生了一种矛盾，这种矛盾存在于她所坚持的定居习性同她希望孩子发展的冒险习性之间。无论如何，早期的"俄狄浦斯"意象——高大的、占有母亲的父亲，个体必须仿效他或者打倒他——同外祖父的形象联系在一起。在学习如何做一名公平的兄弟的过程中，这两种意象都成了潜意识的一部分。父亲同孩子的愤怒几乎没有联系。当然，除非他刚好是"过时的家伙"、特别明显的外国人或者"统治者类型"的男性，否则他会成为一名"老大哥"。许多性竞争（如同性欲）被孩子从意识中排除了。

这名我头脑中已经处于青春期早期的男孩，个头很高，通常比父亲还高。他会开带有轻微优越感的玩笑。事实上，类似于印第安人父子间"开玩笑的关系"正在这个国家的父亲和儿子中发展。这种玩笑通常适用于那些边缘区域。在这些区域，人们可能会希望"从某些事物中逃脱"，例如逃过母亲警惕的注视。这种玩笑建立起一种彼此间的认同，帮助他们逃避任何直接的对立以及清晰的冲突。男孩们所做的梦表明他们越来越强壮的身体与独立的个性唤起了他们内心的焦虑。当他们还是小男孩时，他们害怕和现在的自己一样明智和强壮的父亲。看起来这些男孩像在走钢丝一般。只有当他们比现实的父亲强壮或者和父亲有极大不同时，他们才会选择成为自己心中的理想形象，或者他们母亲期待他们成为的形象。但只有当他们以某种方式证明他们比自己童年时无所不能的父亲（或者外祖父）的形象弱时，他们才会不感到焦虑。因此，当他们在很多方面变得夸夸其谈和残酷无情时，他们也能够对其他人表现出亲切和谦逊。

当涉及儿子的主动性时，习俗也会勒令父亲控制自己想要挑战儿子的任何倾向。为了达到这一目的，未来作为对抗过去的方式被人们着重强调。如果儿子需要为进一步的美国化而努力，那么父亲的义务便是给孩子们自由。事实上，因为儿童同未来的技术问题有更深程度的联系，他们比父母更"更聪明"。许多儿童能够更加成熟地展望日常生活的各种问题。男孩们的父亲并没有躲在夸张的家长式宣言的面具后面，企图掩饰自身的弱点。当他们同儿子分享对于理想类型——无论是棒球运动员，还是工业领袖、喜剧演员、科学家、竞技表演大师——的赞赏时，他们想要向理想形象靠近的需求——以一种不会制造挫败感的方式——凸显出来。如果父亲同儿子一起玩棒球，他们并不是想让儿子觉得自己同理想形象十分接近（他们很可能做不到）。相反，他们在与儿子一起玩棒球的过程中共同与理想形象产生认同，并且情况常常是儿子们比父亲更接近理想形象。

所有这些表现并没有排除一个事实：父亲很可能相当有男性气概，但他们更多在家门以外的地方展示——在工作中、在露营旅行中

第八章 | 对美国个性的反思

以及在俱乐部中。当儿子意识到这一点时，他们便会对父亲产生一种全新的、近乎惊讶的尊敬之情。父亲和儿子之间是一种真正的友谊。

兄弟般友爱的意象，由此大胆地或者小心翼翼地从家长式统治留下的缺口长驱直入。父亲和儿子无意识地促进了兄弟式模式的发展，它阻止了家长式俄狄浦斯模式的反应性回归（reactionary return），并且不会导致父亲与儿子关系的普遍衰减。⑭那么家庭如何培养男孩的民主意识呢？如果从字面意义上讲，那么人们几乎不敢问这个问题。男孩没有任何政治观念。"男性的尊严"从没有浮现在他们脑海中。事实上，他们甚至不知道任何一种对违反原则的愤怒，对不公平的感知除外。在早期生活中，当大些和小些的兄弟姐妹们基于自己的优势或劣势而要求特权的时候，他们的不公平感会表现为感到与生俱来的权利被欺骗。他们痛苦地学习衡量同力量和弱势相关的义务和特权，变为公平的提倡者。然后，他们在任何领域作威作福。不公平——主要在运动中——可能导致愤慨的出现。"没人可以这么对我"成为这种愤慨的口号。这是其他国家带有英雄主义色彩的荣耀、权利或者公平竞争的类似物。尽管这些男孩可能会微笑着加入到对其他种族或阶级的奚落中，但他们并不是真的无法忍受其他种族或阶级的存在。他

---

⑭ 在精神分析病人身上，外祖父的重要性经常能显现出来。他可能是旧世界的铁匠，或者新世界的铁路建设者，一位至今仍相当骄傲的犹太人或者一位顽固守旧的南方人。这些外祖父所共有的特征是，事实上他们都是更加具有均一性的世界的最后典型代表，他们手艺灵巧，对良心非常严厉，遵守纪律并且不失自尊地虔诚。他们的世界发明了更大更好的像巨大玩具一样的机械，而它们并不期望挑战那些创造社会价值观的人的观念。他们的掌控以顽固和优越意识的愤怒这类形式存留于外孙身上。由于公开地抑制自我，他们只能在预先安排好的基本权利条件下才可以接受其他人。

们人生的大部分都在过度保护和"限制"——阻碍了他们在这种情况下做出个人决定——中度过。当他们被认为应该选择对抗不同群体的成员时，他们往往考虑的是友情，而不是公民身份。接受一个不同背景的朋友是他们的权利，而不是他们的责任。就"普遍意义的公民身份"而言，他们理解了在学校中被称为行为的概念，但他们并没有将它同政治联系在一起。否则，他们或多或少会如痴如醉地走进由未定义的权利、许可、承诺和责任组成的迷宫中。他们想要模糊的普遍意义上的成功。如果能通过公平方式或者意识不到不公平的方式取得成功，他们会很高兴。就此而论，这些男孩给他们那不幸的黑色皮肤的同龄人造成了巨大伤害，他们将黑人男孩从家中、团体中以及自己身边驱逐出去，因为看到和面对作为真实人类的黑人男孩会引发他们隐隐的不适。前者忽视了后者，虽然前者可能以向后者传播一条普遍的社会原则——己所不欲，勿施于人——促进了后者的美国化。

但我认为，这些男孩的家庭对民主性的培养远比我们所认为的更好。它也许不反映历史课本和报纸上的民主，但它反映了大量能够标志着民主进程的倾向。我必须在此指出一种家庭生活和国家习俗之间在结构上的相似性。

"这是一个不成文但被确定下来的国会规定，没有任何重要集团在触及其自身至关重要的利益时可以被否决，无论以任何理由。"[15]这一声明表明政治利益集团——农业集团、白银集团、工人之友等——

---

⑮ Fischer, J. "Unwritten Rules of American Politics," *Harper's Magazine*, 197: 27-36, 1948.

第八章 对美国个性的反思

以一种有力却非正式的途径利用了两党分化,同时也被两党分化利用。偶尔他们为立法贡献积极力量,但更多时候——有时这显得更重要——他们阻止不受欢迎的法律。能够保证立法的积极性的立法可能是好立法,但它首先必须能让这些巨头接受(正如总统候选人也许是个了不起的人,但他必须是能让大量选区的选民所接受的人)。这种准则不仅让任意集团免于被完全支配,更为每一个集团保留了完全支配他人的权利。

美国家庭同样倾向于保护它的个体成员——包括父母在内——的权利不被支配。事实上,每个成员随着他的成长和变化,会反映出种种外群体——例如父亲的公司、母亲的俱乐部、青少年的小团体以及儿童最早的朋友们——及其变化中的兴趣和需要。这些外群体决定了个体在家庭中的权利,毕竟家庭会收到这些外群体的评判。母亲是社会变化的敏感接受体,又是家庭中的敏感仲裁者。我认为需要承担仲裁者的角色这一事实是美国母亲在给予她们的孩子那种天真的动物之爱方面犹豫的原因之一。这种动物之爱是有选择性的和不公正的,可能会动摇孩子在同辈中寻找家庭不能也不应当给予他们的东西的决心。母亲在某种意义上仍在所有团体和利益之上。似乎她由不得不留意每一种团体和利益发展到她不得不为了整个家庭的利益而组织这种发展的程度。接下来,我们必须找到关于可行和不行的基本原则。它们不能说明每个人都想做什么,而只能说明在所有能做的事情当中,哪种事情对所有人来说都是最不能接受的。这样的内部安排当然很容易被任何既定兴趣、特别兴趣或少数者的兴趣所扰乱。这就是当兴趣出现冲突时,为什么会有大量的琐碎争吵的原因。如果冲突能以"少数赞成多数"的方式解决，这个家庭就是成功的。如果最终的决定每每偏向利益集团的一方（父母或者孩子），那么家庭就会受到削弱。互相让步极大地阻止了家庭分裂，避免了家庭成员成为基于年龄、力量、弱势或者优秀，要求权力的不平等合作者。家庭变为一种训练接纳不同兴趣——而不是不同存在——的训练场，喜欢和爱在其中不起作用。事实上，家庭成员之间不会表达明显的爱或者明显的恨，因为二者可能会削弱家庭的内在平衡和减少家庭成员的机会。重要的是，个体能基于自己过去的让步而对将来的正当权力提出要求。

当然，美国家庭的全部意义都是为了预防专制和不平等。它培养出大量非教条的人，这些人准备好讨价还价并随后做出妥协。它使得完全的不负责任成为不可能，并使得家庭中的公开仇恨和冲突变得极少。它同样令美国的青少年不可能和他们在其他大国中的青少年一样，容易成为毫不妥协的空想家。没有人可以确定他自己是对的，但每个人都必须妥协——为了他未来的机会。

在此对于两党制的类比说明已经相当明确。美国的政治不同于欧洲的"内战前奏曲"，它不会导致完全的不负责任，也不会导致完全的教条主义。它必须不变得合乎逻辑。它是一片动荡的关于检验和平衡的海洋，那些毫不妥协的绝对事物必须沉没于其中。危险的是，这些绝对事物也许会沉没于可以接受的平庸中，而不是有用的妥协中。

在家庭里，与此一致的危险是，不能被整个家庭接受的兴趣会出现在不受争议的白日梦中——个体通过把收音机调到他们喜爱的广播节目，或者躲进那些可以表达他们的兴趣的杂志后面。一种彼此尊重的

第八章 | 对美国个性的反思

紧张气氛可能会清空"少数服从多数"这一模式最初的愤怒和尊严。

在欧洲,青少年会同父亲发生冲突,无论是背叛还是服从(或者我们会在下一章看到,先背叛然后服从)都有必要性,而大体上来讲,在美国,这种必要性是缺失的。摇摆不定的美国青少年并不关心父亲,也不关心权利,只关注他们的同龄人。这些男孩有行为不良的特质,如同他们的外祖父在法律不健全或无法执行的那些日子中所表现出的一样。这一特质也许会在令人吃惊的行为中得到表达,比如危险的驾驶或者随意破坏和浪费。在个体意识到在特殊场合表现出粗心大意是自我抑制的安全阀之前,这种特质都与自我抑制的防御机制形成令人吃惊的对比。无论是粗心大意还是自我抑制都能让个体"感受到"自发性。它们暗示行为中没有发号施令者,个体也不需要动脑子。

我们的男孩是反智识者。任何想太多或感受太多的人看上去对他来说都很怪异。这种对于感受和思考的反对,在一定程度上源于早期对感官享受的不信任。它代表了一种普遍的试探性,一种不要考虑也不要下定决心的希望,直到对机会的自由探索迫使他去思考。

这些男孩可能是清教徒,他们发现自己并不需要向诅咒、救赎或者虔诚臣服。在教会生活中,他们必须通过明显的自我抑制行为证明自己,从而得以和其他成员分享上帝给予地球上的生灵的公平和好运。教会的成员资格令曾经的事情变得简单多了。它明确定义了个人在社会中的社会和信用地位。社会学家似乎在他们多少有些天真的对"美国阶级系统"的批评中,忽略了美国需要在社会中和教会生活中找到某种可以接受所有相关个体的活动的历史必要性。为了实现某种一致性，它需要一些基本的选择原则。没有它，民主便无法在这个国家运行。但社会学家在某些方面是正确的。他们指出所有成员资格都有一定的排外性、宗派主义和流行主义的倾向，导致教会沦为兄弟会。在那里，家庭生活习惯被保留了下来，而无法促进任何政治或者精神上的产物的出现。教会群体变为严厉的和惩罚性的"妈咪"。上帝这位老爸在公众压力之下，不得不供养他的孩子们。这些孩子通过自我抑制的行为和表现来证明自己值得被供养。同胞们在通过彼此温柔以待并积极对抗"外部人士"来证明他们值得在被供养方面拥有基本义务。

我在此讨论的这类青少年，并不是也永远不会成为一名真正的个人主义者。在他们的经历中，除了母亲口中关于外祖父的神话外，很难发现任何真正的个人主义者意象。但这个意象一直埋藏在他们的自我抑制中，直到他们成人，成为某些事物的"发号施令者"。

由于在他们体内存有个人主义的核心，我们的青少年对于作家和政治家表现出的各种个人主义极其敏感。他们不信任那些人。那些人使他们感到不舒服。那些人似乎提醒了他们，自己该去做什么事或该成为什么人，但他们不记得了。他们没有经历过，或者应该说没有面对过专制统治，除了他们的母亲的统治。而现在她们变成了妈咪。如果他们怨恨母亲，他们会很快忘掉这份情感。

他们意识到自己的姐妹苗条、整洁、泰然自若，偶尔当母亲在场时显得身体不适。他们不知道为什么。他们不知道，他们也不想知道，姐妹为什么必须变成一名女性和母亲，一名和母亲不一样的女性和母亲。他们的姐妹必须自己塑造自己，必须自力更生，和那些带有

第八章 | 对美国个性的反思

竞争性的制定标准并受限于这些标准的女孩一起。玛格丽特·米德深刻地描述了这些女孩所面对的困难任务：在数年来对外表的精心塑造中仍保持热情和对性的反应性。⑯姐妹的危机将会到来，当她们成为母亲时，以及当她们在婴儿期对母亲的身份认同在她们对自己孩子的训练中再次出现时。和母亲相比，她们身上的"妈咪"气息相对弱一些。这种残留是否会产生重要影响取决于地域、阶级以及丈夫的类型。

这类青少年，如同所有进入或开始进入机械时代的国家的青少年一样，接着要面对一个问题：为什么而自由，以什么为代价？美国人在他们的机遇中感到得到了如此充分的自由表达，以至于不再知道他们到底从什么中获得了自由。他们也不知道在何处将不再自由。当他们看到本国的独裁者时，他们可能完全认不出来。他们忙于成为有效率和得体的人。

这类青少年会在受限制的工作中成为一位有效率且得体的领导者，例如好的管理者、专业的工人、优秀的公务员。他们会非常乐于拿这些在他们所属机构中的"男孩们"作为消遣。从他们身上，我们看到了一个事实：无论在战争年代还是在和平年代，美国教育的产物都建立在一种联合体上，它结合了本国的机械化能力、管理的自主性、个性化的领导能力以及谦逊的忍耐力。这些年轻人是真正的国家支柱。

但他们对国家运作漠不关心难道不奇怪吗？这些生而自由的儿子

---

⑯ Margaret Mead, *Male and Female*, New York: William Morrow and Co., 1949.

在对待那些管理他们的人时,难道不会显得过于天真、过于乐观、过于病态地自我约束吗?他们知道如何接受一项受限制的工作,他们在狂欢时也可以变得十分喧闹。但总体而言,他们恭敬地避开所有"伟大事物",无论它是美元还是响亮的话语。他们痛恨独裁者,但他们忍受老板政治,因为他们通常无法区别老板和"老板"。我们重复地提到"老板"这一类人。我认为,存在老板和"老板",正如存在妈咪和"妈咪"一样。我们在使用不带引号的两个词语时,所指的是我的妈咪和我的老板。在使用带引号的"妈咪"时,我们所指的是那些上面讨论过的倾向于"妈咪主义"的人;而在使用带引号的"老板"时,我们所指的是组成老板政治的人。

因为旧的专制制度消失了,所以新的专制制度知道如何隐藏在含糊的语言后面。"老板"自己把自己塑造成了专制制度,认为他们自己便是民主。一名"老板"会尽可能地遵守法律,他大胆且尽可能进入被解放的儿子们——这些儿子竭尽所能地对他人公平——所留下的真空中。他试图寻找一片能够为他所用的"不法地带"(为了给检查、平衡和修正法律留出空间)。他是那个经过并插进他人为体面和安全留出的小空间的人。

我加入那些谴责老板政治的人中并不是出于个人爱好。我试图从心理经济学的观点来分析问题。我认识到"老板"和"机器"会危及美国的个性,甚至会危及国家的精神健康。因为它们会为那些被解放的一代人,为那些带有暂时个性的一代人,带来不负责任的专制统治这一理想典范。在这一理想典范中,我们看到一种倾向:"他只通过'有用'的,通过那些他可以侥幸逃脱的事情,通过那些他可以表现

第八章 | 对美国个性的反思

出的事情来衡量自己。"他们为"运行"本身提供了一种凌驾于其他价值观之上的价值观。在他们对法律、工业、出版以及娱乐产业的专制控制中，他们有意、无意地借助机械的力量，欺骗了那些天真的民主之子。他们热爱"机械"的复杂性。为了让它保持依赖于"内部圈子"的专业人员以及专家的状态，一台机械装置必须保持复杂性。这些人自己运转起来就像机械一样。这对于他们的医生、精神病医生或者殡仪员来说是个问题。他们看待世界以及将人当做机械管理，已经对人类构成了威胁。

对于那些处于青春期的男孩来说，在童年早期，他们接受了一种会让他们变得像机械和时钟一样的训练。他们在接下来的童年中发现了发展自主、主动和勤奋的机会。他们相信，体面的人类关系、对技术的掌握以及关于事实的知识允许他们在自己的追求中自由选择。作为一名青少年和男人，他们发现自己面对的是高等的机械力量，复杂、无法理解、冷漠、独裁。这些机械力量通过向他们提供看上去需要的事物将他们转变为一个愚蠢的消费主义者，一个快乐的自我主义者，以及一个高效的奴隶。他们常常不受触动，并遵循自己的道路。这在更大程度上取决于他们所选择的妻子。否则，他们除了变成一个幼稚的工匠，一个玩世不恭的试图进入某些大老板的"内部圈子"的小老板，一个神经症患者，一个身心失调的人以外，还能成为什么呢？

当那些聪明的年轻人，那些为自己的独立而骄傲、因主动性而煎熬的年轻人，远离立法、法律以及国际事务，不关心战争与和平，不谈论"内部人士"以及"老板"，民主社会必将遭殃。美国青少年只有充分意识到在国内和其他任何土地上的专制倾向,才可以获得在变化的历史中反复出现的个性和活力。这并不只是因为政治良知无法以不带来灾难的方式退场,还因为政治形象是道德结构演化——如果忽略了它,必将导致社会陷入病态——的重要部分。

当我们在思考由威胁到国家的情感状态的危险导致的结果时,我们的注意力应当放在母亲崇拜和领袖政治上。二者都篡夺了家长主义的位置:母亲崇拜带着新大陆的严酷专制统治,领袖政治则带着机器以及"机械们"的专制统治。

精神病学的启蒙始于揭穿一个迷信:为了管理一台机器,你必须成为一台机器,以及为了升任机器的管理者,你必须把童年的冲动机械化。但非常清楚的是,童年早期的人类化(humanization),如同开明的产科医生和儿科专家所倡导的那样,必须在政治复兴中有对应面。执政的男性和女性必须做出协调一致的努力,克服这一根深蒂固的理念:一个人为了自己好,必须受到无论是政治、工作、教育还是娱乐上的支配。美国青少年深信真正的自由精神,比起不大的确定性,他们更喜欢一百个小机会中的一个大机会。基于相同的原因,他们不会考虑反叛(如同那些看起来害怕有人会堵住他们信息来源的人)。这一事实迫使我们去保护年轻人,避免有事态会令他们的自由人姿态看上去空洞无物,令他们对于人类的信仰沦为一种无效的错觉。

我们时代的问题是:我们的子孙如何保住他们的自由,并基于新技术和更普遍的个性,与那些他们必须平等相待的人分享自由?我认为,为了保住民主国家的健康,那些掌权的男性和女性有必要出让

第八章 | 对美国个性的反思

某些先例和环境、惯例和特权的优先权,尽力"召唤出年轻一代的潜力"(语出派林顿)。

我简述了一些自力更生之人的孙辈们的困境。在其他国家,年轻人仍处于对抗专制的革命的初级阶段。让我们转向他们的某些历史问题。⑰

---

⑰ 我在这一章某些段落中透露出来的担心是什么呢?我认为是在日常存在的道德、政治生活的意识形态以及现代超级体制的中立原则之间的内在分离。老板们——至少在这个国家——似乎沉浸在那些管理力量的组织中。在其他新独立的国家(在几十年间重复了我们一个世纪的历史),种种革命意识形态通过政党机器、军事和工业机器、劳动者组织等,为老板们带来了权利。频繁出现的中期伦理混乱控诉着,管理手段无法预见的改变迫使大多数年轻人成为冷酷的追随者或者愤世嫉俗的分离者。道德是个性对于老化的系统获得了成功的反抗,这反抗并没有在其自身保证了在成熟力量的伦理观中繁衍价值的必要性。如果个体允许他的伦理观依赖于发动中的机器,而忘记了整合童年与社会,他会发现自己无力管理那些伴随着完全的成果而来的完全破坏的计划。(有关人类发展的道德、意识形态和伦理方面的讨论,详见我于1962年发表在《哈佛医学校友通讯月刊》上的《黄金法则与人类生命周期》一文。

第九章
希特勒童年的传奇

在十年间,希特勒和他的同党无可争议地成为一个伟大、勤奋、好学上进的民族的军事政治领袖。为了阻止这群满口谎言的"专家"对整个西方文明构成威胁,全世界的工业大国联合起来进行了抗击。

现在西方世界会宁愿忽略这个问题,然而它是一个对单线发展观点的挑战。西方世界希望在驻军的供应和监管之下,德国人能再次成为易于驯服的"好顾客",重新追求文明,永远不重蹈覆辙,不采取愚蠢的军事行为。

善良的人们一定相信心理学奇迹,如同相信经济奇迹一般。我的确不相信尽快遗忘发生之事可以在德国或其他地方推动人类的进步。当然,我们的任务是承认纳粹的黑色奇迹——精心策划,又很快失败——只是一种当时全世界潜在发展趋势的德国版。这种趋势仍然存在,希特勒的阴魂在期待它。

我们不应该只根据国家或个人取得的最高成就对其进行定义,还应该考虑其集体身份中最孱弱的地方。事实上,我们应该通过这二者间的差距,以及差距的性质来定义他们。发展中的文明在自身的进

第九章 | 希特勒童年的传奇

步中存在毁灭的隐患，它分裂了曾经的道德水准，威胁了不完整的个体，甚至释放出充满破坏性的力量。这种力量可以依靠超级支配者的冷酷效率实现。德国国家社会主义分子们为此提供了一个轮廓清晰的图像。因此我要追溯这段历史，在此重述一些想法。我在"二战"伊始曾向美国政府机关提出过这些想法，为接纳这相当傲慢的纳粹头号战犯做准备。然而无论在德国本土，还是在欧洲大陆，呈现于此的心理问题仍无法在一夜间消除。不管怎样，历史只能教导那些不急于遗忘的人们。

我应当以布朗·派珀那甜美而迷人的口吻开始我的报告。以下是《我的奋斗》中所述的希特勒的童年。

上世纪八十年代末，在一个被德意志殉难之光所照耀的小镇河边旅馆，居住着我的双亲，他们在血统上是巴伐利亚人，国籍则为奥地利。父亲是一名尽职的公务员，母亲献身于料理家事，并以永远同等的爱关怀着她的孩子们。①

这句式结构，这音调特征，都预示着我们在听一个童话。我们的确可以将它作为试图创造现代神话的一部分来分析。但是神话无论新旧都不是谎言。试图证明它毫无事实根据是没有意义的，声称这虚构产物是假话和胡言乱语也是徒劳的。史实同具有深意的虚构混合形成了某个纪元的现实，它引起了善良人的惊叹，也点燃了人们的野

---

① Adolf Hitler, *Mein Kampf*, New York: Reynal & Hitchcock, 1941.

心。受其影响的人们不会去质疑它的真实性和逻辑性,少数无法克制怀疑的人们会发现自己的质疑理由苍白无力。因此,批判性地研究神话,要求我们分析它的想象和主题部分与受其影响的文化领域之间的关系。

德　国

"被德意志殉难之光所照耀的小镇……在血统上是巴伐利亚人,国籍则为奥地利……"

希特勒生于邻近德国边境的奥地利布劳瑙小镇。因此他属于奥地利帝国下的日耳曼少数民族。

在他的笔下,布劳瑙有位叫帕尔姆的男子,因印刷宣传册《德意志最耻辱的时分》,被拿破仑的士兵们枪杀了。帕尔姆的纪念像立于小镇最中央。

当然,在帕尔姆的时代还没有德意志帝国。事实上,有些德国省份当时还是拿破仑的军事同盟。然而,帕尔姆使用了包容性的、有魔力的字眼"德意志",以致当他被奥地利警方交付给拿破仑时,成了呼唤大德意志的民族运动的精神偶像。

在指出帕尔姆是为抵抗阴险的波拿巴的压迫而牺牲后,故事进一步描写了年轻的阿道夫英勇反抗父亲的事迹,以及奥地利帝国对日耳

第九章 希特勒童年的传奇

曼少数民族的憎恶。他写道，小阿道夫属于那些"在饱受苦难之后，等待回到心爱母亲的怀抱的时刻"的人——德意志人。

之后他转向对家庭关系的描述。家庭关系将他的俄狄浦斯情结同德国问题联系在一起。他控诉这位"心爱的母亲……年轻的帝国"，"与老旧虚伪的奥地利结成可悲的同盟……将德意志民族送上缓慢的消亡之路"。

希特勒的母亲比他的父亲小23岁。我们能看到，这位母亲，作为一位她所处年代的优秀女性，勇敢地维护殴打她的男子。这位父亲是个酒鬼兼暴君。这揭示了希特勒对于家庭和国家的意象，即年轻的母亲为了一个年老的酒鬼背叛了她那对自己憧憬万分的儿子。这样，小阿道夫的个人经历同拒绝唱"天佑弗朗西斯皇帝"的日耳曼少数民族联系在一起，奥地利国歌被《德意志之歌》取代。希特勒继续写道："这一时期直接导致：首先，我成了一名民族主义者；其次，我学习领会理解历史的意义……于是在15岁时，我已经懂得了贵族式的爱国主义同大众的民族主义之间的不同。"

用精神分析解释的话，我们很容易觉得《我的奋斗》中的第一章是希特勒对其俄狄浦斯情结的坦白。这个解释假设希特勒对其年轻母亲的爱和对年老父亲的恨的"比例"是失调的。这使他爱恨交加，迫使他去拯救或者毁灭那些实际上象征着他的母亲和父亲的人民。有很多精神分析式的文章做出了类似的简单因果推论。但显然，一个人的俄狄浦斯情结是无法引发如此巨大的革命的。单一个体的俄狄浦斯情结能创造出起初的热潮，但如果它太过强烈，则会使革命瘫痪，而不是激励革命。在希特勒的公开演讲中，他对于双亲和家庭印象的显著运用既有天真的表白，又混合了狡猾的充满表演天分的政治宣传。戈培尔很懂这套，他将他那吼叫的领袖引导得很好，直到"戏剧"落幕。

有些精神病学家将希特勒描述为"心理变态的妄想狂""没有道德感、嗜虐成性的婴儿""寻求过度补偿的胆小鬼""被杀人冲动驱使的神经症性奴隶"，对此我不想加以评论。有时他的确表现出以上全部特征，但不幸的是，他是超越了所有这些病状的人。他的表演能力及创造行动的能力是如此罕见，以至于用普通的诊断方法对他进行诊断是不恰当的。他是冒险人士中的顶尖分子，有宏大的规划。他和一名演员一样富有冒险性，因为他必须时刻准备把命运赋予他的不同角色人格化。希特勒同演员有很多相似之处。事实上，据说他自己在幕后显得古怪和难以忍受，以至于在卧室一言不发。毋庸置疑，他具有危险的边缘性，但他知道如何接近极限。有时他似乎快要"表现过头"了，但随即又回到那些屏住呼吸的观众面前。希特勒明白如何利用自己的歇斯底里，巫医们也时常运用这种天赋。在德国的那段历史时期，希特勒了解怎样通过歇斯底里的狂热来展示他的独特个性，使其进驻每个德国听众和读者心中，他很明白这个安全范围。他所选择的角色引发了听众的共鸣，恰到好处地让所有德国人都不觉得它奇怪和病态，使布朗·派珀之音成为对德国人最有诱惑力的声音。

第九章 | 希特勒童年的传奇

父 亲

"……父亲是一名尽职的公务员……"

除了这里对父亲略带伤感的描述,希特勒在第一章用相当大的篇幅热切地声明,他的父亲或者"这世界上的任何力量都不能迫使他去做公务员"。他已经在青少年初期便明白,他对作为政府工作人员的生活毫无欲望。他同他的父亲差距太大了!尽管他的父亲也在青少年初期反叛过,在13岁逃离家庭,想成为"更出色的人"。然而在23年之后,父亲却重返家中,成为无关紧要的公务员,"没人记得很久以前那个小男孩了"。希特勒说,这徒劳的反抗使他的父亲过早衰老。然后,希特勒确切地列举了自己优于父亲的反抗手法。

这是否揭示了一种病态的仇父心理呢?如果说这是一种狡猾的宣传手段,那么是什么给了这个身在奥地利的德国人信心,让他相信自己少年时期的故事能够说服蛊惑绝大多数德意志帝国的人?

显然,虽然许多德国人的父亲的确有小希特勒那样的父亲,但并不是所有德国人的父亲都是那样。然而我们知道看上去令人信服的文学主题未必是真实的。它只需要听起来真实可信,好似唤醒了某些深切的过去。那么问题是,是否由于这位德国父亲在家庭中的位置令他如此行事,以致让希特勒形成了关于父亲的内在图像,而这个图像或多或少又和他本人的政治形象相符。

表面上看来,在19世纪晚期到20世纪初期,德国中产阶级家庭中父亲的地位或许同维多利亚时期"随同父亲生活"的版本十分近似。但是教育模式却很难一概而论。它因家庭和成员而不同。

我将在此展示一个关于某种德国父亲的身份模式的印象主义版本。从某种意义上来说，就像高尔顿那些混杂在一起的照片表现了其想表达的主旨那样。

当父亲从工作岗位回到家中，似乎连墙壁看上去都"挤成一团"。而母亲——通常作为家庭中非正式的主人——则表现出足够令孩子们意识到的异样。她急于满足父亲的突发奇想，以免惹怒他。小希特勒屏住了呼吸，因为父亲可不赞成"胡言乱语"。也就是说，父亲既不喜欢母亲女性化的情绪，也不喜欢孩童玩耍的样子。只要他在家，母亲就得唯命是从。他的行为揭示了他可不喜欢母亲趁他不在的时候和小希特勒纵情玩耍。他总是像呼喝孩子们一样对母亲说话，打断提问，期待顺从。小希特勒感到所有同母亲在一起时的愉悦都会刺痛他的父亲，而她的爱和赞美——有利于日后获得满足和成就——只能在父亲不知道或者同他明确的期许相悖时才能获得。

母亲在心情愉快时，会向父亲隐瞒希特勒的"胡言乱语"或者所做的坏事。当父亲回到家中的时候，她通过数落小希特勒来表达自己的不悦，让父亲为这些错误向小希特勒施加体罚，尽管错误的细节他并不感兴趣。儿子是邪恶的，惩罚总是事出有因。后来，当小希特勒去观察同众人在一起的父亲时，他注意到父亲向上级献媚，以及注意到父亲与同事们饮酒欢唱的时候表现出极度多愁善感，这让他获得了悲观主义的首要因素——对人类尊严的深切怀疑，或者至少是对"老头子"的怀疑。当然，小希特勒也对父亲怀有尊敬与爱。然而在青春

第九章 | 希特勒童年的传奇

期的暴风骤雨中，当必须用他关于父亲的内在形象来解决同一性问题时，希特勒形成了严苛的德式青春期个性。这是一种公开的反叛和"秘密的罪孽"的奇特混合物，伴随着愤世嫉俗的不良行为和恭顺的服从、浪漫主义以及消沉的意志，倾向于摧毁个体的精神。

在德国，这种模式有其渊源。它总是碰巧形成。的确，有些父亲在他们的孩童时期深深厌恶这种模式，并极度希望他们的孩子能够远离这种模式。但这一期望每次都在危机发生时令人失望地落空了。另一些试图抑制这一模式的父亲，却只能徒增他们及孩子的神经质。通常，当孩子了解父亲对自己没有能力打破恶性循环而感到不开心时，这一情绪化的无能为力会令男孩感到同情和厌恶。

那么，是什么令这一冲突具有如此普遍的宿命性呢？是什么——以一种无意识却具有决定性的方式——使得德国父亲的冷漠与严苛同其他西方国家的父亲的类似特性截然不同？我认为区别在于，德国父亲基本上缺乏真正的内在权威性，这是一种由文化理念和教育方式综合形成的权威。这里所说的德国从某种意义上代表的是德意志帝国。在探讨德国诸事之时，我们提及的是德国保留区，以及那些"典型的"单独实例。德国父亲内在的权威看上去深深地扎根并建立于古老的农村及小城式的安逸、城市文明、基督徒的谦卑、职业化教育以及社会改革的精神之上。重点是，当德意志帝国的图像占据主导，工业化渐渐打破了早年的社会阶层化时，所有这些并不能承担起其在民族范围内的综合含义。

严苛只有在自愿服从能带来义务感与尊严感时，才会富有成效。然而，事实看来，这似乎只能将过去同与经济、政治以及精神体系的

313

变化相一致的现在联合起来。

其他西方国家有其自身的民主革命。民主革命，如同马克思·韦伯所描述的那样，在接管贵族阶层的特权中，逐渐对贵族理念产生了认同。这里我不禁想到每个法国人心中的法国骑士，或者每个英国人心中的盎格鲁—撒克逊绅士，或者每个美国人心中具有反抗精神的贵族。民主革命融合了革命理念，创造出"自由人类"的概念（这一概念假定人有不可剥夺的权利，不可缺少的自我否定，以及不断革命的警觉性）。因此，我们目前所讨论的，同生存空间问题联系起来。德国的统一性从来不会包括这样的意象，它不会到达能影响到潜意识的教育模式的必要程度。一般德国父亲的统治地位和严苛性不会同亲切以及尊严混合起来。亲切和尊严都来源于参与集成化的事业。通常，父亲宁可在日常或者决定性的时刻，代表德国顶级军士及公务员——"穿着代表直接权威的制服的"的那些人——的习俗以及道德标准。他们将自由人民与生俱来的权利出让给官衔或者终身抚恤。

此外，以传统形式指导青少年处理冲突的文化习俗也出现了解体。举例来说，在过去，漫游的习俗十分流行。男孩大约在希特勒宣布自己反对意见的年纪，要离家去异乡做学徒。正是这习俗导致希特勒的父亲离家出走。在前纳粹时期，一些分离仍会发生，带着父亲的雷霆之怒和母亲的眼泪，或者反映在更温和的抗争中，这些抗争因带有更多个性化和神经质而不太有效，或者会受到压制，并不是因为父子间的关系破裂了，而是男孩同他们自身的关系破裂了。经常只有男性教师们受到影响。男孩扩展他们对整个中产阶级——在男孩眼中是由"区区市民"组成的可鄙世界——的理想主义或者愤世嫉俗的敌意。我们很难解释市民这个词语的内涵。它同固定的公民意思不同，也同在年轻的革命家阶级意识中被过分扩大的资本家意识相左，尤其是同那些自豪的国民或者那些有责任感、接受平等的义务、作为个体维护自身权益的市民不一样。它意味着成年人背叛了青年和理想，在那些琐碎而又卑微的保守主义中寻求庇护。这种形象经常被用来说明所有"正常"实为腐败，以及所有"得体"实为软弱。作为"自由自在漫游的鸟儿"，青少年男性会沉溺于一种对自然的浪漫幻想，同许多叛逆者分享幻想，接受那些年轻领袖——他们也是专业且具有忏悔心的青少年——的领导。另一类青少年是"孤独的天才"，他们会写日记、诗歌和论文。在15岁时他们会哀悼唐·卡洛斯。唐·卡洛斯说出了绝大部分德国青少年的怨诉："在20岁，不朽之业仍一事无成！"其他青少年——有理智的犬儒主义者，有行为不端者，有同性恋者，也有种族歧视者——则会组建各种小组。所有这些活动的共同特征是去除这些个体的父亲们的影响，遵守某些神秘主义和浪漫主义的本质：自然、祖国、艺术、存在性等。这些是纯粹母亲的超然形象。相对于父亲那令人害怕的形象而言，她是唯一不会背叛这位怀有反抗之心的男孩之人。有时他们会假设母亲公开或者私下里赞成——如果不是妒忌的话——这种自由，父亲则被他们认为是不共戴天的敌人。如果无法表现出充分的敌意，那么他们便会故意挑衅，因为反抗就是他们全部的人生经验。

在此阶段，德国男孩宁可死也不愿意意识到事实真相，即这种朝着乌托邦方向发展的极具误导性的主动精神会引发深层的内疚感，最终导致精疲力竭。在童年早期实现对父亲的认同这一问题涌现出来。

错综复杂的通向捉摸不定的命运——现实——的道路会最终让男孩成长为市民，一位同其他人一样带着永恒罪恶感——因为了钱财、妻子和孩子献出了天赋而产生——的"区区市民"。

这记述带有典型的漫画般的讽刺效果。然而我坚信，无论是明显的类型还是隐蔽的模式都在现实中存在。实际上，这种存在于早熟的个人反抗与顺从的市民精神之间的分裂是一种更强烈的因素，构成德国政治的未成熟性。这种青春期的反抗是一种个人主义以及革命精神的失败。我相信德国的父亲们不仅不会反对这种反抗，事实上还会无意识地培养它，把它作为一种维持他们对于年轻人家长威信的方法。一旦一个家族中的超我在童年早期稳固地确定下来，你便可以给年轻人一条绳索。在这条绳索的羁绊下，他们不会让自己走太远的。

在德意志帝国的品性中，这种独特的理想主义反抗与恭顺服从的结合导致一种自相矛盾的现象。德式道德准则是自我否定且残酷的，但它的理想典范却飘忽不定，甚至可以说是"无家可归"的。德国人于公于己都很严厉，但缺乏内在权威的极端严苛会引发苦难、恐惧和恶意。因缺乏一致的典范，德国人行事倾向于带着盲目的自信、残酷的自我否定和极端完美主义追逐许多矛盾的、带有毁灭性的目标。

在战败和1918年的革命之后，这种心理上的矛盾与日俱增，以至于在德国中产阶级中酿成大祸。值得注意的是，这些中产阶级人士包括渴望成为其中一员的工人阶级人士。他们对在战场上失败的上层阶级的奴性，突然失去了意义。通货膨胀威胁到他们的养老金。从另一方面来说，这群处于摸索中的大批民众并没有准备好获得自由公民或者具有阶级意识的工人的角色。很显然，只有在这种情况下，希特勒

第九章 | 希特勒童年的传奇

的形象才能迅速说服如此多的民众，或者说麻痹了更多人。

那么，我不认为，那些贬损传言所勾勒出的希特勒的父亲，以他显而易见的粗鲁举动，成为一名典型的德国父亲。这样的事情在历史的进程中频繁发生：一种极端的甚至非典型的个人经验刚巧与一种普遍的潜在冲突契合，以致危机状态将这种个人经验提升至重要位置。事实上，我们应该记起的是，伟大的国家会倾向于选择那些境外人士作为他们的领袖：拿破仑来自科西嘉岛，斯大林来自格鲁吉亚。这是一个普遍性的童年模式，也构成德国民众在阅读了希特勒年轻时期的故事之后发出深切感叹的基础。"无论我的父亲有多么固执和独断……我在拒绝对自己几乎无益的要求时，和他一样固执和倔强。我不想做公务员。"这种个人启示与精明的宣传的组合（与高声和坚定的动作结合在一起）终于建立起普遍的信仰，这正是那些德国青年所等待的郁积于心的反抗：没有作为他的父亲、君主或者神的任何老家伙能挡在他热爱德意志母亲的道路上。与此同时，这证明了那些成熟的男性，那些曾经背叛了他们青春期反抗的人，不配再指导德国青年，从今以后青年们要"创造自己的命运"。无论是父亲还是孩子现在都认同了领导者——一名从未屈服的青少年。

心理学家过度强调了父亲的属性对希特勒的历史形象的影响。希特勒这名青少年拒绝在任何内在意义上成为父亲那样的人，换句话说，成为皇帝或者总统。他不会重复拿破仑的错误。他是元首，并美其名曰"兄长"。他接管了父亲的特权，然而没有过度维持这一形象。他将父亲称为"稚气未脱的老家伙"，并给了自己一个新的定位——一名拥有至高无上的力量却依旧保持年轻的人。他是坚不可摧的青少年，选择了远离市民娱乐、商人安稳与精神平和的职业——一名党派领导，利用个人崇拜、制造恐怖以及精明地怂恿成员们投身于没有后路的犯罪行动来聚拢人心。他是个利用了双亲的失败的无情家伙。

"我的职业问题解决得比我预期的还要迅速……在我13岁时，父亲突然亡故。母亲感到有义务继续让我接受那些有利于从事公务员职业的教育。"希特勒因此得了严重的肺病，然后"所有我为之而战的，所有我秘密渴望的，突然变成了现实……"他母亲不得不允许这个生病的男孩去追逐她曾经否认的事情。他被允许去做一名艺术家。他投身于此，却在国家艺术学校的入学考试中失败了。然后他的母亲去世了。现在，他在自由了，且孤身一人。

职业上的失败以及早期学业的失败，使得其个性中的力量以及男孩子气的韧劲得到了合理解释。众所周知，当他挑选下属时，希特勒在弥补类似的市民失败。他侥幸由此逃脱只是因为德国人习惯于为学校的失败镀金——以有隐藏天分的可能性理由。德国"人道主义"教育一直在宽恕与哺育式教育分道扬镳的人，并训诫那些诗歌中对乡愁蔓延的美化。

在对待德国内外的"老"一代过程中，希特勒从此扮演起顽固、狡猾和愤世嫉俗的角色。事实上，无论他何时感觉到他的行为需要公开的辩护和道歉，他总是如同《我的奋斗》第一章中所述的那样先设置好舞台。他那激烈的长篇演说集中在一名外国领导者——丘吉尔或者罗斯福——身上，将对方描述为封建暴君以及"老不中用"。接着他创造了两个形象，一个滑头的富家子弟以及一个颓废的玩世不恭者——达夫-库珀和艾登。在众人中，他选取了这两人。看上去，希特勒这个强硬的青少年只要比其他垂暮之人强，德国人就能勉强接受他那业已破裂的允诺。

母 亲

"……母亲献身于料理家事，并以永远同等的爱关怀着她的孩子们……"

除了在他的童话中的某些补遗，希特勒几乎只字不提他的母亲。他谈到，她有时仁慈地为他这位男孩中的英雄卷入打架而担忧。在父亲去世之后，她感到"有责任"——尽职胜过爱好——让他继续接受教育。之后不久，她也过世了。他说，他尊敬自己的父亲，但更爱母亲。

"她的孩子"对她已经没有更进一步的阐述。希特勒从不是任何人的兄弟。

毫无疑问，希特勒——作为极具表演性和歇斯底里的冒险家——对于母亲有一种病态的依恋。但这不是此处的重点。因为无论是否病态，他巧妙地给予了母亲两种形象，每一种都具有极高的宣传价值：充满爱的，孩子气的，被烹饪稍许困扰的，这类母亲被归入温暖舒适的背景；巨大的如同大理石雕像一般，理想中的纪念像。尽管希特勒很少提到自己的母亲，但他在描述中却经常提到超人母亲形象。他的德意志帝国童话并没有简单地说他出生于布劳瑙是因为他的双亲居住在那里。不，原文是"命运指定了我的出生地"。它并不是因为自然法则而发生的。不，原文是"命运的低劣把戏"令他"出生于两场大战之间那段平静而有秩序的时期"。当他贫困时，"贫穷将我紧紧拥抱于臂弯中"。他同时发出感慨，"悲伤女士是我的养母"。但他随后学到把所有这些"造化弄人"赞美成"神的智慧"，使他坚定决心服侍自然这位"残酷的智慧女王"。

当一战爆发，"命运大发慈悲地许可"他成为一名德国步兵，同样"无情的命运之神，用战争衡量国家与人类"。在战败后，他站在法庭前为他首次革命性的举动辩护，他确信"历史之神的不朽判决会微笑着撕毁"陪审团的裁定。

命运，忽而狡猾地令英雄沮丧，忽而又仁慈地迎合了他的英雄主义，撕毁了那些心怀不轨的老头子们的判决。这是一种遍及大部分德国人理想主义的初期意象，典型地表达了一名青年英雄的主题：他在国外功成名就，回归后解放他那"被囚禁的"母亲并提升了她的地位。这与俄狄浦斯王的传奇有浪漫的相似性。

在超人母亲的意象背后，存在有关母性的双面形象：母亲有时显得爱玩闹、孩子气和慷慨大方；有时则背信弃义，与阴险的力量沆瀣一气。我相信这是一种父母在家长制社会中留给孩子的常见印象。在这样的社会中，女性以种种方式保持着不负责任和孩子气的一面，成为斡旋者和中间者。因此会发生这样的事情：丈夫因难以理解她的孩子气而恨她，孩子因她身上冷漠的父性而恨她。由于"母亲"通常会

第九章 | 希特勒童年的传奇

成为"世界"的一种潜意识模型,因此希特勒对母性形象的矛盾性成了他最显著的心理特征之一。

元首与母亲和家庭保持着模棱两可的关系。在精心策划的国家幻想中,他认为自己是一个孤独的男人,超人母亲形象一会儿试图毁掉他,一会儿又被迫护佑他。他一直同其斗争,也一直在取悦她。但他在生命旅程的终点也不承认女性能够成为同伴。他坚持将爱娃·布劳恩塑造为一名忠诚的女性,但不久后仍亲手射杀了她。传说如是结束。其他男性的太太们在总理的庇护下生儿育女,而他自己,根据他的官方传记作者所言:"是国家意志的体现。他不懂任何家庭生活,也不知道邪恶之事。"

希特勒把这种对女性的矛盾作为一种图像,带进他同德国的关系中。他公开蔑视广大乡村同胞,尽管他们也是德国的组成部分。他在这些人面前表现得异常激动,用他那狂热的吼声喊着"德国,德国,德国",来恳求他们相信这个神秘的国家本质。

然而,德国人对于人类和整个世界总是倾向于表现出一种矛盾的态度。在大多数族群或国家中,世界基本上被感知为真实的"外部世界"。但是对于德国人来说,世界的特性时常发生变化,并总是趋于极端。他们所体验到的世界,或是作为年龄和智慧上极端优秀的存在,成为他们永恒向往与流浪的目的地;或是一副卑鄙、狡猾、敌人环绕的模样,那些敌人只有一个目的,就是背叛德国;或是一个神秘的生存空间,通过日耳曼式的勇气赢得,并在上千年中用于青少年的扩张行动。

| 童年与社会 |

青少年

在这个国家中,除了那些研究"青少年"的专家外,"青少年"对于大多数人来说,在最坏的情况下意味着一个在童年与成熟阶段之间的空白世界,在最好的情况下则是一段充满运动和玩闹、各种派系和小集体的"正常"时光。这个国家的青少年很少制造麻烦,也不怎么感到孤独,因为他们在事实上已经成了文化的主宰者。这个国家很少有成年人能像青少年那样放下姿态,沿着那些自由人士前进的道路前进,击败独裁专制。

然而,我们很少能发现青少年在其他文化中的意义。原始社会上演的一幕幕富有戏剧性的奇怪成年仪式,目的在于竭尽全力升华年轻人未成熟的男子气概。在古老的仪式中,青少年被迫献出一些鲜血、牙齿或者部分生殖器。在宗教仪式中,他们被教导要屈膝下跪承认自己有罪。这些古老的仪式巩固了男孩想要在父系社会中成为一个男人的决心,但同时也在其心中永久保存了作为"伟大父亲"的谦逊儿子的图像。仪式的领舞者、救赎者及悲剧演员都是犯罪与赎罪的最典型体现。德国青少年的反抗是心理发展的高潮阶段,伴随着封建制度的没落。它是一种内在解放。尽管原始的成年仪式同国家社会主义之间存在极为相似的部分,但它们之间也存在某种区别。在希特勒的世界里,青少年同他那被解放的同僚们一同前进。他们的领袖从来没有为任何父亲牺牲自己的理想。事实上,他说过道德如同割礼一样,都是犹太人的污点。

第九章 | 希特勒童年的传奇

希特勒对于犹太人——在他七千万国民中仅占不到百分之一的"受阉割的怪胎"——的恐惧被披上了一层憎恶形象的外衣。他把犹太人丑化为弱化人类的传染源以及肮脏的污染物，对外散发着危险。我们尚能根据精神病学的诊断标准确切诊断，他患上了梅毒恐惧症。然而，我们很难说个人症状在哪里消失，狡猾的宣传又从哪里开始。青少年最典型的心理特征便是非黑即白。希特勒全神贯注地实现那些代表白色的成就，而对代表黑色的每件事物都怀有病态的恐惧和根除之心，无论这些事物存在于他人身上还是自己身上。对性欲的恐惧尤其使这位青少年容易受到以下词句的影响："仅仅失去血液的纯净便永远毁坏了内心的幸福，它永远降低了人格，这样的结果再也无法从身体和意识中移除。"②

这位前纳粹德国青少年对自己抱有强烈的残忍性，并不是为了惩罚自己反对父亲。当他"堕落"时，他会更为内疚。希特勒这名青少年被迫意识到，因他对自己从不宽恕，所以他有权利对所有黑暗事物残忍相待。希特勒对于肉、咖啡、酒精及性的节制——受到许多理智的非德国人的怀疑——成为一种重要的政治宣传因素。希特勒借此证实他有道德上的权利将德国人从他们的战后受虐心理中解放出来，并说服他们有权去恨，去折磨，去屠杀。

希特勒试图把纠缠每个德国青少年的复杂冲突替换成以催眠般的行为和无需思考为特征的简单模式。为此，他创建了一个组织和一句将所有青少年的能量传送至国家社会主义的座右铭。这组织便是希特

---

② 同注释①。

勒青年团,而座右铭则是"年轻人塑造自己的命运"。

上帝不再起作用:"在大地向太阳献身的这一时刻,我们只有一个想法。我们的太阳是阿道夫·希特勒。"③父母不再起作用:"所有那些依他们的'经验'行事的观点,以及由此狭隘观点反对我们让年轻人领导年轻人的方针的人,都必须沉默……"④伦理道德不再起作用:"获得新生的一代正在冉冉升起,摆脱成见,不再妥协,准备好忠诚地执行命令。这才是他们与生俱来的权力。"⑤手足之情与友谊不再起作用:"表现亲密友情、热爱父母、爱戴同胞、享受生活、憧憬未来的这类柔弱情感的任何歌曲,我完全没有听到。"⑥学习不再起作用:"国家社会主义者的思想是神圣的基础,不会因更细致的解释说明而降格。"⑦

重要的事情是:前进,不回头。"让一切粉身碎骨,我们要进军。今天,德国是我们的,明日,整个世界唾手可及。"

在此基础之上,希特勒在宇宙范围内提出了一个简单的种族划分:雅利安人和犹太人。犹太人被描述为又小又黑,浑身多毛,背脊弯曲,双足扁平,眼睛斜视,不停咂嘴,带着邪恶的气味,乱交,喜欢糟蹋金发少女,并使她们怀孕和染上性病。雅利安人高大挺拔,仪表堂堂,胸部和四肢没有毛发,目光、行走和说话的方式都很严谨,

---

③ Ziemer, G. *Education for Death*, New York: Oxford University Press, 1941.
④ Siemsen, H. *Hitler Youth*, London: Lindsay Drummond, 1941.
⑤ 同注释③。
⑥ 同注释③。
⑦ 同注释③。

第九章 希特勒童年的传奇

会伸展手臂致意,热衷于干净整洁的习惯,绝不会故意去碰一个犹太姑娘——除非在妓院里。

这无疑是猿人同超人之间的对比。在这个国家中,这样的意象尽管不真实,却成为成年人头脑的食粮。我们不要忘记(因为德国人从不忘记),在相当长的一段时期内,德国的青少年和军队看上去似乎获得了希特勒的意象。他们健康、坚强、冷静、服从和狂热,他们"挑战一切在身体、强度及忠诚上呈现弱势的人"。⑧他们极其傲慢,只有在他们充满嘲弄的傲慢中才能够辨认出老派德国人害怕屈从于异国"文化"的影响。

国家社会主义的民族意识也在妇女间形成了一种新的骄傲。女孩们被教导一旦同经过筛选的雅利安人结成配偶,她们要愉快地接受自己身体的作用。她们接受性启蒙,被鼓励结婚。生儿育女,无论合法与否都受到政府鼓励,通过"国家儿童"公共机构领取补贴,因为这些孩子是"为了元首"而诞生的。母乳喂养得到提倡,美国精神病学家当时只敢在专业杂志上如此建议,而德国颁布:"哺育能力即为其意愿。"因此为了民族和元首,德国出现了"婴儿潮"。

在希特勒的意向中,没有任何行动者和创新者可以真正独立存在。他本人也绝不敢表现出独创性。他的独创性必须建立在勇气和专注力之上,以便在适当的时刻展现一个激动人心的意象。当他按照这个意象行事时,他对自己和其他人都是具有说服力的,也麻痹了他的敌人。他们在无意识中也会共享他的意象,然后变得不安,最终

---

⑧ 同注释③。

投降。

那么，在德国，我们看到了一个高度组织和接受了高等教育的民族向理想主义的青少年形象投降了。我们已经指出，不能将责任归咎于领导者个人的神经症的力量。那么我们能将其归咎于被领导者的童年模式吗？

生存空间，士兵，犹太人

将一个民族的家庭形象同其对国内及国际的态度进行主观上的比较，会很容易得出滑稽可笑的结论。看上去，一个人可以通过整治民族的家庭模式来改变其国际态度。但目前而言，一个民族只有在他们的整体现实改变时才会改变。在美国，所有民族的儿女都是美国人，虽然他们各自受到自身特定矛盾的困扰。我敢说，阅读本章，许多德裔美籍读者会意识到他们自己父亲的问题。他们自己的父亲所处的世界同他们所处的世界是有代沟的。他们的父亲生活在一个不同的时空中。

我们很容易对童年模式与民族态度进行比较，但这会导向一个荒谬的结论，并掩盖其所涉及的重要真相。因此我们用这一章阐释历史和地理的现实如何在家族模式上放大，并最终影响了人们对于现实的解释。如果不涉及德国处于欧洲核心位置的家族意象，那就无法描述德国人的特征。如同我们亲眼所见，即使最聪明的团体也必须做好他

第九章 希特勒童年的传奇

们自己及彼此的定位，以字面意义上的具有魔力的构思来确定方向。每个人和每一团体都有种种由历史决定的时空概念，这决定了世界图像、邪恶与理想的原型以及潜意识中的人生规划。这些概念支配了一个民族的斗争，并让这个民族取得较高的成就。但它们同样限制了一个民族的想象力，因此招致灾难。在德国历史上，如此突出的结构是包围同生存空间的对抗，以及分裂同团结的对抗。这样的关系如此普遍，以致他们看上去并不具体。那些意识到这些词句在德国思想中举足轻重的观察者会怀疑，它们是不实的政治宣传。但在国际争端中，没有什么比一个民族试图轻视或反对另一民族的虚幻时空更加致命。不是德国人不会意识到，这些词句在德国会带来坚定的信仰。

生存空间的官方版本声明，纳粹国家必须确保在欧洲之内的军事霸权、武器垄断、经济优势以及智力上的领导地位。在此之上，生存空间还有个基本的富有魔力的含义。它意味着什么？

在第一次世界大战结束时，马克思·韦伯写到，命运——甚至一个现实主义的德国人也用"命运"这一字眼，而不是"地理"或者"历史"——宣布德国自身必须取得同它邻近的三个陆上强国以及最厉害的海上霸权国家相当的力量，它应当阻碍它们。他说，地球上没有其他国家处在这一形势下。⑨

如同韦伯所见，处于彻底受包围和易受攻击的位置，保证国家伟大和安全的必要性会导致两种选择：德国可以保留它本地的特征，演化为如同瑞士一样的现代联邦政府，对每个人都友善、有用以及不具

---

⑨ Weber, M. *Gesammelte Politische Schriften*, Munich: Drei Masken Verlag, 1921.

威胁；以自身颇为不利的政治特征，快速发展为德意志帝国，同英国或法国一样成熟和强大，足以玩弄强权政治，从而同西方一起建立文化和军事防御体来对抗东方。但韦伯是现实主义者，这意味着他只根据保守头脑中的深思熟虑来考虑问题，看起来"合情合理"。[10]他做梦也没想到，数年内，一个人站起来宣称甚至几乎实现了第三种选择，那就是，德国可以在一名如此强大和精明的人的领导下，让整个包围它的势力——巴黎、伦敦、罗马和莫斯科都一个接一个地被蹂躏、被占领足够长的时间来使其削弱"一千年"。

这计划对于非德国人来说仍显得异想天开。外国人怀疑这计划能同这些人民以及民族精神有一定程度的相容性，毕竟在"真实的"德国文化中有着朴实的仁慈和世界性的智慧。但是，当提到德国文化的

---

[10] 有一本书（Weber, M. *Essays in Sociology*, New York: Oxford University Press, 1946.）详细记载了韦伯生活中的具体事件。在这里引用了这些内容，因为它们显著地描绘出讨论中的家族模式：

"他对于骑士精神的强烈观念，某种程度上也是对于他父亲族长般专横态度的回应。他的父亲认为妻子的爱就是心甘情愿地侍奉他，并允许自己被他剥削和控制。在韦伯31岁时，这一观念发展到一个高潮。父亲无情地斩断了同韦伯的关系，直到他具备一个儿子该有的条件。母亲只得在父亲不在时'单独'来会见他。我们注意到，在这次碰面之后短时间内父亲便去世了，韦伯由此产生了一种难以磨灭的罪恶感。这或许确实能使我们推断出韦伯具有一种极度强烈的俄狄浦斯情结。"

"韦伯一生当中都同母亲维持着通信。在他看来，母亲就像'一个大女儿'。她会和自己的大儿子——韦伯，而不是丈夫，探讨三儿子的举止问题。大家也会留意到，诚然，年轻的韦伯曾有段时期充满抱负：他在上大学时渴望成为一名真正具有男子气概的男人。但仅仅过了三个学期，他便成功地在外形上由'一名母亲的苗条乖宝宝'变成了一个大块头、喝啤酒、好决斗、叼雪茄的帝国大学学生，对此，他母亲在他脸上赏了一巴掌。无疑，这是父亲的孩子。这两种认同模型及与之相关的价值观都根源于其父母，在马克思·韦伯的内在生活中从来没有消失……"

第九章 希特勒童年的传奇

时候，世界指的是地区，而不是民族。这个计划轻视了德国人需要统一的渴望。事实上，生活在自己的国土上，将统一视为理所应当的人无法体会到这一点。世界再一次倾向于低估这股力量，国家统一的问题会演变为身份保存的问题，以及人的生死存亡问题，远远超出了政治制度的问题。

纵观德国历史，德国领土自始至终都在遭受侵略，或者受到潜在的威胁。事实上，在一百多年中，德国最重要的核心地区没有被敌人占领，但德国人对易受攻击的地位始终保持理智或非理智的清醒。

军事入侵也并不是唯一的威胁。无论侵略他乡或被异国入侵，外国价值观都在德国留下了印记。德国对于这些价值观的态度，以及自身文化多样性与这些价值观之间的联系，构成了一个难以定义的客观问题。可能有人会说，其他有同样规模、人口密度以及历史多样性的民族，同样缺乏天然防线的民族，从来没有一个会展示出如同这些邻国带给德国的文化影响一样的情况。外来文化与德国的天性如此不合，甚至干扰了其文化连续性。真实情况是，因为这些因素引发了个体焦虑，它使得所有因素恶化。德国的特征从未具体化，也没能以循序渐进和符合逻辑的步骤令经济和政治在进化过程中同化。

德国对于分裂的印象基于一种"不舒服的历史感"，或许可被称为"石灰城墙情结"。日耳曼长城是一种城墙，可与中国长城相比，由罗马人建造，横穿德国的西部和南部，将已征服的省份与蛮荒之地分开。这堵城墙在很久以前就被毁掉了。但它转为一种文化壁垒，将德国南部受到罗马教堂影响的地区同北部的新教区隔离开来。其他帝国——从军事上、精神上、文化上——由此进驻德国：在西方，是享乐及理性的法国；在东方，是教育程度不高和注重精神的俄罗斯帝国；在北方及西北方，是个人主义至上的"新教"；在东南方，则是东方的泰然处事精神。所有这些冲突，在德国某处展开交战，在德国人的精神领域亦然。

德国，从一开始就持续地受到这一系列文化的影响，这强化了一种特殊的冲突形态，即在精神暗示及顽固抵抗之间普遍的冲突。希特勒向德国民众承诺，不仅要在军事上征服德意志周围那些侵略者，还要在种族意识上于德国人头脑中战胜那些"细菌般"的外国美学和伦理学。他的目的不只是永久抹消德国在一战中的军事战败，更要完全净化那些曾经侵入过德国文化的腐朽的异国价值观。对于饱经折磨的德国人民来说，这才是真正的"自由"，其他自由与其相较显得模糊且不重要。

因此，阿道夫·希特勒的"暴力纠正"直通一个广大且蕴藏巨大潜力的德意志帝国，但与此同时，德意志帝国也具备边境脆弱、政治中心不发达等特征。它通向一种民族心理，有着伟大的地域性传承以及精神上的雄心壮志，却也存在病态的易受暗示性以及在基础价值观上深切的不安感。在为了一个民族的年轻人的身份而奋斗时，只有能看清这样的情形会造成怎样影响的敌人才能预料到其中的危险和威胁。

德国的自相矛盾导致了德国的极端情况。在希特勒之前，极端矛盾便被认为构成了两种不同的德国。以对被文化包围的反应为分界，

第九章 | 希特勒童年的传奇

德意志帝国的一类人变得过于豁达，另一类人则变得更加狭隘。其他民族在世界大同主义和地方主义之间也会出现类似的冲突，但这并没有免除理解这一困境的德国版的必要性。"过于豁达"的人拒绝接受或者讨厌德国人的自相矛盾，欢迎整个周边的"外部世界"。他们成了世界主义者。"更加狭隘"的人试图忽略外国的诱惑，变成如同讽刺漫画所刻画的"德国人"。第一类人，当他们被误认为英国人、法国人或者美国人的时候总是很高兴；第二类人则傲慢地过分夸大那些在其纯粹的特质中那点可怜的狭隘遗产。第一类人以一种奥林匹克般的精神来感觉和思考；第二类人则习惯于排除所有的思想和感觉。第一类人无时无刻不在怀旧，自愿被放逐，存在潜在自杀倾向或精神疾病；第二类人一直待在家里，到处都是自己家，咬着牙坚持做德国人。

世界赞美第一类人而嘲弄第二类人。然而世界忽视了这样的事实，即任何一类人都没能重新获得成熟和不朽的尊严（只会偶尔在德国的市民及工匠阶层身上得到体现），等发觉时已经太迟了。世界还忽略了这一事实，即没有一类人有自信并在世界上感到安全，他们都无法接受作为人类政治解放的一部分。

假设国家社会主义是德国伟大精神的产物是一个致命的错误。这种以自身伟人为定位的独特社会性——亦或自私性——是天性使然。

我们不能将自己局限在此处，只考虑如尼采这样仇恨人类现实的孤独者。尼采很幸运地在疯狂和迷惑中死去了，从而不至于被迫目睹他致力于创造的制服超人的荒凉现实。不，我们也许可以考虑那些对现实有着精妙见解的人，比如托马斯·曼，在第一次世界大战期间，有报道称他通过以下话语鼓动德国人："终究，哲人——比如康德——的精神财产将会抵消法国大革命的影响,《纯粹理性批判》事实上比人类的权利宣言有更深刻的革命性。"⑪

我认识到这也许是一个伟大的智者在正确的时间发表错误的评论所采用的方式。这也是在国家紧急时刻智者的特权。从这份声明中我们可以看出德国人对于压倒性力量、孤独以及悲剧性伟大的敬畏,他们对于牺牲个人权利从而解放内心的伟大已经做好了准备。

不要像歌德一样做远离世界主义者,也不要像俾斯麦一样做冷淡政治家(德国学校中流行的两个主要形象),这在很大程度上促进了民主人士的德国形象的诞生。

在1918年的战败之后,创立一个共和国的尝试使得"过于豁达"的德国人取得了暂时的优势。这些地区的领导者们无法阻止政治不成熟与聪明的逃避主义者联合在一起,创造出一个奇怪的、几乎可以算得上是神经质般热情的神话:命运使得德国失败,为了将她从周边国家中挑出来。命运选择她成为第一个自愿接受失败的伟大国家,完全承受道德上的谴责,并永远听从政治大国。因此命运利用了所有的同盟国以及他们那些无论生死的士兵,仅仅为了将德国提升到一个高尚的地位,令其处于无限制的精神生存空间中。甚至在这个非常深刻的自我贬低——马克思·韦伯曾深刻地谴责它——中,世界历史仍旧是条顿精神同命运之神的秘密安排。德国和历史的基本关联仍未变化。当这种精神上的盲目爱国逐渐转向军国主义时,当它再次被施虐而不

---

⑪ 珍妮特·弗兰纳所写《歌德在好莱坞》,于1941年12月20日被发表在《纽约客》杂志上。

第九章 希特勒童年的传奇

是受虐的印象和技术所利用时，世界看起来颇受震惊。此时此刻，伟大力量在承担"再教育"德国人的责任时失败了，他们只知道一种方法能再教育人民，也就是说，在一个更具普遍性的政治框架下，给予他们一种新特性所具有的不可动摇的事实。取而代之的是，他们利用德国人的受虐性，增加国内普遍性的绝望。那类过于狭隘的德国人，因战败而痛苦地藏起来，现在挺身而出，为拥有广泛可能性的世界生存空间——被雅利安支配的世界——做准备。

在过于狭窄与过于豁达之间，有才华、有尊严、具备洞察力的现实主义政治家寥寥无几，很多人在压力下倒台或者被谋杀。德国人，没有工作，没有实物，没有新的整合感，于是他们开始憧憬希特勒的幻象。这幻象还是第一次在德意志帝国的历史上，表达出德国青少年精神方面的政治态度。这些字眼具有魔力一般的份量："但我，现在决定要成为一名政治家。"这位坚不可摧的青少年以此结束《我的奋斗》的第七章。

当希特勒将这个人民中的青少年意象带至政治主导地位时，一个庞大的工具逐渐归他所有——德国军队。关于1870—1871年战争的书本知识成为希特勒"最伟大的精神经历"。在1914年，当他被授权成为一名德意志帝国的士兵时，他进入了那段英勇历史的耀眼光芒之中。随后失败降临。希特勒以一种歇斯底里式的狂热拒绝接受——他自己曾因毒气而失明，也有人说是情绪作用——"德意志的光芒消失"这一事实。他决定要恢复这份光芒。而他遍布德国内外的敌人，只是耸了耸肩膀。

我们必须从这种执迷不悟中看到机智的一面。从第一次世界大战中的托马斯·曼再到第二次世界大战中的纳粹哲学家，德国士兵被构想成一种德意志人格，甚至是德意志精神的化身。他们代表了"守卫莱茵河"的精神。这堵人墙代替了德国不存在的自然要塞。他们在盲目服从中形成的团结证实了自身，而朝向民主多样性的抱负则击败了自己。忽略这个事实是很危险的：一个吵闹的昂首阔步的年轻官员利用了这个地位，发展了一种贵族品质。这种贵族品质实际上吸收了其他民族所具备的贵族革命基本原则，将欧洲某种成熟的政治形式悄悄引进德国。因此，如果希特勒倾注所有自欺欺人以及谎话连篇的武器，拒绝接受这支军队被打败，他便为他自己以及德国青年，拯救了这一本来可以属于所有人的完整形象。

《凡尔赛条约》有效地推进了新的现代化德国军队的创立。规模小的军队变成了精英部队。最老旧的德意志帝国军备被重新改造成现代化军备的标志。团队合作精神以及个人责任感取代了盲目服从。成熟取代了等级，成为军官的标志。在这种情况下，德国军队着手准备闪电战：这并不只是一场军事演练，还是一项治疗心理创伤的方案以及对德国民众的救赎。如它所允诺的那样，建立在炮火的巨大力量之上（以及背后的工业化中）的胜利行动，在第一次世界大战期间，"敲定"了德国人，直到他们准备好相信威尔逊，打破这一允诺，并致力于更高级的事物。此外，德国的年轻人在闪电战中经历了"一场触及灵魂、精神及实质的决定性变革"。[12]它解除了人们对于周边和外围脆弱性的感觉。引用一名纳粹士兵的话："年轻人在引擎的力量

---

⑫　巴克豪斯所写《超越物资战》，1941年7月13日被发表于《帝国报》上。

第九章 | 希特勒童年的传奇

中感到天性愉悦,这预示着人类的局限性被进一步打开。这种局限性在起初便如此狭隘,大体上没有被文明所扩展。"[13]不顾这种纳粹的神秘主义会带来严重的后果。为了击败机动化的德国,其他国家的年轻人也不得不像现代"半人半马"一般学习,同他们的战斗机械一同成长,成为新的具有热情和精度的焦躁不安的存在。希特勒试图预言一个时代的到来,世界将自然而然地经历机械化,将它同集权主义的"国家机器"意象相融合。他将民主社会的工业的高速发展视为对个人的侮辱。当民主社会的火力插上翅膀降临在他的城市上空时,尤其是当他看到盎格鲁—撒克逊青年们可以同他们的机械保持一致却并没有丧失理智时,他感到难以置信。当他接着看到俄国人创造了奇迹,不仅成功防守还反攻过来时,他那不理智的怒火无止境地蔓延开来。因为在他的主观印象中,他认为对方不仅仅无法同自己的士兵相比较,而且还将对方看作最底端的人。他称呼他们为:涂满泥巴的家伙(从沼泽里爬出来的家伙),次等人类。在希特勒心中,俄国人变成了同犹太人一样的次等人类,但和犹太人不同的是,俄国人有自己的国家和军队。

事实已经足够明显。在希特勒对犹太人"危险"离奇的高估背后,隐藏着相当的嫉妒,它体现在犹太人在德国总人口中所占的比例如此之小,却是其中具有高度智慧的人。正如我曾说过的那样,那类狭隘的德国人在认识到文化的相对性和多样性时,总是感觉受到威胁。分散在世界各地的犹太人看上去保持着自我,而德国人却在自己

---

[13] 同注释[12]。

的国家中为自己的身份感奋力挣扎。事实上，那些神秘的犹太人把文化相对性用作一种保持自我的方法。对于一些德国人来说，如果不假设犹太人同命运有隐秘的契约，不诉诸狭隘的爱国主义的话，这种情况是难以理解的。

有关犹太人的评述

奥斯瓦尔德·斯宾格勒已经怀疑反犹太主义是由庞大的投射因素所造成的。这指的是人们过度清晰地在犹太人身上看到的那些因素，正是他们希望不要在自己身上辨认出来的那些因素。同命运的隐秘契约，其实是将征服世界的梦想隐藏在"被选中"的智慧优越性背后，这差不多等同于德国狭隘的民族主义。

当这种投射变成充满敌意和恐惧的扭曲后，它们通常会具有一种核心。的确如此，投射者看到他兄弟眼中的微尘，便忽视了自己身上的光芒，于是扭曲的程度以及恐怖的反应便存留进他的责任中。邻人的眼中总会有什么东西，只要借助于特殊的放大。这历史上的决定性时刻——当"一个世界"成为真实的图像，两个世界变成不可避免的现实——绝不具有任何巧合性。政治宣传警告那些最分散的民族具有邪恶的力量，而游离在外的文明种族最容易受到这种宣传的影响。因此我们必须顺带询问，是什么令犹太人成了被投射的合适目标（这种情况绝不只发生在德国）。事实上，在俄国也一样，我们最近目睹了

第九章 | 希特勒童年的传奇

一场针对"遍布世界的聪明人士"的暴力运动。犹太人在以自己的方式坚守自己的身份时，被当作阻碍其他正在形成中的身份的障碍。

犹太人是否让西方世界想起了那些阴暗血腥的仪式？父神要求在男孩的性器官上做记号，并赋予男孩以男性气概，完成一种契约。精神分析学家提供的解释是，犹太人唤醒了那些不接受割礼的人们心中的"阉割恐惧"。我们能看出来，在德国，这种恐惧如何扩展为包含更多含义的恐惧，包括对屈从以及失去一个人青少年的意志的恐惧。犹太人背井离乡，牺牲了他们进行自我防护的国家权利，这一事实无可争议地在此发挥了作用。在犹太复国主义的年轻人英勇地重获权利之前，对于其他民族的年轻人来说，犹太人的"自作自受"是因为受到了他们的神及所在的国家的诅咒。

我认为运用心理社会理论可以做出另一种解释。防御的刚性以及适应的柔性之间、保守主义与进步主义之间的普遍冲突，在那些流离失所的犹太人中表现出两种相反的趋势：教条主义的正统观念以及机会主义的适应能力。这两种趋势在数个世纪的分散居住中得到了相当程度的认可。对于在宗教上奉行教条主义、在文化上极端保守的犹太人来说，变化与时间毫无意义，铅字便是他们的现实。分布广泛且文化多样已成为犹太人的"第二天性"。相对主义对他们来说是绝对的、可以交换价值的工具。

一些犹太人看起来如此不真实，比如留着大胡子、身穿系有带子的长袍的犹太人，以及萨米·格里克这个人。但是精神分析学者明白这些对立面的相同部分。这些在墨守成规以及向不断变幻的价值观妥协之间的矛盾广泛存在于有犹太血统的男女的无意识冲突中，这些男女有时并不认为自己是犹太人，有时不被其他人承认是犹太人（这里的"犹太"是作为一种宗教或者种族的观念）。在这里所说的铅字也许会成为脱离于犹太法典的政治教条或者科学教条（社会主义、犹太复国主义、精神分析）。目前教条仍在以某种方式引起争论，这种方式同争论他们祖先传统的犹太法典里的某些章节没什么不同。变换的价值观或许会成为一种对于单一或多种价值观进行比较的过分着迷。随后的历史阶段从经济上以及职业上开创了在早先历史中便已存在的事物。犹太人将自己限制在他们做得最好的领域中。在这些领域当中，他们当然要学会去完善那些被允许去做的事业。这样他们不仅仅成为传统的商品交易者，还成了文化变化中的调停者、艺术和科学领域的诠释者以及疾病或者内在矛盾的治愈者。他们在这些领域的力量有赖于一种相对的责任感。但在相对缺少责任感的地方，它会变成一种愤世嫉俗的相对主义。

反过来说，犹太的天才们秘密地持有时代的勇气，能将事物的相对价值提升至某个水平，使得已知的现实变成更广泛的秩序。在宗教领域我们观察到，基督教的伦理基于当下世界从属于"另一个世界"，地上王国从属于神的王国。当希特勒将良知称呼为犹太人的污点时，他所说的良知也包含了基督教教义及其关于原罪和灵魂拯救的学说。

在现代社会，人们的意志自由、价值选择的自主性、理性判断的能力，被三名犹太人所质疑。马克思的历史决定论确立了一个事实：我们潜意识的价值观取决于我们谋生的方式。（事实上从心理学上讲，这同马克思的社会主义并不完全一致，后者在不同的国家会导致各种不同的社会主义。）在心理学中，弗洛伊德关于潜意识的理论充

第九章 | 希特勒童年的传奇

分展示了我们所未能察觉的动机中最坏和最好的方面。最后，爱因斯坦关于相对论的理论为变化中的物理学原理的现代化重新定向提供了更为广阔的基础。它的确展现了我们的度量标尺同我们所测量的关系是相对的。

显然，他们在各自领域的历史上的"逻辑性"时刻提出了自己的理论。这些思想家们达到了欧洲文化和科学转折点的最顶端，并不是因为他们是犹太人，而是因为他们是犹太人、德国人和欧洲人。目前关于那些促使他们在自己领域的转折点进行根本的革新的因素等的研究还很少。[14]我们不禁会问：这仅仅是个历史性的巧合吗？马克思、弗洛伊德和爱因斯坦这些犹太血统的德国人彻底地重新定义了他们曾立足的那些根本思想。

强大的时代与国家会吸收强大的犹太人的贡献，因为他们的身份感因进步的学说而增强了。然而，在集体焦虑的时代，相对论这样的特殊主张必然招致怨忿，特别是受到那些即将失去地位和自尊的阶层的怨忿。他们努力想找到庇护的平台，他们死板且一意孤行地抓住少数的绝对真理，希望这些真理能拯救他们。此时此刻，那些反犹太主义的妄想狂被多种多样心怀鬼胎的煽动者——利用了大量的胆小鬼和残酷者——所唤醒。

我认为，洞察身份感那致命的性质，可以有助于理解这些事实：成百上千的德国人参与以及上百万人默许德国式"解决犹太问题的方案"。这些方法公然挑衅人们的理解到如此程度，以至于除了引发

---

[14] 参见《青年路德》。

失败的阵阵厌恶以外，没有人——无论美国人、犹太人，还是德国人——对这些方法能够保持任何协调的情感反应。于是它成了纳粹主义那神话般的邪恶天赋所取得的最高成就：建造出人间地狱。对于那些知道这地狱确实存在的人来说，这人间地狱仍然看起来不可能存在。

国家社会主义的政治和军事机器已被摧毁。然而其被击败的形式给它带来新的危险。德国内部再次被分割开来：德国政治特性的形成再次被延迟。德国人的良知再次发现，自己在两种世界道德的天平上只是无用的指针而已。明日德国也许会再次宣布成为将这些天平握于掌中的绝对仲裁者。完全失利的现实在德国内部播下了独特感的种子，这颗种子可能会再次被那些看起来可以提供出一种在永恒团结下具备完全力量的感觉和一种承认无意义的过去的新的身份感。

希望及致力于欧洲的改变的任何人都会为德国人提供和平的命运，但他们必须首先懂得在德国年轻人和世界上其他广大地区的年轻人中存在的历史困境。在那些地区，失败的民族身份必须同全面的工业化身份结盟。正是因为这个原因，我才回溯"二战"之前的那段时期。在运作中的力量证明其治理可以取得较为协调的成果，并通向真正全新的政治秩序之前，我们都不应该忘记遗忘的后果。⑮

---

⑮ 尽管更新本章（或者其前面和后面的部分）看上去没多大意义，但我不能不提及如今的两大发展。根据某些怪异的历史逻辑，在我们的核时代，一堵愚蠢的将德国人同德国人实实在在分裂的墙仍然存在。然而，新的欧洲经济帝国也包括德国。无论是新的德国的分裂状况，还是国内组织结构中的新领域，看上去都无助于解决德国的国家身份问题，或是它在欧洲大陆的霸权问题。

第十章
马克西姆·高尔基的青年传奇[1]

如今,想要明确、脉络清晰地研究俄罗斯是一件困难的事情。我所知的残缺的俄国意象基于一部十分重要的俄国老电影,与一名将成长为俄罗斯英雄的男孩的形象有关。

这部电影讲述的是布尔什维克党人马克西姆·高尔基童年的传奇。如同前一章对希特勒的童年的分析,我将把高尔基的童年放在地理位置和历史时刻中进行分析。[2]二人的传奇在某些方面并没什么不同。它们都展示出一位成长中的固执己见的年轻人同父亲——既是残忍的暴君,又是衰老的失败者——做艰苦斗争。希特勒和高尔基在青少年时期,对于无意义的生存方式和无用的反抗形式都感到十分痛

---

[1] 这一章基于我作为特殊顾问参与的哥伦比亚大学当代文化研究计划——一项由海军研究部门赞助的计划——形成。我感谢参与这一计划的俄国小组的成员们,特别是苏拉·贝尼特斯、尼古拉斯·卡拉斯、杰弗里·盖勒、南森·莱特斯和波特伦·沙夫纳。除此之外,我还要感谢他们的指导者玛格丽特·米德,她向我介绍了在此评述的这部电影。

[2] 根据来源于纽约现代艺术博物馆电影分馆的一纸说明,在此讨论的这部电影首次于1938年在莫斯科上映。制作人是一位叫做马克·顿斯柯伊的作家。我在1948年3月于纽约看了这部电影。

苦。他们成长为"无产阶级知识分子",散发着近乎绝望的气息。一个讽刺性的巧合是,他们在各自国家的警察局名录上都被当作"裱糊匠"。但他们的相同点也仅限于此。

高尔基成了一名作家,而不是政客。事实上,在俄国革命之后他继续成为苏维埃共和国的偶像。他回到了苏联并在那里去世。他的故去成为一个谜团,亦或仅仅是因为我们所不知的政治原因将其神秘化了。在他的棺木前,莫洛托夫将他的故去同列宁相提并论。但取得这样举国瞻仰的名望的原因,绝不会是高尔基对教条主义的盲从或其政治灵活性。作为列宁的朋友,他曾说道:"观点的差异性不应当影响我们的同情心。在同人民的关系中,我从不将理论和观点放于显著的位置上。"事实上,人们猜测,列宁和斯大林都对高尔基特别地宽容,甚至忽视他与某些对政府的正统观念抱有疑问的朋友来往过密。事实上,高尔基作为一名作家,自觉且固执地属于人民并为人民工作。他作为"流浪者"和"带有乡土气息"的作家,曾遭受过双重流放,一是沙皇,二是他所处时代的知识界。他的回忆录展示出他描绘自己的经历时是多么平静和谨慎,甚至在托尔斯泰这样具有压倒性力量的偶像面前亦如此。

像托尔斯泰一样,高尔基处于俄国现实主义时期。这一时期的俄国文学作家表现出严苛的自我检视和痛苦的自我意识。但他没有像同时代的其他人一样向痛苦的自我陶醉投降。不同于托尔斯泰和陀思妥耶夫斯基,他并没有在善与恶的致命僵局中停笔,也没有向过去的恶魔投降。高尔基学会直率地观察和写作,因为他认识到"恰如其分地展示出极度罕见且积极的现实社会现象是必要的"。从电影中我们

第十章 | 马克西姆·高尔基的青年传奇

可以看出这一思想的发展。除此之外，它还描述了一种俄式困境，一种布尔什维克式的困境和"新教"思想体系缓缓出现于东方国家的困境。

这部电影很老旧。起初我们认为它不可能满足美国人的视听需求。但在内容方面，它看起来如同童话般简单易懂。它以一种不疾不缓且带着感伤的讲述展开，试图在观众心中树立起英雄——小阿廖沙的形象。在这个形象中，观众辨识出了他们所具备的俄罗斯天性以及他们自己的童年，也了解到这个小阿廖沙在某一天会成为伟大的高尔基。这部电影在和我一同观看的俄国人心中，仅仅留下了乡愁，而并没有政治争论的余韵。这传说便是它本身的宣传。

土地与村社

电影起初融合了俄罗斯的三种代表性事物：空旷的平原、伏尔加河和巴巴莱卡琴。首先印入眼帘的是俄国中部地带广阔的地平线，紧接着响起了巴巴莱卡琴那悠扬的曲调，仿佛在说："你不孤单，我们都在这里。"在伏尔加河宽阔的河面上，船只将裹得紧紧的人们载入与世隔绝的村庄与拥挤的小城。

宽广的大地和狭小、充满欢乐的人类社区成了最初的主题。有人提醒，事实上"米尔"这个形容村庄的单词，也意味着世界（以及和平）。有说法称："当你在村社中时，连死亡都是美好的。"一千年

| 童年与社会 |

以前维京人将俄罗斯人称为"被栅栏包围的人",因为他们发现这些人在密集的小城中拥挤在一起,以便从寒冬、野兽以及侵略者的威胁中求生,并且很享受他们那艰难的生活方式。

一艘笨重的船只停泊在码头边,上面挤满了欢乐的朋友们。在他们之中,有一队关系亲密的人接近了两个新来的人:一位名叫瓦尔瓦拉的寡妇以及她的孩子阿廖沙。在他那帅气的小脸蛋上,有一双大大的眼睛。他张着嘴巴,从妈妈长长的宽下摆裙子后面露出来,有些畏惧地盯着那些欢迎他们的亲戚们。当然,因为他大胆地露出了整张脸庞,喜欢恶作剧的家伙们开始考验他的好奇心。一个淘气的小表弟在他面前吐出舌头并朝他大叫;一位叔叔在汽笛声中温柔地捏了捏他的鼻子。一个俊俏的年轻人看到他的时候笑得很大声,也许是好意,但他不确定。最后,这个男孩脑袋上挨了一下,并被推进一艘小船。

接着我们可以看到,这一家人朝着街道的中心大踏步走去,仿佛朝圣者的行军或者一队囚犯,抑或二者都像。带着怨恨的流言蜚语声逐渐增大。有些人在交头接耳:"他们仍然为分老头子的财产而争吵。"有人建议阿廖沙的母亲回家找另一份父亲给她的嫁妆。外祖母庞大的形象领导着队伍前行,她如同儿女们已经做得太过火一般轻声悲叹:"孩子们,孩子们。"

现在我们看到这一大家子人回到家中,挤在小房间里,沉浸在一系列奇怪的情绪中。巴巴莱卡琴的音调烘托了哀愁和怀旧的气氛。这些人如同在做饭前祷告那样,沉浸在自我怜悯中。老格里高利以相当引人注目的方式表达了主旋律:他在歌曲的韵律中敲着自己的脑袋。

第十章 马克西姆·高尔基的青年传奇

我们并不清楚他更享受旋律还是敲打。

在适当的时候,雅科夫叔叔的举止突然发生了变化。他抿了一小口酒(似乎是伏特加),嗅了嗅洋葱的气味,然后弹起一段愉快而富有节奏的旋律,唱着歌词没有什么意义的小曲儿。随后出现了一个令人振奋的高潮,这对于西方人来说有些难以理解。然后我们看到有个吉普赛人在跳下蹲舞。

这个吉普赛人年轻英俊,他松开他的袖管,扯出他的衬衫下摆,"解放"自我。他的表演是全片中最轻松且充满活力的部分。他在空中跳跃,拍脚后跟,从下方踢腿。整个房间里的人都做出了回应,简直像一场欢乐的地震。家具摇晃,盘子震颤,甚至汲水瓶中的水都在晃动。

这一最具男性气概的表演接着以某种方式被另一幕充满女性气息的场景所取代。外祖母被说服来跳舞。外祖母是相当老的女性,裹着层层衣服,有着方形的脑袋和宽宽的脸,带着如同黎明般的微笑。这个"笨重的生物"先是显露出孩童般的羞涩,然后表现出少女般的愉悦,最后她那强壮的身躯复归平静,放射出美丽和光芒来。她没怎么移动自己的双脚,她的身体挺得笔直。当她缓慢旋转时,她先伸出一只手臂,再伸出另一只手臂,抬起她那沉重的披肩,向所有人显示她那敞开的胸部。

然后她突然停了下来,脸色苍白,将披肩围在肩膀上。音乐停止了,场景"冻结"了。所有的眼睛盯着大门。原来是外祖父回来了。这一场景的设定使得我们决不会错过他。没什么比这个暗示更强烈的了。只有他不在的时候,外祖母才可以将她的心和身体向孩子们

| 童年与社会 |

敞开。

这些充满活力的场景显示出一个欢快的开始，或者至少是欢快过往的体现。作为西方观众，我们最好准备好接受这个事实：在这场电影中没有愉快的结尾，没有爱情故事，没有成功事迹。我们在开头看到的是值得纪念的往事，而在结尾会迎来一个只有一件事能确信的未来：未来会更加痛苦。"高尔基"这个词意味着"痛苦"。

外祖父登场，带着他的贪婪和厌恶他人的模样。他紧绷着脸，抖动着身体，带着诡异的兴奋。看上去他没有加入家人的欢乐当中，而是离开去买桌布，一方白色的桌布。他幼稚地向周围人展示，对于他来说，白色桌布就是他地位的象征。他试图借此机会炫耀自己已经有钱到可以买起一方白色桌布了。他是一个小染坊的主人，正在遭受无产阶级化的冲击。

从电影中的窃窃私语声中我们了解到了他的财产问题。他准备何时退休并将他的财产分配给他那些已经人近中年的孩子们？

当愤怒的耳语声增加时，他激动地喊道："安静！我谁也不给！"他的声音出卖了他的绝望，但这是困兽的最后一丝力气。外祖父的吼声犹如引发儿子彼此间凶残瞪视的信号。不久之后，这些子孙就带着醉酒的狂怒彼此殴打，在地板上滚来滚去。在打斗中，外祖父外套的袖子被撕破。他（非常震惊地）转向他的妻子。"巫婆！"他抱怨道，"你生了一群野兽！"这是一个值得记住的主题。

客人们在惊恐中散开，庆祝的桌子变成破烂，可怜的小阿廖沙逃到炉子上方——这是孩子们的避难所。他这头一天可是看够了。到目前为止他还没有说过一句话。这一切对他以及将要对他意味着什么，

第十章 | 马克西姆·高尔基的青年传奇

只能通过他的举动看出来。他的地位在一这连串冲突中已经确定了下来。

为了便于我们探讨这些冲突的性质,我要大致介绍一下整个故事情节。

阿廖沙的父亲——马克西姆·彼什科夫,数年前带着他的妻子瓦尔瓦拉和阿廖沙离开属于岳父卡希林的房子。他死在了一个遥远的地方。瓦尔瓦拉被迫带着阿廖沙回到父亲卡希林的家中。卡希林的家人都很贪婪。阿廖沙的舅舅们(万尼亚和雅科夫)想让年老的外祖父将他的染坊传给他们,而外祖父拒绝了。起初他们用"恶作剧"报复他。外祖父以鞭笞小孙子们来为自己复仇。其中一名舅舅在作坊里放火,家族的分裂便由此开始了。阿廖沙的母亲最终在婚姻中找到了庇护,她嫁给一位小官吏并搬到城里去了。阿廖沙被留在外祖父母身边,不得不目睹外祖父在经济和精神上的衰落。起初,他在仆人中找到了家庭成员以外的朋友,后来又在城中的孩童中交到了朋友。在家中,老格里高利在大火中丧失了视力,学徒伊万(吉普赛人)则不久后死了。在大街上,阿廖沙将一群无家可归的男孩以及一位跛足的名叫林卡的年轻人当作朋友。但是最具决定性意义的事件还是他遇到了一名神秘的寄宿者。这个人随后被警察局以"无政府主义者"的名义逮捕。最终我们看到阿廖沙,在12到14岁的年纪,肃然地朝地平线走去。他将腐朽抛在身后。很难说前面又将遇到什么。

在全部场景中,阿廖沙没有说或者做很多事。他很少参与,但他热心观察,多数情况下,他表现出对于参与其中的克制。这种几乎没有动作的戏剧化表现,西方人几乎不会认可其作为故事的特征。

| 童年与社会 |

通过研究这些电影镜头，我逐渐确信，这些具备特殊含义的场景是这男孩抵抗诱惑道路上的停驻点，而这种诱惑对于我们来说完全是陌生的。

将之转化为西方广播中的措辞便是：阿廖沙会顺从他外祖父的旧式宿命论吗？母亲的背叛是否使他变成一个悲观主义者？外祖父的虐待是否激发了他杀父般的狂怒并使他陷入无意义的悔恨？他那手足相残的舅舅们是否会诱使他分享他们的罪行和他们那醉醺醺的赤裸灵魂？那瞎子以及跛子是否在他心中唤起麻木的同情和廉价的施舍？这些是否都会使他从成为一个新的俄罗斯人的道路上偏离，以致无法成为高尔基？

每一幅画面和每一个有意义的人物都代表一种复归传统道德观和古老习俗的诱惑，这种诱惑在内受传统的超我意识束缚，在外受农奴身份的约束。从积极的方面来看，阿廖沙看上去变得对自己很有信心，仿佛他发了秘密誓言一般。他看起来愈发深切地致力于一个尚未明朗的目标。

西方人当然能够识别出我们在此称为诱惑的事物，同俄国人灵魂中的古怪事物一样，还带着基督教的标识。如果人们的灵魂中没有带着这种标识，我们会发火，这些标识在他们的宣传中已成为他们最易辨识的标签。但我们必须设法理解：阿廖沙，由于造化弄人，在卡希林家族中取代了彼什科夫的位置，展示出一个俄国人全新的思想结构在逐渐浮现的途中的各种停驻，这是一种俄罗斯人的个人主义。没有路德或者加尔文向他展示内心深处的新思想；没有具有创新性的父辈及开拓者们发现过那片片未知的可以战胜内在与外在的农奴身份的

第十章 | 马克西姆·高尔基的青年传奇

大陆。通过对同类思想的秘密赞同，他必须学习发展出一种"新教"美德。

母亲们

我们已经在那幕接待的场景中看到了外祖母的力量、魅力以及慷慨。到目前为止，最大的诱惑，一直伴随着阿廖沙直到尾声的诱惑，是在他外祖母的平和思想中找到庇护所（就像他躲在妈妈的宽大裙摆后面那样）并成为她平静的道德准则的一部分。这位老夫人看上去是处事注重实际、拥有不言而喻的力量以及与生俱来的坚强的代表。她那母性的仁慈是无穷无尽的。这不只是因为她生养并哺育了卡希林的后代，并教会了他们忍耐，还因为她寻得并爱护吉普赛人，让这个无家可归的男孩感到自由和快乐。

阿廖沙越来越清楚地认识到，外祖母甚至一直在照料哭号的外祖父。在财产分配的重大事务上，她的原则简单到甚至"不讲原则"。"放弃它，"她说道，"你会感觉好些。"看到卡希林恐怖的脸色时，她说道："我会为你去乞讨。"同时她让那衰老的男人打她，还会双膝跪地，假装对方强壮到足以将她推倒。阿廖沙对此感到困惑。"你比他强壮！"他叫喊着。"是的，"她承认，"但他是我丈夫。"过了不多久，她便代替瓦尔瓦拉成为阿廖沙的妈妈了。对于瓦尔瓦拉的离去，外祖母简单地说："我会成为阿廖沙的外祖母和

349

母亲。"

这名女性看上去除了奉献之外不懂任何法律，没什么原则，只懂得完全信任内心的忍耐。在这里，她显然具像化了一种人类的基本信任以及求生与坚持的能力，也显露出人类的弱点在于最大限度地忍受他人的奴役。

阿廖沙逐渐接受了外祖母了不起的忍耐力，将其看作另一个世界的事物。这个世界似乎就是古老的俄罗斯及其个性的最深层次。这古老的俄罗斯经历了基督教早期，在那时，木制偶像从强制的洗礼和幼稚的基督教化之中幸免于难。这是最初的栅栏中以及原始的村社——找到了某个接近大地的组织以及类似于动物在面对大自然的野性力量时所抱有的信仰——里的心态平和。外祖母仍然秘密地遵守万物有灵的教条仪式，她记得古老的歌谣，可以简朴有力地诉说它们。她不怕神或者自然界的元素。她证明人可以同火和谐相处，尽管火在影片中自始至终都象征着破坏性的激情。

在那场大火中，外祖母进入点燃的房子，搬走了一瓶硫酸盐，她很轻易地安抚了因不安而跳动的马儿。"你真的认为，我会让你在这里烧死吗？"她这么说，马儿看上去疑虑消除了。她接受了男人们的激情正如她接受火一样。如果二者都是不可避免的不幸的话，那么它们的共同点便是都来自外部。看上去在激情使男性充满野心、贪婪以及孩子般地追悔莫及之前，她已然活了很久，并且似乎她能够比这一切活得更久。

她的激情便是怜悯。当她向上帝祈祷时，她看起来和上帝相当亲密，仿佛面前的圣像真的就是上帝本人一样。她祈祷时看起来和上帝

第十章 马克西姆·高尔基的青年传奇

是平等的,犹如一位母亲在向她的一位孩子询问些什么,只不过这孩子刚好就是上帝。她的激情没有任何事物能破坏,因为她的美德中不包括残酷。因此她是位原始的圣母玛利亚——神与人的母亲,也是精神之母。

在阿廖沙心中,外祖母代表了围头巾的女性以及保姆的形象。就像房屋中间的巨大火炉一样,她们可以永远地被依赖。这种依赖使人们忍耐并允许等待,等待如此长的时间以至于依赖变成了冷漠,忍耐变成了被奴役。

阿廖沙不能只是学会离开他的母亲,他还要毫无罪恶感地离开母亲。这罪恶感能令流浪的灵魂忏悔地抓住母亲的象征不放。仿佛一旦忍痛分离,他便毁掉了他的母亲。灵魂的病态和无限屈服源自这一必要性:克服一种强烈的抛弃母性本源的感觉以及通过灵魂融合恢复的关于家、关于天堂的感觉。

这个家看起来并不需要真正的母亲。以农业为主的俄国有不同的母亲形象,这避免了对某种特定的母亲形象的固着,让儿童有充分的选择来建立和破坏母亲的形象。围头巾的女性仍然是典型的母亲形象,不受成长中的男孩的俄狄浦斯嫉羡损害。

在电影中,阿廖沙"真正"的母亲变得模糊,几乎没有自己的意志。她逐步衰弱,首先作为一种力量之源,之后作为一个情感对象。在电影的开头,这位母亲保护她的孩子,骄傲地痛斥一位不太友好的舅舅,像踢家具一样踢打他。在这里,阿廖沙屈从于诱惑并大声地说:"我妈妈很强大。"这个可怜的男孩随后不得不"食言"了。当他被外祖父鞭笞的时候,他所敬畏的母亲却只能啜泣:"别这么做,父亲。""现在你妈妈还强大吗?"小表弟卑鄙地附和着。女性的弱点并不在体力方面,而是在于她们的"屈服"。

当外祖母只是遵从自身规律时,母亲却选择了官僚主义带来的虚假和平。她将自己卖给一名穿制服的马屁精,向男孩解释说这样她就从他身上买到了自由。这一次,阿廖沙表现得极端愤怒。他辱骂母亲的求婚者,他将自己丢在床上,哭得像个小孩子。当母亲离开时,阿廖沙被母亲拥入怀中,他再次沉浸在她的存在中。但没有任何迹象表明阿廖沙打算跟随母亲,或想从她对个人和社会的背叛中取得好处。"看起来你命中注定要同我在一起。"老卡希林对阿廖沙说。阿廖沙显得安静且坚强。

或许有人会感到惊讶:在农奴制的俄国,母亲身份基于传统性的分离和扩散,会使世界变成一个更可依赖的家庭,因为母体不仅依存于脆弱的关系之上,而且成为具有相同特征的社会环境。然而母亲转向"另一个男人"或者母亲允许自己被贬低或毁灭,勾起了阿廖沙痛苦的怀旧之情。至于阿廖沙的新父亲,和希特勒的父亲一样,都是官吏——奴性和过分殷勤的"中产"阶级的一员。

电影中的阿廖沙毅然忍受他的怀旧之情。这种"忍耐下的怀旧"造就了真正的高尔基,我们接下会在讨论他的愤怒和轻蔑以及青年时期奇怪的自杀倾向时说明这一点。他长期在写作中忍受着怀旧之苦。契诃夫写信给他:"你在描写自然时特别缺乏克制……在描写女性时……以及你喜欢的场景时也是这样。你用了大量的词语描写波

第十章　马克西姆·高尔基的青年传奇

浪……"③高尔基通过努力工作来克服这项弱点。

年老的君主与该遭天谴的子孙

阿廖沙的祖父身材矮小，有着"微微发红的胡子，绿色的眼睛，手看上去像被血污弄脏，染料深深侵蚀进皮肤里。他的咒骂和祈祷、玩笑与说教等，都通过某种奇怪的方式混入刺耳的、刻薄的抱怨声中，像锈一样侵蚀内心"。④电影忠实地反映了这一描述。祖父被塑造成所有孩子的快乐的破坏者。他是一名对自己的钱财以及妻子的力量依赖到近乎幼稚的男性。他，一个时刻充满暴力的守财奴，逐步退化成依靠乞讨过活。

鞭打的场景最能说明他那性格多变的一面。他的愤怒，在接待场景的生硬结尾中闪现，一直郁积于心。我们已经知道为了染坊，舅舅们产生了卑鄙的、偷偷摸摸的想法。恶作剧先于具有更多直接破坏力的行为出现。舅舅们让萨沙在火上加热外祖父的顶针并放回原处。当他伸出手指戴上时，他因疼痛"跳得几乎撞上天花板"。但他的关注点却是阿廖沙在其他男孩的教唆下染了那块新桌布，破坏了它的洁白。外祖父决定鞭笞这些孩子，就在安息日做过礼拜后。

鞭打以缓慢的细节展现出来：外祖父冷酷的准备工作；妇女们激

---

③ Roskin, A. *From the Banks of the Volga*, New York: Philosophical Library, 1946.

④ Maxim Gorky, *Reminiscences of Tolstoy*, Chekhov and Andreyev, New York: The Viking Press, Inc., New York, 1959.

动却无用的干涉；鞭子的呼啸和幼小身体的滚动。在酷刑中，那名吉普赛人必须将他们按在长凳上。

在挨过鞭子之后，阿廖沙躺在床上，脸靠着床，因为他背上遍布细长的鞭痕。突然外祖父登场了。男孩看到他，先是露出怀疑的神色，接着便愤怒起来。但外祖父在他眼前摇晃着形状漂亮的饼干。阿廖沙想打外祖父，但外祖父并不在意。外祖父跪在阿廖沙的床前，恳求他："你不会白白受苦，这些痛苦会被加在一起。"这个虐待狂随后提到了受虐的主题：受苦对拯救有好处，我们所遭受的一切都会在天堂的账目上为我们自己累计好处。但他进一步扩展，讲起自己当年还是一名伏尔加河的船夫时吃到的苦头。他带着沉重的情绪说道，当你在布满尖锐石头的河岸上赤脚拉动泊船的时候，"眼皮变得沉重，灵魂颤抖，泪水滚落"。再一次，这里以这男子的受苦为他解释和辩解，暗示着他为何要将更深的苦难给予那些比他弱的人，这种俄国形式在诉说："对我有好处的事情也对你有好处。"男孩看上去没有动。他没有做和好的手势，也对祖父期望换取怜悯的倾诉没有回应。外祖父随后被叫走了。

阿廖沙再次经受住了一个诱惑：在受折磨的时候认同折磨者和他那套施虐—受虐的理由。如果他允许自己的愤怒在此时转为怜悯，如果他在施虐者朝他敞开心扉时，让自己的灵魂对其倾诉，他便会接受这种受虐的模式。这种模式同俄国历史中那些拥有清晰可见的强大集权力量的权威关联在一起。沙皇，这个小个儿白发的父亲，正是这种冷酷独裁的统治者的象征。连那位在历史上被称为恐怖的伊凡的男性，对人民来说也只意味着严苛的伊凡，因为他声称从孩童起他就在

第十章 马克西姆·高尔基的青年传奇

宫廷的残酷寡头统治中受苦。

电影的其他场景也描述了外祖父的施虐-受虐式情绪波动。当他的财产从身边溜走的时候，他在圣像面前悲叹："我比其他人更有罪吗？"圣像没有回答。但外祖母张开臂膀拥抱他，几乎要将他放在自己的膝盖上。她使他平静下来，并承诺为他乞讨。他在她傻乎乎的溺爱中垮掉了，又突然恢复过来，并在嫉妒的怒火中将她打倒在地，因为他声称她爱那些该遭天谴的子孙们胜过爱他。这个暗示很明显，他的妻子是他的财产，而财产则是某种母亲的替代物，没有她，他就活不下去。在俄狄浦斯式游戏中，这位"特权拥有者"被完全击败了，这其实是这影片隐含的政治宣传内容之一。战胜父亲在希特勒的意象中也是必要的内容。祖父一天天衰弱下去。作为供养家庭的人，他变得毫无用处。

在终幕的其中一个场景里，阿廖沙在同他外祖父的斗争中获得了胜利。他送给祖母他亲手挣来的一枚硬币。她温柔地注视着他。此时此刻，阿廖沙注意到外祖父的眼睛因恨意而眯成一条缝。阿廖沙接受了挑战，开展了一场眼神较量。阿廖沙的目光变得如同剃刀般锋利，这两人仿佛要用目光刺穿和割开对方。他们都明白一切结束了，阿廖沙必须离去，但他离去时未被击败。

这种眼神较量令人印象深刻。俄国人很习惯把目光用作进攻或者防御的武器。俄国文学描述了各种各样的眼神用法，眼神被当作灵魂感受器，作为饥渴的攫取工具，以及交付彼此灵魂的特别器官。然而，作为政治和文学生活中的伟大模式，最重要的是，眼神是一种不朽的操控未来的工具。高尔基对托尔斯泰的描述就非常典型："锐利的目光下，无论是小卵石还是思想都无以遁藏，他观察、衡量、测试、比较。此外，他的目光炯炯有神，仿佛竭尽全力看向未来。"

托洛茨基描述列宁的文字同样典型："当列宁收到了里面有一篇演讲的电报时，他眯起左眼，像精明能干的乡下人一般，不会让自己被任何语句迷惑和哄骗。这是高度强化的农民的机敏，已经到了足以成为灵感的程度。"⑤

在简陋的小屋中，祖父坐在遍体鳞伤的孙子身边请求他的原谅，这一幕在某种程度上让我想起一幅著名的俄国油画展现出的宫廷中相似的一幕：恐怖的伊凡坐在被他杀害的长子尸体旁边。像卡希林那样的父亲的暴力具有俄罗斯最主要的家庭从历史初期开始便具备的特征，并在革命前夕渗透进文学中。在某一地理位置以及历史时期，它的粗鲁暴力都发展至未知的程度。这两种场景的巧合招致了历史的脱轨。

原始的斯拉夫人是和平且富有的农民、猎人和围栏居住者。千年之前，他们请求一位维京人留里克来承担对他们的保护责任，对抗南方游牧民族的侵略者。他们显然希望通过合理的让步，买来和平以及维持现状。他们保持用原始武器打猎，用他们粗糙的木制工具修整土地，崇拜他们的木制神像以及自然之神。他们被迫向那些盔甲锃亮、浅色皮肤的北方战士们交出主权，然而他们获得了比所期望的更

---

⑤ 列夫·托洛茨基所写《列宁统治下的俄国》，1924年3月被发表于《当代历史》杂志。

第十章 | 马克西姆·高尔基的青年传奇

多的保护。保护者们有了儿子,他们想要承担起保护的工作。"外国人"强行干涉进来。不久之后,保护人民对抗其他保护者便成了确立的职业。最早的公爵创建了大公国系统(一种为其后代保存的等级制度),随后导致在刚刚成立的城邦(如基辅和诺夫哥罗德)周围出现了无数的封地。这些封地不断因为土地大大小小的分割而重复划定,最终令人们希望并祈求有一位"强大的父亲"——中央集权制——能统一这些子孙,哪怕不得不把他们都杀掉。于是在早期俄国历史中,舞台已经为那些相互关联的人们准备好了,这些人需要指引和保护来对抗敌人。寡头政治的保护者成了可怕的暴君。中央超级集权成了寡头政治俘虏和秘密的救世主。

保护者强行引入了基督教,随之而来的另一种等级制度在自身与世俗君主当中埋下了冲突。无论是君主还是神父都有他们自己的文化,他们的伦理起源于不同的土地。他们制造了俄国历史,一段不只是在可怕的鞑靼人的侵略中幸存,更是在国家范围内获得了暴力势头的王朝斗争历史。在这种斗争中形成了一个国家、一种俄罗斯式基督教以及俄国沙皇制度。在十五世纪,莫斯科事实上成了"第三罗马",伊凡三世成为所有俄罗斯人的第一位统治者以及护国公。他将古老的俄罗斯转化为一个国家。他的儿子吞并它那众多的邻国,进一步扩张俄罗斯帝国的版图。

在恐怖的伊凡的推动下,自十世纪就存在的传统——"兄弟阋墙,骨肉相残"达到了顶峰。在数个世纪中,杀父者充斥于上流社会,但是恐怖的伊凡亲手杀死了他喜爱的长子。他——如同老卡希林坐在伤痕累累的阿廖沙床边诉说故事一样——将自己成年的残酷与疯狂归咎于孩童时期遭受的苦难。人们赞同这一见解。正如我所指出的那样，人民不像历史那样叫他恐怖的伊凡，而是称呼其为严苛的伊凡。如果他没有成为寡头统治的贵族阶层——他的敌人，同样也是人民的敌人——的受害者，那么谁还能令他的童年如此悲惨呢？的确，这位首任沙皇在他心智正常的时刻转向人民，他允许他们向他请愿，并发起了司法改革，引进了印刷术。在他神智错乱时，他会幸灾乐祸地瞧着被谋杀的贵族们的名单，而这样做只是为了沉浸在可怜的懊悔中。人们极端崇拜他，并很乐意加强这位沙皇的权势，从而继续约束那些大公、贵族阶层以及中产阶级。

随着中央集权不断加强，国家机构不断发展，俄国历史的矛盾方面出现了"自养"。首先，在这广大的土地上，俄国朝着国家机构化和中央集权化每走一步，中间人的数量就会增加一些。他们"为了沙皇"管理和维持秩序，他们教书育人及征收税款，他们也敲诈勒索和贪污腐败。在俄罗斯有个古老的主旋律，国家意义上的每次进步都要以在官僚机构中引入新的权势作为代价。这解释了为什么人民会对无论是整体的进步，还是对同时代特有的寡头政治，都抱以一种"天生的"敌对和冷漠。

其次，西方化和启蒙运动的每一步都会导致农奴制的增强。伊凡为了追求他神圣的"严苛"，在"圣乔治日"抢夺了农民更换主人的权利。凯瑟琳，作为伏尔泰的朋友以及受其启发的通信者，释放了八十万带着奴隶头衔、被各自的贵族主人任意虐待和买卖的人。在很久之后，亚历山大二世解放了两千万奴隶，因为他害怕他们或许会自我解放。他只不过是把这些人置于一种没有土地、没有资产的处境，

第十章 马克西姆·高尔基的青年传奇

至多也就是让他们能用废旧的工具，在很小的一块土地上从事必要的耕种，以便分期交租。

令我们感兴趣的是第三种悖论：人民默许那些沙皇自以为是却并不合理的行为。彼得大帝，一个早熟的男孩，同伊凡一样鲁莽，成了俄国的首位皇帝以及最伟大的俄国君主政体改革家。他也杀害了他的长子，虽然在文明的进步之下，他动用了自己的秘密警察，而不是手中的棍棒。除了如此直接的家族内谋杀之外，在俄国历史上还有各种各样的奇特的摄政准备。有很多神秘的以及受到广泛欢迎的王位觊觎者，他们声称自己是被杀害的沙皇的儿子，并像阿廖沙一样，回来挑战那些作恶多端的人。还有那些仅仅在伦理上不属于统治者"该遭天谴的子孙"，便因此近乎神圣的家伙们。当近乎发疯的沙皇保罗——人民称他为可怜的保罗——在母亲凯瑟琳去世，将他父亲（被母亲杀害）从土中掘出并摆放在她旁边时，也许恋母情结的暴行已达到了难以预料的高度。他强迫她那些为数众多的情人在已经腐烂的皇帝尸体旁边站成极其华丽的仪仗队。

历史学家理所当然地认为这就是"历史"。但我们该如何解释人民不仅被动赞成，而且热情且无私地认同这样的帝国悲喜剧呢？为什么这些刚毅且多产的人民会向外国保护者屈膝呢？为什么他们允许外来的系统进入本国的生活，使他们特有的生活方式被深深卷入彼此占有的关系中呢？是否应该首先在凶残的游牧民族以及野蛮的野兽的优越性身上，接着在广大人民对抗全副武装的寡头统治时的虚弱性中寻求解释呢？

可能的答案是：政权的领导形式由多方面来定义，它不仅要通过自身的体制工作来抵挡历史时期的危险事件，还要满足公众所表现出的幻想与期望。君主，即便是外国人（常常因为他们是外国人），也会成为民族内在的软弱的道德力量的可见安全保证，以及贵族精英们模糊感知到的全新理想的化身。为了这个目的，君主和贵族们可能且必须在历史舞台上展现出非理性冲突的整个循环：他们必须更目空一切地犯罪，然后更加深切地赎罪，最终带着增强的个人与公众形象再次露面。在他们试图完成这一循环时，民众很乐意作为他们轻声的合唱队和献祭的动物。因为个别人的弥天大祸可以带给所有人以完全救赎的希望。

这已经不仅是内部的恶（本我）或者无情的道德的"投射"了。我认为它还有一种自我的功能：它满足了民族与道德个性的发展。尽管那些悲剧性的激情似乎损坏了他们作为领导者的形象，但由于他们可以从宏大的规模上呈现出早期家族式制度的悲剧及其内在对应物——超我，也由于他们通过坚决的步骤提升了民族的觉悟和良心，因此伊凡和彼得是伟大的。也许我们的历史概念必须扩展至包括分析一些动态需求，即源自那些被统治的广大群体对他们最"任性"的主人的需求。这些主人被迫在历史的宏观舞台上演出人类进化过程中的冲突。从这层意义上来看，国王或许是人民的玩具。在随后的文明阶段，他们的悲喜剧转化成一个虚构的宏观世界和舞台，最终成为小说中的微观世界。

我们现在可以看到俄国现实主义文学的历史使命了。它将杀父和

第十章 | 马克西姆·高尔基的青年传奇

杀兄的悲剧还给平凡的俄国人民,让有文化的人阅读。[6]这些文学作品宣称,个体责任同社会责任的增长是平行发展的。在一个"浓缩"的世纪中,俄国文学和俄国历史在触及生效的文学觉悟和政治道德观的初步阶段时,显得迟缓和富有爆炸性。当那些落后的广大农民仍继续反映某种原始的历史层次时,西方社会早已将希腊时期抛于身后。

我们在此暂停一下,然后回想一下:在俄国革命时期,大约五分之四的俄国人都是农民。这些广大农民在进行客观世界的改造及主观世界的转变时,其作业量之大难以想象,这并不是因为他们想要另一种政府形式,而是因为他们从未想过自己的日常生活与任何政府形式会发生有组织性的"相互连锁"。

电影中那些情绪化的"子孙们"的性格特征指向至少某一种对于单一古代性格品质的共同情结。这一情结存在于俄国(以及大部分欧亚大陆的)广大农民的内在的农奴制中,而外在的农奴制则由贵族们和牧师们确定下来。我认为这是古老技术剧变——农业革命带来的心理上的结果。这里,史前的神秘事物同童年早期的神秘事物一样根深蒂固。它们都迫使我们将其作为神话,以便得到理解。

在史前北美的猎人和渔夫的关系中,我们使用钥匙打开了这种原始仪式的解释。我们指出,尚未发明文字的人类通过将人类结构和成长的属性投射到那些在时空中不断膨胀的未知的伟大力量上来试图理

---

⑥ 弗洛伊德在他的《陀思妥耶夫斯基与杀父之罪》的论文中,将《卡拉马佐夫兄弟》和莎士比亚的《哈姆雷特》以及索福克勒斯的《俄狄浦斯王》进行了比较,因为这三本书都将谋杀父亲作为核心主题。

| 童年与社会 |

解和控制它。如此,地理环境被赋予人性,历史的过去被赋予了人类童年的意象。从这个意义上来说,地球成了一位母亲,很久以前献出了她的自由意志。从游牧民族向农业生活的转化意味着篡夺部分土地,用强迫性的工具侵入土壤,作为强制的供养者征服土地。无论客观世界的改造如何同这种技术步骤相伴,它——如同神话和仪式所证实的那样——都同原罪联系在一起。在个人生活中,原罪由对于暴力的最早意识所组成,这种意识希望通过用成熟器官咬和抓来控制母亲。

"遭天谴的子孙们"随后代表了那些贪婪的孩子们,他们会带着嫉妒侵占和破坏母亲。在共同耕作土地的任务中,男性产生了野心、妒忌和剥削。因此原罪的意识——我们之前讨论过——将农民束缚在悲伤的赎罪与疯狂的循环中,这使他们依赖于丰年。当然,基督教把握住了这种能使自身永久存在的循环,并加上了它自身关于罪恶与赎罪、死亡和拯救的年历。

我只能通过引用高尔基的回忆录来为这一黑暗的议题作结。他背叛了对耕种大地、征服女性以及挑战她的主人的认同。⑦

他(契诃夫)曾经说过:

"如果每个人都在属于他的那份土地上尽力做事,这世界将会变得多么美好!"

我正开始写一部叫《瓦什卡·布什拉耶夫》的剧本,有一天我给

---

⑦ 同本章注释④。

他念瓦什卡的自夸独白：

"哈，我只会被赋予更多的力量和权利，

我呼出的热气——使冰雪融化！

我走向大地，不停地犁出道路！

我年复一年行走，建造出一个又一个小城；

竖起不计其数的教堂，种出没有尽头的花园；

我为大地增色——令它如同少女般美丽；

将它紧抱于臂膀中——仿佛它是我的新娘；

将它提升至我心中，带它去蒙神恩……

我将它赠与您，主啊，作为美好的礼物——

除非——哦——不会这样的——我自己太喜欢它啦！"

契诃夫非常喜欢这段独白，兴奋地边咳边说：

"它的确相当棒！非常真实，非常人性！这些谎言里有所有的哲学本质。人们使大地适于居住——因而他也必须使它适于自己居住。"

他带着固执的主张摇摇头，重复道：

"他会这么做的！"

他请求我再读一遍瓦什卡的自夸演讲。我这么做了，他聚精会神地听到最后，然后评论说：

"最后两行不必要，它们并不恰当。那里不需要它们……"

| 童年与社会 |

被剥削者

圣徒和乞丐

那名吉普赛人,并没有像那些"野兽"舅舅们一样生而有罪。生而无罪,他如同外祖母所说的一样,有"天真的灵魂"。他身材优雅,正如他在下蹲舞中所展示的那样,而其他男性看起来僵硬呆板,动作很不自然,在喝醉后或者被激怒时,他们就像没有刹车的卡车一般。吉卜赛人不是任何人的儿子,并不期待财产,不妒忌人。仿佛他的孤儿状态令人想起纯净无暇的概念。的确,电影以一种精妙的手法,把吉普赛人描绘成一位原始的基督徒,仁慈并总是充满希望。

吉普赛人同阿廖沙谈起他死去的父亲。他与众不同,他能理解人。也正因为如此,卡希林一家讨厌他。这里介绍了一个主题,它接下来又会从无政府主义者身上显现出来。无政府主义者代表了那些能够理解和接受无家可归者的人。他们被父辈及其贪婪的孩子们所厌恶,因为他们承担起一个全新的原则,而这一原则无法同旧武器战斗。他们读书,思考,计划。因此,正是吉普赛人向阿廖沙渴求的心灵提供了他未来身份的形象。

吉普赛人认识到除了他自己以外,那些声称理解的人并不"理解"。他有另一个缺点,以另一种方式表现出危险的与众不同特性:他是个"好人"。当鞭打在他的胳膊上显现出血痕后,他愉快地承认了在将男孩按在长凳上的时候,他用胳膊挡住了最重的打击。"我为

第十章 | 马克西姆·高尔基的青年传奇

爱而承受鞭打。"他对满心憧憬他而入迷的男孩说道。但随后，吉普赛人解释了承受鞭打的方法。不要缩起后背，他对男孩说，要试着放松。尽你所愿地嚎叫出来。他承认他挨过如此多的打，以至于他的伪装会有很好的外在效果。

这一幕的主题有些隐晦。然而它看上去涉及天真的无暴力诱惑、基督徒的美德以及学会通过调整自身适应痛打来忍受世界上的伤害。阿廖沙被触动并非常着迷，但保持着矜持。不久以后，吉普赛人就以一种如画般充满象征意义的方式死去了，他必须承受这一损失。

其中一位舅舅想要为他死去的太太——据吉普赛人所说，她是被他谋害的——竖起一个巨大的十字架。他让吉普赛人帮助他将这个十字架扛到指定的小山上。大家都看得出来，巨大的十字架对于一个人来说实在太重了。但是吉普赛人带着孩子般的骄傲夸口说，他可以把它背在背上，独自一个搬。阿廖沙有一阵子强烈希望能帮助他。当看到小男孩试图帮忙支撑巨大的十字架时，观众们都因害怕而发抖，但接下来——作为几个极具决定意义的时刻之一——阿廖沙转向一边，将他的朋友留给他自己的命运。

在一个明显想要暗示耶稣受难的镜头中，我们能看到吉普赛人的轮廓，被压弯的背上压着巨大的十字架，跌跌撞撞地走向远处的小山。它看起来要把他压垮了，不久以后他被抬回家中，并死在了地板上。一只以前他不停地和孩子们玩弄的小白鼠，从他的衣服中逃脱，跑向阿廖沙，男孩抓住了他。这就像吉普赛人的"纯洁灵魂"在阿廖沙心中找到了一个新的家一样。

如果外祖母代表着原始的社会习俗，外祖父和舅舅们代表着土

| 童年与社会 |

地、商品、妻子和头衔的所有者的贪婪,那么吉普赛人就是原始基督教时期一名朴实的圣徒。他直到最后都快活、善良和仁慈。

于是,阿廖沙目睹了身边命中注定的毁灭,但仍保持着梦游者的步履稳健,避开那些致命的牵连和传统的陷阱。阿廖沙难道没有同情心和道德感吗?

以他同老格里高利的相遇为例:格里高利是一个特别的个体,在吉普赛人耶稣受难般的不幸降临时,他将男孩拖走了(对于近乎失明的格里高利来说,他仍能看到将要发生的事情)。他是一个令人印象深刻的先知般的人物。他在外祖父的染坊里工作了将近四十年,却在视力衰退至快要失明时面临着被解雇。因为外祖父拒绝照料他,格里高利不得不去行乞。阿廖沙受到惊吓,"我会和你一起去,"他同情地哭喊着,"我会牵着你的手带你走!"

但在火灾之后,瞎了眼的格里高利伸出胳膊跌跌撞撞地摸索,悲惨地叫着阿廖沙,这男孩却躲着他,留他一个人在永远的黑夜里摸索。接下来有两三次他出现在格里高利身后,跟着这个乞丐走在大街上和露天市场中。事实上,阿廖沙跟踪格里高利,就好像被看到的景象吸引住了那样。

常看电影的西方观众会忍不住思考,这高个子瞎眼的可敬老人和手牵手领着他走的男孩在一起会是多么触动人心的画面啊!他想象了一个结局:饱经折磨的外祖父改过自新,朝两人发出全国通告,希望他们回来。但也许已经太迟了。正当他们要走上一座被洪水撼动的桥梁时,治安巡逻队来到老人和小男孩身边……

很明显,在这部电影中我们看到的是一种全新想法的呈现,对

第十章 | 马克西姆·高尔基的青年传奇

于我们来说，它主要以其省略处为特点。它一遍又一遍省略的内容，是一种基于内疚感的行为。但是无论是懊悔还是改正在这种新的想法中都无关紧要。真正重要的是关键时刻小心谨慎，毫不动摇自己的耐心，对于错误行为绝对规避，内心明确方向，然后——行动。⑧

西方观察家在这一点上认定，这部电影缺乏道德观，它是不道德的。然而，也许是电影仅仅呈现出可供选择的另一种道德观，同犹太教与基督教所共享的道德观有很大不同。当阿廖沙避免掉入诱惑之中，没有为这位瞎眼的老人牺牲自己的年轻生命时，的确，他打破了自己对一个个体的诺言——这诺言很可能基于一种共享的罪恶感，一种他要弥补外祖父的罪行的感觉。而与这种"诱惑"相反的是一种内心的誓言，遵循某一方向和迄今仍模糊不清的计划的誓言，它代替了自我永存的内心愧疚，导致超越了善恶的合作行为。这样的誓言通过演员表中的另一位成员被人格化了：无政府主义者。

但是要注意到，在最终一幕，它以粗糙的意象呈现出新一代对于旧式道德崩塌的彻底蔑视。如今，彻底衰老的外祖父穿过集会上的拥挤人群一路乞讨。老格里高利，他以前的工头，对他的悲叹做出反应，递给他一片面包。外祖父认出了这位盲人，他扔掉了面包哭喊道："你已经把我的房子都吃光了！"在我们看来，这是残酷的一

---

⑧ 可见如下在莫斯科审讯中的对话。
维辛斯基："你是否承认这些（同德国人的）谈判？"
布哈林："承认？我不否认，因此我承认。"
维辛斯基："但你说过你知晓这些幕后行为。"
布哈林："是的，一个人不可能否定其他人。"

幕。但小阿廖沙转过脸去，甚至不带有明显的厌恶。将毁灭的人和制度抛之身后看上去像是一件不需要花费太多情感的事情。

陌生者

在这段时间里，村里有一个男人，实际上他住在外祖父房子里的一个房间中，他不属于任何地方，和任何人都不说话。他不是农奴，然而一无所有。他没有什么东西好卖的，然而看起来却有东西吃。他自称是化学家，然而看起来并没有工作。他一头黑发，前额高耸，目光锐利，戴着一副眼镜，他看起来像一个年轻且有点饿的托洛茨基。

当阿廖沙有一天放心地经过这名男子的窗户，溜进他的地下室时，这名男子迅速藏起了一本书。然后他冷静地打开一只瓶子，用瓶子里的恶臭气体将男孩熏出房间。男孩觉得自己被冒犯了，却更加好奇了。

男孩在一次聚会上再次看到这名男子，当时外祖母正唱着古老的传说和歌谣。我们听到她以简明有力的话语朗诵一部长篇传奇，其中有这样一句话："他没有藏在其他人的良心后面。"听到此处，这名男子有了莫名的兴致，如同听到了神谕一般。他说着"人民，我们的人民"——这显然涉及了古老的民间智慧的特性——并匆忙地离开了房间。这也许是一个象征。在过度激动中，他把眼镜忘了。然后阿廖沙捡起了他的眼镜。

在下一幕，阿廖沙看到这名奇怪的男子躺在悬崖顶端的草地上远眺河流。他并没有为了眼镜而感谢这孩子。事实上，他有几分粗鲁地表明，这男孩如果能够保持安静并加入他的沉思心绪中，就可以坐到

第十章 | 马克西姆·高尔基的青年传奇

他的身边。就这样,这名男子、大河、宽广的地平线以及新的心绪彼此相称,并保持关联。这名男子居高临下的姿态看起来在宣称:你必须保持安静;你必须沉思;你必须乐意面对遥远的地平线。他明确地说:"你必须学会读写。"阿廖沙感到惊讶,但很明显对这名男子的热情和真诚有了深深的好感。

他们的友谊并没有持续多久。更确切地说,他们的友谊很可能只比一段很短的相遇要长点,因为贪婪的外祖父强迫这名陌生人搬出他的房间。这名男子决定离开小城。

一伙无家可归的男孩随着他来到河边。但他将手臂放在阿廖沙的肩膀上。根据英文字幕,他热情地对男孩说:"一个人必须学会如何接受生活。"他带着一种传教士般的热情说出了这句话,人们意识到这句话在此有超越文字本身的重大意义。在此我们必须求助语言学家。

这名男子的姿态预示着"接受",在他这里意味着抓住或者紧握,而不是忍耐或者抵抗。当我第一次看到这一画面时,我的俄国口译者坚持认为这名男子说的是"接纳",近似于"接受",忍耐。因为目前仍在讨论,这一不同看上去如此基本以至于我坚持探究了单词与态度之间矛盾的根源。确实,在原著中,这名革命者说的是:"一个人必须懂得如何接受(俄语'wyzat')每一件事情。你明白吗?很难学会如何去接受(wyzat)。""wyzat"的意思是从"抓住"意义而言的"接受"。那么很显然,在书与电影之间遗失的是文字而不是意思。

它的意思是,一个人必须学会不能只是等待别人的赠予,一个人必须抓住他想要的并紧握在手。我们已经讨论过这种取舍选择在口唇

| 童年与社会 |

期同社交形式之间的相关。很显然，这名男子的话不仅意味着一个人必须抓住，还意味着这个人必须带着好的以及新的道德心来这么做。一个人必须抓住且不能因纯粹的内疚感而退回已经抓住的事物。

我们将要看到，这种下定决心的"抓住"，与反对沉入依赖中的抵抗相对应，他们都在布尔什维克心理学中具有突出的重要性。我们已经叙述了阿廖沙对于外祖父憎恶目光的尖锐而严厉的反应方式。我们指出这种目光聚焦、理解和攫取以及前瞻的重要性。我们展示出他那不可动摇的决心和不顾一切的个人感受。

电影接下来会明确显示出，这名陌生人是一名革命者。警察正在寻找他。他们在遥远地平线的某处抓住了他。有一天，一群衣裳破旧不堪、锁链加身的悲惨囚犯经过阿廖沙所住的街道，走向去往西伯利亚的船只，这名陌生人也在他们中间，面色苍白，形如鬼魅，但很乐观。

字幕写道："从此我同他的友谊结束了，他是我在一系列在自己国家中的陌生人中遇到的第一位朋友——他是最好的人。"

接着，阿廖沙与地下党中的一个职业革命家的面对面，一段时间内他们被叫做知识分子，因为他们所信奉的不仅是读写的必要性，还有精神磨练的必要性，期望驱散冷漠、倦怠和农奴制。

无父的团伙和没有腿的儿童

随着无政府主义者的消失，阿廖沙看上去成长到新的高度。现在他有了一个目标，有了一份友谊。我们必须记住，他的父亲也"理解"，然后消失了。然而我们惊骇地看到这个小男孩同一个男性殉难

第十章 | 马克西姆·高尔基的青年传奇

者的鬼魂联系在一起,后者的民族精神包含在一些模糊的谈论中。阿廖沙只是个孩子,他有童年吗?他的同龄人是谁?他有玩耍过吗?⑨

我们看到他失败地参与进堂兄弟们的恶作剧以及对老人满怀恶意的曲折报复方式中。鞭打的场景——或者,我们应当说,在鞭打场景之后,伴随着外祖父的道德胜利而来的成熟——终结了这些恶作剧。在接下来的场景中,阿廖沙在邻居中遇到了一群养尊处优的孩子,这群孩子朝一个傻孩子扔石头并叫喊。阿廖沙立刻维护了傻孩子,因此孩子们将矛头掉转至他身上,叫他"卡希林"。他抗议道:"我是彼什科夫。"如同世界上的所有孩子一样,他们展开了唇枪舌战,最终结束于彼此大喊:"卡希林!""彼什科夫!""卡希林!""彼什科夫!"但是当男孩们开始踢打他,一群挨饿且衣衫褴褛的年轻人突然出现,解救了他,并立刻同他成了朋友。

这群人都是无家可归的男孩——最原始意义上的"无产者"。阿廖沙变成他们中的一员,因为从经济上,他加入了他们的行当,从垃圾中搜寻可以卖给废旧品商人的东西;还因为从精神上,他分享他们的感受,和他们一样不能依靠父母——假如他们真的有父母。因此在一些场景中,阿廖沙的无产阶级化被戏剧性地演示了出来。他,一个没有父亲的彼什科夫,站在生下来便低人一等的傻孩子那一边。他同那些所有社会地位和阶层中最底层的人们结交。在一幕令人印象深刻的场景中,他偶然发现一件事情,这群人中的一员,一名带有亚洲人特征的男孩,甚至不知道自己从哪里来。阿廖沙笑了,这是他最后一

---

⑨ 托尔斯泰曾对高尔基说:"很难相信你曾经是个孩子。"

| 童年与社会 |

次展示不顾及他人的快乐。看到那位亚洲人的绝望和怒火,他对于又一个诱惑变得免疫了:对彼什科夫这个名字的骄傲。(众所周知,他接下来选择了父亲的名字——马克西姆,以及高尔基这个意思是痛苦的姓氏)。

现在他也是无产者了。在"工作"完成后,他和他的伙伴们躺在山崖上。在一个平和的高度,这群无依无靠的孩子看向地平线和未来。在这里,他们做着梦。那么他们梦到了什么呢?他们梦到自己养了许多鸽子,并把它们放飞了。他们中有人说:"我喜爱看到鸽子在明朗的夏日天空中盘旋。"

这对于自由的暗示同另一次遭遇形成对照。有一天,阿廖沙听到一个快乐的年轻人的声音从地窖的窗户中传来。他沿着声音找到了一个跛足的少年林卡。他躺在床上。他的双腿麻痹了。林卡解释道:"它们不是活的,它们只是在那里。"因此他被囚禁在地窖中。但他证明自己还活在一个属于他自己的世界上,一个玩耍和白日梦的世界。他在盒子和笼子里饲养小动物。它们必须分享他的囚禁。但他为了某日能够看到草地和牧场而活着,在那时,他会打开所有的盒子,给小动物们自由。在此期间,它们是他的微观世界,它们反映出外面的世界。一只小蟑螂是"房东",另一只是"公务员的妻子"。真实世界完全的压迫者是他玩耍世界中的俘虏。仿佛他的残疾状态允许他成为在电影中唯一有童心的孩子。他的笑声是最欢快自由的,他的眼睛中充满了欣喜的闪光。他对于力量的观念似乎没有限度。他确定而兴奋地对阿廖沙说:"那只耗子能长成一匹马。"

看到这男孩对于和他一起被囚禁的小动物的喜爱,以及他有能力

第十章 马克西姆·高尔基的青年传奇

赋予类似于耗子的小东西以神话般的可能性,在一丝犹豫之后,阿廖沙将吉普赛人的小白鼠送给了他。我们仍记得,这只小耗子是吉普赛人临死时送给他的礼物。这是他同欢乐的最后联系,这是他最后的玩具。为什么他要把它送走?是怜悯或者施舍吗?阿廖沙看上去在道德高度上再次成长,通过放弃聊以自慰的东西,抵抗住一次对于玩耍、梦想和紧紧抓住某种恋物的替代品的诱惑。这种替代品可以使监禁变得可以忍受。他知道他将不得不在没有玩具的条件下前行。然而,每一个阿廖沙的行为(或者拒绝做某事)都像一个誓言。一个接一个,退化的桥梁被截断,灵魂中幼稚的舒适感被永远拒绝。

然而,只有别人才能给林卡自由,通过给他双腿的方式才能给他自由。这就是阿廖沙让"那群人"工作的原因。在他们从垃圾堆中抢救出的财宝中,他们保留了一些机械的部分,最终为林卡做了一辆马车,一个代替运动器官的自由的机械假体。

襁褓中的婴儿

林卡看起来不像是高尔基书中的人物。我不知道谁创造了它。但看上去颇值得注意的是,他似乎是所有儿童中最情绪化和最快乐的,却也是最无能无力的。他的快乐远至天边,但他的腿却束缚住了他,他说自己的腿"不是活的,只是在那里"。这暗示了一个突出的关于儿童训练的俄国问题的讨论,它在近代关于俄国性格的讨论中假定了一个近乎荒唐的重要情况:襁褓。

俄国灵魂是被襁褓包裹的灵魂吗?一些研究俄国人性格的权威学者给出了肯定的答案。我要感谢他们介绍我与这部电影的初次相识。⑩

在伟大的俄国农民群体中,所有地区和阶层都不同程度地分享和继续分享着伟大中心平原的共同文化遗产。被称为襁褓的这一照料儿童的物品被发展到了极致。当用绷带包裹起新生儿的习俗广泛流传的时候,古老的俄国人极度坚持,儿童应该被包至脖子,整个包裹要包得足够紧密,使"这段原木"能够轻易被带走。襁褓阶段要持续九个月,婴儿大部分白天和整个夜晚都要被包裹住。这样的过程没有导致任何持久性的运动器官缺陷,虽然显然人们必须教被解开的婴儿爬行。

当被问到为什么婴儿必须被包裹,单纯的俄国人略带惊讶地回答:还有其他方式能够携带着婴儿,并使他在俄国冬天保持温暖吗?然而,如何让一个婴儿不抓挠和伤害到自己,并在看到自己的双手时不会受到惊吓?的确,一个被包裹的孩子,尤其在刚解开包裹时,他不能充分掌握自己的运动,无法不抓挠和打到自己。因此他不得不再次被包裹起来,这是一个被人喜爱的具有文化合理性的技巧。它创造了一种独有的约束婴儿的模式,并得到了文化上的自我的支持。你必须用襁褓包住婴儿,避免他同自己对抗。这会引起体内的强烈血管舒缩需要。他必须保持情感上被襁褓包裹,避免成为放任情感的牺牲品。这反过来帮助创建了一个基本的前语言阶段的教导。当那些为了自身好处而必须被严格约束起来的人被这样教导时,他们偶尔卸下的

---

⑩ 出自杰弗里·格勒1949年发表在《美国斯拉夫和东欧评论》杂志上的文章"伟大俄国的人民的某些心理方面"。还可参见1962年杰弗里·格勒和约翰·里克曼所著的《伟大俄国的人民》。

第十章 马克西姆·高尔基的青年传奇

方式也压缩了情感。因此,襁褓被归于这些儿童训练项目的标题下,它们同整个文化的世界图像具有重大关系。

确实,没有任何文学像俄国文学一样,"血管收缩过剩"。在俄国的小说中,人们看起来既孤单又感情横溢。每个个体都奇怪地囚禁在自己的身体里,如同被死死卡住的情感处于抑制的盒子中那样。然而他们永远在寻找其他灵魂,通过叹气、围起栅栏、惭愧以及哭泣和昏厥。许多文学作品中的人物看上去都盼望着那一刻,陶醉于一些腺体、酒精或者暂时的情感融合(经常只是一次虚幻的亲密共鸣,终至精疲力竭)。但我们不仅需要考虑讨论中的这部电影。如同我们在电影中看到的那样,如果青年高尔基所处时代的俄国现实显示出一部分吵闹、紧张和各种各样的情感表露,那么他对于情感的意识必然会变得鲜明和多样。

襁褓中的婴儿的反应非常有趣,当他对情绪性产生意识时,他自己受到阻碍,无法通过"动"的方式来响应感情,比如说用胳膊和腿踢,或者动一动手指。他无法抬头,无法抓取支撑物,也不能扩大他的视野去寻找骚动的听觉来源。这样的安排的确可以看作通过与所有这些生动的观感搏斗和平衡的工作,加重了血管系统的负担。只有在解开襁褓的周期性经历中,婴儿才能够分享到兄长们过分流露的感情。

然而,为了评价像襁褓这样的儿童训练项目在整个文化结构中的意义,我们不能只假设一个单向的因果关系。就某种意义而言,这种单向因果关系指的是:俄国人就是——或者喜欢——这么表现或者描写他们自己的方式,因为他们被襁褓包裹。在我们对于其他文化的讨论中，我们必须宁可假定若干主题之间会相互放大。因此近乎普遍意义以及附带相当实用性的襁褓习俗，会因一种综合倾向的结果而被放大，这种综合倾向将地理、历史以及人类童年时期置于一些普遍的共同性质中。我们观察到这些俄国传统的现实之间存在结构上的密切关系：

（1）在孤单的栅栏中的紧凑社会生活，孤立于严格的中央平原及其在春天融雪后的周期性解脱；

（2）长期被襁褓紧紧包裹与解开襁褓时富有欢乐的情感时刻相交替；

（3）一方面有着忍受僵硬和农奴般的冷漠这类受到惩罚的行为，另一方面有着周期性的情绪发泄，通过感情横溢的暴露灵魂来完成。

从历史和政治上看，襁褓仿佛是顽固的体系的一部分，它有助于支持和延长俄国人农奴制与"灵魂"的联系。的确如高尔基在《市侩》中所写："当一个人在一侧躺着感到疲惫的时候，他可以翻身，但当他对于生活环境厌倦时，他只能抱怨。那么做出努力——打个翻身仗！"一个被适当地激发出上进心的人，可以做出努力去翻身，或者如同我们说的那样，起身。但在面对逆境，被束缚于特定条件下时，他的头脑或许会依据最早期被束缚的经验而行动。而被襁褓包裹的婴儿最不能做的就是翻身。他只能沉溺于过去，表现出耐性，或者出现幻觉，幻想他的血管舒张的感觉以及肠子的历险，直到运动器官再次获得解放。

第十章 马克西姆·高尔基的青年传奇

林卡便是一个典型象征。他有最丰富的情感和最受损的行动力。他有最生动的想象力，对他人最具依赖性。当阿廖沙将自己的小白鼠送给他时，仿佛阿廖沙已经成长到超越了某种恋物癖，以及超越了对于无限力量的幻想。这样的幻想是被襁褓包裹、受到囚禁的灵魂最需要的。他不怜悯林卡。不如说，他认识到对方的状况，拿这种状况同自己的状况相比，并作出相应的行动。他努力让林卡得到机械的腿——但他不会同林卡产生认同。

尽管电影没有给出阿廖沙和他的伙伴们玩耍的镜头，但是高尔基在《回忆录》中描述了一个奇异的游戏，让这些年轻的"无法无天的家伙"沉溺其中。我们可以看到，高尔基对于游戏的阐述同我们在游戏那章所阐述的理论完全一致。

在我十岁左右，还是个小伙子时，我时常躺在道砟列车下，同好朋友们比赛胆量。其中有一位邮差的儿子，在玩这个游戏时有着特别冷静的头脑。这几乎是一种安全的娱乐，倘若烧锅炉的火车头抬得足够高，火车上山而不是下山，车厢间刹车闸的链条绷得很紧，你便不会被打到或者勾住，被抛到枕木上。你会在数秒中产生一种怪异的感受。你要尽可能平整地贴在地上，运用全部的意志力克服想要动和抬头的冲动。你感到铁和原木一连串地从身上猛冲过去，将你从地面上扯掉并想要把你拖到什么地方，隆隆作响的刺耳的铁轮摩擦声仿佛就在骨头里。然后，当火车经过，你一动不动地躺一分钟或者更长时间，没有力气站起来，看上去漂浮在火车身后，身体无止境地伸展，成长，变轻，融化在空气中，然后下一刻你会飞离地面。这一切都非常令人愉悦。

"是什么使你鬼迷心窍于如此荒唐的游戏?"安德莱耶夫问道。

我告诉他,也许我们在测试意志的力量,通过同那些机械运动的庞然大物相抗衡,测试我们微不足道的身体中有意识的稳固性。

"是的,"他回答道,"这太棒了,没有孩子会想要这样。"

我提醒他,孩子们是多么喜欢"踩摇篮"——在刚结冻的池塘上*质地松软的冰上或者河堤的浅滩上大摇大摆地走动*。我说他们通常喜欢危险的游戏。⑪

我用斜体标出的文字暗示了这种游戏中的更深层含义。可以说,一个无畏的团伙挑战道砟火车的行为为他们提供了一种经验。他们在这种经验中怪诞地重复着所有共同的童年创伤的基本要素:静态和强烈的动态,完全的无力和最轻快的情感。

无论"襁褓假设"是否能证明关于婴儿经验转化为青少年和成年的模式,它看上去的确指出了经验结构存在于俄国人的行为和印象中。

在电影中,阿廖沙并没有参与任何游戏。他睁大眼睛,有时会带着好奇眯起来:他"抬起头",集中目光,试图清楚地理解和感知,以及集中注意力——所有这一切最终都是为了抓住生活。电影诉说了更多关于他从中解放自我的事情,而不是他想要由什么得到自由。

---

⑪ 同本章注释④。

第十章 马克西姆·高尔基的青年传奇

新教徒

阿廖沙要走了,伙伴们陪伴他走在田野上。在已经做好的小车上,他们单独拉着林卡。林卡带着近乎发狂的喜悦和预感:他将要放掉所有的小动物。在一个其他文化的电影中可能标志着美满结局的场景里,林卡将他最宝贝的鸟儿扔到空中,让它们扇动翅膀飞向广阔无垠的天空。但当伙伴们挥手和喊着再见的时候,阿廖沙只是面无表情地朝向地平线。

这位眼神坚毅的青年,他要去哪里?电影没有交代。很显然他要离开,成为高尔基,并在此之上,成为一种新类型的俄国人。是什么使他成为年轻的高尔基,又是什么标志着新型的俄国人呢?

高尔基去喀山大学上学。"如果任何人向我提议,'去学习吧,但如果你公然地每周日在尼古拉耶夫斯基广场被人用桦条鞭打',我很可能同意。"⑫但不久之后,他作为身无分文的农民受到了歧视。因此他在革命性的青年时期,成了一名他所谓的"免费"大学的学生。

高尔基总是很敏感,容易受到影响。他的多愁善感受到他想要"抓住"生活的决心的阻碍,近乎迫使它对于信仰做出反应。他以作家为目标的训练由一场用更少的词语诉说本质的奋斗构成。同深深的怀旧倾向对抗,青年高尔基决定发展出一颗能奋力抓取,也能爱的心,以及一个长有牙齿的灵魂。同许多和他有类似思想的同辈人在一起时,这奋斗近乎要了他的性命。

---

⑫ 同本章注释④。

在二十岁时,他暗地里朝自己开枪,自杀未遂。"我躺在自己死亡的火焰上,"他写了一封非凡的遗书,"在指出了'心脏的牙痛'的德国诗人海涅身上……从我的护照上看,我是阿列克塞·彼什科夫,但从这封遗书开始,我希望,我什么都不是。"⑬他会原谅我们,如果我们能够看到在"心脏的牙痛"和他的牙痛之间、他的祖国为避免倒退所做的努力和为"抓住生活"所做的努力之间那意味深长的联系。"心脏的牙痛"这一术语确实是由满怀痛苦的怀旧之情的海涅发明的。他建议,可以用某种由贝托尔德·施瓦兹发明的牙粉来治疗心脏的牙痛。高尔基随后向契诃夫明确阐述了他这段备受压抑的时期,这段"无情的黑暗"时期,这段"永远稳固的死寂"时期。冒着自我毁灭的危险,他打破了僵局,恢复并开始流浪和工作。

"我来到这个世界不是为了妥协。"他在他的第一首叙事诗中如是说。阿廖沙跟着格里高利和其他人,观察以便发现他应该或不应该在哪里卷入人们的现实生活。高尔基"追踪"着人们和局势,以便发现作为一名无家可归者,他可以从生活中"抓取"哪些"罕见和积极"的现象。

他那"提升至灵感程度"的高尚品格在他收到那个惊人的消息——老托尔斯泰丢弃了他的家庭、妻子和财产——后写下的那封著名的信里得到了最好的表达。⑭

"……在我的灵魂中有只狗在吠叫,我预感到一些不幸。是的,

---

⑬ 同本章注释④。
⑭ 同本章注释④。

第十章 | 马克西姆·高尔基的青年传奇

报纸刚到,一切都已明了。你在家中开始'创造传奇'。游手好闲者以及一无是处者仍活着,如今他们中出了一位圣人。不妨想想当幻想破灭的人们低下头颅,大多数人的灵魂都空空如也,最好的灵魂也充满了悲伤时,整个国家又将何去何从。他们被撕裂,忍饥挨饿,渴望一个传奇。他们如此渴望疼痛能够得到缓解。他们只想要自己所渴望的人生,而不想要圣人的人生。

……好吧,现在他很可能发动了最后的攻击,以便赋予自己的理念最大的意义,维护他的神圣并获得一个光环。他的教导被俄国古代历史和他自己受难的经历证明是正确的。通过不严肃对待罪恶,以及抑制活着的意愿,他维护了自己的神圣。人们的确希望活着,但他试图劝说人们:'我们的尘世生活毫无意义。'让俄国人相信如下说法是很容易的,即他是一个懒洋洋的生物,除了为自己的停滞找到一个借口外,别无所求。

……他的文字让我们产生了一个奇怪的印象:'我很高兴,我非常高兴,我特别高兴去受苦。'受苦是他的真实经历。我丝毫也不怀疑,他会非常高兴被投进监狱,被驱逐,戴上殉道者的王冠。"

在最后的分析中,他在托尔斯泰的转变中看到了那古老俄国的诅咒:⑮

"……他总是大大称赞生活另一面的不朽,但他偏爱生活的这一面。一个作家,一个国民作家,通过国家的所有缺陷以及我们在历史的严酷考验中遭受的损失,来体现自己的伟大灵魂。他那关于'不作

---

⑮ 同本章注释④。

为'以及'不抵抗邪恶'的布道和消极主义，都是俄罗斯人血液中的有害发酵物，通过蒙古的宿命论毒害众人，敌视西方。托尔斯泰所谓的'无政府主义'从本质上表达了我们斯拉夫式的反中央集权。这是一种民族特性，很久以前就存在于我们身上。到目前为止，我们放任这样的期望，如同你和其他人所知道的那样。我们总是沿着阻力最小的道路逃跑。我们看到了潜在的危险，但我们仍旧匍匐着远离他人。这段令人悲叹的旅程被称作'俄罗斯历史'。它近乎偶然而机械地依靠维瑞亚人、鞑靼人、波罗的海的日耳曼人以及小官吏们的力量建立起来……"

要评论这部电影以及试图确定阿廖沙寻求解放的目的，我们很难避免两个陷阱——传记性和历史性的陷阱。似乎很明显，阿廖沙作为电影讲述的神话的主角，同高尔基关于自己的形象、理想以及他的传奇有着极为密切的联系。然而，真实的高尔基是通过创造力还是通过神经质解决他年轻时遇到的那些问题，我们在此不作讨论。

历史性的陷阱则存在于对这部电影中展现的人性、隐含的革命精神与我们在其他俄国电影和文学中发现的革命"路线"的比较中。在那些上层管理者冷漠地利用革命时，我们必须在那些被领导者和被误导者的需求中找到革命的根基。

这部电影对于本书的重要性在于它同一些心理学倾向的简单关联。这些倾向是革命的基础，特别是对于那些在工业化面前仍旧沉浸在古老的农业革命幻想中的地区来说。的确，这部电影仅仅为讨论提供了关于俄罗斯大平原的某些意象。尽管在其他民族地区，我们需

第十章 | 马克西姆·高尔基的青年传奇

要考虑不同的或者相关的意象,但是俄罗斯在共产主义革命中产生的影响,就像盎格鲁-撒克逊人对美国历史产生的影响一样,颇具决定性。

在电影中,外祖母占有主导地位。她看上去代表了那些身体与大地实现神秘统一的人们:本体是好的,但被那些贪婪的"子孙"所诅咒,失去了天堂。成为保护外祖母力量的一方意味着向永恒投降,受到原始经济信仰的无尽奴役。这种信仰使得原始人紧紧抓住古老工具和对自然力量能产生影响的巫术。这种信仰反过来也抚慰了他们因罪恶感而不安的心灵。恶都存在于邪恶力量、心灵和诅咒中,你必须用巫术控制它们,或者被它们控制。对于布尔什维克革命者来说,外祖母的善良可以被追溯至人类产生善恶之分以前的时代。我们假定,它会延伸至遥远的未来,在那时,社会将不再有贪婪与剥削。同时,外祖母也是一种危险的存在。她对俄国人那永恒和幼稚的信任持有一种政治性的冷漠态度。也许她就是美德本身。这种美德允许克里姆林宫等待一段时间,也允许俄罗斯民众等待更长时间。

第二组意象与木头和火有关。舅舅们以及其他人,矮胖、健壮、沉重、笨拙、迟钝,就像原木。他们也极其易燃。他们是木头,他们也是火。被襁褓包裹的"原木"带着郁积的对血管舒张的渴望,木头般的俄国人带着他们易燃的灵魂。这样的形象难道是原木时代在俄国留下的痕迹吗?木头为栅栏提供原料,同时在漫长的冬天为炉子提供燃料。它是工具的基本材料。但它在消耗自身时也包含着危险。房屋和城镇以及木制物资一旦着火,便无可挽回。即使是森林本身,也会在火灾中遭到毁灭,退化至草原和沼泽。何种方法能够挽救它们呢?

童年与社会

　　第三组意象与铁和钢有关。在电影中它仅仅通过林卡的小车车轮得以显现。捡垃圾的孩子们发现了它，但并没有拿它换钱，而是用它为林卡的运动器官解放做了一副假体。另一方面，轮子在人类的基础发明中占据了特殊的位置。它超出了仅仅代表延伸和弥补肢体的工具本身。在移动中，它成为机械理念的基础。这是一种人类制造机器以及人类驾驭机器的理念，因此带有一定的自主性。

　　然而，在这一切之上，钢铁代表的是新的思想框架的标志。木头与火的意象暗示了一种循环的个性结构，这种结构以乏味的苦工、幼稚的信任、突然爆发的消耗性热情以及压抑感为特征。钢铁的意象暗示了不会腐朽的现实主义和克己式奋斗。因为钢铁是在火中锻造的，但它并不易燃，被火毁灭。控制它便意味着战胜了肉与灵的弱点，抑制了死气沉沉的状态以及"木头木脑"的可燃性。钢铁铸造出新的一代和新的精英。这便是那些名字——比如斯大林（钢铁）和莫洛托夫（铁锤）——和官方行为——强调布尔什维克观念的永垂不朽——的含义。处于防御状态时，这样的沉着又会变成"木头木脑"或者"一点就燃"的演讲。

　　我们现在能看见高尔基想要站在何处，以及这部反映俄国革命前期的电影将他置于什么位置（置于那些被称为"知识分子"的革命先锋人士中，他们通过把握事实与思想，给民众创造了新的道德观）。我们很难了解在列宁决定请求工人和农民们面对即将崩溃的防线仍旧握紧手中的枪杆时，何种"超人灵感"被注入了他的身体中。那些疲惫不堪的群众们遵照了这一请求，这看起来是相当了不起的奇迹。高尔基称作家们为"社会的工程师"，又把发明家称作"科学技术领域的诗人,他们唤起了创造善与美的能量"。当革命胜利后,接受过高等教育、在许多方面西化了的知识分子精英让位于受过精心训练的政治、工业和军事工程师。

在历史上曾有段时期,知识分子们热情地希望属于人民并为人民服务。毫无疑问,为了寻找民族个性,他们曾一度放大了俄国群众中无知且黑暗的一面,并被其放大。在阿廖沙身上,我们既看到了一个神秘且朴实的旧时代的儿子的形象,也看到了一个工业世界的创始人形象。

美国农民的孩子是创始人——他们本身也是反叛的儿子们——的后裔。他们拒绝隐藏在任何王冠或十字架后面。他们是革新、复兴、国家主义以及个人主义的继承人。他们面前有着一片全新的大陆,它不是他们的故乡,也从未被加冕的国王或任命的教父支配。这一事实允许他们对大陆进行开发。美国人实现了契诃夫的梦想。他们使被征服的大地宜居,使机械讨人喜欢,使世界上的其他人羡慕不已。新教主义、个人主义以及边疆共同创造了一个具有个人主动性的个性。这种个性在工业化中找到了自己的天然培养基。在前面的章节,我们指出当这片大陆被过度开发,主动性开始侵吞国家的人力资源时,这种个性会遇到何种挑战。我们还指出了这种新教革命的遗留物。

我现在试图解释为什么说阿廖沙的思想框架是姗姗来迟的东方"新教主义"。

阿廖沙避开的诱惑和一名新教徒要避开的诱惑并没有什么不同。那些早期的新教徒认为诱惑源自罗马。

当我们转向研究阿廖沙看上去在靠近的那群人,他与新教徒的相似性显得更加清晰。阿廖沙和他的同志们放弃了以间接拯救为目标的集权性组织,转而成立了一个由负责任的精英们所构成的组织。他们的道德观并没有建立在犯罪与赎罪的循环上,而是建立在对头脑的严格训练上。这种训练决定了他们牺牲的方式。他们采取的拯救形式并不由他们对信徒的忠诚和爱所决定,而是取决于同当代经济和技术力量结成坚实的同盟。他们受到的惩罚以及他们的死亡并不在于说明罪恶意识和地狱确实存在,而在于说明他们被驱逐出革命团体,在历史进程中自我驱逐。同这种道德上的毁灭相比,死亡仅仅是一件生理性的小事而已。

这种东方新教思想的框架当然同西方新教思想的框架有根本的不同。它是无产阶级的,是俄罗斯的和东正教的。

苏联共产党在吸收新教教义时,不能接受一种重要的新教组成部分——宗派主义。为了维持绝对的权力,苏联共产党需要绝对的团结。我们可以在苏联共产党的早期会议记录中看到其在阻止党派分裂方面做出的努力。

马克思·韦伯曾预言苏联无产阶级的独裁努力只会导致中间人和官僚主义的独裁。俄国民众相信了克里姆林宫中的那个人。他们不会责备他作为中间人的残忍行径,他们相信他会成为他们的保卫者,对抗篡位者和剥削者。

他们相信那个人,是因为基于自身所知,他们没有其他人可以相信。他们最好寄希望于自己的信仰。我们的研究应当涉及这一事实:最初出现于俄罗斯和亚洲的革命思想,从历史进程来看,可能只是一

第十章 马克西姆·高尔基的青年传奇

种努力到达人类道德阶段——这也是新教革命的特征——的尝试。欧洲大陆上的某些人或者一些紧张不安的内阁部长是否会将我们投入战争中,我们不知道。但很有可能,发生或没有发生战争的未来会属于那些驾驭了心理能量的人,他们摆脱了对欧洲、亚洲以及欧洲大陆上古老农业道德的迷信。物理学在研究核裂变的过程中,为和平和战争释放出新的能量。在精神分析的帮助下,我们能够研究另一种能量。当我们良知上的陈旧部分"裂开"时,这种能量便会释放出来。当文明进入工业时代,这种分裂不可避免。由此释放出的庞大能量可能是好的,也可能是坏的。最终,它会比物质上的武器更具决定性。

作为美国人,随着保罗·班扬将小工具和机器人"丢进"世界市场,我们必须懂得,我们能够创造一个革命性的经济条件。我们必须向那些阿廖沙们证明,我们新生的闪闪发亮的商品(包裹着一层如此诱人的承诺自由的外衣),并没有像其他镇静剂一样使他们屈从于自身疲惫不堪的上层阶级,或者像其他毒品一样哄骗他们进入心醉神迷的消费者的新型农奴制。他们不想获准得到自由,他们想要的是被给予可以抓住的机会。同样,他们不想在有损主动性的地方前进。他们需要能够带来团结的自主性以及与工业文明相容的个性。我们需要使阿廖沙们确信——从长远的角度来看——他们的新教教义是我们的,而我们的新教教义也是他们的。

第十一章
结论：摆脱焦虑

在这本书写到结论性的一章时，你们也许会思考，什么样的结论可以概括前面章节所论述的相关主题。在此我必须承认，我在论述中传达的中心思想，即便可以概括成一个结论，那也是十分不容易的。除了一种思考事物的方法，我没什么可以提供给大家的。我现在必须再次结合精神分析工作来阐明我的核心观点。

回到我们的出发点并不是某种逃避。不得不说，直到最近这些年，我们对于童年与社会之关系的临床观点在社会学和历史学中仍只能找到少量的支持性证据，甚至完全没有证据。当我们能够阐明这种关系时，我们必须在实际应用方面万分小心。作为心理学家，我们应该像富有心理观的历史学家那样，富有历史观。

为了使历史学和心理学的方法论相一致，我们必须首先承认如下事实：心理学和心理学家受到历史规律的支配，而历史学和历史学家受到心理学规律的支配。我在临床工作中学到，涉及最某些重要经验时，儿童倾向于发展某种失忆症。我们也认识到历史的创造者和诠释者存在普遍的盲点：他们忽视童年在社会结构中所起的决定性作用。

第十一章 | 结论：摆脱焦虑

历史学家和哲学家们承认世界上存在某种"女性原则"，但他们没有意识到如下事实：男性由女性生育和抚养。他们为正规教育的原则争辩，却忽略了具有决定性意义的个体意识的开端。他们追逐进步的幻象，认为男性的逻辑会带给人们理智、秩序与和平，而事实上，追逐这一幻象的每一步都伴随着战争以及更坏的事情。道德家们和理性的人继续将抽象的部分自我看作真实的自我，拒绝看到自己会如何变成自己真正的模样，以及如何带着婴儿时期的强迫性和冲动破坏他用头脑和双手创造出的东西。所有这一切都有其心理学基础。个体在无意识中已经决定自己不会再去面对自己的童年焦虑。在他看来，瞥一眼当前想法和计划的起源，便会破坏自己的专注力。因此他选择避开自我。这就是为什么说有着最好思想的人也是对自己所知甚少的人。

难道不是某些迷信的想法使得人们如同避开美杜莎的头一样避开潜在的焦虑吗？难道人们在当前的生命阶段，不是必须且能够探索自己的潜在焦虑，以及偏见与恐惧在童年时期的起源吗？

每一个成年人——无论他是追随者还是领导者，是集体的成员还是精英——都曾经是个孩子。他曾经很渺小。渺小的感觉构成了他意识的基底。他的获胜会同这个渺小的基底抗衡，他的失败会加固这个基底。诸如谁更大，谁可以做或不能做什么，以及对谁可以做什么等问题充满了成年人的内在生活，远超过其所理解的必要性。

每个社会都由从儿童角色向父母角色转化的人构成。为了确保传统的延续性，社会必须早早让儿童有一些将来为人父母的准备，必须注意那些成年人身上残留的幼稚性。这是一个大的社会规则。社会需要大量跟随者、少量领导者以及一些两种身份兼备的人，在不同领域发挥作用。

　　人们在童年的学习——帮助个体发展出高度专业化的脑—眼—手协调能力以及思考和规划的内在机制——视依赖性而定。只有依赖自我——反过来会使个体很值得信赖，个体才能发展出良知。只有当个体依赖一系列的基本价值，比如真理、公平时，他才会变得独立，能够传授和发展传统。但这种依赖性因其特殊的童年起源以及使用的力量，造成了一个问题。我们讨论过性心理发育滞后及其导致的对家庭的专注和偏离，我们还讨论过器官模式对于社交形式发展的重要性。这二者的发展都迫使个体的理想形象的特定起源与表明婴儿焦虑和愤怒的意象相结合。

　　因此，良知的不成熟起源会威胁到人们的成熟和成就。婴儿期的恐惧将伴随一生。这是我们作为精神分析学家试图在个案中解决的。我们试图解释和概念化这种恐惧，因为根除几乎是不可能的。事实上，每一代人都必须从童年中走出来，打破他们特有的童年印记，发展出一个新的存在潜在的希望或者危险的印记。

　　马克·吐温很有可能是在某种低落的情绪下，称人类为"狂妄的动物"，也是唯一知道自己赤身裸体的生物，或者如同我们将要指出的那样，唯一有性自觉的生物。在这里，马克·吐温没有提到人类独有的特性：幽默。这种能力让个体能够在罕见的时刻，玩弄和反思奇怪的习俗和体系。但是儿童在某个时刻开始把身体机能的某些方面视为邪恶、羞耻以及不安全的。所有文化都会利用这些邪恶的联合体，以发展自身的信赖、骄傲、确定性和主动性。因此，我们在个体的成就感中仍能看出他对于自己的童年根源的怀疑。因为他最早的现

第十一章 | 结论：摆脱焦虑

实感是在对内部和外部好坏的痛苦体验中产生的，所以个体仍会担心一些外部世界敌人、力量或者事件从内部——从他自身的愤怒中，从他自身的渺小意识中，从他自身分裂的内部世界中——威胁到他。他总是会担心自己被某些模糊且强大的力量——实际上这些力量全都源自他自身——所侵袭，被敌对势力包围，在观众面前丢脸。这些担忧是动物所没有的，是人类在社会事务和个人事务中表现出焦虑的具体例子。

在最后，我应当至少对一些基本恐惧加以概述。但首先我希望我成功地向你们传达了如下观点：各种权力——影响力、管辖权、财产权、剥削利用权等——的存在是社会发展进程的产物，而不能认为其源于婴儿期的焦虑。它们是我们所处的地理—历史现实的表达。这里需要阐明的问题是，人们在多大程度上倾向于将婴儿期焦虑的不同形式——恐惧、忧虑和冲动——投射到政治和经济活动中。

我们必须学会区分恐惧和焦虑。恐惧是一种忧虑的状态，它将注意力集中于单独的和可识别的危险，可被明智地评估和克服。焦虑是一种弥散性的紧张状态，由性欲和侵犯性的相互调节失败引起，扩大甚至引发了个体关于存在外部危险的幻觉，却没有指明任何适当的防御或控制方法。二者通常同时出现，我们只有在进行类似当前的论述时才对二者进行区分。如果在经济萧条时期，有人害怕他会损失钱财，他的恐惧是事出有因的。但如果他无法忍受自己的收入只有市民平均工资的10倍，而非25倍，精神失常并想要自杀，那么他便需要进行心理咨询了。在心理咨询中，我们会知道为什么财富是个体身份感的基础，以及为什么经济萧条与个体的危机期相符合。对失去钱财的担心会同由不得不扮演一个无法得到丰富资源的角色而引发的焦虑结合在一起。对失去性能力的担忧会与婴儿时期产生的对失活和阉割的焦虑联系在一起。成年人在愤怒之下产生的判断失误,是某种由成年人的合理担忧和婴儿的焦虑构成的环路所产生的紧张状态造成的结果。在富兰克林·罗斯福简单却有力的声明背后存在某种真相。他说,除了恐惧,我们什么都不恐惧。为了方便讨论,我想在此改述这句话:我们什么都不恐惧,只恐惧焦虑。因为驱使我们做出非理性的行为或者否认危险的常常不是对于危险——我们可以用谨慎的行为避免它——的恐惧,而是对于某种焦虑状态的恐惧。当被这种焦虑所威胁时,我们可能会放大或忽视实际存在的危险。为了能够觉察到恐惧,而不向焦虑屈服,训练我们面对焦虑时的恐惧和对于人类必须害怕的事物的警惕,是十分必要的。对于政治和宗教组织来说,这一点尤其重要。为了获得民众的效忠,政治和宗教组织利用了普遍存在于所有人类身上的婴儿期恐慌。为了他们自身的利益,"精明"的领导者、党派让民众看到言过其实的危险,或是让民众忽视存在的危险,直到一切都太迟了。因此会发生这样的情况:即使是开明人士和民主人士,他们在做出恰当的恐惧反应和进行审慎的合作方面的能力也并不比一般人强多少。

我在此只能总结一些相关焦虑,并希望你们都能扪心自问,在生命之旅中,自己将通过什么方式来与在人类的进步中投下阴影的恐慌进行战斗。

当然,恐惧和焦虑如此相近,以至于儿童无法区分。由于这个原因,再加上他们不成熟的能力,他们无法区别内部和外部、现实和想

第十一章 | 结论：摆脱焦虑

象中的危险。他们不得不学习对此进行区别。当他们学习时，他们需要成年人的可靠教导。如果儿童没能被成年人提供的论据所说服，特别是如果他们感受到了成年人的潜在恐惧和困惑时，那么他们便会觉得不确定的灾难随时有可能发生，并因此而产生一种恐慌感。在大人的引导可以帮助他们获得判断力和掌控力之前，他们会发展出焦虑以及"孩子气"的恐惧。因为这个原因，我们把儿童的忧虑称为恐惧，尽管我们会把成人身上同样的忧虑称为焦虑。在成人身上，这种忧虑同他们判断危险和对抗危险的能力形成了强烈对比。

在下文中，我将主要论述婴儿的恐惧，它与成长中的个体的经验密切相关。需要注意的是，这种恐惧是成年人在他们关心的重要领域——比如对个体身份的保留、对集体领土的保护——出现无名焦虑的先兆。

婴儿会被许多事情所惊动，比如突然失去支撑，或者突然出现的声音或光束。这类事件是偶然发生的和罕见的，并且很快就能调整过来，只要婴儿学会害怕意外。很难说他们什么时候会害怕某一特殊事件再次发生，或者什么时候他们会因为成年人做出不恰当或者紧张的反应而感到焦虑。对于失去支撑或者噪音的"本能"恐惧，会很容易发展为对突然失去悉心照料的焦虑。

当强加在儿童身上的外部控制与他的内部控制不相符时，他们会倾向于产生一种周期性的愤怒和焦虑。这种经历在个体身上留下了一些"对任人摆布忍无可忍"的残余。同这种经历相关的是无法忍受在重要活动中被打断，或者不被允许以某种独特的方式完成某种行为。所有这些焦虑的表现形式会导致强迫性的自我意志或者夸大的自我压抑。这里我们找到了强制和强迫性观念的起源，以及带有复仇性质的操纵和约束他人的需求的起源。

在口欲水平上，对应于无法忍受不被允许经历事件的结束的是对饿肚子（营养上的）以及缺乏刺激（感官和感觉上的）的恐惧。对缺乏刺激和挨饿的恐惧可能成为那些暴饮暴食、缺乏亲密感的人的特征。

害怕丧失自主性所导致的焦虑，在肠道区域表现为对被敌人以及内在的破坏者——可以使肠道不受自己所控，排出粪便——抢走自己的内容物（粪便）感到担心。与此相反的焦虑与被堵塞的危险、被强迫控制住他们膨胀的肠道、不能有任何"排泄"有关。

在肌肉区域，焦虑也是双重的。一种焦虑和被约束的感觉有关，通常会导致肌肉无力。另一种焦虑和失去外部的界限——孩子需要通过这些界限来划定自主权——有关。肠道和肌肉虐待的结合似乎导致了如下恐惧：从后方被攻击，被击倒和束缚，被像动物一样强奸（直接从肛门插入）。

独立具有骄傲和孤立、希望受人羡慕、害怕检查以及害怕地位不保等多重含义。

男孩的运动—阴茎恐惧的核心是对"被阉割"——即被剥夺攻击性的武器——的担心。临床证据表明，这种恐惧的意义在于，避免那些敏感器官（阴茎）因对抗地"伸出脖子"而被压制。更普遍的是，男孩会害怕自己的身体不再长大（无论是总体身高还是生殖器的长度），害怕没有被给予"合适的填充物"。

在活动方面，儿童害怕被禁足和被囚禁，也害怕不被指导，无法

第十一章 | 结论：摆脱焦虑

找到有明确定义的边界，以便他能够为维护自己的主动权而战。这是人类需要敌人的婴儿期起源。敌人的存在可以促使个体武装自己，与之对抗和斗争，从而远离对于未知敌人的焦虑。在个体心中，未知的敌人才是最可怕的。这些敌人可能会在不可预知的情况下攻击手无寸铁和毫无遮挡的自己。

害怕保持空无一物（口头）和被清空（肛门）的状态对于女孩有特殊的意义，因为女孩的身体形象（甚至在她"知道"自己的内在结构之前）包含有价值的内在，这一内在依赖于她实现其作为有机体、人以及承担的角色的作用。这种对"被留下"的恐惧似乎是最基本的女性恐惧，存在于女性的整个生命当中。它通常在每次月经来潮时变得十分强烈。由这些恐惧唤起的焦虑可以在完全服从男性中表现出来，在同男性绝望的竞争中表现出来，在尽力捕获男性以及将其作为财产中表现出来。

这里我必须对女性对"被留下"的恐惧所产生的最矛盾和最深远的后果之一进行特殊的论述。在男性周期性的对竞争、征服和战争的追求中，女性唯恐自己的男人丢弃和遗弃自己，她们倾向于抑制对男性的追求的质疑，而这些追求一次又一次导致了家庭分裂和子孙惨遭屠戮。女性假装自己真的接受战争和男性精良的装备，而实际上她们只不过是学会接受不可避免的战争刺激，而这种刺激本质上在她们的理解力之外。我认为，直到女性为了有价值的存在方式，去确认和支持她们的潜在力量——非武装抵抗——之前，战争都不可能停歇。但在这里，女性必须首先认识到她们害怕被抛弃以及她们不愿意明智地质疑男性为了战争目的而培养战争的行为。

当然，在某些地方，小女孩学会恨那些如此自鸣得意于利用恐惧获利的人。经由一种"投射"，小女孩的恨加强了她们对被强暴的恐惧，导致一种与各种各样的前生殖器恐惧——比如害怕被侵蚀、被掠夺、被掏空——轻易融合在一起的焦虑。当男性需要女性赞同他们的军事幻想以及侵犯性时，他们会充分利用这种恐惧。在男性看来，女性以及女性的象征——国家或者某种原则——必须被保护起来，免于被俘获和强暴。

这些基本不容忍、恐惧及其结果——焦虑的表现形式诞生自如下事实：人类生活始于一段又长又缓慢的童年时期，而性始于对父母形象的依恋。我在这里着重强调的是基于有机体结构和成长的恐惧，因为这是最早的、最普遍的、最少被意识到的恐惧主题。对此进行完整的总结会引起人们对那些小生命在面对不可预知的紧张和愤怒——这些紧张和愤怒常常压垮了照顾那些小生命的成年人——时所产生的困惑的关注。当然，在童年晚期以及青春期早期，所有这些恐惧都变成了人际关系——"恋母情结""手足之争"，涉及大大小小的对手及其冲突性的需求——中不可或缺的一部分。在一种情况下，所有权基于谁第一个到达和谁更加强壮，在另一种情况下，最后到达和作为弱者也能够获得所有权。无论是在儿童训练系统中，还是在政治系统中，这两种情况的矛盾并不容易调和。

我们推断，只有逐渐增长的自我同一性——建立在个体于每个重要的童年时刻获得的社会和文化经验之基础上——才能保证在人类生活中的周期性平衡。当无法实现同一性，整合陷入绝望和厌恶，繁衍陷入停滞，亲密陷入孤独，自我陷入混乱时，大量相关的婴儿期恐惧

第十一章 结论：摆脱焦虑

就会出现。只有同一性能安全地固定在文化特性的"遗产"上，个体才能达到有效的社会心理平衡。①

在这本书的最后部分，我阐明了当今世界的年轻人面临的一些问题。工业化、全球化、标准化、集权化和机械化威胁着人们从原始文化、农业文化、封建文化和贵族文化中获得的同一性。这些文化如今在广大范围内已无法提供内部均衡。对失去同一性的恐惧支配了我们的非理性行为，这对焦虑"提出了要求"。在这一紧急时刻，大部分民众准备在伪装的身份中寻求拯救。

我已经表明只有通过某些迹象才能概述深入成年人生活中的焦虑。这些焦虑常常以神经症的形式出现，有些可以被识别，甚至可以被治愈。有时它们会以集体恐慌的形式再次出现，表现为对集体思想的服从。我们可以在另一篇论述群体恐慌的文章中专门就焦虑这一主题进行论述。

我们接下来要进行的工作之一是：完善在给定的环境下，对这种成见、恐惧和判断力的失误进行说明的方法。

---

① 人们关于自我同一性的概念存在两方面的误解。一些人会怀疑所有同一性都是因循守旧的，同一性主要通过个体向被赋予的社会角色完全投降，以及通过他无条件地适应社会变化的需求来完成。的确是这样，没有自我可以在社会进步之外发展，毕竟社会提供了切实可行的标准和角色。不管怎样，健康有力的个体适应这些角色，从而进一步发展他的自我，并为社会发展做出贡献。第二个误解涉及一些致力于研究和孤独地追求人类完整性的个体。在他们这样做的时候，他们似乎很好地从他们所立足的团体中独立了出来。但是他们真的实现了同一性吗？我认为，他们的同一性有赖于他们所处的团体的同一性。事实上，他们也许吸收得过多，以至于到了过度成长而不再和某个团体相容的程度。他们无法摆脱一个新的集体同一性的影响，虽然共享这一集体同一性的人可能寥寥无几，且不存在于当今时代。（在此我想到的是甘地同印度人民和拿撒勒基督之间的关联。）

| 童年与社会 |

假定我们的临床经验引导我们发现了婴儿期焦虑和社会剧变之间的重要联系，那么这种临床经验会提供给我们何种洞见和力量呢？利用这种知识会帮助我们创建综合的儿童训练系统以便使孩子们产生我们所期望的同一性吗？它能帮助我们识破敌人的婴儿期弱点，从而让我们能用计谋打败他们吗？我们的洞见仍会保持它富有洞见的一面吗？

我们关于这些问题的知识建立在对焦虑的研究基础上，因此我们主要强调了制造焦虑和利用焦虑的方式。我们可以——如同我在第一章中所指出的那样——通过精神分析追溯个体焦虑的起源，但我们只能从研究其要素之间的整合入手。在给定的案例中，这种整合会导致一种关于人类功能的有趣变化，而不是神经性偏差。我们对变化的研究少于我们对偏差的研究，这就是为什么变化在没有我们时也能"相处得很好"。

在精神分析中，我们对儿童训练系统——致力于探讨本能的放纵，或者探讨逃避儿童中的焦虑——的历史有了一定的了解。我们知道对"科学"迷信经常会导致新的儿童训练方式的出现。我们将儿童在童年时期的变化和成年病人的童年记忆相比较，这在无意间迫使儿童认同病人这一身份。一名精神病学家的小儿子最近明确地表现出了这一点。当这名被悉心养育大的孩子被询问他长大后想要做什么时，他说："一个病人。"当然，他的意思是，他想成为这种类型的人，这种看起来他的双亲会对其有十分浓厚兴趣的人。由于他间接表达了自己的愿望，他或许不需要通过变成病人来使之得到满足。他的双亲

第十一章 | 结论：摆脱焦虑

会及时发现问题，予以更正。这样的经历可以向我们展示，仅仅通过科学去建设一个综合性的万能系统不是一件容易的事情。这种系统会导致儿童在朝一个他人所期望的方向努力时，避开他人所不期望的方向。很明显，美德只会在我们作为学生逐步学到的东西同我们作为人相信的东西之间的相互作用中出现。

这不容易。当人们全神贯注于人类的未知领域时，这一区域很容易被夸大为整个宇宙，其中心会被具体化为某种基本现实。因此，如同我所指出的那样，当讨论婴儿期性欲理论的时候，"本我"在精神分析中被具体化了，本能成了整个宇宙。他知道人们在建立理论时，会拼凑自己的世界图像，以便将他知道的同他需要的整合在一起。我们会避免对自我做同样的事情吗？这是一个建立在人类经验和行动上的组织②的核心原则，可以被理解，但不可以被具象化。一种强大的身份感、一具健康的身体和一个有辨识力和求知欲的大脑就是人类的生存之本，但在人类禁止三者之一支配自己的生活或者想法之前，人类是无法理解从中产生的某些力量或者错觉的。

在社会进步方面也一样。我们开始明白一些关于焦虑、迷信和肆无忌惮的政治宣传在引发民愤、剧变和转变中发挥的作用。但我们对一种新思想如何导致了不可能之事的发生，并在混乱中创造或维持文明的变体所知甚少。

在原子能研究领域，处于可能危害我们的文明的压力中的物理学

---

② 只有在这个意义上才能称之为"个体的核心"，如同我在第一版的第1页所说的那样。

| 童年与社会 |

家努力去完善最高等级的理论工作和具有最深远的实践意义的工作。大体而言，公众倾向于接受那匪夷所思的武器，而将发明可与之相抗衡的防御性武器的重任交给科学家，或者仍然相信外交手段的力量。科学家们组织起来启蒙公众，但他们自己也无法创造和管理一个新的可以单独面对他们所熟知的危险的国际组织与机构。建造出超级粒子回旋加速器是一回事，建造出超级国内组织是另一回事。能供科学家使用的只有启蒙的声音、人类的希望以及他们自己的科学伦理观。他们过得可不轻松，因为无论他们怎么公开宣布忠诚和坚定不移的承诺，他们总会遇到自己的精神气质和军备竞赛在特性上不相容的情况。他们会被迫将特别的探究精神注入危险事物当中。

在精神分析领域也一样。我们知道一些故事，但并不是全部的故事。我们看到关于真相的惊人证据，精神分析的构想的确有助于澄清无意识的动态变化。我们研究令人信服的治愈之道。我们阐明了动机的力量，我们对社会进行了深入研究。然而紧急事件说服我们就相关政治和国际事件做出自己的判断。我们中的某些人像分析心理问题一样分析社会问题。其他人诉诸跨学科合作。通过这种合作，具备少量心理学知识的社会学家和心理学家也许可以在当代历史中摸索出一条道路。我们的视野应该赶得上我们的运动能力，我们的行为应该赶得上我们无拘无束的思考。只有这样，我们的临床工作才会变成明智的生活方式的一部分，我们才可以抵消那些因现代人的道德心分裂所释放出的破坏性的力量。

从最广泛的意义上说，明智是一种思想框架。这种思想框架对差异十分宽容，评价十分谨慎和系统，判断公正，行为考虑周全，有信

第十一章 结论：摆脱焦虑

念与愤慨的能力。它的对立面是偏见，以偏差和教条为特征。偏见之下，每件事看上去都清楚无疑，界限分明，并且不会发生变化。借助先入为主的观念，偏见创造出一种可以让人不舒服的刻板制度，但它允许人们将任何内在的"异物"投射到外在的敌人身上。这种机制与稳定性和标准化构成互补，直到一场大灾难威胁到整个易碎的偏见结构。③明智的思想则相反，它允许较大的灵活性和可变性，但它无可否认地受到不平衡和神经质的威胁。当一个人放弃所有的偏见，他便放弃了对偏见的投射。他可能变得内省和"向内投射"，对自己内心的邪恶过度关注。也许有人会说，他会变得对自己产生偏见。那些善良的人必须容忍这一点。善良的人必须学会适当地害怕并明智地应对因放弃偏见而唤起的焦虑。启蒙已经打好了基础。新的交流形式必须与基础牢牢粘合。社会必须供养这一结构。

　　临床知识如同任何知识一样，仅仅是手中的工具。我不打算做出结论说某些儿童训练项目在制造和毁灭人类，因此我们必须做出慎重和详尽的计划。相反，我会做出结论：婴儿期焦虑同成年人的破坏性之间的关系会表现为我在本书中阐述的那些形式，主要是因为它们为迷信和剥削系统服务。只有在迷信的成年人将偏见与恐惧附到某些细节上时，细节才能成为决定性因素。在这种情况下，具有决定性的问题是：是否成年人和他们的孩子们生活在一个能平衡其迷信的系统中，或者是否他们的迷信是不连续的和具有个人特色的停滞和倒退。

---

③ Adorno, T. W., Frenkel-Brunswik, E., Levinson, D. J., Sanford, R. N. *The Authoritarian Personality*, New York: Harper & Brothers, 1950.

| 童年与社会 |

因此,我们的努力应该放在减少对儿童训练以及减少政治和经济偏见——否认了年轻人的身份感——的无意识迷信上。为此,我们有必要理解一个基本事实:人类的童年为人类的剥削系统提供了最为根本的基础。大或小是第一个出现在两极清单上的人事物——比如男性与女性④,统治者和被统治者,所有者和被占有者,白皮肤和黑皮肤——的属性。无论从政治上还是心理上,所有这些都让解放斗争变得举步维艰。这些斗争的目标在于承认界限另一边的人事物,不是出于相似性,而是出于相异性。

在这里,我们必须对精神分析学对美国这个社会的启蒙进行概述。为信念服务的人们,可以承受有意义的挫折。我们应该说这种剥削通向徒劳的愤怒。作为整体社会环境的剥削为其毁灭性的力量提供了一种特殊的挫折。剥削存在于分裂的功能被其中一名伙伴所滥用的地方,它涉及这样的方式:为了个人的强大,剥夺另一名伙伴已获得的身份感和完整性。失去亲密关系使得这种剥削具有最终毁掉公共功能和剥削者自己的特征。

在我们的国家,孩子是成年人的伙伴。我们将每日的简单观察当作对未来的承诺而珍惜,无论伙伴的精神遍及家中何处,无论孩子在哪里规定了它自己的状态,包括认同感,兄弟般的道德心,以及容忍的结果。我们也意识到一个事实:残暴的机器组织威胁到这些对于美国人来说十分特别的收获。负责任的美国人知道源于"全面战争"机器及其在和平时间的摹本的危险。但它没有单独的超级组织,这种组

---

④ 玛格丽特·米德对此有全面的探讨,详见《男人和女人》一书。

第十一章 | 结论：摆脱焦虑

织如今令文化价值观相连。迅速发展的通讯事业和增长的文化相对性知识威胁到那些处于边缘位置的人们，以及那些因暴露在比自己更强大的力量之下而受到创伤的人们。在这些人中，忍耐的驱力出现了边际效益递减，它导致了焦虑。同样，明智的驱力也绝不会立刻就有助于市民和平和——新的美国和平之舟，也就是心理卫生系统试图令我们相信的——的心理健康，因为对其他身份感的容忍会威胁到我们的身份感。超我，同时也是道德支柱，会使得真正的容忍具有危险性，直到明智具有相关的和不可避免的性质。这样的明智成为本质上的个人和公民道德。精神分析可以在指导人们忍受焦虑方面以及引导人们认识潜在的强制性和剥削性方面做出贡献。

在这里，心理学面对着它的人文主义转折点。对于心理学来说，它在很多方面扮演着操纵人类愿望的角色。威廉·布莱克说，儿童的游戏与老人的理智，是他们在各自季节收获的果实。我们假定他因此想要认可孩子们游戏的尊严，但他的要点也可能在于成熟季节中的潜在幼稚。在对理智的应用中存在着永恒的诱惑，那就是利用人类在实验中的数据并论述儿童在玩耍中如何利用它们，即将它们简化为某一规则，由此使它们看起来易于控制。这使得人类被当作动物、机械或者统计学条目来对待。许多天真的力量感就源于这样的事实：人类在某种程度上是所有这些事物，在特定的条件下可以被削减至除了自己的复写以外什么都不是。但是企图通过将人类简化至更简单的自身模型，从而更好地利用之，这种企图无法通向本质上的人类心理学。

选择成为有最少人类普遍共性的剥削者，是对他们潜在的智力以及系统性培养新的集体讨论形式的一种深思熟虑的请求。精神分析学家只能在某种程度上理解成年人焦虑的婴儿期起源以及社会和政治对于个体力量和自由的保护。

我建议你们在阅读这个结论部分的时候，要想到自身能力的范围。我会给出两个我自身的例子。

在数年前，我有幸收到一封由具有开创性的医生组成的小组发来的信件，邀请我一同讨论关于"自然"分娩技术——由格兰特利·里德教授引入我们机械化的西方文化中——的发展，这是在我的职业生涯中最具鼓舞性的经历之一。用我在这里使用的术语来说，当时我们希望通过讨论实现的目标是没有焦虑的分娩。怀孕的母亲会感到恐惧，因为她们知道痛苦是无法避免的。但事实上，母亲通过练习和他人教导了解了导致疼痛的子宫的位置和作用。她们在期待，在痛苦曲线的顶点，能够有权清醒地选择自己是否接受药物注射，以缓解疼痛。这整个明智的情形使她们免于发展焦虑状态。在不久的过去，这种焦虑会由无知和迷信引发。在我看来，这种焦虑才是真正产生过多痛苦的原因。而现在，母亲可以——如果她们希望——通过架在头顶的镜子来观察孩子的出生过程，她们不需要由别人来告诉自己孩子是什么性别的。她们认识照顾自己的护士已经有几个月了。她们和护士在某种意义上是工作伙伴。这对于母亲和孩子都会有很多生理学上的好处。在这种最自然的过程中，没有人工引发的记忆丧失。对于婴儿第一声啼哭那清晰嘹亮的呼唤，富有冲击性的感情的独特体验以及充分的反应，唤起了她们身上一种渗透性的感情共鸣。在创新性的母婴

第十一章 | 结论：摆脱焦虑

同室的环境中，婴儿保持与母亲足够接近的状态，母亲可以听、摸、看、抱和喂养他们，有机会观察婴儿，了解婴儿的特质。

在这一新发展阶段的早期，它多少带着几分令人震惊，听到医生们的工作涉及在"教化"期间教导母亲准备好，以及听到这一过程的最终成功可以解释为母亲将"父亲的地位转移至"妇产科医生的结果。我们在女性解放的时代，在很大程度上成功把分娩是女性的"劳作"和成就抛之脑后。专家们在很大程度上产生了一种错觉，他们觉得自己必须教育和鼓舞生命，而实际上，他们需要做的只是破除自己和自己的老师共同制造的迷信，以及不再让自己引以为豪的技术对保护母亲和儿童免受危害和事故的工作产生干扰。但这些从事实验性工作的男人，在各行各业的女性懂得在"自然性"下这一进步都涉及了什么。她们的女儿会更加自然而然地明白。

这样的例子可能标志着一个新时代的开端。自然分娩当然不是什么真正的创新。但将其再次引进代表了一种永恒的自然和前进中的技术手段之间的明智结合。在这种方式下，书中讨论的全部忧虑和迷信构成的可怕矩阵，将会循序渐进地受到更加明智的方法的制约。如果通过专家的分组教学，以及通过双亲们在小组讨论中取得相互的启蒙教育，这一方法能在为人父母的所有阶段继续下去。我全然相信这种新的正在发展中的讨论技术——应用于工业中和教育中——有良好的机会去取代传统延续中的保证。

"自然"分娩并非回归原始。如果我们考虑到必须花在现代分娩的技术使命中的时间和精力，那么在今后的一段时间中，它将会成为最昂贵的分娩方式。那么让我们希望，我们的社会不会吝惜为其新公民投资时间与金钱，从而让孩子们降临世界时能更充分地睁开双眼，这将是值得的。

在本书中我试图论证涉及儿童与成人之间持续很久的不平等的精神分析实践和理论的起源。这种不平等是在人类生活中造成剥削以及技术性和文化性鉴别力的切实存在的真相之一。我痛苦地意识到这一事实：为了论证，我利用了我的临床经验，而这些经验不能传达出精神分析过程自身的本质，这便是一种基于另一种不平等——治疗者与患者之间的不平等——而建立的新的明智的合作关系。在此，人们将不无感激地回忆起弗洛伊德在批判催眠和暗示时所采取的道德步骤：为了治疗方便对某一问题进行的简化后来变得合理化了。弗洛伊德决定，他必须使病人的自我意识清楚地面对其焦虑和抗拒。治愈焦虑的唯一方法是邀请其转移至医生—病人关系中。他要求他和病人双方都要认识到这一良知的演变步骤。的确，弗洛伊德用精神分析的躺椅代替了催眠术的诊疗台，以此使病人被抑制的意志和不可回避的退行，暴露在某些施虐式的程序中。但这一道德理念显然是为所有人而设的，"标准安排"只是一种达到目的的手段，即一种人际关系。在这种关系中，业已学会观察自身的观察者教导被观察者去成为自察者。弗洛伊德在他最后的日子里必定已经严肃地觉察到，那在暴露于许多试图实践这一革命性理念的人之中的弱点。在身份混乱的时代，这是一个不容易被人接受和证实的理念，也是一个难以依据专业惯例去组织和适应酬金结构的理念。因此，我们或许可以对于在弗洛伊德的技术性革新中所暗示的人类关系的习惯是什么进行详细说明。那么，什

第十一章 | 结论：摆脱焦虑

么是精神分析工作的维度呢？

第一维沿着治疗—研究的轴心延伸。心理治疗师在治疗时有一个"实验"模型。当人们活着并有充分动机参与时，这种模型允许他发现人类问题的所在。当然，人类个体可以为实验提供自己的一部分（视觉、听觉、记忆等），仿佛它们是彼此孤立的功能。而实验者也可把一个人类个体置于实验情境中，仿佛这个个体是一个充斥着冲突的动物或者机器人，而实验者是客观的观察者。但只有在临床表现中，人类个体才有充分的动机成为人际关系情境的一部分。在这情境中，观察者和自我观察者成为动机共鸣、劳动分工和共同研究的合作者。在这项工作中，观察者的坦诚和被观察者的参与是构成精神分析的第二个维度：客观性—参与性。为了客观，临床医生必须掌握系统的知识。但他也必须掌握如何暂时搁置知识。每一个案例，每一个问题都是新的，这不仅是因为每个事例都和独立的个体相关，每一个体都是一个独特的事件群集，而且是因为分析师与病患都受到历史变迁的影响。神经症的改变相应地使得更广泛意义上的治疗暗示也发生了改变。因此，临床医生的知识必须一再让步于人际关系的经验。新鲜的印象必须一再被重组进它们共同的结构特征，而结构最终必须被抽象为暗示性的概念模型。因此，精神分析工作的第三维度依照知识—想象力的轴心组织起来。通过结合二者，临床医师将经过选择的洞察注入更严格的实验方法。

最后，我会把容忍—愤怒视为心理治疗工作的一个维度。关于治疗师同众多带来各种冲突和解决方法的患者的道德分离值得更多讨论。当然，治疗师必须让患者找到自我整合的独特方式。除此之外，在分析中，治疗师必须让自己的价值观保持隐藏状态。治疗师在"沙发"前的固定位置将他移出了患者的视野。今天我们知道交流并非只能借助语言。语言仅仅是表达含义的工具。在一个更为进步的世界中、一种更为复杂的历史情况下，分析师必须再一次和患者开展明智的合作关系，这比冷漠的容忍和专制的指导更能表达分析工作的精神。最初，各种各样的身份与分析者这一新身份相融合。这些身份基于犹太法典中的争论，基于弥赛亚式的热忱，基于东正教的惩罚理念，基于赶时髦的哗众取宠，或是基于职业性和社会性的野心。所有这些身份及其文化本源，现在必然会成为分析的一部分，这样，治疗师才能够抛开那套过时的控制仪式，与其工作的最终价值保持一致。只有这样，治疗师才能使自己和病患免于压抑明智的愤怒。没有这种明智的愤怒，治疗中的线索也只是瞬息万变的历史潮流中的一颗无法救命的稻草而已。

"精神分析情境"对人类在系统性内省方面的尝试做出了西方的、现代的贡献。它从精神治疗方法开始，发展出一套包罗万象的心理学理论。在结论中，我强调了理论与实践对我们在科技未来的无限希望与危险中进行自我定位的启示。

参考文献

"Growth and Crises of the 'Healthy Personality.'" In *Symposium on the Healthy Personality*, M. J. E. Senn, ed. New York: Josiah Macy, Jr. Foundation, 1950.

"Sex Differences in the Play Configurations of Pre-adolescents." *Amer. J. Orthopsychiat.*, 21:667–692, 1951.

"On the Sense of Inner Identity." In *Health and Human Relations*: Report of a Conference held at Hiddesen near Detmold, Germany. New York: Blakiston, 1953.

"The Power of the Newborn" (with Joan Erikson). *Mademoiselle*, June, 1953.

"Wholeness and Totality." In *Totalitarianism*, Proceedings of a Conference held at the American Academy of Arts and Sciences, C. J. Friedrich, ed. Cambridge: Harvard University Press, 1954.

"The Dream Specimen of Psychoanalysis." *J. Amer. Psa. Assoc.*, 2:5–56, 1954.

"Freud's 'The Origins of Psychoanalysis.'" *International Journal of Psychoanalysis*, Vol. 36, Part 1, 1955.

"The Problem of Ego Identity." *J. Amer. Psa. Assoc.*, 4:56–121.

"The First Psychoanalyst." *Yale Review*, 46:40–62.

"Ego Identity and the Psychosocial Moratorium." In *New Perspectives for Research in Juvenile Delinquency*, H. L. Witmer and R. Kosinsky, eds. U.S. Children's Bureau: Publication #356, 1956.

"The Confirmation of the Delinquent" (with Kai T. Erikson). *Chicago Review*, Winter, 1957.

"Trieb und Umwelt in der Kindheit." In *Freud in der Gegenwart*, T. W. Adorno and W. Dirks, eds. Europaeische Verlagsanstalt, 1957.

"Sex Differences in the Play Constructions of Pre-Adolescents," "The Psychosocial Development of Children," and "The Syndrome of Identity Diffusion in Adolescents and Young Adults." In *Discussions in Child Development*, World Health Organization, Vol. III. New York: International Universities Press, 1958.

"The Nature of Clinical Evidence." *Daedalus*, 87:65-87.

"Identity and Uprootedness in Our Time." Address at the 11th Annual Meeting of the World Federation for Mental Health, Vienna. In *Uprooting and Resettlement:* Bulletin of the Federation, 1959.

Young Man Luther. New York: W. W. Norton, 1958.

"Late Adolescence." In *The Student and Mental Health:* An International View, Daniel H. Funkenstein, ed. World Federation of Mental Health and International Association of Universities, 1959.

"Identity and the Lifecycle." Monograph, *Psychological Issues*, Vol. I, No. 1. New York: International Universities Press, 1959. With an introduction by D. Rapaport, "A Historical Survey of Psychoanalytic Ego Psychology."

"Psychosexual Development." In *Discussions in Child Development*, World Health Organization, Vol. IV. New York: International Universities Press, 1960.

Introduction to *Emotional Problems of the Student*, Graham B. Blaine, Jr. and Charles C. McArthur. New York: Appleton-Century-Crofts, Inc., 1961.

"The Roots of Virtue." In *The Humanist Frame*, Sir Julian Huxley, ed. New York: Harper, 1961.

"Youth: Fidelity and Diversity." *Daedalus*, 91:5-27, 1962.

"Reality and Actuality." *J. Amer. Psa. Assoc.*, 10:451-473, 1962.

Editor, *Youth: Change and Challenge*. New York: Basic Books, 1963.

"The Golden Rule and the Cycle of Life." *Harvard Medical Alumni Bulletin*, Winter, 1963.

Insight and Responsibility. New York: W. W. Norton, 1964.

"Memorandum of Identity and Negro Youth." *The Journal of Social Issues*, XX, 4: 29-42, 1964.

"Psychoanalysis and Ongoing History: Problems of Identity, Hatred and Nonviolence." *J. Amer. Psa. Assoc.*, 122: 241-250, 1965.

"Concluding Remarks." In *Women and the Scientific Professions*, The MIT Symposium on American Women in Science and Engineering. Cambridge: MIT Press, 1965.

"The Concept of Identity in Race Relations: Notes and Queries." *Daedalus*, XCV, 1: 145-170, 1966.

"The Ontogeny of Ritualization in Man." In *Philosophical Transactions of the Royal Society of London*. Series B., No. 772, Vol. 251, 147-526, 1966.

Revised in: *Psychoanalysis—A General Psychology.* Essays in honor of Heinz Hartmann, ed., Rudolph M. Lowenstein, et. al. New York, International Universities Press, 1966.

In German: "Ontogenese der Ritualisievung." *Psyche,* XXII, 7, 1968.

"Concluding Remarks on Ritualization of Behavior in Animals and Man." In *Philosophical Transactions of the Royal Society of London,* Series B., No. 772, Vol. 251: 513–524, 1966.

"Words for Paul Tillich." *Harvard Divinity Bulletin,* 30, No. 2, 1966.

"Gandhi's Autobiography: The Leader as a Child." *The American Scholar,* Autumn, 1966.

Book Review: "Thomas Woodrow Wilson, by Sigmund Freud and William C. Bullitt." *The New York Review of Books,* Vol. VIII, No. 2, 1967.

"Memorandum on Youth for the Committee on the Year 2000," *Daedalus,* Summer, 1967.

"Memorandum on the Military Draft." In *The Draft: Facts and Alternatives,* Sol Tax, ed. Chicago: University of Chicago Press, 1968.

"The Human Life Cycle." In *International Encyclopedia of the Social Sciences.* New York: Crowell-Collier, 1968.

Identity: Youth and Crisis. New York: W. W. Norton, 1968.

"Psychosocial Identity." In *International Encyclopedia of the Social Sciences.* New York: Crowell-Collier, 1968.

"The Nature of Psycho-Historical Evidence: In Search of Gandhi." *Daedalus,* Summer, 1968.

"Insight and Freedom." The T.B. Davie Memorial Lecture on Academic Freedom. South Africa: University of Capetown, 1968.

"On Student Unrest, and Remarks on Receiving the Foneme Prize." Second International Convention. Milano: Foneme Institute, 1969.

Gandhi's Truth. New York: W. W. Norton, 1969.

"Reflections on the Dissent of Contemporary Youth." *Daedalus,* Winter, 1970; Also in *Int. J. Psa.,* Vol. 51, 1970, No. 1.

"Autobiographic Notes on the Identity Crisis." *Daedalus,* Fall, 1970; Also in *The Twentieth Century Sciences,* Gerald Holton, ed. New York: W. W. Norton, 1972.

"Notes on the Life Cycle." In *Ekistics,* 32, 191, Athens, October, 1971.

On "Play." In *Play and Development,* Maria Piers, ed. New York: W. W. Norton, 1972.

"Words at Delos." In *Ekistics,* 32, 191, Athens, October, 1971.

"Environment and Virtues." In *Arts of the Environment,* G. Kepes, ed. New York: Braziller, 1972.

"On Protest and Affirmation." Address, Class Day, Harvard Medical School, *Harvard Medical Alumni Bulletin,* July–August, 1972.

"By Way of a Memoir." In *Clinician and Therapist, Selected Papers of Robert P. Knight*, Stuart C. Miller, ed. New York: Basic Books, 1972.
"Thoughts on the City for Human Development." In *Ekistics*, 35, 209, Athens, April, 1973.
"Conversations with Huey P. Newton." In *In Search of Common Ground*, Kai T. Erikson, ed. New York: W. W. Norton, 1973.
Dimensions of a New Identity. 1973 Jefferson Lectures. New York: W. W. Norton, 1974.
"Reminiscences, First Peter Blos Biennial Lecture," *Psychosocial Process* Vol. III, No. 2, Fall, 1974.
Life History and the Historical Moment. New York: W. W. Norton, 1975.

Editor, *Adulthood*. New York: W. W. Norton, 1978.
Identity and the Life Cycle. New York: W. W. Norton, 1980.
The Life Cycle Completed: A Review. New York: W. W. Norton, 1982.

编后记

和埃里克森的500天

又到了应该写编后记的日子。我想通过"应该"这个词,你应该感觉到了我多少有些不愿。事实上,在开始写这篇编后记的时候,我决定要对你坦诚相见。毕竟你在这本书上花了钱,花了时间,花了心思,并且看到了最后,如果你不值得尊重,那还有谁值得尊重呢?

说实话,文章我写过不少,但少有文章不是以"应该"之名写下的,也就是说,我在写那些文章时谁都想到了,却独独少了自己。仔细想想,这是有原因的。一方面,我偏执地认为思想一旦诉诸文字便会失色几分,另一方面,我懒,还把懒说成是社交恐惧症,不愿通过文字去认识陌生人。那么,是什么促使我决定放下偏执,勤快一回呢?我想,那大概是一颗做好容器的心吧。静静做个容器就好,何必真把自己当人,还学人说话了呢?那大概是因为"走心"了。

去年某日,我开始编辑第一本埃里克森的中文版图书《游戏与理智》,后来我又编辑了第二本,第三本,其中还包括他的夫人琼·埃里克森的一本。时至今日,和埃里克森夫妇接触1年有余。我数学不好，暂且就计作500天吧。500天，我认为足够让我理解他们的思想。事实上，只有浅薄和狂妄的人才会这么觉得。如果你现在问我，埃里克森的书里到底写了些什么，我大概只能回答：生命周期八阶段理论，身份和身份感，身体、心理和社会，个体的历史—地理坐标或时空定位，心理观和历史观以及两个人（弗洛伊德和爱因斯坦）。你看，我所知不多，几个关键词而已。但是在心灵层面，我想作为一个容器，我承载了不少。

在编辑《智慧与感觉》一书时，琼·埃里克森引用的一首诗（见第26页）后来在我的个人经历中有了特殊且全新的意义。我不知道是我的个人经历在为它服务，还是它在为我的个人经历服务，但这已经不重要了。重要的是，我带着对心灵深处那伟大力量的敬畏，从一个生命阶段步入了另一个生命阶段。让我们回到这本书。在编辑本书第二章《幼儿性欲理论》时，言谈之间，我表现出了一个泛性论者的不羁。这不是出于自省，而是出于友人的评论。后来，在编辑本书第三章《大草原上的猎人》时，友人再次评论道："感觉你最近有些冷漠。"当时我一惊，说"我不否认"。正如本书第367页的脚注中布哈林和维辛斯基的对话，"我不否认，因此我承认"。如果你还记得本书第三章的内容，那么你也应该记得在美国白人看来，苏族印第安人的一个典型特征便是冷漠。埃里克森在这一章站在历史的视角，对苏族印第安人的冷漠心理进行了独到的分析。本是客观陈述，却让我一直就有的印第安之梦更加完整了。在此之前，我只编织了那神秘的部分，在此之后，我接纳了那令人神伤的部分。

以上所述，一点感悟。我想向你传达的是文字加在我身上的

| 编后记

力量。一言以蔽之，我认为本书写得真好。究竟好在哪里，我试着讲讲。

我认为这本书好就好在它几乎没有废话。对于废话，我是真的怕，比如我现在写的这些，可能从某种意义上讲便是废话。你一定看过那种一句话颠来倒去，从第一章讲到最后一章的图书。那本书上市之初怎么样？那本书上了畅销书榜。那本书后来怎么样了？那本书最后被我们以5毛1斤的价格卖了。至于为什么卖了，我想这大概是一个占有还是存在的问题。当我们没有（真正）占有时，我们会让它存在。而当我们（真正）占有时，我们会让它消失。因为我们毫不费力地吃透了那本书，所以我们让它消失了。这本书几乎没有废话。一个毋庸置疑的事实是，我没有（真正）占有作者的全部思想，你或许能，你或许不能。所以在（真正）占有这本书之前，我们暂且止语，让这本书存在。让它存在的形式有很多，你可以多读几遍，也可以与他人多交流几次。与此同时，作为一个容器，我非常乐意承载走近这本书的你的思想、情绪和建议。欢迎到"世图心理"微信平台后台留言。

编者
2017年12月